实用版法规专辑

生态环境保护

中国法治出版社
CHINA LEGAL PUBLISHING HOUSE

我国的立法体系①

全国人民代表大会	修改宪法，制定和修改刑事、民事、国家机构的和其他的基本法律。
全国人民代表大会常务委员会	制定和修改除应当由全国人民代表大会制定的法律以外的其他法律；在全国人民代表大会闭会期间，对全国人民代表大会制定的法律进行部分补充和修改；根据全国人民代表大会授权制定相关法律；解释法律。
国务院	根据宪法、法律和全国人民代表大会及其常务委员会的授权，制定行政法规。
省、自治区、直辖市的人民代表大会及其常务委员会	根据本行政区域的具体情况和实际需要，在不同宪法、法律、行政法规相抵触的前提下，制定地方性法规。
设区的市、自治州的人民代表大会及其常务委员会	在不同上位法相抵触的前提下，可对城乡建设与管理、生态文明建设、历史文化保护、基层治理等事项制定地方性法规。
经济特区所在地的省、市的人民代表大会及其常务委员会	根据全国人民代表大会的授权决定，制定法规，在经济特区范围内实施。
上海市人民代表大会及其常务委员会	根据全国人民代表大会常务委员会的授权决定，制定浦东新区法规，在浦东新区实施。
海南省人民代表大会及其常务委员会	根据法律规定，制定海南自由贸易港法规，在海南自由贸易港范围内实施。
民族自治地方的人民代表大会	依照当地民族的政治、经济和文化的特点，制定自治条例和单行条例。对法律和行政法规的规定作出变通的规定，但不得违背法律或者行政法规的基本原则，不得对宪法和民族区域自治法的规定以及其他有关法律、行政法规专门就民族自治地方所作的规定作出变通规定。
国务院各部、委员会、中国人民银行、审计署和具有行政管理职能的直属机构以及法律规定的机构	根据法律和国务院的行政法规、决定、命令，在本部门的权限范围内，制定规章。
省、自治区、直辖市和设区的市、自治州的人民政府	根据法律、行政法规和本省、自治区、直辖市的地方性法规，制定规章。设区的市、自治州人民政府制定的地方政府规章限于城乡建设与管理、生态文明建设、历史文化保护、基层治理等方面的事项。
中央军事委员会	根据宪法和法律制定军事法规，在武装力量内部实施。
中国人民解放军各战区、军兵种和中国人民武装警察部队	根据法律和中央军事委员会的军事法规、决定、命令，在其权限范围内制定军事规章，在武装力量内部实施。
国家监察委员会	根据宪法和法律、全国人民代表大会常务委员会的有关决定，制定监察法规。
最高人民法院、最高人民检察院	作出属于审判、检察工作中具体应用法律的解释。

① 本图表为编者根据《立法法》相关规定编辑整理，供参考。

编辑说明

运用法律维护权利和利益，是读者选购法律图书的主要目的。法律文本单行本提供最基本的法律依据，但单纯的法律文本中的有些概念、术语，读者不易理解；法律释义类图书有助于读者理解法律的本义，但又过于繁杂、冗长。

基于上述理念，我社自2006年7月率先出版了“实用版”系列法律图书；2008年2月，我们将与社会经济生活密切相关的领域所依托的法律制度以专辑形式汇编出版了“实用版法规专辑”，并在2012年、2014年、2016年、2018年、2020年、2022年全面更新升级再版。这些品种均深受广大读者的认同和喜爱。

2025年，本着“以读者为本”的宗旨，适应实践变化需要，我们第八次对“实用版法规专辑”增订再版，旨在为广大公民提供最新最高效的法律学习及法律纠纷解决方案。

鲜明特点，无可替代：

1. **出版权威**。中国法治出版社是中华人民共和国司法部所属的中央级法律类图书专业出版社，是国家法律、行政法规文本的权威出版机构。

2. **法律文本规范**。法律条文利用了我社法律单行本的资源，与国家法律、行政法规正式版本完全一致，确保条文准确、权威。

3. **条文注释专业、权威**。本书中的注释都是从全国人大常委会法制工作委员会、中华人民共和国司法部、最高人民法院等对条文的权威解读中精选、提炼而来，简单明了、通俗易懂，涵盖百姓日常生活中经常遇到的纠纷与难题。

4. **案例典型指引**。本书收录数件典型案例，均来自最高人民法院指导案例、公报案例、各地方高级人民法院判决书等，点出适用要点，展示解决法律问题的实例。

5. **附录实用**。书末收录经提炼的法律流程图、诉讼文书、办案常用数据（如损害赔偿金额标准）等内容，帮助您大大提高处理法律纠纷的效率。

6. **“实用版法规专辑”**。从某一社会经济生活领域出发，收录、解读该领域所涉重要法律制度，为解决该领域法律纠纷提供支持。

生态环境保护理解与适用

在习近平生态文明思想引领下，我国生态环境领域立法工作取得显著成效，初步形成了生态环保法律体系。这一法律体系，包括环境保护法、生物安全法等综合性法律，针对大气、水、土壤、固体废物、噪声、放射性等污染防治的专门法律，涉及防沙治沙、水土保持、野生动物保护等环境和生物多样性保护的法律，森林、草原、湿地等资源保护利用的法律，长江保护法和黄河保护法等流域性生态环保法律，黑土地保护法和青藏高原生态保护法等特殊地理地域类法律。这些法律和相关法规涵盖山、水、林、田、湖、草、沙等各类自然系统，是一个覆盖全面、务实管用、严格严密的法律体系。

2014年4月24日，中华人民共和国第十二届全国人民代表大会常务委员会第八次会议修订通过了《中华人民共和国环境保护法》。《环境保护法》从1989年公布实施以来，此次是25年来的第一次修改。《环境保护法》的修改是针对当时我国严峻环境现实的一记重拳，是在环境保护领域内的重大制度建设，对于环保工作以及整个环境质量的提升都产生了重要的作用。2014年《环境保护法》修改的主要内容包括：一、修改总则，充分体现新时期对环境保护工作的指导思想。二、突出强调政府责任，落实政府和排污单位责任。县级以上人民政府应当将环境保护工作纳入国民经济和社会发展规划。三、完善环境管理基本制度，保护改善我国环境质量和生态环境。四、进一步明确企业责任，完善防治污染和其他公害的制度。

2020年4月29日，第十三届全国人大常委会第十七次会议审议通过修订后的《中华人民共和国固体废物污染环境防治法》，自2020年9月1日起施行。全面修订《固体废物污染环境防治法》是贯彻落实习近平生态文明思想和党中央关于生态文明建设决策部署的重大任务，是推动打赢污染防治攻坚战、坚持依法治污的迫切需要，是健全最严格生态环境保护法律制度和最严密生态环境法治保障的重要举措。《固体废物污染环境防治法》在全面总结实践经验的基础上，突出问题导向，贯彻新发展理念，回应人民群众期待和实践需求，健全固体废物污染环境防治长效机制，为打好污染防治攻坚战提供坚实的法制保障。

2021年12月24日，中华人民共和国第十三届全国人民代表大会常务委员会第三十二次会议通过了《中华人民共和国噪声污染防治法》。环境噪声污染防治法修改遵循以下原则：一是加强源头防控。发挥规划、产品噪声限值及振动控制在噪声污染防治中的重要作用。二是聚焦突出问题。着力解决群众集中反映的问题。三是制度措施可行。充分研究论证，确保相关制度措施切实可行。四是总结成功经验。充分借鉴国内外相关法律法规和实践中成功的管理经验，推动达成共识，改善治理成效。五是提升治理能力。强化政府监督管理责任，明确各部门监管职责，落实噪声排放单位污染防治的主体责任，加强社会共治。此外，采纳了国务院有关主管部门、基层执法人员和有关专家的意见建议，删除原法名称中的“环境”二字，将《中华人民共和国环境噪声污染防治法》修改为《中华人民共和国噪声污染防治法》，一是更加明确法律规范对象仅限于人为噪声；二是与水、大气、土壤等污染防治法律名称中突出要素管理的表述保持体例上的一致；三是法律名称的修改不影响对噪声污染防治行为的严格要求。

2023年10月24日，十四届全国人大常委会第六次会议修订通过了《中华人民共和国海洋环境保护法》。现行《海洋环境保护法》共十章97条，修订后共九章116条，主要修改内容如下：(一) 法律总则；(二) 海洋环境监督管理；(三) 海洋生态保护；(四) 防治陆源污染物对海洋环境的污染损害；(五) 防治海岸工程和海洋工程建设项目对海洋环境的污染损害；(六) 防治倾倒废弃物对海洋环境的污染损害；(七) 防治船舶及有关作业活动对海洋环境的污染损害。

2024年11月8日十四届全国人民代表大会常务委员会第十二次会议修订通过了《中华人民共和国矿产资源法》。《中华人民共和国矿产资源法》修订坚持以习近平新时代中国特色社会主义思想为指导，全面贯彻落实党的二十大精神，深入贯彻落实习近平总书记重要指示批示精神和党中央、国务院决策部署，遵循以下总体思路：一是突出保障国家矿产资源安全目标，着力为加强矿产资源国内勘探开发和增储上产、提高节约集约利用水平、提升应急保供能力提供制度保障，全方位夯实国家矿产资源安全制度根基。二是坚持问题导向，聚焦矿业权出让、矿产资源勘查开采、矿区生态修复、矿产资源储备和应急等关键环节和主要问题完善制度设计，增强针对性和实效性。三是遵循地质工作规律和矿业发展规律，确保制度设计符合矿产资源勘查开采的实际情况和特点，有效发挥法律制度激励引导和规范约束相结合的积极作用。

生态环境保护法律要点提示

法律要点	法　条	页　码
污染物排放标准	《环境保护法》第16条	第7页
环境监测	《环境保护法》第17条	第7页
环境影响评价	《环境保护法》第19条	第8页
现场检查	《环境保护法》第24条	第11页
查封、扣押	《环境保护法》第25条	第12页
生态保护红线	《环境保护法》第29条	第14页
“三同时”制度	《环境保护法》第41条	第19页
生产经营者的防治污染责任	《环境保护法》第42条	第20页
排污费和环境保护税	《环境保护法》第43条	第21页
重点污染物排放总量控制	《环境保护法》第44条	第22页
排污许可管理制度	《环境保护法》第45条	第22页
淘汰制度与禁止引进制度	《环境保护法》第46条	第23页
突发环境事件	《环境保护法》第47条	第24页
化学物品和含有放射性物质物品的管理	《环境保护法》第48条	第25页
政府环境信息公开	《环境保护法》第54条	第29页

法律要点	法 条	页 码
海洋环境监督管理制度	《海洋环境保护法》第12条	第71页
海域排污许可管理制度	《海洋环境保护法》第19条	第72页
海洋生物多样性保护	《海洋环境保护法》第36条	第76页
海洋垃圾污染防治	《海洋环境保护法》第57条	第80页
生活垃圾分类制度	《固体废物污染环境防治法》第6条	第141页
固体废物跨省转移	《固体废物污染环境防治法》第22条	第144页
建筑垃圾污染防治	《固体废物污染环境防治法》第60条	第152页
生产者责任延伸制度	《固体废物污染环境防治法》第66条	第153页
医疗废物监管	《固体废物污染环境防治法》第90条	第158页
噪声污染定义	《噪声污染防治法》第2条	第170页
噪声污染防治考核评价制度	《噪声污染防治法》第6条	第170页
噪声污染源头防控原则	《噪声污染防治法》第16条	第172页
噪声纠纷的解决方式	《噪声污染防治法》第86条	第186页

目　　录

一、综合

中华人民共和国环境保护法 ………………………………………………（1）
（2014 年 4 月 24 日）
中华人民共和国民法典（节录）…………………………………（39）
（2020 年 5 月 28 日）
中华人民共和国环境影响评价法…………………………………（47）
（2018 年 12 月 29 日）
中华人民共和国环境保护税法……………………………………（56）
（2018 年 10 月 26 日）
中华人民共和国海洋环境保护法…………………………………（68）
（2023 年 10 月 24 日）

二、环境污染防治法

中华人民共和国水污染防治法……………………………………（97）
（2017 年 6 月 27 日）
中华人民共和国土壤污染防治法 ………………………………（119）
（2018 年 8 月 31 日）
中华人民共和国固体废物污染环境防治法 ……………………（140）
（2020 年 4 月 29 日）

中华人民共和国噪声污染防治法 …………………………（170）
（2021年12月24日）
中华人民共和国大气污染防治法 …………………………（187）
（2018年10月26日）
中华人民共和国放射性污染防治法 ………………………（213）
（2003年6月28日）
消耗臭氧层物质管理条例 ………………………………（224）
（2023年12月29日）
碳排放权交易管理暂行条例 ……………………………（235）
（2024年1月25日）
排污许可管理条例 ………………………………………（243）
（2021年1月24日）

三、自然资源保护法

中华人民共和国水法（节录） ……………………………（255）
（2016年7月2日）
中华人民共和国森林法（节录） …………………………（258）
（2019年12月28日）
中华人民共和国草原法（节录） …………………………（263）
（2021年4月29日）
中华人民共和国渔业法 …………………………………（266）
（2013年12月28日）
中华人民共和国煤炭法 …………………………………（275）
（2016年11月7日）
中华人民共和国矿产资源法 ……………………………（283）
（2024年11月8日）

中华人民共和国野生动物保护法 ……………………………… (300)
(2022 年 12 月 30 日)
中华人民共和国水生野生动物保护实施条例 ……………… (318)
(2013 年 12 月 7 日)
中华人民共和国陆生野生动物保护实施条例 ……………… (325)
(2016 年 2 月 6 日)
中华人民共和国野生植物保护条例 ………………………… (334)
(2017 年 10 月 7 日)

四、生态保护法

中华人民共和国湿地保护法 ………………………………… (340)
(2021 年 12 月 24 日)
中华人民共和国水土保持法 ………………………………… (353)
(2010 年 12 月 25 日)
中华人民共和国生物安全法 ………………………………… (364)
(2024 年 4 月 26 日)
中华人民共和国防沙治沙法 ………………………………… (382)
(2018 年 10 月 26 日)
中华人民共和国自然保护区条例 …………………………… (392)
(2017 年 10 月 7 日)
生态保护补偿条例 …………………………………………… (400)
(2024 年 4 月 6 日)

五、环境法律责任

最高人民法院关于审理生态环境侵权纠纷案件适用惩罚
性赔偿的解释 ……………………………………………… (407)
(2022 年 1 月 12 日)

最高人民法院关于生态环境侵权案件适用禁止令保全措施的若干规定 …………………………………………………… (410)
(2021年12月27日)
最高人民法院关于审理生态环境损害赔偿案件的若干规定（试行） …………………………………………………… (413)
(2020年12月29日)
最高人民法院关于审理生态环境侵权责任纠纷案件适用法律若干问题的解释 ……………………………………… (418)
(2023年8月14日)
最高人民法院、最高人民检察院关于办理环境污染刑事案件适用法律若干问题的解释 …………………………… (423)
(2023年8月8日)

实用附录

环境民事公益诉讼起诉状（参考文本） ………………………… (430)
环境民事公益诉讼参加申请书（参考文本） …………………… (432)

一、综合

中华人民共和国环境保护法

（1989年12月26日第七届全国人民代表大会常务委员会第十一次会议通过　2014年4月24日第十二届全国人民代表大会常务委员会第八次会议修订　2014年4月24日中华人民共和国主席令第9号公布　自2015年1月1日起施行）

第一章　总　　则

第一条　【立法目的】* 为保护和改善环境，防治污染和其他公害，保障公众健康，推进生态文明建设，促进经济社会可持续发展，制定本法。

第二条　【环境定义】本法所称环境，是指影响人类生存和发展的各种天然的和经过人工改造的自然因素的总体，包括大气、水、海洋、土地、矿藏、森林、草原、湿地、野生生物、自然遗迹、人文遗迹、自然保护区、风景名胜区、城市和乡村等。

第三条　【适用范围】本法适用于中华人民共和国领域和中华人民共和国管辖的其他海域。

第四条　【基本国策】保护环境是国家的基本国策。

国家采取有利于节约和循环利用资源、保护和改善环境、促进人与自然和谐的经济、技术政策和措施，使经济社会发展与环境保护相协调。

第五条　【基本原则】环境保护坚持保护优先、预防为主、综合治理、公众参与、损害担责的原则。

---

* 条文主旨为编者所加，下同。

案例 北京市朝阳区自然之友环境研究所诉中国水电顾问集团新平开发有限公司、中国电建集团昆明勘测设计研究院有限公司生态环境保护民事公益诉讼案（《最高人民法院发布第 31 批指导性案例》[2021 年 12 月 1 日发布]）

案件适用要点：本案符合《最高人民法院关于审理环境民事公益诉讼案件适用法律若干问题的解释》第一条“对已经损害社会公共利益或者具有损害社会公共利益重大风险的污染环境、破坏生态的行为提起诉讼”规定中“具有损害社会公共利益重大风险”的法定情形，属于预防性环境公益诉讼。预防性环境公益诉讼突破了“无损害即无救济”的诉讼救济理念，是环境保护法“保护优先，预防为主”原则在环境司法中的具体落实与体现。预防性环境公益诉讼的核心要素是具有重大风险，重大风险是指对“环境”可能造成重大损害危险的一系列行为。本案中，自然之友研究所已举证证明戛洒江一级水电站如果继续建设，则案涉工程淹没区势必导致国家一级保护动物绿孔雀的栖息地及国家一级保护植物陈氏苏铁的生境被淹没，生物生境面临重大风险的可能性毋庸置疑。此外，从损害后果的严重性来看，戛洒江一级水电站下游淹没区动植物种类丰富，生物多样性价值及遗传资源价值可观，该区域不仅是绿孔雀及陈氏苏铁等珍稀物种赖以生存的栖息地，也是各类生物与大面积原始雨林、热带雨林片段共同构成的一个完整生态系统，若水电站继续建设所产生的损害将是可以直观估计预测且不可逆转的。而针对该现实上的重大风险，新平公司并未就其不存在的主张加以有效证实，而仅以《环境影响报告书》加以反驳，缺乏足够证明力。因此，结合生态环境部责成新平公司对项目开展后评价工作的情况及戛洒江一级水电站未对绿孔雀采取任何保护措施等事实，可以认定戛洒江一级水电站继续建设将对绿孔雀栖息地、陈氏苏铁生境以及整个生态系统生物多样性和生物安全构成重大风险。

人民法院审理环境民事公益诉讼案件，应当贯彻保护优先、预防为主原则。原告提供证据证明项目建设将对濒危野生动植物栖息地及生态系统造成毁灭性、不可逆转的损害后果，人民法院应当从被保护对象的独有价值、损害结果发生的可能性、损害后果的严重性及不可逆性等方面，综合判断被告的行为是否具有《最高人民法院关于审理环境民事公益诉讼案件适用法律若干问题的解释》第一条规定的“损害社会公共利益重大风险”。

案例 中国生物多样性保护与绿色发展基金会诉雅砻江流域水电开发有限公司生态环境保护民事公益诉讼案（《最高人民法院发布第31批指导性案例》[2021年12月1日发布]）

案件适用要点：具体到本案中，鉴于五小叶槭在生物多样性红色名录中的等级及案涉牙根梯级水电站建成后可能存在对案涉地五小叶槭原生存环境造成破坏、影响其生存的潜在风险，可能损害社会公共利益。根据我国水电项目核准流程的规定，水电项目分为项目规划、项目预可研、项目可研、项目核准四个阶段，考虑到案涉牙根梯级水电站现处在项目预可研阶段，因此责令被告在项目可研阶段，加强对案涉五小叶槭的环境影响评价并履行法定审批手续后才能进行下一步的工作，尽可能避免出现危及野生五小叶槭生存的风险是必要和合理的。故绿发会作为符合条件的社会组织在牙根梯级水电站建设可能存在损害环境公共利益重大风险的情况下，提出“依法判令被告立即采取适当措施，确保不因雅砻江水电梯级开发计划的实施而破坏珍贵濒危野生植物五小叶槭的生存”的诉讼请求，于法有据，人民法院予以支持。

人民法院审理环境民事公益诉讼案件，应当贯彻绿色发展理念和风险预防原则，根据现有证据和科学技术认为项目建成后可能对案涉地濒危野生植物生存环境造成破坏，存在影响其生存的潜在风险，从而损害生态环境公共利益的，可以判决被告采取预防性措施，将对濒危野生植物生存的影响纳入建设项目的环境影响评价，促进环境保护和经济发展的协调。

第六条　【保护环境的义务】一切单位和个人都有保护环境的义务。

地方各级人民政府应当对本行政区域的环境质量负责。

企业事业单位和其他生产经营者应当防止、减少环境污染和生态破坏，对所造成的损害依法承担责任。

公民应当增强环境保护意识，采取低碳、节俭的生活方式，自觉履行环境保护义务。

第七条　【环保发展方针】 国家支持环境保护科学技术研究、开发和应用，鼓励环境保护产业发展，促进环境保护信息化建设，提高环境保护科学技术水平。

注释 国家可以通过以下方式支持科学技术研究、开发与应用：

一是设立基金。国家设立自然科学基金，资助基础研究和科学前沿探索，培养科学技术人才；设立科技型中小企业创新基金，资助中小企业开展技术创新；在必要时可以设立其他基金，资助科学技术进步活动。二是依法给予税收优惠。对从事技术开发、技术转让、技术咨询、技术服务等的活动，按照国家规定享受税收优惠。三是金融支持。国家鼓励金融机构开展知识产权质押业务，鼓励和引导金融机构在信贷等方面支持科学技术应用和高新技术产业发展，鼓励保险机构根据有关高新技术产业发展的需要开发保险品种。四是明确利用财政性资金设立的科学技术基金项目或者科学技术计划项目所形成的相关发明专利权等，除涉及国家安全、国家利益和重大社会公共利益的外，授权项目承担者依法取得，从而更好地调动科技人员从事科学技术研发的积极性。五是政府采购措施。对境内公民、法人或者其他组织自主创新的产品、服务或者国家需要重点扶持的产品、服务，在性能、技术等指标能够满足政府采购需求的条件下，政府采购应当购买；首次投放市场的，政府采购应当率先购买。六是国家培育和发展技术市场，鼓励创办从事技术评估、技术经纪等活动的中介服务机构，引导建立社会化、专业化和网络化的技术交易服务体系，推动科学技术成果的推广和应用等。

第八条　【财政投入】 各级人民政府应当加大保护和改善环境、防治污染和其他公害的财政投入，提高财政资金的使用效益。

第九条　【宣传教育】 各级人民政府应当加强环境保护宣传和普及工作，鼓励基层群众性自治组织、社会组织、环境保护志愿者开展环境保护法律法规和环境保护知识的宣传，营造保护环境的良好风气。

教育行政部门、学校应当将环境保护知识纳入学校教育内容，培养学生的环境保护意识。

新闻媒体应当开展环境保护法律法规和环境保护知识的宣传，对环境违法行为进行舆论监督。

第十条　【管理体制】国务院环境保护主管部门，对全国环境保护工作实施统一监督管理；县级以上地方人民政府环境保护主管部门，对本行政区域环境保护工作实施统一监督管理。

县级以上人民政府有关部门和军队环境保护部门，依照有关法律的规定对资源保护和污染防治等环境保护工作实施监督管理。

案例　睢宁县人民检察院诉睢宁县环境保护局不履行环境保护监管职责案（《最高人民法院公报》2024年第1期）

案件适用要点：危险废物污染环境且污染者不能处置的，危险废物所在地的生态环境主管部门应履行组织代为处置的法定职责，处置费用依法由污染者承担。生态环境主管部门以危险废物的来源或产生单位不在其辖区范围内为由进行不履责抗辩的，人民法院不予支持。

参见　《海洋环境保护法》第4条；《水污染防治法》第9条；《大气污染防治法》第5条

第十一条　【奖励措施】对保护和改善环境有显著成绩的单位和个人，由人民政府给予奖励。

第十二条　【环境日】每年6月5日为环境日。

第二章　监督管理

第十三条　【环境保护规划】县级以上人民政府应当将环境保护工作纳入国民经济和社会发展规划。

国务院环境保护主管部门会同有关部门，根据国民经济和社会发展规划编制国家环境保护规划，报国务院批准并公布实施。

县级以上地方人民政府环境保护主管部门会同有关部门，根据国家环境保护规划的要求，编制本行政区域的环境保护规划，报同级人民政府批准并公布实施。

环境保护规划的内容应当包括生态保护和污染防治的目标、任务、保障措施等，并与主体功能区规划、土地利用总体规划和城乡规划等相衔接。

第十四条　【政策制定考虑环境影响】国务院有关部门和省、自治区、直辖市人民政府组织制定经济、技术政策，应当充分考虑对环境的影响，听取有关方面和专家的意见。

第十五条　【环境质量标准及环境基准】国务院环境保护主管部门制定国家环境质量标准。

省、自治区、直辖市人民政府对国家环境质量标准中未作规定的项目，可以制定地方环境质量标准；对国家环境质量标准中已作规定的项目，可以制定严于国家环境质量标准的地方环境质量标准。地方环境质量标准应当报国务院环境保护主管部门备案。

国家鼓励开展环境基准研究。

注释　1. 国家环境质量标准

国家环境质量标准，是指国家为保护人体健康和生态环境，对环境中的污染物或者其他有害因素的容许含量所作的规定。环境质量标准是衡量环境是否受到污染的尺度，是制定污染物排放标准的重要依据，同时也是执法部门实施环境管理的重要依据。我国的国家环境质量标准由国务院环境保护主管部门，即生态环境部负责制定。

环境质量标准按环境要素分，可以分为水环境质量标准、大气环境质量标准、土壤环境质量标准等类别。

2. 地方环境质量标准

地方环境质量标准，是指省、自治区、直辖市人民政府依法制定的适用于本行政区域内全部范围或者辖区内特定流域、区域的环境质量标准。

地方环境质量标准的制定主体是省、自治区、直辖市人民政府。地方环境质量标准的制定原则是：对国家环境质量标准中未作规定的项目，可以制定地方环境质量标准；对国家环境质量标准中已作规定的项目，可以制定严于国家环境质量标准的地方环境质量标准。

3. 环境基准

环境基准是指环境中的污染物等对人或者其他生物等特定对象不产生不良或者有害效应的最大限制。环境基准按环境要素可分为大气质量基准、水质量基准和土壤质量基准等；按保护对象可分为环境卫生基准、水生生物基准、植物基准等。

4. 环境基准与环境质量标准的关系

环境基准和环境质量标准是两个不同的概念，前者是由污染物同特定对象之间的剂量反应关系确定的，不考虑社会、经济、技术等人为因素，不具有法律效力；后者是以前者为依据，并考虑社会、经济、技术等因素，经过综合分析制定的，由国家管理机关颁布，一般具有法律的强制性。但二者又有密切的关系，前者是制定后者的科学依据，后者规定的污染物容许剂量或浓度原则上应小于或等于相应的基准值。

第十六条　【污染物排放标准】国务院环境保护主管部门根据国家环境质量标准和国家经济、技术条件，制定国家污染物排放标准。

省、自治区、直辖市人民政府对国家污染物排放标准中未作规定的项目，可以制定地方污染物排放标准；对国家污染物排放标准中已作规定的项目，可以制定严于国家污染物排放标准的地方污染物排放标准。地方污染物排放标准应当报国务院环境保护主管部门备案。

参见　《大气污染防治法》第 8 条、第 9 条、第 11 条；《水污染防治法》第 14 条、第 15 条；《海洋环境保护法》第 16 条

第十七条　【环境监测】国家建立、健全环境监测制度。国务院环境保护主管部门制定监测规范，会同有关部门组织监测网络，统一规划国家环境质量监测站（点）的设置，建立监测数据共享机制，加强对环境监测的管理。

有关行业、专业等各类环境质量监测站（点）的设置应当符合法律法规规定和监测规范的要求。

监测机构应当使用符合国家标准的监测设备，遵守监测规范。监测机构及其负责人对监测数据的真实性和准确性负责。

注释 本条第1款是针对当前存在的环境监测网络缺乏统一规划、合理布局，环保部门与其他有关主管部门设置的环境监测点位（断面）存在重复设置、重复建设，造成资源浪费的问题，明确统一规划设置国家环境质量监测站点，建立监测数据共享机制。

同时，在第2款明确有关行业、专业等各类环境质量监测站点的设置也应当符合《海洋环境保护法》《水法》等法律法规的规定。

本条第3款是针对当前环境监测质量控制体系不健全、环境监测数据不真不实等造成的环境监测数据质量缺乏有效保障的问题，明确监测机构应当使用符合国家标准的监测设备，遵守监测规范，完善环境监测质量控制体系，同时要求监测机构及其负责人应当如实、客观地报出监测数据，并对监测数据的真实性和准确性负责。

参见 《水污染防治法》第23条、第25条；《海洋环境保护法》第23—25条；《固体废物污染环境防治法》第56条；《大气污染防治法》第23—26条

第十八条 【环境资源承载能力监测预警机制】 省级以上人民政府应当组织有关部门或者委托专业机构，对环境状况进行调查、评价，建立环境资源承载能力监测预警机制。

注释 环境资源承载能力是指某区域一定时期内，在确保资源合理开发利用和生态环境良性循环的条件下，环境及资源能够承载的人口数量及相应的经济社会活动总量的能力和容量。环境资源承载力是一个包含了环境、资源要素的综合承载力概念。从具体领域看，环境资源承载力主要包括大气环境承载力、水资源承载力、土地资源承载力、矿产资源承载力等。

第十九条 【环境影响评价】 编制有关开发利用规划，建设对环境有影响的项目，应当依法进行环境影响评价。

未依法进行环境影响评价的开发利用规划，不得组织实施；未依法进行环境影响评价的建设项目，不得开工建设。

注释 环境影响评价包括规划环境影响评价和建设项目环境影响评价。规划环境影响评价是指，国务院有关部门、设区的市级以上地方人民政府及其有关部门，对其组织编制的土地利用的有关规划和区域、流域、海域的建设、开发利用规划（综合性规划），以及工业、农业、畜牧业、林业、能源、水利、交通、城市建设、旅游、自然资源开发的有关专项规划（专项规划）进行的环境影响评价。建设项目环境影响评价是指，国家根据建设项目对环境的影响程度对建设项目进行的环境影响评价。可能造成重大环境影响的，应当编制环境影响报告书，对产生的环境影响进行全面评价；可能造成轻度环境影响的，应当编制环境影响报告表，对产生的环境影响进行分析或者专项评价；对环境影响很小、不需要进行环境影响评价的，应当填报环境影响登记表。

参见 《环境影响评价法》；本法第 61 条、第 63 条

第二十条 【联防联控】国家建立跨行政区域的重点区域、流域环境污染和生态破坏联合防治协调机制，实行统一规划、统一标准、统一监测、统一的防治措施。

前款规定以外的跨行政区域的环境污染和生态破坏的防治，由上级人民政府协调解决，或者由有关地方人民政府协商解决。

注释 区域联防联控制度的必要性：

1. 大部分地区产业结构和工业结构仍相对落后，工业高强度开发及城市膨胀，不仅使大气环境容纳污染物的能力减弱，同时也使排放源结构发生重大改变。排放源从相对集中于城区向分布于城区外转移，从而使区域内污染排放连绵成片。

2. 城市间大气污染物传输叠加导致大气复合污染特征显现，空气污染的程度进一步加重。

3. 由于高密集度、高负荷城市间干线交通网络形成，交通源排放成为城市群区域大气污染重要来源。

参见 《大气污染防治法》第 86—92 条

第二十一条　【环境保护产业】 国家采取财政、税收、价格、政府采购等方面的政策和措施，鼓励和支持环境保护技术装备、资源综合利用和环境服务等环境保护产业的发展。

注释　环保产业的分类：

环保产业主要包括环境保护技术装备、资源综合利用和环境服务等方面。

1. 环境保护技术装备。包括：提供废水处理、固体废物处理、大气污染控制、噪声控制等设备和技术、环境监测仪器和设备、环保科学技术研究和实验室设备、环境事故处理和用于自然保护以及提高城市环境质量的技术和设备等。

2. 资源综合利用。包括：(1) 共生、伴生矿产资源综合利用。如煤系共生、瓦斯等。(2) 废水 (液)、废气和废渣资源综合利用。如河道淤泥、工业废水、垃圾等。(3) 再生资源综合利用。包括废轮胎、锯末、农作物秸秆等。

3. 环境服务。一是专业化服务业。为排污企业环保基础设施提供社会化运营服务，典型的是特许经营。如为钢铁企业提供脱硫、脱硝设施维护、运营服务。二是环境咨询服务业。包括环境政策咨询、环境战略咨询、环境规划咨询、环境工程咨询、环境技术咨询、环境法律咨询、环境服务贸易咨询等专业咨询服务业。

参见　《企业所得税法》第 27 条；《循环经济促进法》第 44 条、第 46 条

第二十二条　【对减排企业鼓励和支持】 企业事业单位和其他生产经营者，在污染物排放符合法定要求的基础上，进一步减少污染物排放的，人民政府应当依法采取财政、税收、价格、政府采购等方面的政策和措施予以鼓励和支持。

注释　1. 财政支持

《清洁生产促进法》规定，对必须进行强制性清洁生产审核以外的企业，可以自愿与清洁生产综合协调部门和环境保护部门签订进一步节约资源、消减污染物排放量的协议。对协议中载明的技术改造项目，由县级以上政府给予资金支持。《循环经济促进法》规

定，国务院和省、自治区、直辖市人民政府设立发展循环经济的有关专项资金，支持循环经济的科技研究开发、循环经济技术和产品的示范与推广、重大循环经济项目的实施、发展循环经济的信息服务等。

2. 税收优惠

《企业所得税法》规定，从事符合条件的环境保护、节能节水项目的所得可以免征、减征企业所得税。企业购置用于环境保护、节能节水、安全生产等专用设备的投资额，可以按一定比例实行税额抵免。《车船税法》规定，对节约能源、使用新能源的车船可以减征或者免征车船税。《清洁生产促进法》、《循环经济促进法》等法律中对清洁生产、综合利用资源的活动给予税收优惠。

3. 绿色采购

《清洁生产促进法》规定，各级人民政府应当优先采购节能、节水、废物再生利用等有利于环境与资源保护的产品。各级人民政府应当通过宣传、教育等措施，鼓励公众购买和使用节能、节水、废物再生利用等有利于环境与资源保护的产品。《循环经济促进法》规定，国家实行有利于循环经济发展的政府采购政策。使用财政性资金进行采购的，应当优先采购节能、节水、节材和有利于保护环境的产品及再生产品。

4. 绿色信贷

《循环经济促进法》规定，对符合国家产业政策的节能、节水、节地、节材、资源综合利用等项目，金融机构应当给予优先贷款等信贷支持，并积极提供配套金融服务。

参见 《清洁生产促进法》第16条、第28条、第33条；《循环经济促进法》第42条、第44条、第45条、第47条；《企业所得税法》第27条、34条；《车船税法》第4条

第二十三条 【环境污染整治企业的支持】 企业事业单位和其他生产经营者，为改善环境，依照有关规定转产、搬迁、关闭的，人民政府应当予以支持。

第二十四条 【现场检查】 县级以上人民政府环境保护主管部门及其委托的环境监察机构和其他负有环境保护监督管理职责的部

门，有权对排放污染物的企业事业单位和其他生产经营者进行现场检查。被检查者应当如实反映情况，提供必要的资料。实施现场检查的部门、机构及其工作人员应当为被检查者保守商业秘密。

注释 1. 本条规定的现场检查包括：

现场监督检查污染源的污染物排放情况、污染防治设施运行情况、环境保护行政许可执行情况、建设项目环境保护法律法规的执行情况等；现场监督检查自然保护区、畜禽养殖污染防治等生态和农村环境保护法律法规执行情况。在检查过程中，执法人员可以勘察、采样、监测、拍照、录音、录像、制作笔录；可以查阅、复制相关资料；可以约见、询问有关人员，要求说明相关事项，提供相关材料。

2. 现场检查部门的义务：

行政部门和机构在检查过程中，实施的行为具有强制性，被检查单位不得拒绝。但检查部门也负有一定义务：（1）只能依照法律法规的规定，对管辖范围内的排污者进行现场检查。对超出管辖范围的排污者，不能进行检查；与污染物排放无关的单位和个人，也不得进行检查。（2）检查部门有义务为被检查单位保守商业秘密。所谓“商业秘密”，根据反不正当竞争法的规定，是指不为公众所知悉、能为权利人带来经济利益、具有实用性并经权利人采取保密措施的技术信息和经营信息。根据这一规定，构成商业秘密的条件是：一是必须不为公众所知悉的信息，即该信息是不能从公开渠道直接获取的。二是为技术信息和经营信息，包括设计、程序、产品配方、制作工艺、制作方法、管理诀窍、客户名单、货源情报、产销策略等信息。三是能为权利人带来经济利益、具有实用性，是指该信息具有确定的可应用性，能为权利人带来现实的或者潜在的经济利益或者竞争优势。四是权利人对这些信息采取了保密措施，包括订立保密协议，建立保密制度及采取其他合理的保密措施。

第二十五条 【查封、扣押】企业事业单位和其他生产经营者违反法律法规规定排放污染物，造成或者可能造成严重污染的，县级以上人民政府环境保护主管部门和其他负有环境保护监督管理职责的部门，可以查封、扣押造成污染物排放的设施、设备。

注释 依照《行政强制法》的规定，执法机关实施查封、扣押应当遵守下列规定：(1) 实施前须向行政机关负责人报告并经批准；(2) 由两名以上行政执法人员实施；(3) 出示执法身份证件；(4) 通知当事人到场；(5) 当场告知当事人采取行政强制措施的理由、依据以及当事人依法享有的权利、救济途径；(6) 听取当事人的陈述和申辩；(7) 制作现场笔录；(8) 现场笔录由当事人和行政执法人员签名或者盖章，当事人拒绝的，在笔录中予以注明；(9) 当事人不到场的，邀请见证人到场，由见证人和行政执法人员在现场笔录上签名或者盖章；(10) 法律、法规规定的其他程序。情况紧急，需要当场实施行政强制措施的，行政执法人员应当在24小时内向行政机关负责人报告，并补办批准手续。

行政机关决定实施查封、扣押，应当制作并当场交付查封、扣押决定书和清单。查封、扣押决定书应当载明下列事项：(1) 当事人的姓名或者名称、地址；(2) 查封、扣押的理由、依据和期限；(3) 查封、扣押场所、设施或者财物的名称、数量等；(4) 申请行政复议或者提起行政诉讼的途径和期限；(5) 行政机关的名称、印章和日期。查封、扣押清单一式二份，由当事人和行政机关分别保存。

参见 《环境保护主管部门实施查封、扣押办法》；《行政强制法》第三章第一节、第二节；《大气污染防治法》第30条

第二十六条 【目标责任制和考核评价制度】国家实行环境保护目标责任制和考核评价制度。县级以上人民政府应当将环境保护目标完成情况纳入对本级人民政府负有环境保护监督管理职责的部门及其负责人和下级人民政府及其负责人的考核内容，作为对其考核评价的重要依据。考核结果应当向社会公开。

注释 1. 环境保护目标责任制

概括地说就是确定环境保护的一个目标、确定实现这一目标的措施，签订协议、做好考核、明确责任，保障措施得以落实、目标得以实现。在具体操作上，主要是上级政府或其委托的部门，根据本地区环境总体目标，结合实际情况制定若干具体目标和配套措施，分解到所辖地方政府、部门或者单位，并签订责任书。同时，将责

任书公开，接受社会监督。

2. 环境保护考核评价制度

本条的考核评价与目标责任密切相关，考核的是目标的完成情况，并将其作为对人的考察的重要依据。考核的对象包括两个部分，一是本级人民政府负有环境保护监督管理职责的部门及其负责人，包括但不限于环境保护主管部门及其负责人；二是下级人民政府及其负责人。

参见 《大气污染防治法》第4条、第11条

第二十七条 【人大监督】 县级以上人民政府应当每年向本级人民代表大会或者人民代表大会常务委员会报告环境状况和环境保护目标完成情况，对发生的重大环境事件应当及时向本级人民代表大会常务委员会报告，依法接受监督。

第三章 保护和改善环境

第二十八条 【环境质量责任】 地方各级人民政府应当根据环境保护目标和治理任务，采取有效措施，改善环境质量。

未达到国家环境质量标准的重点区域、流域的有关地方人民政府，应当制定限期达标规划，并采取措施按期达标。

参见 《水污染防治法》第4条；《大气污染防治法》第3条、第14条；《海洋环境保护法》第21条

第二十九条 【生态保护红线】 国家在重点生态功能区、生态环境敏感区和脆弱区等区域划定生态保护红线，实行严格保护。

各级人民政府对具有代表性的各种类型的自然生态系统区域，珍稀、濒危的野生动植物自然分布区域，重要的水源涵养区域，具有重大科学文化价值的地质构造、著名溶洞和化石分布区、冰川、火山、温泉等自然遗迹，以及人文遗迹、古树名木，应当采取措施予以保护，严禁破坏。

注释 生态保护红线的区域：

本条规定了划定生态保护红线的区域，包括重点生态功能区、

生态环境敏感区和脆弱区等区域。

关于在重点生态功能区划定生态保护红线。在《全国主体功能区规划》中的大小兴安岭森林、长白山森林等二十五个国家重点生态功能区，通过开展生态系统服务重要性评价划定全国重要生态功能区保护红线，对生态系统服务重要性进行等级划分，并明确其空间分布，将重要性等级高、人为干扰小的核心区域划定为重要生态功能区保护红线。

关于在生态环境敏感区、脆弱区划定生态保护红线。针对我国生态环境敏感区、脆弱区生态系统结构稳定性较差，易受外界干扰发生退化，威胁人居环境安全的现实情况，在《全国生态功能区划》中的生态环境敏感区和《全国生态脆弱区保护规划纲要》中的生态脆弱区范围内，识别生态环境敏感性主要特征，通过开展水土流失、土地沙化、石漠化等生态环境敏感性评价，对区域生态环境敏感性进行等级划分，并明确其空间分布，将敏感性等级高、易受人为扰动的区域划定为生态保护红线。

参见 《生态保护补偿条例》第 8 条、第 11 条；《自然资源部、生态环境部、国家林业和草原局关于加强生态保护红线管理的通知（试行）》

第三十条 【保护生物多样性】 开发利用自然资源，应当合理开发，保护生物多样性，保障生态安全，依法制定有关生态保护和恢复治理方案并予以实施。

引进外来物种以及研究、开发和利用生物技术，应当采取措施，防止对生物多样性的破坏。

第三十一条 【生态保护补偿制度】 国家建立、健全生态保护补偿制度。

国家加大对生态保护地区的财政转移支付力度。有关地方人民政府应当落实生态保护补偿资金，确保其用于生态保护补偿。

国家指导受益地区和生态保护地区人民政府通过协商或者按照市场规则进行生态保护补偿。

注释 生态保护补偿是指通过财政纵向补偿、地区间横向补偿、市场机制补偿等机制，对按照规定或者约定开展生态保护的单位和个人予以补偿的激励性制度安排。生态保护补偿可以采取资金补偿、对口协作、产业转移、人才培训、共建园区、购买生态产品和服务等多种补偿方式。生态保护补偿工作坚持中国共产党的领导，坚持政府主导、社会参与、市场调节相结合，坚持激励与约束并重，坚持统筹协同推进，坚持生态效益与经济效益、社会效益相统一。

参见 《生态保护补偿条例》

第三十二条 【调查、监测、评估和修复制度】 国家加强对大气、水、土壤等的保护，建立和完善相应的调查、监测、评估和修复制度。

参见 《噪声污染防治法》第23条；《大气污染防治法》第23条；《水污染防治法》第25条；《土壤污染防治法》第15条

第三十三条 【农业与农村环境保护】 各级人民政府应当加强对农业环境的保护，促进农业环境保护新技术的使用，加强对农业污染源的监测预警，统筹有关部门采取措施，防治土壤污染和土地沙化、盐渍化、贫瘠化、石漠化、地面沉降以及防治植被破坏、水土流失、水体富营养化、水源枯竭、种源灭绝等生态失调现象，推广植物病虫害的综合防治。

县级、乡级人民政府应当提高农村环境保护公共服务水平，推动农村环境综合整治。

第三十四条 【海洋环境保护】 国务院和沿海地方各级人民政府应当加强对海洋环境的保护。向海洋排放污染物、倾倒废弃物，进行海岸工程和海洋工程建设，应当符合法律法规规定和有关标准，防止和减少对海洋环境的污染损害。

案例 谢某川、谢某城非法捕捞水产品案（最高人民法院发布10件2022年度人民法院环境资源审判典型案例之二）

案件适用要点：本案系非法捕捞水产品引发的刑事案件。保护和利用海洋碳汇是“双碳”国家战略的重要组成部分，提升海洋碳汇保护和利用专业化水平是司法服务“双碳”工作的重要方面。本案中，人民法院坚持能动司法，结合宽严相济刑事政策、当地生态环境特点与保护需求，探索创新恢复性司法举措，实践“净滩护海”生态修复方式。积极引导符合缓刑条件的被告人以参加公益活动的方式替代性履行海洋生态环境修复责任，增加海洋碳汇。通过异位恢复不同类型但具有同等价值的生态服务功能，达到生态系统结构和总量的平衡。同时加强释明和监督，责令将协议履行情况与社区矫正、缓刑考验期考核挂钩，保障修复实效。本案具有“公益性+可量化”“等效性+可替代”等突出特点，体现了“以案正人、以人促政、以政护海”的价值取向，为加强“双碳”司法服务积累了有益经验。

第三十五条　【城乡建设中环境保护】城乡建设应当结合当地自然环境的特点，保护植被、水域和自然景观，加强城市园林、绿地和风景名胜区的建设与管理。

参见　《城乡规划法》第4条；《环境影响评价法》第2条；《风景名胜区条例》第2条

第三十六条　【使用环保产品】国家鼓励和引导公民、法人和其他组织使用有利于保护环境的产品和再生产品，减少废弃物的产生。

国家机关和使用财政资金的其他组织应当优先采购和使用节能、节水、节材等有利于保护环境的产品、设备和设施。

参见　《政府采购法》第9条；《清洁生产促进法》第16条；《循环经济促进法》第25条

第三十七条　【生活废弃物的分类与回收】地方各级人民政府应当采取措施，组织对生活废弃物的分类处置、回收利用。

参见　《固体废物污染环境防治法》第43—59条；《循环经济促进法》第41条

第三十八条　【公民的环保义务】公民应当遵守环境保护法律法规，配合实施环境保护措施，按照规定对生活废弃物进行分类放置，减少日常生活对环境造成的损害。

参见　本法第6条、第37条；《大气污染防治法》第7条；《固体废物污染环境防治法》第43条；《循环经济促进法》第10条

第三十九条　【环境质量与公众健康】国家建立、健全环境与健康监测、调查和风险评估制度；鼓励和组织开展环境质量对公众健康影响的研究，采取措施预防和控制与环境污染有关的疾病。

第四章　防治污染和其他公害

第四十条　【清洁生产和清洁能源】国家促进清洁生产和资源循环利用。

国务院有关部门和地方各级人民政府应当采取措施，推广清洁能源的生产和使用。

企业应当优先使用清洁能源，采用资源利用率高、污染物排放量少的工艺、设备以及废弃物综合利用技术和污染物无害化处理技术，减少污染物的产生。

案例　重庆市人民检察院第五分院诉重庆瑜煌电力设备制造有限公司等环境污染民事公益诉讼案（《最高人民法院关于发布第37批指导性案例》[2022年12月30日发布]）

案件适用要点：受损生态环境无法修复或无修复必要，侵权人在已经履行生态环境保护法律法规规定的强制性义务基础上，通过资源节约集约循环利用等方式实施环保技术改造，经评估能够实现节能减排、减污降碳、降低风险效果的，人民法院可以根据侵权人的申请，结合环保技术改造的时间节点、生态环境保护守法情况等因素，将由此产生的环保技术改造费用适当抵扣其应承担的生态环境损害赔偿金。

为达到环境影响评价要求、排污许可证设定的污染物排放标准或者履行其他生态环境保护法律法规规定的强制性义务而实施环保技术改造发生的费用，侵权人申请抵扣其应承担的生态环境损害赔偿金的，人民法院不予支持。

第四十一条　【“三同时”制度】建设项目中防治污染的设施，应当与主体工程同时设计、同时施工、同时投产使用。防治污染的设施应当符合经批准的环境影响评价文件的要求，不得擅自拆除或者闲置。

注释　“同时设计”，是指建设项目的初步设计，应当按照环境保护设计规范的要求，编制环境保护篇章，并依据经批准的建设项目环境影响报告书或者环境影响报告表，在环境保护篇章中落实防治污染设施的投资概算。

“同时施工”，是在建设项目施工阶段，建设单位应当将防治污染设施的施工纳入项目的施工计划，保证其建设进度和资金落实。

“同时投产使用”，是指建设单位必须把防治污染设施与主体工程同时投入运转，不仅指正式投产使用，还包括建设项目试生产和试运行过程中的同时投产使用。

案例　被告单位湖北瑞锶科技有限公司、被告人王先文等4人污染环境案（长江经济带生态环境司法保护典型案例）

案件适用要点：《中华人民共和国环境保护法》第四十一条规定了建设项目防治污染设施“三同时”制度。《中华人民共和国环境影响评价法》第十六条规定，国家对建设项目的环境影响评价实行分类管理制度。“三同时”制度与环境影响评价制度紧密相关，是贯彻“预防为主”原则的重要法律制度。本案中，被告单位瑞锶公司在未通过环评验收的情况下进行生产，无视环境影响报告书及批复要求，未新建预处理设施，亦未对已有污水处理站进行改造升级，将含重金属铜的废水通过暗管直接排入长江支流徐家溪后汇入长江，严重污染环境，必须承担相应的刑事责任；相关责任人授意或默许违规排放、倾倒、处置有毒物质，直接造成长江水体污染，亦应被追究刑事责任。本案的审理和判决，有助于强化排污企业及单位主管人员的环保责任意识，在追求经济效益的同时，严格遵守“三同时”和环境影响评价等制度，切实将环境保护责任落到实处。

参见　《水污染防治法》第19条；《固体废物污染环境防治法》第18条

第四十二条　【生产经营者的防治污染责任】排放污染物的企业事业单位和其他生产经营者，应当采取措施，防治在生产建设或者其他活动中产生的废气、废水、废渣、医疗废物、粉尘、恶臭气体、放射性物质以及噪声、振动、光辐射、电磁辐射等对环境的污染和危害。

排放污染物的企业事业单位，应当建立环境保护责任制度，明确单位负责人和相关人员的责任。

重点排污单位应当按照国家有关规定和监测规范安装使用监测设备，保证监测设备正常运行，保存原始监测记录。

严禁通过暗管、渗井、渗坑、灌注或者篡改、伪造监测数据，或者不正常运行防治污染设施等逃避监管的方式违法排放污染物。

案例　1. 长兴某环保科技有限公司、夏某频污染环境案（最高人民法院发布10件2022年度人民法院环境资源审判典型案例之一）

案件适用要点：本案系违规排放污水引发的刑事案件。环保公司作为环保治理企业，不仅未积极落实主体责任，反而使用“COD去除剂”干扰环保自动监测结果，实际上污水处理未达标即向外环境排放，严重污染了环境，属于“知法犯法”“假治污、真排污”。人民法院坚持最严法治观、贯彻落实宽严相济刑事政策，依法追究环保公司及其直接负责的主管人员夏某频的刑事责任，体现了从严惩治环境污染犯罪的基本取向。程序上，本案由中级人民法院提级管辖，法院院长、检察院检察长同庭履职，合议庭当庭宣判，环保公司、夏某频服判息诉，将庭审开成一堂法治宣传和法治教育的公开课，亦具有示范意义。

2. 李劲诉华润置地（重庆）有限公司环境污染责任纠纷案（重庆市江津区人民法院民事判决书（2018）渝0116民初6093号）

案件适用要点：光污染对人身的伤害具有潜在性、隐蔽性和个体差异性等特点，人民法院认定光污染损害，应当依据国家标准、地方标准、行业标准，是否干扰他人正常生活、工作和学习，以及是否超出公众可容忍度等进行综合认定。对于公众可容忍度，可以根据周边居民的反应情况、现场的实际感受及专家意见等判断。

保护环境是我国的基本国策，一切单位和个人都有保护环境的义务。《中华人民共和国民法总则》① 第九条规定：“民事主体从事民事活动，应当有利于节约资源、保护生态环境。”《中华人民共和国物权法》第九十条规定：“不动产权利人不得违反国家规定弃置固体废物，排放大气污染物、水污染物、噪声、光、电磁波辐射等有害物质。”《中华人民共和国环境保护法》第四十二条第一款规定：“排放污染物的企业事业单位和其他生产经营者，应当采取措施，防治在生产建设或者其他活动中产生的废气、废水、废渣、医疗废物、粉尘、恶臭气体、放射性物质以及噪声、振动、光辐射、电磁辐射等对环境的污染和危害。”本案系环境污染责任纠纷，根据《中华人民共和国侵权责任法》第六十五条规定：“因污染环境造成损害的，污染者应当承担侵权责任。”环境污染侵权责任属特殊侵权责任，其构成要件包括以下三个方面：一是污染者有污染环境的行为；二是被侵权人有损害事实；三是污染者污染环境的行为与被侵权人的损害之间有因果关系。

参见 本法第 63 条、第 69 条；《大气污染防治法》第 24 条；《刑法》第 338 条；《最高人民法院、最高人民检察院关于办理环境污染刑事案件适用法律若干问题的解释》

第四十三条　【排污费和环境保护税】 排放污染物的企业事业单位和其他生产经营者，应当按照国家有关规定缴纳排污费。排污费应当全部专项用于环境污染防治，任何单位和个人不得截留、挤占或者挪作他用。

依照法律规定征收环境保护税的，不再征收排污费。

注释 环境保护税，一般是指以保护环境为目的，针对污染、破坏环境的特定行为课征税款的专门税种，不包括在一般性税种中为激励纳税人保护环境而采取的税收优惠等税收调节措施。环境保

① 案例中引用的法律条文为案件发生时的法律，目前案件的裁判要旨仍有意义。全书同。

护税是把环境污染和生态破坏的社会成本，内化到生产成本和市场价格中，再通过市场机制来分配环境资源的一种经济手段。《中华人民共和国环境保护税法》已于2016年12月25日由中华人民共和国主席令第61号公布，自2018年1月1日起施行。

参见 《海洋环境保护法》第21条；《水污染防治法》第19条；《环境保护税法》

第四十四条 【重点污染物排放总量控制】 国家实行重点污染物排放总量控制制度。重点污染物排放总量控制指标由国务院下达，省、自治区、直辖市人民政府分解落实。企业事业单位在执行国家和地方污染物排放标准的同时，应当遵守分解落实到本单位的重点污染物排放总量控制指标。

对超过国家重点污染物排放总量控制指标或者未完成国家确定的环境质量目标的地区，省级以上人民政府环境保护主管部门应当暂停审批其新增重点污染物排放总量的建设项目环境影响评价文件。

参见 《水污染防治法》第20条；《大气污染防治法》第14—16条、第22条

第四十五条 【排污许可管理制度】 国家依照法律规定实行排污许可管理制度。

实行排污许可管理的企业事业单位和其他生产经营者应当按照排污许可证的要求排放污染物；未取得排污许可证的，不得排放污染物。

注释 本条第1款规定，国家依照法律规定实行排污许可管理制度。本法只对排污许可管理制度作了原则性规定，排污许可管理制度的具体内容由环保单行法律及有关行政法规作出规定。目前，《水污染防治法》《大气污染防治法》等法律对排污许可作了规定。另外，国务院2021年公布《排污许可管理条例》。

本条第2款规定，实行排污许可管理的企业事业单位和其他生产经营者应当按照排污许可证的要求排放污染物；未取得排污许可

证的，不得排放污染物。排污许可证上载明的要求包括：排放污染物的种类、浓度、数量，有效期，污染物排放的方式、时间、去向，排污口地点和数量，污染物的处理方式和流程，污染物排放总量控制指标、削减数量和时限等。法律规定实行排污许可管理的企业事业单位和其他生产经营者，应当按照排污许可证的要求排放污染物。企业事业单位和其他生产经营者未取得排污许可证的，不得排放法律规定应当取得排污许可证方可排放的污染物。

参见 《水污染防治法》第21条；《大气污染防治法》第19条；《排污许可管理条例》

第四十六条　【淘汰制度与禁止引进制度】 国家对严重污染环境的工艺、设备和产品实行淘汰制度。任何单位和个人不得生产、销售或者转移、使用严重污染环境的工艺、设备和产品。

禁止引进不符合我国环境保护规定的技术、设备、材料和产品。

注释 1. 严重污染环境的工艺、设备和产品的淘汰制度

对严重污染环境的工艺、设备和产品实行淘汰制度，其核心内容是推动企业提高管理水平、生产工艺、技术和设备水平，提高能源和资源的利用率，从根本上解决工业污染问题。其实施是通过国家有关部门公布限期禁止采用的严重污染环境的工艺名录和禁止生产、销售、进口、使用严重污染环境的设备名录来实现的。《循环经济促进法》规定，国务院循环经济发展综合管理部门会同国务院环境保护等有关主管部门，定期发布鼓励、限制和淘汰的技术、工艺、设备、材料和产品名录。禁止生产、进口、销售列入淘汰名录的设备、材料和产品，禁止使用列入淘汰名录的技术、工艺、设备和材料。

2. 引进技术和设备的禁止性规定

该款禁止性规定主要是为了防止国外污染源的转嫁，即防止国外、境外的一些厂商，将污染严重的设备、技术工艺或者有毒有害废弃物，转移给境内没有污染防治能力的单位和个人进行生产、加工、经营或者处理，造成环境污染。防止污染转嫁的目的是从根本上杜绝污染转移的行为，其行为构成的要件是引进的设备、技术、

材料、产品和工艺因对环境的污染危害严重而为法律所禁止。

参见 《水污染防治法》第46—48条；《海洋环境保护法》第22条；《固体废物污染环境防治法》第33条；《水法》第51条；《电力法》第14条；《节约能源法》第7条、第16条、第17条；《噪声污染防治法》第27条；《清洁生产促进法》第11条、第12条；《循环经济促进法》第18条；《大气污染防治法》第27条

第四十七条 【突发环境事件】 各级人民政府及其有关部门和企业事业单位，应当依照《中华人民共和国突发事件应对法》的规定，做好突发环境事件的风险控制、应急准备、应急处置和事后恢复等工作。

县级以上人民政府应当建立环境污染公共监测预警机制，组织制定预警方案；环境受到污染，可能影响公众健康和环境安全时，依法及时公布预警信息，启动应急措施。

企业事业单位应当按照国家有关规定制定突发环境事件应急预案，报环境保护主管部门和有关部门备案。在发生或者可能发生突发环境事件时，企业事业单位应当立即采取措施处理，及时通报可能受到危害的单位和居民，并向环境保护主管部门和有关部门报告。

突发环境事件应急处置工作结束后，有关人民政府应当立即组织评估事件造成的环境影响和损失，并及时将评估结果向社会公布。

注释 1. 监测制度

国家建立健全突发事件监测制度。县级以上人民政府及其有关部门应当根据自然灾害、事故灾难和公共卫生事件的种类和特点，建立健全基础信息数据库，完善监测网络，划分监测区域，确定监测点，明确监测项目，提供必要的设备、设施，配备专职或者兼职人员，对可能发生的突发事件进行监测。

2. 预警机制

县级以上地方各级人民政府应当及时汇总分析突发事件隐患和预警信息，必要时组织相关部门、专业技术人员、专家学者进行会商，对发生突发事件的可能性及其可能造成的影响进行评估；认为

可能发生重大或者特别重大突发事件的，应当立即向上级人民政府报告，并向上级人民政府有关部门、当地驻军和可能受到危害的毗邻或者相关地区的人民政府通报。

3. 应急预案

国家建立健全突发事件应急预案体系。国务院制定国家突发事件总体应急预案，组织制定国家突发事件专项应急预案；国务院有关部门根据各自的职责和国务院相关应急预案，制定国家突发事件部门应急预案。地方各级人民政府和县级以上地方各级人民政府有关部门根据有关法律、法规、规章、上级人民政府及其有关部门的应急预案以及本地区的实际情况，制定相应的突发事件应急预案。应急预案制定机关应当根据实际需要和情势变化，适时修订应急预案。应急预案的制定、修订程序由国务院规定。

4. 损害评估

突发环境事件污染损害评估工作包括制定工作方案、现场勘查与监测、访谈调查、损害确认、损害量化、编制评估报告等基本工作程序。污染损害评估范围包括人身损害、财产损害、环境损害、应急处置费用、调查评估费用，以及其他应当纳入评估范围内的损害。应急处置阶段应当对突发环境事件造成的人身损害和经济损失进行评估，经济损失评估范围包括财产损害、应急处置费用、调查评估费用以及应急处置阶段可以确定的其他损害。突发环境事件污染损害评估所依据的环境监测报告及其他书证、物证、视听资料、当事人陈述、鉴定意见、调查笔录、调查表等有关材料应当符合相关规定。评估结果作出后要及时向社会公布。

参见 《突发事件应对法》；《突发环境事件调查处理办法》；《突发环境事件应急管理办法》；《水污染防治法》第 76 条；《大气污染防治法》第六章；《固体废物污染环境防治法》第 85 条、第 86 条；《放射性污染防治法》第 26 条、第 33 条

第四十八条　【化学物品和含有放射性物质物品的管理】生产、储存、运输、销售、使用、处置化学物品和含有放射性物质的物品，应当遵守国家有关规定，防止污染环境。

案例 泰州市环保联合会与泰兴锦汇化工有限公司等环境污染侵权赔偿纠纷案（《最高人民法院公报》2016 年第 5 期）

案件适用要点：环境污染案件中，危险化学品和化工产品生产企业对其主营产品及副产品必须具有较高的注意义务，必须全面了解其主营产品和主营产品生产过程中产生的副产品是否具有高度危险性，是否会造成环境污染；必须使其主营产品的生产、出售、运输、储存和处置符合相关法律规定，并使其副产品的生产、出售、运输、储存和处置符合相关法律规定，避免对生态环境造成损害或者产生造成生态环境损害的重大风险。虽然河流具有一定的自净能力，但是环境容量是有限的。向河流中大量倾倒副产酸，必然对河流的水质、水体动植物、河床、河岸以及河流下游的生态环境造成严重破坏，如不及时修复，污染的累积必然会超出环境承载能力，最终造成不可逆转的环境损害。因此，不能以部分水域的水质得到恢复为由免除污染者应当承担的环境修复责任。

参见 《刑法》第 338 条；《海洋环境保护法》第 65 条；《固体废物污染环境防治法》第六章；《放射性污染防治法》

第四十九条 【农业、农村环境污染防治】各级人民政府及其农业等有关部门和机构应当指导农业生产经营者科学种植和养殖，科学合理施用农药、化肥等农业投入品，科学处置农用薄膜、农作物秸秆等农业废弃物，防止农业面源污染。

禁止将不符合农用标准和环境保护标准的固体废物、废水施入农田。施用农药、化肥等农业投入品及进行灌溉，应当采取措施，防止重金属和其他有毒有害物质污染环境。

畜禽养殖场、养殖小区、定点屠宰企业等的选址、建设和管理应当符合有关法律法规规定。从事畜禽养殖和屠宰的单位和个人应当采取措施，对畜禽粪便、尸体和污水等废弃物进行科学处置，防止污染环境。

县级人民政府负责组织农村生活废弃物的处置工作。

第五十条 【农村环境污染防治资金支持】各级人民政府应当在财政预算中安排资金，支持农村饮用水水源地保护、生活污水和其他废弃物处理、畜禽养殖和屠宰污染防治、土壤污染防治和农村工矿污染治理等环境保护工作。

第五十一条　【统筹城乡建设环境卫生设施和环境保护公共设施】各级人民政府应当统筹城乡建设污水处理设施及配套管网，固体废物的收集、运输和处置等环境卫生设施，危险废物集中处置设施、场所以及其他环境保护公共设施，并保障其正常运行。

参见　《水污染防治法》第49条；《固体废物污染环境防治》第76条；《城镇排水与污水处理条例》

第五十二条　【环境责任险】国家鼓励投保环境污染责任保险。

注释　所谓责任保险，也称为第三者责任险，根据《保险法》第65条第4款规定，责任保险是指以被保险人对第三者依法应负的赔偿责任为保险标的的保险。责任保险根据投保人是否为自愿，可以分为自愿投保的责任保险和强制投保的责任保险。责任保险一般为自愿投保，但如果法律、行政法规强制性规定从事某种行为的人必须投保责任保险，则为强制责任保险。

参见　《保险法》第65条；《海洋环境保护法》第82条

第五章　信息公开和公众参与

第五十三条　【公众参与】公民、法人和其他组织依法享有获取环境信息、参与和监督环境保护的权利。

各级人民政府环境保护主管部门和其他负有环境保护监督管理职责的部门，应当依法公开环境信息、完善公众参与程序，为公民、法人和其他组织参与和监督环境保护提供便利。

注释　1. 环境权利

近年来，公民的环境权利受到越来越多的关注，2014年修改的《环境保护法》首次以法律的形式确认了获取环境信息、参与环境保护和监督环境保护三项具体的环境权利。有关环境权利入法是《环境保护法》修改众多亮点之一，为完善信息公开和公众参与制度奠定了更为明确和坚实的权利基础。

为了做实公众参与机制，增强制度可执行性，《环境保护法》主要从三个方面作了具体规定：一是，规定了环境相关权利，为公众参与机制奠定法理基础，公众参与不只是行政机关保障行政决策科学、民主的内部程序，还是公众的一项法定权利。二是，明确事前、事中参与机制，依法应当编制环境影响报告书的建设项目，建设单位应当在编制时向可能受影响的公众说明情况，充分征求意见。三是，疏通事后参与机制，公众可以对环境违法行为进行举报，有关社会组织可以依法提起环境公益诉讼。可见，如果把公众参与作为改善环境质量、遏制环境污染的新武器，明确环境相关权利为其提供了法理基础和权利源泉，将大大提高公众参与机制的法律地位和实际作用。

2. 环境权利的内容

所谓“依法”既可依照本法，也可依照其他相关法律。获取环境信息权，就是公众对行政机关所持有的环境信息拥有适当的获得权利，途径包括行政机关主动公开相关环境信息和申请行政机关公开相关环境信息。参与环境保护的权利，包括依法编制环境影响报告书的建设项目，建设单位在编制报告书草案时，应当向可能受影响的公众说明情况，充分征求意见等。监督环境保护的权利，包括对污染环境和破坏生态行为，以及行政不作为，公众有权举报；有关社会组织有权就污染环境、破坏生态，损害社会公共利益的行为，提起公益诉讼等。

3. 保障有关环境权利实现的机制

获取环境信息权利、参与和监督环境保护一旦成为公民的权利，环境保护主管部门和其他负有环境保护监督管理职责的部门等行政机关应当予以重视和依法保障。环境权利的顺利实现除需要当事人主张、权利受损后的救济外，一般还需要行政机关的配合，建立制度、完善程序和履行职责。因此，为了更好地实现环境相关权利，本条明确了环境保护主管部门和其他负有环境保护监督管理职责的部门的法定义务，包括依法公开环境信息、完善公众参与程序，同时，通过各种行政措施来为公民、法人和其他组织参与和监督环境保护提供便利。

参见 《环境保护公众参与办法》

第五十四条　【政府环境信息公开】国务院环境保护主管部门统一发布国家环境质量、重点污染源监测信息及其他重大环境信息。省级以上人民政府环境保护主管部门定期发布环境状况公报。

县级以上人民政府环境保护主管部门和其他负有环境保护监督管理职责的部门，应当依法公开环境质量、环境监测、突发环境事件以及环境行政许可、行政处罚、排污费的征收和使用情况等信息。

县级以上地方人民政府环境保护主管部门和其他负有环境保护监督管理职责的部门，应当将企业事业单位和其他生产经营者的环境违法信息记入社会诚信档案，及时向社会公布违法者名单。

注释　1. 环境信息公开的内容

2014年对《环境保护法》的修改大大扩大了主动公开的环境信息范围，不仅包括环境保护主管部门的环境信息，还包括其他负有环境保护监督管理职责部门的环境信息；不仅包括宏观层面的国家环境质量信息、环境状况公报，也包括中观的重点污染源监测信息、环境监测信息、排污费的征收和使用情况，还有微观的环境行政许可、行政处罚、突发环境事件；不仅要公开环境行政处罚信息，还要向社会公布违法者名单；不仅要将环境信息向社会公布，还要将环境违法信息记入社会诚信档案，通过社会诚信档案向社会公开。

2. 环境信息公开的方式

本条规定了环境信息的主动公开方式。按照《政府信息公开条例》的规定，政府信息公开包括主动公开和依申请公开两类。主动公开，是由行政机关将纳入主动公开范围的政府信息，通过政府公报、政府网站、新闻发布会以及报刊、广播、电视等便于公众知晓的方式公开。考虑到目前环境形势的严峻形势，环境信息涉及广大群众的切身利益，因此本条重点对环境信息主动公开作了规定，对行政机关提出明确且较为严格的要求。

案例　中华环保联合会诉贵州省贵阳市修文县环境保护局环境信息公开案（《最高人民法院公报》2013年第1期）

案件适用要点：根据我国相关法律规定，依法获取环境信息，是公民、法人和其他组织的一项重要权利，是公众参与环境保护、监督环保法律实施的一项重要手段。环境信息应以公开为原则，不公开为例外。据此，具有维护公众环境权益和社会监督职责的公益组织，根据其他诉讼案件的特殊需要，可以依法向环保机关申请获取环保信息。申请公开环境信息需具备以下四个条件：第一，书面申请；第二，申请公开的内容需明确具体；第三，申请公开的内容不涉及国家秘密、商业秘密、个人隐私，属于法定可以公开的政府环境信息；第四，申请环境信息的程序符合《政府信息公开条例》等相关法律法规规定。

参见　《政府信息公开条例》

第五十五条　【企业环境信息公开】重点排污单位应当如实向社会公开其主要污染物的名称、排放方式、排放浓度和总量、超标排放情况，以及防治污染设施的建设和运行情况，接受社会监督。

第五十六条　【公众参与建设项目环境影响评价】对依法应当编制环境影响报告书的建设项目，建设单位应当在编制时向可能受影响的公众说明情况，充分征求意见。

负责审批建设项目环境影响评价文件的部门在收到建设项目环境影响报告书后，除涉及国家秘密和商业秘密的事项外，应当全文公开；发现建设项目未充分征求公众意见的，应当责成建设单位征求公众意见。

第五十七条　【举报】公民、法人和其他组织发现任何单位和个人有污染环境和破坏生态行为的，有权向环境保护主管部门或者其他负有环境保护监督管理职责的部门举报。

公民、法人和其他组织发现地方各级人民政府、县级以上人民政府环境保护主管部门和其他负有环境保护监督管理职责的部门不依法履行职责的，有权向其上级机关或者监察机关举报。

接受举报的机关应当对举报人的相关信息予以保密，保护举报人的合法权益。

注释　事后举报的本质是公众就环境保护中的现象和行为发表意见、表达诉求，属于公众参与的范畴，也是社会监督的重要形式。《环境保护法》从加强公众参与的角度对举报作了明确规定。一是，明确了公众举报权利。举报主体是没有限制的，任何公民都可以举报环境违法行为。举报不一定要求内容完全客观、准确，但也不能滥用，更不得捏造或者诬告。有关行政机关应当依法保护公众的举报权利，建立举报的具体制度，方便公众举报。二是，举报可以对企业违法行为，也可以对行政乱作为、不作为提出。对于企业违法排污行为，可以向环境保护主管部门和其他负有环境保护职责的部门举报。对于政府、环境保护主管部门和其他负有环境保护职责的部门在环境保护工作中的违法行政行为或者不作为，可以向上级机关或者监察机关举报。三是，增加了对举报人的保护机制，加大对举报人的保护。建立举报人保护机制是完善举报制度的重要方面，只有举报人的相关信息不泄露，得到很好的保密，才能让举报人没有后顾之忧，防止被举报人对举报人打击报复。

参见　《水污染防治法》第80条；《固体废物污染环境防治法》第31条

第五十八条　【环境公益诉讼】对污染环境、破坏生态，损害社会公共利益的行为，符合下列条件的社会组织可以向人民法院提起诉讼：

（一）依法在设区的市级以上人民政府民政部门登记；

（二）专门从事环境保护公益活动连续五年以上且无违法记录。

符合前款规定的社会组织向人民法院提起诉讼，人民法院应当依法受理。

提起诉讼的社会组织不得通过诉讼牟取经济利益。

案例　1. 刘某桂非法采矿刑事附带民事公益诉讼案（《最高人民法院公报》2024年第1期）

案件适用要点：跨行政区划的非法采砂刑事案件，可以由非法开采行为实施地、矿产品运输始发地、途经地、目的地等与犯罪行为相关的人民法院管辖。对于采售一体的非法采砂共同犯罪，应当按照有利于查明犯罪事实、便于生态环境修复的原则，确定管辖法院。该共同犯罪中一人犯罪或一环节犯罪属于管辖法院审理的，则该采售一体非法采砂刑事案件均可由该法院审理。非法采砂造成流域生态环境损害，检察机关在刑事案件中提起附带民事公益诉讼，请求被告人承担生态环境修复责任、赔偿损失和有关费用的，人民法院依法予以支持。

2. 黄某辉、陈某等 8 人非法捕捞水产品刑事附带民事公益诉讼案（《最高人民法院公报》2024 年第 1 期）

案件适用要点：破坏环境资源刑事案件中，附带民事公益诉讼被告具有认罪认罚、主动修复受损生态环境等情节的，可以依法从轻处罚。人民法院判决生态环境侵权人采取增殖放流方式恢复水生生物资源、修复水域生态环境的，应当遵循自然规律，遵守水生生物增殖放流管理规定，根据专业修复意见合理确定放流水域、物种、规格、种群结构、时间、方式等，并可以由渔业行政主管部门协助监督执行。

参见 《民事诉讼法》第 58 条；《最高人民法院关于审理环境民事公益诉讼案件适用法律若干问题的解释》

第六章　法律责任

第五十九条　【按日计罚】企业事业单位和其他生产经营者违法排放污染物，受到罚款处罚，被责令改正，拒不改正的，依法作出处罚决定的行政机关可以自责令改正之日的次日起，按照原处罚数额按日连续处罚。

前款规定的罚款处罚，依照有关法律法规按照防治污染设施的运行成本、违法行为造成的直接损失或者违法所得等因素确定的规定执行。

地方性法规可以根据环境保护的实际需要，增加第一款规定的按日连续处罚的违法行为的种类。

参见 《环境保护主管部门实施按日连续处罚办法》

第六十条　【超标超总量的法律责任】企业事业单位和其他生产经营者超过污染物排放标准或者超过重点污染物排放总量控制指

标排放污染物的，县级以上人民政府环境保护主管部门可以责令其采取限制生产、停产整治等措施；情节严重的，报经有批准权的人民政府批准，责令停业、关闭。

参见 《环境保护主管部门实施限制生产、停产整治办法》

第六十一条　【未批先建的法律责任】建设单位未依法提交建设项目环境影响评价文件或者环境影响评价文件未经批准，擅自开工建设的，由负有环境保护监督管理职责的部门责令停止建设，处以罚款，并可以责令恢复原状。

第六十二条　【不依法公开环境信息的法律责任】违反本法规定，重点排污单位不公开或者不如实公开环境信息的，由县级以上地方人民政府环境保护主管部门责令公开，处以罚款，并予以公告。

第六十三条　【行政处罚】企业事业单位和其他生产经营者有下列行为之一，尚不构成犯罪的，除依照有关法律法规规定予以处罚外，由县级以上人民政府环境保护主管部门或者其他有关部门将案件移送公安机关，对其直接负责的主管人员和其他直接责任人员，处十日以上十五日以下拘留；情节较轻的，处五日以上十日以下拘留：

（一）建设项目未依法进行环境影响评价，被责令停止建设，拒不执行的；

（二）违反法律规定，未取得排污许可证排放污染物，被责令停止排污，拒不执行的；

（三）通过暗管、渗井、渗坑、灌注或者篡改、伪造监测数据，或者不正常运行防治污染设施等逃避监管的方式违法排放污染物的；

（四）生产、使用国家明令禁止生产、使用的农药，被责令改正，拒不改正的。

案例　安徽阜阳鼎胜新型建材有限公司篡改、伪造监测数据案（2021 年 5 月 8 日生态环境部公布重点排污单位自动监控弄虚作假查处典型案例）

案件适用要点：2020 年 4 月 26 日，安徽省环境监察局、阜阳市环境监察支队和颍东区环境监察大队执法人员对阜阳鼎胜新型建材有限公司进行现场检查，发现该公司烟气自动监测设备烟尘仪接受镜片上贴有黑色绝缘胶布。执法人员调阅该公司自动监控历史数据发现，工控机界面显示4月26日12时36分前，颗粒物浓度自动监测数据（实测值）始终保持在2.0mg/m^{3}以下，12时37分为7.56mg/m^3，12时38分后始终保持在13mg/m^{3}以上。经调查，确定该公司为逃避监管干扰自动监测设备而故意粘贴黑色绝缘胶布，并于检查当日12时36分将其揭除，导致自动监测数据失真。

该公司上述行为违反了《中华人民共和国环境保护法》第四十二条第四款和《中华人民共和国大气污染防治法》第二十条第二款的规定，阜阳市颍东区生态环境分局根据《中华人民共和国大气污染防治法》第九十九条第（三）项的规定，责令该公司改正上述环境违法行为、停产整治，并处罚款10万元；根据《中华人民共和国环境保护法》第六十三条第（三）项和《行政主管部门移送适用行政拘留环境违法案件暂行办法》第六条第（四）项的规定将该案件移送公安机关，对该公司法定代表人行政拘留10日。

参见 本法第19条、第42条、第45条、第49条、第61条；《行政主管部门移送适用行政拘留环境违法案件暂行办法》

第六十四条　【民事责任】因污染环境和破坏生态造成损害的，应当依照《中华人民共和国侵权责任法》的有关规定承担侵权责任。

注释 因污染环境、破坏生态造成他人损害的，侵权人应当承担侵权责任。因污染环境、破坏生态发生纠纷，行为人应当就法律规定的不承担责任或者减轻责任的情形及其行为与损害之间不存在因果关系承担举证责任。两个以上侵权人污染环境、破坏生态的，承担责任的大小，根据污染物的种类、浓度、排放量，破坏生态的方式、范围、程度，以及行为对损害后果所起的作用等因素确定。侵权人违反法律规定故意污染环境、破坏生态造成严重后果的，被侵权人有权请求相应的惩罚性赔偿。人民法院确定惩罚性赔偿金数额，应当综合考虑侵权人的恶意程度、侵权后果的严重程度、侵权人因污染环境、破坏生态行为所获得的利益或者侵权人所采取的修复措施及其效果等因素，但一般不超过人身损害赔偿金、财产损失数额的二倍。

案例 江苏省泰州市人民检察院诉王小朋等59人生态破坏民事公益诉讼案（《最高人民法院发布第31批指导性案例》[2021年12月1日发布]）

案件适用要点：1. 当收购者明知其所收购的鱼苗系非法捕捞所得，仍与非法捕捞者建立固定买卖关系，形成完整利益链条，共同损害生态资源的，收购者应当与捕捞者对共同实施侵权行为造成的生态资源损失承担连带赔偿责任。

2. 侵权人使用禁用网具非法捕捞，在造成其捕捞的特定鱼类资源损失的同时，也破坏了相应区域其他水生生物资源，严重损害生物多样性的，应当承担包括特定鱼类资源损失和其他水生生物资源损失在内的生态资源损失赔偿责任。当生态资源损失难以确定时，人民法院应当结合生态破坏的范围和程度、资源的稀缺性、恢复所需费用等因素，充分考量非法行为的方式破坏性、时间敏感性、地点特殊性等特点，并参考专家意见，综合作出判断。

案例 湖南省益阳市人民检察院诉夏顺安等15人生态破坏民事公益诉讼案（《最高人民法院发布第31批指导性案例》[2021年12月1日发布]）

案件适用要点：法院生效裁判认为：根据我国相关矿产资源法律法规的规定，开采矿产资源必须依法申请许可证，取得采矿权。夏顺安等15人在下塞湖区域挖取的砂石系国家矿产资源。根据沅江市砂石资源开采管理领导小组办公室证明、益阳市水务局《情况说明》、湘阴县河道砂石综合执法局证明、岳阳市河道砂石服务中心证明，并结合另案生效判决认定的事实及各被告当庭陈述，可证明被告未依法获得许可，私自开采国家矿产资源，应认定为非法采砂。

非法采砂行为不仅造成国家资源损失，还对生态环境造成损害，致使国家利益和社会公共利益遭受损失。矿产资源兼具经济属性和生态属性，不能仅重视矿产资源的经济价值保护，而忽视矿产资源生态价值救济。非法采砂违法犯罪行为不仅需要依法承担刑事责任，还要依法承担生态环境损害赔偿民事责任。应当按照谁污染谁治理、谁破坏谁担责的原则，依法追究非法采砂行为人的刑事、民事法律责任。

人民法院审理环境民事公益诉讼案件，应当贯彻损害担责、全面赔偿原则，对于破坏生态违法犯罪行为不仅要依法追究刑事责任，还要依法追究生态环境损害民事责任。认定非法采砂行为所导致的生态环境损害范围和损失时，应当根据水环境质量、河床结构、水源涵养、水生生物资源等方面的受损情况进行全面评估、合理认定。

案例 上海市人民检察院第三分院诉郎溪华远固体废物处置有限公司、宁波高新区米泰贸易有限公司、黄德庭、薛强环境污染民事公益诉讼案（《最高人民法院关于发布第37批指导性案例》［2022年12月30日发布］）

案件适用要点：侵权人走私固体废物，造成生态环境损害或者具有污染环境、破坏生态重大风险，国家规定的机关或者法律规定的组织请求其依法承担生态环境侵权责任的，人民法院应予支持。在因同一行为引发的刑事案件中未被判处刑事责任的侵权人主张不承担生态环境侵权责任的，人民法院不予支持。

参见 《民法典》第七编第七章；《海洋环境保护法》第92条；《水污染防治法》第96条、第97条、第98条；《最高人民法院关于审理生态环境侵权纠纷案件适用惩罚性赔偿的解释》

第六十五条　【连带责任】环境影响评价机构、环境监测机构以及从事环境监测设备和防治污染设施维护、运营的机构，在有关环境服务活动中弄虚作假，对造成的环境污染和生态破坏负有责任的，除依照有关法律法规规定予以处罚外，还应当与造成环境污染和生态破坏的其他责任者承担连带责任。

第六十六条　【诉讼时效】提起环境损害赔偿诉讼的时效期间为三年，从当事人知道或者应当知道其受到损害时起计算。

第六十七条　【内部监督】上级人民政府及其环境保护主管部门应当加强对下级人民政府及其有关部门环境保护工作的监督。发现有关工作人员有违法行为，依法应当给予处分的，应当向其任免机关或者监察机关提出处分建议。

依法应当给予行政处罚，而有关环境保护主管部门不给予行政处罚的，上级人民政府环境保护主管部门可以直接作出行政处罚的决定。

第六十八条　【行政处分】地方各级人民政府、县级以上人民政府环境保护主管部门和其他负有环境保护监督管理职责的部门有下列行为之一的，对直接负责的主管人员和其他直接责任人员给予记过、记大过或者降级处分；造成严重后果的，给予撤职或者开除处分，其主要负责人应当引咎辞职：

（一）不符合行政许可条件准予行政许可的；

（二）对环境违法行为进行包庇的；

（三）依法应当作出责令停业、关闭的决定而未作出的；

（四）对超标排放污染物、采用逃避监管的方式排放污染物、造成环境事故以及不落实生态保护措施造成生态破坏等行为，发现或者接到举报未及时查处的；

（五）违反本法规定，查封、扣押企业事业单位和其他生产经营者的设施、设备的；

（六）篡改、伪造或者指使篡改、伪造监测数据的；

（七）应当依法公开环境信息而未公开的；

（八）将征收的排污费截留、挤占或者挪作他用的；

（九）法律法规规定的其他违法行为。

第六十九条　【刑事责任】违反本法规定，构成犯罪的，依法追究刑事责任。

案例　1. 昆明闽某纸业有限责任公司等污染环境刑事附带民事公益诉讼案（《最高人民法院公报》2024 年第 1 期）

案件适用要点：企业在生产经营过程中，应当承担合理利用资源、采取措施防治污染、履行保护环境的社会责任。被告单位闽某公司无视企业环境保护社会责任，违反国家法律规定，在无排污许可的前提下，未对生产废水进行有效处理并通过暗管直接排放，严重污染环境，符合《中华人民共和国刑法》第三百三十八条之规定，构成污染环境罪。被告人黄某海、李某城作为被告单位闽某公司直接负责的主管人员和直接责任人员，在单位犯罪中作用相当，亦应以污染环境罪追究其刑事责任。闽某公司擅自通过暗管将生产废水直接排入河道，造成高达10815021元的生态环境损害，并对下游金沙江生态流域功能也造成一定影响，其行为构成对环境公共利益的严重损害，不仅需要依法承担刑事责任，还应承担生态环境损害赔偿民事责任。

2. 案例 广东某检测技术股份有限公司、罗某慧等5人提供虚假证明文件案（最高人民法院发布10件2022年度人民法院环境资源审判典型案例之三）

案件适用要点：本案系故意提供虚假证明文件引发的刑事案件。环境监测数据是环境监测工作的命脉，环境治理离不开中介组织的依法依规履责。中介组织弄虚作假，故意提供虚假监测数据，会妨害对污染环境行为的有效监管，增加治理成本，损害人民群众的环境权益。刑法修正案（十一）将承担环境影响评价、环境监测职责的中介组织的人员明确列举为提供虚假证明文件罪的主体，体现了刑法对出具此类虚假、失实的证明文件行为的否定性评价。本案中，检测公司及罗某慧等人为多家排污单位出具大量虚假检测报告，情节严重，影响恶劣。人民法院严格依法追究其刑事责任，严厉打击生态环境监测数据弄虚作假犯罪行为，对整治第三方环保服务机构违法行为、建立规范有序公平的环境监测服务市场起到了有力推动作用。

3. 重庆云光化工有限公司等污染环境案（《最高人民法院公布四起环境污染犯罪典型案例》［2013年6月18日发布］）

案件适用要点：四川省兴文县人民法院认为，被告重庆云光化工有限公司作为专业的化工危险废物处置企业，违反国家关于化工危险废物的处置规定，将工业污泥和工业废水交给不具有化工危险废物处置资质的被告人张必宾处置，导致环境严重污染，构成污染环境罪。被告人张必宾违反国家规定，向土地倾倒危险废物，造成环境严重污染，且后果严重，构成污染环境罪。被告人周刚、胡学辉帮助被告人张必宾实施上述行为，构成污染环境罪。被告人张必宾投案自首，依法可以从轻或者减轻处罚。据此，以污染环境罪分别判处被告重庆云光化工有限公司罚金50万元；被告人夏勇有期徒刑二年，并处罚金2万元；张必宾有期徒刑一年零六个月，并处罚金2万元。对蒋云川、周刚、胡学辉宣告缓刑。判决宣告后，被告单位、各被告人均未上诉，检察机关亦未抗诉。

参见　《刑法》第六章第六节；《最高人民法院、最高人民检察院关于办理环境污染刑事案件适用法律若干问题的解释》

第七章　附　　则

第七十条　【实施日期】本法自2015年1月1日起施行。

中华人民共和国民法典（节录）

（2020年5月28日第十三届全国人民代表大会第三次会议通过　2020年5月28日中华人民共和国主席令第45号公布　自2021年1月1日起施行）

……

第二百三十六条　【排除妨害、消除危险请求权】妨害物权或者可能妨害物权的，权利人可以请求排除妨害或者消除危险。

第二百三十七条　【修理、重作、更换或者恢复原状请求权】造成不动产或者动产毁损的，权利人可以依法请求修理、重作、更换或者恢复原状。

第二百三十八条　【物权损害赔偿请求权】侵害物权，造成权利人损害的，权利人可以依法请求损害赔偿，也可以依法请求承担其他民事责任。

第二百三十九条　【物权保护方式的单用和并用】本章规定的物权保护方式，可以单独适用，也可以根据权利被侵害的情形合并适用。

第二分编　所　有　权

第四章　一 般 规 定

第二百四十条　【所有权的定义】所有权人对自己的不动产或者动产，依法享有占有、使用、收益和处分的权利。

第二百四十一条　【所有权人设立他物权】所有权人有权在自己的不动产或者动产上设立用益物权和担保物权。用益物权人、担保物权人行使权利，不得损害所有权人的权益。

第二百四十二条　【国家专有】法律规定专属于国家所有的不动产和动产，任何组织或者个人不能取得所有权。

第二百四十三条　【征收】为了公共利益的需要，依照法律规定的权限和程序可以征收集体所有的土地和组织、个人的房屋以及其他不动产。

征收集体所有的土地，应当依法及时足额支付土地补偿费、安置补助费以及农村村民住宅、其他地上附着物和青苗等的补偿费用，并安排被征地农民的社会保障费用，保障被征地农民的生活，维护被征地农民的合法权益。

征收组织、个人的房屋以及其他不动产，应当依法给予征收补偿，维护被征收人的合法权益；征收个人住宅的，还应当保障被征收人的居住条件。

任何组织或者个人不得贪污、挪用、私分、截留、拖欠征收补偿费等费用。

第二百四十四条　【保护耕地与禁止违法征地】国家对耕地实行特殊保护，严格限制农用地转为建设用地，控制建设用地总量。不得违反法律规定的权限和程序征收集体所有的土地。

第二百四十五条　【征用】因抢险救灾、疫情防控等紧急需要，依照法律规定的权限和程序可以征用组织、个人的不动产或者动产。被征用的不动产或者动产使用后，应当返还被征用人。

组织、个人的不动产或者动产被征用或者征用后毁损、灭失的，应当给予补偿。

第五章　国家所有权和集体所有权、私人所有权

第二百四十六条　【国家所有权】法律规定属于国家所有的财产，属于国家所有即全民所有。

国有财产由国务院代表国家行使所有权。法律另有规定的，依照其规定。

第二百四十七条　【矿藏、水流和海域的国家所有权】矿藏、水流、海域属于国家所有。

第二百四十八条　【无居民海岛的国家所有权】无居民海岛属于国家所有，国务院代表国家行使无居民海岛所有权。

第二百四十九条　【国家所有土地的范围】城市的土地，属于国家所有。法律规定属于国家所有的农村和城市郊区的土地，属于国家所有。

第二百五十条　【国家所有的自然资源】森林、山岭、草原、荒地、滩涂等自然资源，属于国家所有，但是法律规定属于集体所有的除外。

第二百五十一条　【国家所有的野生动植物资源】法律规定属于国家所有的野生动植物资源，属于国家所有。

第二百五十二条　【无线电频谱资源的国家所有权】无线电频谱资源属于国家所有。

第二百五十三条　【国家所有的文物的范围】法律规定属于国家所有的文物，属于国家所有。

第二百五十四条　【国防资产、基础设施的国家所有权】国防资产属于国家所有。

铁路、公路、电力设施、电信设施和油气管道等基础设施，依照法律规定为国家所有的，属于国家所有。

……

第二百八十八条　【处理相邻关系的原则】不动产的相邻权利人应当按照有利生产、方便生活、团结互助、公平合理的原则，正确处理相邻关系。

第二百八十九条　【处理相邻关系的依据】法律、法规对处理相邻关系有规定的，依照其规定；法律、法规没有规定的，可以按照当地习惯。

第二百九十条　【相邻用水、排水、流水关系】不动产权利人应当为相邻权利人用水、排水提供必要的便利。

对自然流水的利用，应当在不动产的相邻权利人之间合理分配。对自然流水的排放，应当尊重自然流向。

第二百九十一条　【相邻关系中的通行权】不动产权利人对相邻权利人因通行等必须利用其土地的，应当提供必要的便利。

第二百九十二条　【相邻土地的利用】不动产权利人因建造、修缮建筑物以及铺设电线、电缆、水管、暖气和燃气管线等必须利用相邻土地、建筑物的，该土地、建筑物的权利人应当提供必要的便利。

第二百九十三条　【相邻建筑物通风、采光、日照】建造建筑物，不得违反国家有关工程建设标准，不得妨碍相邻建筑物的通风、采光和日照。

第二百九十四条　【相邻不动产之间不得排放、施放污染物】不动产权利人不得违反国家规定弃置固体废物，排放大气污染物、水污染物、土壤污染物、噪声、光辐射、电磁辐射等有害物质。

第二百九十五条　【维护相邻不动产安全】不动产权利人挖掘土地、建造建筑物、铺设管线以及安装设备等，不得危及相邻不动产的安全。

第二百九十六条　【相邻权的限度】不动产权利人因用水、排水、通行、铺设管线等利用相邻不动产的，应当尽量避免对相邻的不动产权利人造成损害。

……

第一千一百六十四条　【侵权责任编的调整范围】本编调整因

侵害民事权益产生的民事关系。

第一千一百六十五条　【过错责任原则与过错推定责任】 行为人因过错侵害他人民事权益造成损害的，应当承担侵权责任。

依照法律规定推定行为人有过错，其不能证明自己没有过错的，应当承担侵权责任。

第一千一百六十六条　【无过错责任】 行为人造成他人民事权益损害，不论行为人有无过错，法律规定应当承担侵权责任的，依照其规定。

第一千一百六十七条　【危及他人人身、财产安全的责任承担方式】 侵权行为危及他人人身、财产安全的，被侵权人有权请求侵权人承担停止侵害、排除妨碍、消除危险等侵权责任。

第一千一百六十八条　【共同侵权】 二人以上共同实施侵权行为，造成他人损害的，应当承担连带责任。

第一千一百六十九条　【教唆侵权、帮助侵权】 教唆、帮助他人实施侵权行为的，应当与行为人承担连带责任。

教唆、帮助无民事行为能力人、限制民事行为能力人实施侵权行为的，应当承担侵权责任；该无民事行为能力人、限制民事行为能力人的监护人未尽到监护职责的，应当承担相应的责任。

第一千一百七十条　【共同危险行为】 二人以上实施危及他人人身、财产安全的行为，其中一人或者数人的行为造成他人损害，能够确定具体侵权人的，由侵权人承担责任；不能确定具体侵权人的，行为人承担连带责任。

第一千一百七十一条　【分别侵权的连带责任】 二人以上分别实施侵权行为造成同一损害，每个人的侵权行为都足以造成全部损害的，行为人承担连带责任。

第一千一百七十二条　【分别侵权的按份责任】 二人以上分别实施侵权行为造成同一损害，能够确定责任大小的，各自承担相应的责任；难以确定责任大小的，平均承担责任。

第一千一百七十三条　【与有过错】 被侵权人对同一损害的发生或者扩大有过错的，可以减轻侵权人的责任。

第一千一百七十四条　【受害人故意】损害是因受害人故意造成的，行为人不承担责任。

第一千一百七十五条　【第三人过错】损害是因第三人造成的，第三人应当承担侵权责任。

第一千一百七十六条　【自甘风险】自愿参加具有一定风险的文体活动，因其他参加者的行为受到损害的，受害人不得请求其他参加者承担侵权责任；但是，其他参加者对损害的发生有故意或者重大过失的除外。

活动组织者的责任适用本法第一千一百九十八条至第一千二百零一条的规定。

第一千一百七十七条　【自力救济】合法权益受到侵害，情况紧迫且不能及时获得国家机关保护，不立即采取措施将使其合法权益受到难以弥补的损害的，受害人可以在保护自己合法权益的必要范围内采取扣留侵权人的财物等合理措施；但是，应当立即请求有关国家机关处理。

受害人采取的措施不当造成他人损害的，应当承担侵权责任。

第一千一百七十八条　【特别规定优先适用】本法和其他法律对不承担责任或者减轻责任的情形另有规定的，依照其规定。

第二章　损害赔偿

第一千一百七十九条　【人身损害赔偿范围】侵害他人造成人身损害的，应当赔偿医疗费、护理费、交通费、营养费、住院伙食补助费等为治疗和康复支出的合理费用，以及因误工减少的收入。造成残疾的，还应当赔偿辅助器具费和残疾赔偿金；造成死亡的，还应当赔偿丧葬费和死亡赔偿金。

第一千一百八十条　【以相同数额确定死亡赔偿金】因同一侵权行为造成多人死亡的，可以以相同数额确定死亡赔偿金。

第一千一百八十一条　【被侵权人死亡时请求权主体的确定】被侵权人死亡的，其近亲属有权请求侵权人承担侵权责任。被侵权人为组织，该组织分立、合并的，承继权利的组织有权请求侵权人承担侵权责任。

被侵权人死亡的，支付被侵权人医疗费、丧葬费等合理费用的人有权请求侵权人赔偿费用，但是侵权人已经支付该费用的除外。

第一千一百八十二条　【侵害他人人身权益造成财产损失的赔偿计算方式】侵害他人人身权益造成财产损失的，按照被侵权人因此受到的损失或者侵权人因此获得的利益赔偿；被侵权人因此受到的损失以及侵权人因此获得的利益难以确定，被侵权人和侵权人就赔偿数额协商不一致，向人民法院提起诉讼的，由人民法院根据实际情况确定赔偿数额。

第一千一百八十三条　【精神损害赔偿】侵害自然人人身权益造成严重精神损害的，被侵权人有权请求精神损害赔偿。

因故意或者重大过失侵害自然人具有人身意义的特定物造成严重精神损害的，被侵权人有权请求精神损害赔偿。

第一千一百八十四条　【财产损失的计算】侵害他人财产的，财产损失按照损失发生时的市场价格或者其他合理方式计算。

第一千一百八十五条　【故意侵害知识产权的惩罚性赔偿责任】故意侵害他人知识产权，情节严重的，被侵权人有权请求相应的惩罚性赔偿。

第一千一百八十六条　【公平分担损失】受害人和行为人对损害的发生都没有过错的，依照法律的规定由双方分担损失。

第一千一百八十七条　【赔偿费用的支付方式】损害发生后，当事人可以协商赔偿费用的支付方式。协商不一致的，赔偿费用应当一次性支付；一次性支付确有困难的，可以分期支付，但是被侵权人有权请求提供相应的担保。

……

第一千二百二十九条　【环境污染和生态破坏侵权责任】因污染环境、破坏生态造成他人损害的，侵权人应当承担侵权责任。

第一千二百三十条　【环境污染、生态破坏侵权举证责任】因污染环境、破坏生态发生纠纷，行为人应当就法律规定的不承担责任或者减轻责任的情形及其行为与损害之间不存在因果关系承担举证责任。

第一千二百三十一条　【两个以上侵权人造成损害的责任分担】 两个以上侵权人污染环境、破坏生态的，承担责任的大小，根据污染物的种类、浓度、排放量，破坏生态的方式、范围、程度，以及行为对损害后果所起的作用等因素确定。

第一千二百三十二条　【侵权人的惩罚性赔偿】 侵权人违反法律规定故意污染环境、破坏生态造成严重后果的，被侵权人有权请求相应的惩罚性赔偿。

第一千二百三十三条　【因第三人过错污染环境、破坏生态的责任】 因第三人的过错污染环境、破坏生态的，被侵权人可以向侵权人请求赔偿，也可以向第三人请求赔偿。侵权人赔偿后，有权向第三人追偿。

第一千二百三十四条　【生态环境损害修复责任】 违反国家规定造成生态环境损害，生态环境能够修复的，国家规定的机关或者法律规定的组织有权请求侵权人在合理期限内承担修复责任。侵权人在期限内未修复的，国家规定的机关或者法律规定的组织可以自行或者委托他人进行修复，所需费用由侵权人负担。

第一千二百三十五条　【生态环境损害赔偿的范围】 违反国家规定造成生态环境损害的，国家规定的机关或者法律规定的组织有权请求侵权人赔偿下列损失和费用：

（一）生态环境受到损害至修复完成期间服务功能丧失导致的损失；

（二）生态环境功能永久性损害造成的损失；

（三）生态环境损害调查、鉴定评估等费用；

（四）清除污染、修复生态环境费用；

（五）防止损害的发生和扩大所支出的合理费用。

……

中华人民共和国环境影响评价法

（2002年10月28日第九届全国人民代表大会常务委员会第三十次会议通过　根据2016年7月2日第十二届全国人民代表大会常务委员会第二十一次会议《关于修改〈中华人民共和国节约能源法〉等六部法律的决定》第一次修正　根据2018年12月29日第十三届全国人民代表大会常务委员会第七次会议《关于修改〈中华人民共和国劳动法〉等七部法律的决定》第二次修正）

第一章　总　则

第一条　为了实施可持续发展战略，预防因规划和建设项目实施后对环境造成不良影响，促进经济、社会和环境的协调发展，制定本法。

第二条　本法所称环境影响评价，是指对规划和建设项目实施后可能造成的环境影响进行分析、预测和评估，提出预防或者减轻不良环境影响的对策和措施，进行跟踪监测的方法与制度。

第三条　编制本法第九条所规定的范围内的规划，在中华人民共和国领域和中华人民共和国管辖的其他海域内建设对环境有影响的项目，应当依照本法进行环境影响评价。

第四条　环境影响评价必须客观、公开、公正，综合考虑规划或者建设项目实施后对各种环境因素及其所构成的生态系统可能造成的影响，为决策提供科学依据。

第五条　国家鼓励有关单位、专家和公众以适当方式参与环境影响评价。

第六条　国家加强环境影响评价的基础数据库和评价指标体系建设，鼓励和支持对环境影响评价的方法、技术规范进行科学研究，建立必要的环境影响评价信息共享制度，提高环境影响评价的科学性。

国务院生态环境主管部门应当会同国务院有关部门，组织建立和完善环境影响评价的基础数据库和评价指标体系。

第二章　规划的环境影响评价

第七条　国务院有关部门、设区的市级以上地方人民政府及其有关部门，对其组织编制的土地利用的有关规划，区域、流域、海域的建设、开发利用规划，应当在规划编制过程中组织进行环境影响评价，编写该规划有关环境影响的篇章或者说明。

规划有关环境影响的篇章或者说明，应当对规划实施后可能造成的环境影响作出分析、预测和评估，提出预防或者减轻不良环境影响的对策和措施，作为规划草案的组成部分一并报送规划审批机关。

未编写有关环境影响的篇章或者说明的规划草案，审批机关不予审批。

第八条　国务院有关部门、设区的市级以上地方人民政府及其有关部门，对其组织编制的工业、农业、畜牧业、林业、能源、水利、交通、城市建设、旅游、自然资源开发的有关专项规划（以下简称专项规划），应当在该专项规划草案上报审批前，组织进行环境影响评价，并向审批该专项规划的机关提出环境影响报告书。

前款所列专项规划中的指导性规划，按照本法第七条的规定进行环境影响评价。

第九条　依照本法第七条、第八条的规定进行环境影响评价的规划的具体范围，由国务院生态环境主管部门会同国务院有关部门规定，报国务院批准。

第十条　专项规划的环境影响报告书应当包括下列内容：

（一）实施该规划对环境可能造成影响的分析、预测和评估；

（二）预防或者减轻不良环境影响的对策和措施；

（三）环境影响评价的结论。

第十一条　专项规划的编制机关对可能造成不良环境影响并直

接涉及公众环境权益的规划，应当在该规划草案报送审批前，举行论证会、听证会，或者采取其他形式，征求有关单位、专家和公众对环境影响报告书草案的意见。但是，国家规定需要保密的情形除外。

编制机关应当认真考虑有关单位、专家和公众对环境影响报告书草案的意见，并应当在报送审查的环境影响报告书中附具对意见采纳或者不采纳的说明。

第十二条 专项规划的编制机关在报批规划草案时，应当将环境影响报告书一并附送审批机关审查；未附送环境影响报告书的，审批机关不予审批。

第十三条 设区的市级以上人民政府在审批专项规划草案，作出决策前，应当先由人民政府指定的生态环境主管部门或者其他部门召集有关部门代表和专家组成审查小组，对环境影响报告书进行审查。审查小组应当提出书面审查意见。

参加前款规定的审查小组的专家，应当从按照国务院生态环境主管部门的规定设立的专家库内的相关专业的专家名单中，以随机抽取的方式确定。

由省级以上人民政府有关部门负责审批的专项规划，其环境影响报告书的审查办法，由国务院生态环境主管部门会同国务院有关部门制定。

第十四条 审查小组提出修改意见的，专项规划的编制机关应当根据环境影响报告书结论和审查意见对规划草案进行修改完善，并对环境影响报告书结论和审查意见的采纳情况作出说明；不采纳的，应当说明理由。

设区的市级以上人民政府或者省级以上人民政府有关部门在审批专项规划草案时，应当将环境影响报告书结论以及审查意见作为决策的重要依据。

在审批中未采纳环境影响报告书结论以及审查意见的，应当作出说明，并存档备查。

第十五条 对环境有重大影响的规划实施后，编制机关应当及时组织环境影响的跟踪评价，并将评价结果报告审批机关；发现有明显不良环境影响的，应当及时提出改进措施。

第三章　建设项目的环境影响评价

第十六条　国家根据建设项目对环境的影响程度，对建设项目的环境影响评价实行分类管理。

建设单位应当按照下列规定组织编制环境影响报告书、环境影响报告表或者填报环境影响登记表（以下统称环境影响评价文件）：

（一）可能造成重大环境影响的，应当编制环境影响报告书，对产生的环境影响进行全面评价；

（二）可能造成轻度环境影响的，应当编制环境影响报告表，对产生的环境影响进行分析或者专项评价；

（三）对环境影响很小、不需要进行环境影响评价的，应当填报环境影响登记表。

建设项目的环境影响评价分类管理名录，由国务院生态环境主管部门制定并公布。

第十七条　建设项目的环境影响报告书应当包括下列内容：

（一）建设项目概况；

（二）建设项目周围环境现状；

（三）建设项目对环境可能造成影响的分析、预测和评估；

（四）建设项目环境保护措施及其技术、经济论证；

（五）建设项目对环境影响的经济损益分析；

（六）对建设项目实施环境监测的建议；

（七）环境影响评价的结论。

环境影响报告表和环境影响登记表的内容和格式，由国务院生态环境主管部门制定。

第十八条　建设项目的环境影响评价，应当避免与规划的环境影响评价相重复。

作为一项整体建设项目的规划，按照建设项目进行环境影响评价，不进行规划的环境影响评价。

已经进行了环境影响评价的规划包含具体建设项目的，规划的环境影响评价结论应当作为建设项目环境影响评价的重要依据，建设项目环境影响评价的内容应当根据规划的环境影响评价审查意见予以简化。

第十九条 建设单位可以委托技术单位对其建设项目开展环境影响评价，编制建设项目环境影响报告书、环境影响报告表；建设单位具备环境影响评价技术能力的，可以自行对其建设项目开展环境影响评价，编制建设项目环境影响报告书、环境影响报告表。

编制建设项目环境影响报告书、环境影响报告表应当遵守国家有关环境影响评价标准、技术规范等规定。

国务院生态环境主管部门应当制定建设项目环境影响报告书、环境影响报告表编制的能力建设指南和监管办法。

接受委托为建设单位编制建设项目环境影响报告书、环境影响报告表的技术单位，不得与负责审批建设项目环境影响报告书、环境影响报告表的生态环境主管部门或者其他有关审批部门存在任何利益关系。

第二十条 建设单位应当对建设项目环境影响报告书、环境影响报告表的内容和结论负责，接受委托编制建设项目环境影响报告书、环境影响报告表的技术单位对其编制的建设项目环境影响报告书、环境影响报告表承担相应责任。

设区的市级以上人民政府生态环境主管部门应当加强对建设项目环境影响报告书、环境影响报告表编制单位的监督管理和质量考核。

负责审批建设项目环境影响报告书、环境影响报告表的生态环境主管部门应当将编制单位、编制主持人和主要编制人员的相关违法信息记入社会诚信档案，并纳入全国信用信息共享平台和国家企业信用信息公示系统向社会公布。

任何单位和个人不得为建设单位指定编制建设项目环境影响报告书、环境影响报告表的技术单位。

第二十一条 除国家规定需要保密的情形外，对环境可能造成重大影响、应当编制环境影响报告书的建设项目，建设单位应当在报批建设项目环境影响报告书前，举行论证会、听证会，或者采取其他形式，征求有关单位、专家和公众的意见。

建设单位报批的环境影响报告书应当附具对有关单位、专家和公众的意见采纳或者不采纳的说明。

第二十二条 建设项目的环境影响报告书、报告表，由建设单位按照国务院的规定报有审批权的生态环境主管部门审批。

海洋工程建设项目的海洋环境影响报告书的审批，依照《中华人民共和国海洋环境保护法》的规定办理。

审批部门应当自收到环境影响报告书之日起六十日内，收到环境影响报告表之日起三十日内，分别作出审批决定并书面通知建设单位。

国家对环境影响登记表实行备案管理。

审核、审批建设项目环境影响报告书、报告表以及备案环境影响登记表，不得收取任何费用。

第二十三条 国务院生态环境主管部门负责审批下列建设项目的环境影响评价文件：

（一）核设施、绝密工程等特殊性质的建设项目；

（二）跨省、自治区、直辖市行政区域的建设项目；

（三）由国务院审批的或者由国务院授权有关部门审批的建设项目。

前款规定以外的建设项目的环境影响评价文件的审批权限，由省、自治区、直辖市人民政府规定。

建设项目可能造成跨行政区域的不良环境影响，有关生态环境主管部门对该项目的环境影响评价结论有争议的，其环境影响评价文件由共同的上一级生态环境主管部门审批。

第二十四条 建设项目的环境影响评价文件经批准后，建设项目的性质、规模、地点、采用的生产工艺或者防治污染、防止生态破坏的措施发生重大变动的，建设单位应当重新报批建设项目的环境影响评价文件。

建设项目的环境影响评价文件自批准之日起超过五年，方决定该项目开工建设的，其环境影响评价文件应当报原审批部门重新审核；原审批部门应当自收到建设项目环境影响评价文件之日起十日内，将审核意见书面通知建设单位。

第二十五条 建设项目的环境影响评价文件未依法经审批部门审查或者审查后未予批准的，建设单位不得开工建设。

第二十六条 建设项目建设过程中，建设单位应当同时实施环境影响报告书、环境影响报告表以及环境影响评价文件审批部门审批意见中提出的环境保护对策措施。

第二十七条 在项目建设、运行过程中产生不符合经审批的环境影响评价文件的情形的，建设单位应当组织环境影响的后评价，采取改进措施，并报原环境影响评价文件审批部门和建设项目审批部门备案；原环境影响评价文件审批部门也可以责成建设单位进行环境影响的后评价，采取改进措施。

第二十八条 生态环境主管部门应当对建设项目投入生产或者使用后所产生的环境影响进行跟踪检查，对造成严重环境污染或者生态破坏的，应当查清原因、查明责任。对属于建设项目环境影响报告书、环境影响报告表存在基础资料明显不实，内容存在重大缺陷、遗漏或者虚假，环境影响评价结论不正确或者不合理等严重质量问题的，依照本法第三十二条的规定追究建设单位及其相关责任人员和接受委托编制建设项目环境影响报告书、环境影响报告表的技术单位及其相关人员的法律责任；属于审批部门工作人员失职、渎职，对依法不应批准的建设项目环境影响报告书、环境影响报告表予以批准的，依照本法第三十四条的规定追究其法律责任。

第四章 法律责任

第二十九条 规划编制机关违反本法规定，未组织环境影响评价，或者组织环境影响评价时弄虚作假或者有失职行为，造成环境影响评价严重失实的，对直接负责的主管人员和其他直接责任人员，由上级机关或者监察机关依法给予行政处分。

第三十条 规划审批机关对依法应当编写有关环境影响的篇章或者说明而未编写的规划草案，依法应当附送环境影响报告书而未附送的专项规划草案，违法予以批准的，对直接负责的主管人员和其他直接责任人员，由上级机关或者监察机关依法给予行政处分。

第三十一条 建设单位未依法报批建设项目环境影响报告书、报告表，或者未依照本法第二十四条的规定重新报批或者报请重新审核环境影响报告书、报告表，擅自开工建设的，由县级以上生态环境主管部门责令停止建设，根据违法情节和危害后果，处建设项目总投资额百分之一以上百分之五以下的罚款，并可以责令恢复原状；对建设单位直接负责的主管人员和其他直接责任人员，依法给予行政处分。

建设项目环境影响报告书、报告表未经批准或者未经原审批部门重新审核同意，建设单位擅自开工建设的，依照前款的规定处罚、处分。

建设单位未依法备案建设项目环境影响登记表的，由县级以上生态环境主管部门责令备案，处五万元以下的罚款。

海洋工程建设项目的建设单位有本条所列违法行为的，依照《中华人民共和国海洋环境保护法》的规定处罚。

第三十二条 建设项目环境影响报告书、环境影响报告表存在基础资料明显不实，内容存在重大缺陷、遗漏或者虚假，环境影响评价结论不正确或者不合理等严重质量问题的，由设区的市级以上人民政府生态环境主管部门对建设单位处五十万元以上二百万元以下的罚款，并对建设单位的法定代表人、主要负责人、直接负责的主管人员和其他直接责任人员，处五万元以上二十万元以下的罚款。

接受委托编制建设项目环境影响报告书、环境影响报告表的技术单位违反国家有关环境影响评价标准和技术规范等规定，致使其编制的建设项目环境影响报告书、环境影响报告表存在基础资料明显不实，内容存在重大缺陷、遗漏或者虚假，环境影响评价结论不正确或者不合理等严重质量问题的，由设区的市级以上人民政府生态环境主管部门对技术单位处所收费用三倍以上五倍以下的罚款；情节严重的，禁止从事环境影响报告书、环境影响报告表编制工作；有违法所得的，没收违法所得。

编制单位有本条第一款、第二款规定的违法行为的，编制主持人和主要编制人员五年内禁止从事环境影响报告书、环境影响报告表编制工作；构成犯罪的，依法追究刑事责任，并终身禁止从事环境影响报告书、环境影响报告表编制工作。

第三十三条 负责审核、审批、备案建设项目环境影响评价文件的部门在审批、备案中收取费用的，由其上级机关或者监察机关责令退还；情节严重的，对直接负责的主管人员和其他直接责任人员依法给予行政处分。

第三十四条 生态环境主管部门或者其他部门的工作人员徇私舞弊，滥用职权，玩忽职守，违法批准建设项目环境影响评价文件的，依法给予行政处分；构成犯罪的，依法追究刑事责任。

第五章 附 则

第三十五条 省、自治区、直辖市人民政府可以根据本地的实际情况，要求对本辖区的县级人民政府编制的规划进行环境影响评价。具体办法由省、自治区、直辖市参照本法第二章的规定制定。

第三十六条 军事设施建设项目的环境影响评价办法，由中央军事委员会依照本法的原则制定。

第三十七条 本法自 2003 年 9 月 1 日起施行。

中华人民共和国环境保护税法

（2016年12月25日第十二届全国人民代表大会常务委员会第二十五次会议通过　根据2018年10月26日第十三届全国人民代表大会常务委员会第六次会议《关于修改〈中华人民共和国野生动物保护法〉等十五部法律的决定》修正）

第一章　总　　则

第一条　为了保护和改善环境，减少污染物排放，推进生态文明建设，制定本法。

第二条　在中华人民共和国领域和中华人民共和国管辖的其他海域，直接向环境排放应税污染物的企业事业单位和其他生产经营者为环境保护税的纳税人，应当依照本法规定缴纳环境保护税。

第三条　本法所称应税污染物，是指本法所附《环境保护税税目税额表》、《应税污染物和当量值表》规定的大气污染物、水污染物、固体废物和噪声。

第四条　有下列情形之一的，不属于直接向环境排放污染物，不缴纳相应污染物的环境保护税：

（一）企业事业单位和其他生产经营者向依法设立的污水集中处理、生活垃圾集中处理场所排放应税污染物的；

（二）企业事业单位和其他生产经营者在符合国家和地方环境保护标准的设施、场所贮存或者处置固体废物的。

第五条　依法设立的城乡污水集中处理、生活垃圾集中处理场所超过国家和地方规定的排放标准向环境排放应税污染物的，应当缴纳环境保护税。

企业事业单位和其他生产经营者贮存或者处置固体废物不符合国家和地方环境保护标准的，应当缴纳环境保护税。

第六条 环境保护税的税目、税额，依照本法所附《环境保护税税目税额表》执行。

应税大气污染物和水污染物的具体适用税额的确定和调整，由省、自治区、直辖市人民政府统筹考虑本地区环境承载能力、污染物排放现状和经济社会生态发展目标要求，在本法所附《环境保护税税目税额表》规定的税额幅度内提出，报同级人民代表大会常务委员会决定，并报全国人民代表大会常务委员会和国务院备案。

第二章 计税依据和应纳税额

第七条 应税污染物的计税依据，按照下列方法确定：

（一）应税大气污染物按照污染物排放量折合的污染当量数确定；

（二）应税水污染物按照污染物排放量折合的污染当量数确定；

（三）应税固体废物按照固体废物的排放量确定；

（四）应税噪声按照超过国家规定标准的分贝数确定。

第八条 应税大气污染物、水污染物的污染当量数，以该污染物的排放量除以该污染物的污染当量值计算。每种应税大气污染物、水污染物的具体污染当量值，依照本法所附《应税污染物和当量值表》执行。

第九条 每一排放口或者没有排放口的应税大气污染物，按照污染当量数从大到小排序，对前三项污染物征收环境保护税。

每一排放口的应税水污染物，按照本法所附《应税污染物和当量值表》，区分第一类水污染物和其他类水污染物，按照污染当量数从大到小排序，对第一类水污染物按照前五项征收环境保护税，对其他类水污染物按照前三项征收环境保护税。

省、自治区、直辖市人民政府根据本地区污染物减排的特殊需要，可以增加同一排放口征收环境保护税的应税污染物项目数，报同级人民代表大会常务委员会决定，并报全国人民代表大会常务委员会和国务院备案。

第十条 应税大气污染物、水污染物、固体废物的排放量和噪声的分贝数，按照下列方法和顺序计算：

（一）纳税人安装使用符合国家规定和监测规范的污染物自动监测设备的，按照污染物自动监测数据计算；

（二）纳税人未安装使用污染物自动监测设备的，按照监测机构出具的符合国家有关规定和监测规范的监测数据计算；

（三）因排放污染物种类多等原因不具备监测条件的，按照国务院生态环境主管部门规定的排污系数、物料衡算方法计算；

（四）不能按照本条第一项至第三项规定的方法计算的，按照省、自治区、直辖市人民政府生态环境主管部门规定的抽样测算的方法核定计算。

第十一条 环境保护税应纳税额按照下列方法计算：

（一）应税大气污染物的应纳税额为污染当量数乘以具体适用税额；

（二）应税水污染物的应纳税额为污染当量数乘以具体适用税额；

（三）应税固体废物的应纳税额为固体废物排放量乘以具体适用税额；

（四）应税噪声的应纳税额为超过国家规定标准的分贝数对应的具体适用税额。

第三章 税收减免

第十二条 下列情形，暂予免征环境保护税：

（一）农业生产（不包括规模化养殖）排放应税污染物的；

（二）机动车、铁路机车、非道路移动机械、船舶和航空器等流动污染源排放应税污染物的；

（三）依法设立的城乡污水集中处理、生活垃圾集中处理场所排放相应应税污染物，不超过国家和地方规定的排放标准的；

（四）纳税人综合利用的固体废物，符合国家和地方环境保护标准的；

（五）国务院批准免税的其他情形。

前款第五项免税规定，由国务院报全国人民代表大会常务委员会备案。

第十三条 纳税人排放应税大气污染物或者水污染物的浓度值低于国家和地方规定的污染物排放标准百分之三十的，减按百分之七十五征收环境保护税。纳税人排放应税大气污染物或者水污染物的浓度值低于国家和地方规定的污染物排放标准百分之五十的，减按百分之五十征收环境保护税。

第四章 征收管理

第十四条 环境保护税由税务机关依照《中华人民共和国税收征收管理法》和本法的有关规定征收管理。

生态环境主管部门依照本法和有关环境保护法律法规的规定负责对污染物的监测管理。

县级以上地方人民政府应当建立税务机关、生态环境主管部门和其他相关单位分工协作工作机制，加强环境保护税征收管理，保障税款及时足额入库。

第十五条 生态环境主管部门和税务机关应当建立涉税信息共享平台和工作配合机制。

生态环境主管部门应当将排污单位的排污许可、污染物排放数据、环境违法和受行政处罚情况等环境保护相关信息，定期交送税务机关。

税务机关应当将纳税人的纳税申报、税款入库、减免税额、欠缴税款以及风险疑点等环境保护税涉税信息，定期交送生态环境主管部门。

第十六条 纳税义务发生时间为纳税人排放应税污染物的当日。

第十七条 纳税人应当向应税污染物排放地的税务机关申报缴纳环境保护税。

第十八条 环境保护税按月计算，按季申报缴纳。不能按固定期限计算缴纳的，可以按次申报缴纳。

纳税人申报缴纳时，应当向税务机关报送所排放应税污染物的种类、数量，大气污染物、水污染物的浓度值，以及税务机关根据实际需要要求纳税人报送的其他纳税资料。

第十九条　纳税人按季申报缴纳的，应当自季度终了之日起十五日内，向税务机关办理纳税申报并缴纳税款。纳税人按次申报缴纳的，应当自纳税义务发生之日起十五日内，向税务机关办理纳税申报并缴纳税款。

纳税人应当依法如实办理纳税申报，对申报的真实性和完整性承担责任。

第二十条　税务机关应当将纳税人的纳税申报数据资料与生态环境主管部门交送的相关数据资料进行比对。

税务机关发现纳税人的纳税申报数据资料异常或者纳税人未按照规定期限办理纳税申报的，可以提请生态环境主管部门进行复核，生态环境主管部门应当自收到税务机关的数据资料之日起十五日内向税务机关出具复核意见。税务机关应当按照生态环境主管部门复核的数据资料调整纳税人的应纳税额。

第二十一条　依照本法第十条第四项的规定核定计算污染物排放量的，由税务机关会同生态环境主管部门核定污染物排放种类、数量和应纳税额。

第二十二条　纳税人从事海洋工程向中华人民共和国管辖海域排放应税大气污染物、水污染物或者固体废物，申报缴纳环境保护税的具体办法，由国务院税务主管部门会同国务院生态环境主管部门规定。

第二十三条　纳税人和税务机关、生态环境主管部门及其工作人员违反本法规定的，依照《中华人民共和国税收征收管理法》、《中华人民共和国环境保护法》和有关法律法规的规定追究法律责任。

第二十四条　各级人民政府应当鼓励纳税人加大环境保护建设投入，对纳税人用于污染物自动监测设备的投资予以资金和政策支持。

第五章　附　　则

第二十五条　本法下列用语的含义：

（一）污染当量，是指根据污染物或者污染排放活动对环境的有害程度以及处理的技术经济性，衡量不同污染物对环境污染的综合性指标或者计量单位。同一介质相同污染当量的不同污染物，其污染程度基本相当。

（二）排污系数，是指在正常技术经济和管理条件下，生产单位产品所应排放的污染物量的统计平均值。

（三）物料衡算，是指根据物质质量守恒原理对生产过程中使用的原料、生产的产品和产生的废物等进行测算的一种方法。

第二十六条　直接向环境排放应税污染物的企业事业单位和其他生产经营者，除依照本法规定缴纳环境保护税外，应当对所造成的损害依法承担责任。

第二十七条　自本法施行之日起，依照本法规定征收环境保护税，不再征收排污费。

第二十八条　本法自2018年1月1日起施行。

附表一：

环境保护税税目税额表

<table>
<tr><th colspan="2">税　目</th><th>计税单位</th><th>税　额</th><th>备　注</th></tr>
<tr><td colspan="2">大气污染物</td><td>每污染当量</td><td>1.2元至12元</td><td></td></tr>
<tr><td colspan="2">水污染物</td><td>每污染当量</td><td>1.4元至14元</td><td></td></tr>
<tr><td rowspan="4">固体废物</td><td>煤矸石</td><td>每吨</td><td>5元</td><td rowspan="4"></td></tr>
<tr><td>尾矿</td><td>每吨</td><td>15元</td></tr>
<tr><td>危险废物</td><td>每吨</td><td>1000元</td></tr>
<tr><td>冶炼渣、粉煤灰、炉渣、其他固体废物（含半固态、液态废物）</td><td>每吨</td><td>25元</td></tr>
</table>

续表

税目		计税单位	税额	备注
噪声	工业噪声	超标1—3分贝	每月350元	1. 一个单位边界上有多处噪声超标，根据最高一处超标声级计算应纳税额；当沿边界长度超过100米有两处以上噪声超标，按照两个单位计算应纳税额。 2. 一个单位有不同地点作业场所的，应当分别计算应纳税额，合并计征。 3. 昼、夜均超标的环境噪声，昼、夜分别计算应纳税额，累计计征。 4. 声源一个月内超标不足15天的，减半计算应纳税额。 5. 夜间频繁突发和夜间偶然突发厂界超标噪声，按等效声级和峰值噪声两种指标中超标分贝值高的一项计算应纳税额。
		超标4—6分贝	每月700元	
		超标7—9分贝	每月1400元	
		超标10—12分贝	每月2800元	
		超标13—15分贝	每月5600元	
		超标16分贝以上	每月11200元	

附表二：

应税污染物和当量值表

一、第一类水污染物污染当量值

污染物	污染当量值（千克）
1. 总汞	0.0005
2. 总镉	0.005
3. 总铬	0.04
4. 六价铬	0.02

续表

污染物	污染当量值（千克）
5. 总砷	0.02
6. 总铅	0.025
7. 总镍	0.025
8. 苯并（a）芘	0.0000003
9. 总铍	0.01
10. 总银	0.02

二、第二类水污染物污染当量值

污染物	污染当量值（千克）	备注
11. 悬浮物（SS）	4	
12. 生化需氧量（BOD_5）	0.5	同一排放口中的化学需氧量、生化需氧量和总有机碳，只征收一项。
13. 化学需氧量（CODcr）	1	
14. 总有机碳（TOC）	0.49	
15. 石油类	0.1	
16. 动植物油	0.16	
17. 挥发酚	0.08	
18. 总氰化物	0.05	
19. 硫化物	0.125	
20. 氨氮	0.8	
21. 氟化物	0.5	
22. 甲醛	0.125	
23. 苯胺类	0.2	
24. 硝基苯类	0.2	
25. 阴离子表面活性剂（LAS）	0.2	

续　表

污染物	污染当量值（千克）	备注
26. 总铜	0.1	
27. 总锌	0.2	
28. 总锰	0.2	
29. 彩色显影剂（CD-2）	0.2	
30. 总磷	0.25	
31. 单质磷（以P计）	0.05	
32. 有机磷农药（以P计）	0.05	
33. 乐果	0.05	
34. 甲基对硫磷	0.05	
35. 马拉硫磷	0.05	
36. 对硫磷	0.05	
37. 五氯酚及五氯酚钠（以五氯酚计）	0.25	
38. 三氯甲烷	0.04	
39. 可吸附有机卤化物（AOX）（以Cl计）	0.25	
40. 四氯化碳	0.04	
41. 三氯乙烯	0.04	
42. 四氯乙烯	0.04	
43. 苯	0.02	
44. 甲苯	0.02	
45. 乙苯	0.02	
46. 邻-二甲苯	0.02	
47. 对-二甲苯	0.02	
48. 间-二甲苯	0.02	
49. 氯苯	0.02	

续 表

污染物	污染当量值（千克）	备注
50. 邻二氯苯	0.02	
51. 对二氯苯	0.02	
52. 对硝基氯苯	0.02	
53. 2，4-二硝基氯苯	0.02	
54. 苯酚	0.02	
55. 间-甲酚	0.02	
56. 2，4-二氯酚	0.02	
57. 2，4，6-三氯酚	0.02	
58. 邻苯二甲酸二丁酯	0.02	
59. 邻苯二甲酸二辛酯	0.02	
60. 丙烯腈	0.125	
61. 总硒	0.02	

三、pH 值、色度、大肠菌群数、余氯量水污染物污染当量值

污染物		污染当量值	备注
1. pH 值	1. 0-1，13-14 2. 1-2，12-13 3. 2-3，11-12 4. 3-4，10-11 5. 4-5，9-10 6. 5-6	0.06 吨污水 0.125 吨污水 0.25 吨污水 0.5 吨污水 1 吨污水 5 吨污水	pH 值 5-6 指大于等于 5，小于 6；pH 值 9-10 指大于 9，小于等于 10，其余类推。
2. 色度		5 吨水 · 倍	
3. 大肠菌群数（超标）		3.3 吨污水	大肠菌群数和余氯量只征收一项。
4. 余氯量（用氯消毒的医院废水）		3.3 吨污水	

四、禽畜养殖业、小型企业和第三产业水污染物污染当量值

（本表仅适用于计算无法进行实际监测或者物料衡算的禽畜养殖业、小型企业和第三产业等小型排污者的水污染物污染当量数）

类型		污染当量值	备注
禽畜养殖场	1. 牛	0.1 头	仅对存栏规模大于 50 头牛、500 头猪、5000 羽鸡鸭等的禽畜养殖场征收。
	2. 猪	1 头	
	3. 鸡、鸭等家禽	30 羽	
4. 小型企业		1.8 吨污水	
5. 饮食娱乐服务业		0.5 吨污水	
6. 医院	消毒	0.14 床	医院病床数大于 20 张的按照本表计算污染当量数。
		2.8 吨污水	
	不消毒	0.07 床	
		1.4 吨污水	

五、大气污染物污染当量值

污染物	污染当量值（千克）
1. 二氧化硫	0.95
2. 氮氧化物	0.95
3. 一氧化碳	16.7
4. 氯气	0.34
5. 氯化氢	10.75
6. 氟化物	0.87
7. 氰化氢	0.005
8. 硫酸雾	0.6
9. 铬酸雾	0.0007
10. 汞及其化合物	0.0001
11. 一般性粉尘	4
12. 石棉尘	0.53

续表

污染物	污染当量值（千克）
13. 玻璃棉尘	2. 13
14. 碳黑尘	0. 59
15. 铅及其化合物	0. 02
16. 镉及其化合物	0. 03
17. 铍及其化合物	0. 0004
18. 镍及其化合物	0. 13
19. 锡及其化合物	0. 27
20. 烟尘	2. 18
21. 苯	0. 05
22. 甲苯	0. 18
23. 二甲苯	0. 27
24. 苯并（a）芘	0. 000002
25. 甲醛	0. 09
26. 乙醛	0. 45
27. 丙烯醛	0. 06
28. 甲醇	0. 67
29. 酚类	0. 35
30. 沥青烟	0. 19
31. 苯胺类	0. 21
32. 氯苯类	0. 72
33. 硝基苯	0. 17
34. 丙烯腈	0. 22
35. 氯乙烯	0. 55
36. 光气	0. 04
37. 硫化氢	0. 29
38. 氨	9. 09

续表

污染物	污染当量值（千克）
39. 三甲胺	0.32
40. 甲硫醇	0.04
41. 甲硫醚	0.28
42. 二甲二硫	0.28
43. 苯乙烯	25
44. 二硫化碳	20

中华人民共和国海洋环境保护法

（1982年8月23日第五届全国人民代表大会常务委员会第二十四次会议通过　1999年12月25日第九届全国人民代表大会常务委员会第十三次会议第一次修订　根据2013年12月28日第十二届全国人民代表大会常务委员会第六次会议《关于修改〈中华人民共和国海洋环境保护法〉等七部法律的决定》第一次修正　根据2016年11月7日第十二届全国人民代表大会常务委员会第二十四次会议《关于修改〈中华人民共和国海洋环境保护法〉的决定》第二次修正　根据2017年11月4日第十二届全国人民代表大会常务委员会第三十次会议《关于修改〈中华人民共和国会计法〉等十一部法律的决定》第三次修正　2023年10月24日第十四届全国人民代表大会常务委员会第六次会议第二次修订　2023年10月24日中华人民共和国主席令第12号公布　自2024年1月1日起施行）

第一章　总　　则

第一条　为了保护和改善海洋环境，保护海洋资源，防治污染损害，保障生态安全和公众健康，维护国家海洋权益，建设海洋强国，推进生态文明建设，促进经济社会可持续发展，实现人与自然和谐共生，根据宪法，制定本法。

第二条 本法适用于中华人民共和国管辖海域。

在中华人民共和国管辖海域内从事航行、勘探、开发、生产、旅游、科学研究及其他活动，或者在沿海陆域内从事影响海洋环境活动的任何单位和个人，应当遵守本法。

在中华人民共和国管辖海域以外，造成中华人民共和国管辖海域环境污染、生态破坏的，适用本法相关规定。

第三条 海洋环境保护应当坚持保护优先、预防为主、源头防控、陆海统筹、综合治理、公众参与、损害担责的原则。

第四条 国务院生态环境主管部门负责全国海洋环境的监督管理，负责全国防治陆源污染物、海岸工程和海洋工程建设项目（以下称工程建设项目）、海洋倾倒废弃物对海洋环境污染损害的环境保护工作，指导、协调和监督全国海洋生态保护修复工作。

国务院自然资源主管部门负责海洋保护和开发利用的监督管理，负责全国海洋生态、海域海岸线和海岛的修复工作。

国务院交通运输主管部门负责所辖港区水域内非军事船舶和港区水域外非渔业、非军事船舶污染海洋环境的监督管理，组织、协调、指挥重大海上溢油应急处置。海事管理机构具体负责上述水域内相关船舶污染海洋环境的监督管理，并负责污染事故的调查处理；对在中华人民共和国管辖海域航行、停泊和作业的外国籍船舶造成的污染事故登轮检查处理。船舶污染事故给渔业造成损害的，应当吸收渔业主管部门参与调查处理。

国务院渔业主管部门负责渔港水域内非军事船舶和渔港水域外渔业船舶污染海洋环境的监督管理，负责保护渔业水域生态环境工作，并调查处理前款规定的污染事故以外的渔业污染事故。

国务院发展改革、水行政、住房和城乡建设、林业和草原等部门在各自职责范围内负责有关行业、领域涉及的海洋环境保护工作。

海警机构在职责范围内对海洋工程建设项目、海洋倾倒废弃物对海洋环境污染损害、自然保护地海岸线向海一侧保护利用等活动进行监督检查，查处违法行为，按照规定权限参与海洋环境污染事故的应急处置和调查处理。

军队生态环境保护部门负责军事船舶污染海洋环境的监督管理及污染事故的调查处理。

第五条 沿海县级以上地方人民政府对其管理海域的海洋环境质量负责。

国家实行海洋环境保护目标责任制和考核评价制度，将海洋环境保护目标完成情况纳入考核评价的内容。

第六条 沿海县级以上地方人民政府可以建立海洋环境保护区域协作机制，组织协调其管理海域的环境保护工作。

跨区域的海洋环境保护工作，由有关沿海地方人民政府协商解决，或者由上级人民政府协调解决。

跨部门的重大海洋环境保护工作，由国务院生态环境主管部门协调；协调未能解决的，由国务院作出决定。

第七条 国务院和沿海县级以上地方人民政府应当将海洋环境保护工作纳入国民经济和社会发展规划，按照事权和支出责任划分原则，将海洋环境保护工作所需经费纳入本级政府预算。

第八条 各级人民政府及其有关部门应当加强海洋环境保护的宣传教育和知识普及工作，增强公众海洋环境保护意识，引导公众依法参与海洋环境保护工作；鼓励基层群众性自治组织、社会组织、志愿者等开展海洋环境保护法律法规和知识的宣传活动；按照职责分工依法公开海洋环境相关信息。

新闻媒体应当采取多种形式开展海洋环境保护的宣传报道，并对违法行为进行舆论监督。

第九条 任何单位和个人都有保护海洋环境的义务，并有权对污染海洋环境、破坏海洋生态的单位和个人，以及海洋环境监督管理人员的违法行为进行监督和检举。

从事影响海洋环境活动的任何单位和个人，都应当采取有效措施，防止、减轻海洋环境污染、生态破坏。排污者应当依法公开排污信息。

第十条 国家鼓励、支持海洋环境保护科学技术研究、开发和应用，促进海洋环境保护信息化建设，加强海洋环境保护专业技术人才培养，提高海洋环境保护科学技术水平。

国家鼓励、支持海洋环境保护国际交流与合作。

第十一条 对在海洋环境保护工作中做出显著成绩的单位和个人，按照国家有关规定给予表彰和奖励。

第二章 海洋环境监督管理

第十二条 国家实施陆海统筹、区域联动的海洋环境监督管理制度，加强规划、标准、监测等监督管理制度的衔接协调。

各级人民政府及其有关部门应当加强海洋环境监督管理能力建设，提高海洋环境监督管理科技化、信息化水平。

第十三条 国家优先将生态功能极重要、生态极敏感脆弱的海域划入生态保护红线，实行严格保护。

开发利用海洋资源或者从事影响海洋环境的建设活动，应当根据国土空间规划科学合理布局，严格遵守国土空间用途管制要求，严守生态保护红线，不得造成海洋生态环境的损害。沿海地方各级人民政府应当根据国土空间规划，保护和科学合理地使用海域。沿海省、自治区、直辖市人民政府应当加强对生态保护红线内人为活动的监督管理，定期评估保护成效。

国务院有关部门、沿海设区的市级以上地方人民政府及其有关部门，对其组织编制的国土空间规划和相关规划，应当依法进行包括海洋环境保护内容在内的环境影响评价。

第十四条 国务院生态环境主管部门会同有关部门、机构和沿海省、自治区、直辖市人民政府制定全国海洋生态环境保护规划，报国务院批准后实施。全国海洋生态环境保护规划应当与全国国土空间规划相衔接。

沿海地方各级人民政府应当根据全国海洋生态环境保护规划，

组织实施其管理海域的海洋环境保护工作。

第十五条 沿海省、自治区、直辖市人民政府应当根据其管理海域的生态环境和资源利用状况，将其管理海域纳入生态环境分区管控方案和生态环境准入清单，报国务院生态环境主管部门备案后实施。生态环境分区管控方案和生态环境准入清单应当与国土空间规划相衔接。

第十六条 国务院生态环境主管部门根据海洋环境质量状况和国家经济、技术条件，制定国家海洋环境质量标准。

沿海省、自治区、直辖市人民政府对国家海洋环境质量标准中未作规定的项目，可以制定地方海洋环境质量标准；对国家海洋环境质量标准中已作规定的项目，可以制定严于国家海洋环境质量标准的地方海洋环境质量标准。地方海洋环境质量标准应当报国务院生态环境主管部门备案。

国家鼓励开展海洋环境基准研究。

第十七条 制定海洋环境质量标准，应当征求有关部门、行业协会、企业事业单位、专家和公众等的意见，提高海洋环境质量标准的科学性。

海洋环境质量标准应当定期评估，并根据评估结果适时修订。

第十八条 国家和有关地方水污染物排放标准的制定，应当将海洋环境质量标准作为重要依据之一。

对未完成海洋环境保护目标的海域，省级以上人民政府生态环境主管部门暂停审批新增相应种类污染物排放总量的建设项目环境影响报告书（表），会同有关部门约谈该地区人民政府及其有关部门的主要负责人，要求其采取有效措施及时整改，约谈和整改情况应当向社会公开。

第十九条 国家加强海洋环境质量管控，推进海域综合治理，严格海域排污许可管理，提升重点海域海洋环境质量。

需要直接向海洋排放工业废水、医疗污水的海岸工程和海洋工程单位，城镇污水集中处理设施的运营单位及其他企业事业单位和生产经营者，应当依法取得排污许可证。排污许可的管理按照国务院有关规定执行。

实行排污许可管理的企业事业单位和其他生产经营者应当执行排污许可证关于排放污染物的种类、浓度、排放量、排放方式、排放去向和自行监测等要求。

禁止通过私设暗管或者篡改、伪造监测数据，以及不正常运行污染防治设施等逃避监管的方式向海洋排放污染物。

第二十条 国务院生态环境主管部门根据海洋环境状况和质量改善要求，会同国务院发展改革、自然资源、住房和城乡建设、交通运输、水行政、渔业等部门和海警机构，划定国家环境治理重点海域及其控制区域，制定综合治理行动方案，报国务院批准后实施。

沿海设区的市级以上地方人民政府应当根据综合治理行动方案，制定其管理海域的实施方案，因地制宜采取特别管控措施，开展综合治理，协同推进重点海域治理与美丽海湾建设。

第二十一条 直接向海洋排放应税污染物的企业事业单位和其他生产经营者，应当依照法律规定缴纳环境保护税。

向海洋倾倒废弃物，应当按照国家有关规定缴纳倾倒费。具体办法由国务院发展改革部门、国务院财政主管部门会同国务院生态环境主管部门制定。

第二十二条 国家加强防治海洋环境污染损害的科学技术的研究和开发，对严重污染海洋环境的落后生产工艺和落后设备，实行淘汰制度。

企业事业单位和其他生产经营者应当优先使用清洁低碳能源，采用资源利用率高、污染物排放量少的清洁生产工艺，防止对海洋环境的污染。

第二十三条 国务院生态环境主管部门负责海洋生态环境监测工作，制定海洋生态环境监测规范和标准并监督实施，组织实施海洋生态环境质量监测，统一发布国家海洋生态环境状况公报，定期组织对海洋生态环境质量状况进行调查评价。

国务院自然资源主管部门组织开展海洋资源调查和海洋生态预警监测，发布海洋生态预警监测警报和公报。

其他依照本法规定行使海洋环境监督管理权的部门和机构应当按照职责分工开展监测、监视。

第二十四条 国务院有关部门和海警机构应当向国务院生态环境主管部门提供编制国家海洋生态环境状况公报所必需的入海河口和海洋环境监测、调查、监视等方面的资料。

生态环境主管部门应当向有关部门和海警机构提供与海洋环境监督管理有关的资料。

第二十五条 国务院生态环境主管部门会同有关部门和机构通过智能化的综合信息系统，为海洋环境保护监督管理、信息共享提供服务。

国务院有关部门、海警机构和沿海县级以上地方人民政府及其有关部门应当按照规定，推进综合监测、协同监测和常态化监测，加强监测数据、执法信息等海洋环境管理信息共享，提高海洋环境保护综合管理水平。

第二十六条 国家加强海洋辐射环境监测，国务院生态环境主管部门负责制定海洋辐射环境应急监测方案并组织实施。

第二十七条 因发生事故或者其他突发性事件，造成或者可能造成海洋环境污染、生态破坏事件的单位和个人，应当立即采取有效措施解除或者减轻危害，及时向可能受到危害者通报，并向依照本法规定行使海洋环境监督管理权的部门和机构报告，接受调查处理。

沿海县级以上地方人民政府在本行政区域近岸海域的生态环境受到严重损害时，应当采取有效措施，解除或者减轻危害。

第二十八条 国家根据防止海洋环境污染的需要，制定国家重大海上污染事件应急预案，建立健全海上溢油污染等应急机制，保障应对工作的必要经费。

国家建立重大海上溢油应急处置部际联席会议制度。国务院交通运输主管部门牵头组织编制国家重大海上溢油应急处置预案并组织实施。

国务院生态环境主管部门负责制定全国海洋石油勘探开发海上

溢油污染事件应急预案并组织实施。

国家海事管理机构负责制定全国船舶重大海上溢油污染事件应急预案，报国务院生态环境主管部门、国务院应急管理部门备案。

沿海县级以上地方人民政府及其有关部门应当制定有关应急预案，在发生海洋突发环境事件时，及时启动应急预案，采取有效措施，解除或者减轻危害。

可能发生海洋突发环境事件的单位，应当按照有关规定，制定本单位的应急预案，配备应急设备和器材，定期组织开展应急演练；应急预案应当向依照本法规定行使海洋环境监督管理权的部门和机构备案。

第二十九条 依照本法规定行使海洋环境监督管理权的部门和机构，有权对从事影响海洋环境活动的单位和个人进行现场检查；在巡航监视中发现违反本法规定的行为时，应当予以制止并调查取证，必要时有权采取有效措施，防止事态扩大，并报告有关部门或者机构处理。

被检查者应当如实反映情况，提供必要的资料。检查者应当依法为被检查者保守商业秘密、个人隐私和个人信息。

依照本法规定行使海洋环境监督管理权的部门和机构可以在海上实行联合执法。

第三十条 造成或者可能造成严重海洋环境污染、生态破坏的，或者有关证据可能灭失或者被隐匿的，依照本法规定行使海洋环境监督管理权的部门和机构可以查封、扣押有关船舶、设施、设备、物品。

第三十一条 在中华人民共和国管辖海域以外，造成或者可能造成中华人民共和国管辖海域环境污染、生态破坏的，有关部门和机构有权采取必要的措施。

第三十二条 国务院生态环境主管部门会同有关部门和机构建立向海洋排放污染物、从事废弃物海洋倾倒、从事海洋生态环境治理和服务的企业事业单位和其他生产经营者信用记录与评价应用制度，将相关信用记录纳入全国公共信用信息共享平台。

第三章　海洋生态保护

第三十三条　国家加强海洋生态保护，提升海洋生态系统质量和多样性、稳定性、持续性。

国务院和沿海地方各级人民政府应当采取有效措施，重点保护红树林、珊瑚礁、海藻场、海草床、滨海湿地、海岛、海湾、入海河口、重要渔业水域等具有典型性、代表性的海洋生态系统，珍稀濒危海洋生物的天然集中分布区，具有重要经济价值的海洋生物生存区域及有重大科学文化价值的海洋自然遗迹和自然景观。

第三十四条　国务院和沿海省、自治区、直辖市人民政府及其有关部门根据保护海洋的需要，依法将重要的海洋生态系统、珍稀濒危海洋生物的天然集中分布区、海洋自然遗迹和自然景观集中分布区等区域纳入国家公园、自然保护区或者自然公园等自然保护地。

第三十五条　国家建立健全海洋生态保护补偿制度。

国务院和沿海省、自治区、直辖市人民政府应当通过转移支付、产业扶持等方式支持开展海洋生态保护补偿。

沿海地方各级人民政府应当落实海洋生态保护补偿资金，确保其用于海洋生态保护补偿。

第三十六条　国家加强海洋生物多样性保护，健全海洋生物多样性调查、监测、评估和保护体系，维护和修复重要海洋生态廊道，防止对海洋生物多样性的破坏。

开发利用海洋和海岸带资源，应当对重要海洋生态系统、生物物种、生物遗传资源实施有效保护，维护海洋生物多样性。

引进海洋动植物物种，应当进行科学论证，避免对海洋生态系统造成危害。

第三十七条　国家鼓励科学开展水生生物增殖放流，支持科学规划，因地制宜采取投放人工鱼礁和种植海藻场、海草床、珊瑚等措施，恢复海洋生物多样性，修复改善海洋生态。

第三十八条　开发海岛及周围海域的资源，应当采取严格的生态保护措施，不得造成海岛地形、岸滩、植被和海岛周围海域生态环境的损害。

第三十九条 国家严格保护自然岸线，建立健全自然岸线控制制度。沿海省、自治区、直辖市人民政府负责划定严格保护岸线的范围并发布。

沿海地方各级人民政府应当加强海岸线分类保护与利用，保护修复自然岸线，促进人工岸线生态化，维护岸线岸滩稳定平衡，因地制宜、科学合理划定海岸建筑退缩线。

禁止违法占用、损害自然岸线。

第四十条 国务院水行政主管部门确定重要入海河流的生态流量管控指标，应当征求并研究国务院生态环境、自然资源等部门的意见。确定生态流量管控指标，应当进行科学论证，综合考虑水资源条件、气候状况、生态环境保护要求、生活生产用水状况等因素。

入海河口所在地县级以上地方人民政府及其有关部门按照河海联动的要求，制定实施河口生态修复和其他保护措施方案，加强对水、沙、盐、潮滩、生物种群、河口形态的综合监测，采取有效措施防止海水入侵和倒灌，维护河口良好生态功能。

第四十一条 沿海地方各级人民政府应当结合当地自然环境的特点，建设海岸防护设施、沿海防护林、沿海城镇园林和绿地，对海岸侵蚀和海水入侵地区进行综合治理。

禁止毁坏海岸防护设施、沿海防护林、沿海城镇园林和绿地。

第四十二条 对遭到破坏的具有重要生态、经济、社会价值的海洋生态系统，应当进行修复。海洋生态修复应当以改善生境、恢复生物多样性和生态系统基本功能为重点，以自然恢复为主、人工修复为辅，并优先修复具有典型性、代表性的海洋生态系统。

国务院自然资源主管部门负责统筹海洋生态修复，牵头组织编制海洋生态修复规划并实施有关海洋生态修复重大工程。编制海洋生态修复规划，应当进行科学论证评估。

国务院自然资源、生态环境等部门应当按照职责分工开展修复成效监督评估。

第四十三条 国务院自然资源主管部门负责开展全国海洋生态灾害预防、风险评估和隐患排查治理。

沿海县级以上地方人民政府负责其管理海域的海洋生态灾害应对工作，采取必要的灾害预防、处置和灾后恢复措施，防止和减轻灾害影响。

企业事业单位和其他生产经营者应当采取必要应对措施，防止海洋生态灾害扩大。

第四十四条 国家鼓励发展生态渔业，推广多种生态渔业生产方式，改善海洋生态状况，保护海洋环境。

沿海县级以上地方人民政府应当因地制宜编制并组织实施养殖水域滩涂规划，确定可以用于养殖业的水域和滩涂，科学划定海水养殖禁养区、限养区和养殖区，建立禁养区内海水养殖的清理和退出机制。

第四十五条 从事海水养殖活动应当保护海域环境，科学确定养殖规模和养殖密度，合理投饵、投肥，正确使用药物，及时规范收集处理固体废物，防止造成海洋生态环境的损害。

禁止在氮磷浓度严重超标的近岸海域新增或者扩大投饵、投肥海水养殖规模。

向海洋排放养殖尾水污染物等应当符合污染物排放标准。沿海省、自治区、直辖市人民政府应当制定海水养殖污染物排放相关地方标准，加强养殖尾水污染防治的监督管理。

工厂化养殖和设置统一排污口的集中连片养殖的排污单位，应当按照有关规定对养殖尾水自行监测。

第四章 陆源污染物污染防治

第四十六条 向海域排放陆源污染物，应当严格执行国家或者地方规定的标准和有关规定。

第四十七条 入海排污口位置的选择，应当符合国土空间用途管制要求，根据海水动力条件和有关规定，经科学论证后，报设区的市级以上人民政府生态环境主管部门备案。排污口的责任主体应当加强排污口监测，按照规定开展监控和自动监测。

生态环境主管部门应当在完成备案后十五个工作日内将入海排污口设置情况通报自然资源、渔业等部门和海事管理机构、海警机构、军队生态环境保护部门。

沿海县级以上地方人民政府应当根据排污口类别、责任主体，组织有关部门对本行政区域内各类入海排污口进行排查整治和日常监督管理，建立健全近岸水体、入海排污口、排污管线、污染源全链条治理体系。

国务院生态环境主管部门负责制定入海排污口设置和管理的具体办法，制定入海排污口技术规范，组织建设统一的入海排污口信息平台，加强动态更新、信息共享和公开。

第四十八条 禁止在自然保护地、重要渔业水域、海水浴场、生态保护红线区域及其他需要特别保护的区域，新设工业排污口和城镇污水处理厂排污口；法律、行政法规另有规定的除外。

在有条件的地区，应当将排污口深水设置，实行离岸排放。

第四十九条 经开放式沟（渠）向海洋排放污染物的，对开放式沟（渠）按照国家和地方的有关规定、标准实施水环境质量管理。

第五十条 国务院有关部门和县级以上地方人民政府及其有关部门应当依照水污染防治有关法律、行政法规的规定，加强入海河流管理，协同推进入海河流污染防治，使入海河口的水质符合入海河口环境质量相关要求。

入海河流流域省、自治区、直辖市人民政府应当按照国家有关规定，加强入海总氮、总磷排放的管控，制定控制方案并组织实施。

第五十一条 禁止向海域排放油类、酸液、碱液、剧毒废液。

禁止向海域排放污染海洋环境、破坏海洋生态的放射性废水。

严格控制向海域排放含有不易降解的有机物和重金属的废水。

第五十二条 含病原体的医疗污水、生活污水和工业废水应当经过处理，符合国家和地方有关排放标准后，方可排入海域。

第五十三条 含有机物和营养物质的工业废水、生活污水，应当严格控制向海湾、半封闭海及其他自净能力较差的海域排放。

第五十四条 向海域排放含热废水，应当采取有效措施，保证邻近自然保护地、渔业水域的水温符合国家和地方海洋环境质量标准，避免热污染对珍稀濒危海洋生物、海洋水产资源造成危害。

第五十五条 沿海地方各级人民政府应当加强农业面源污染防治。沿海农田、林场施用化学农药，应当执行国家农药安全使用的规定和标准。沿海农田、林场应当合理使用化肥和植物生长调节剂。

第五十六条 在沿海陆域弃置、堆放和处理尾矿、矿渣、煤灰渣、垃圾和其他固体废物的，依照《中华人民共和国固体废物污染环境防治法》的有关规定执行，并采取有效措施防止固体废物进入海洋。

禁止在岸滩弃置、堆放和处理固体废物；法律、行政法规另有规定的除外。

第五十七条 沿海县级以上地方人民政府负责其管理海域的海洋垃圾污染防治，建立海洋垃圾监测、清理制度，统筹规划建设陆域接收、转运、处理海洋垃圾的设施，明确有关部门、乡镇、街道、企业事业单位等的海洋垃圾管控区域，建立海洋垃圾监测、拦截、收集、打捞、运输、处理体系并组织实施，采取有效措施鼓励、支持公众参与上述活动。国务院生态环境、住房和城乡建设、发展改革等部门应当按照职责分工加强海洋垃圾污染防治的监督指导和保障。

第五十八条 禁止经中华人民共和国内水、领海过境转移危险废物。

经中华人民共和国管辖的其他海域转移危险废物的，应当事先取得国务院生态环境主管部门的书面同意。

第五十九条 沿海县级以上地方人民政府应当建设和完善排水管网，根据改善海洋环境质量的需要建设城镇污水处理厂和其他污水处理设施，加强城乡污水处理。

建设污水海洋处置工程，应当符合国家有关规定。

第六十条 国家采取必要措施，防止、减少和控制来自大气层或者通过大气层造成的海洋环境污染损害。

第五章　工程建设项目污染防治

第六十一条　新建、改建、扩建工程建设项目，应当遵守国家有关建设项目环境保护管理的规定，并把污染防治和生态保护所需资金纳入建设项目投资计划。

禁止在依法划定的自然保护地、重要渔业水域及其他需要特别保护的区域，违法建设污染环境、破坏生态的工程建设项目或者从事其他活动。

第六十二条　工程建设项目应当按照国家有关建设项目环境影响评价的规定进行环境影响评价。未依法进行并通过环境影响评价的建设项目，不得开工建设。

环境保护设施应当与主体工程同时设计、同时施工、同时投产使用。环境保护设施应当符合经批准的环境影响评价报告书（表）的要求。建设单位应当依照有关法律法规的规定，对环境保护设施进行验收，编制验收报告，并向社会公开。环境保护设施未经验收或者经验收不合格的，建设项目不得投入生产或者使用。

第六十三条　禁止在沿海陆域新建不符合国家产业政策的化学制浆造纸、化工、印染、制革、电镀、酿造、炼油、岸边冲滩拆船及其他严重污染海洋环境的生产项目。

第六十四条　新建、改建、扩建工程建设项目，应当采取有效措施，保护国家和地方重点保护的野生动植物及其生存环境，保护海洋水产资源，避免或者减轻对海洋生物的影响。

禁止在严格保护岸线范围内开采海砂。依法在其他区域开发利用海砂资源，应当采取严格措施，保护海洋环境。载运海砂资源应当持有合法来源证明；海砂开采者应当为载运海砂的船舶提供合法来源证明。

从岸上打井开采海底矿产资源，应当采取有效措施，防止污染海洋环境。

第六十五条　工程建设项目不得使用含超标准放射性物质或者易溶出有毒有害物质的材料；不得造成领海基点及其周围环境的侵

蚀、淤积和损害，不得危及领海基点的稳定。

第六十六条 工程建设项目需要爆破作业时，应当采取有效措施，保护海洋环境。

海洋石油勘探开发及输油过程中，应当采取有效措施，避免溢油事故的发生。

第六十七条 工程建设项目不得违法向海洋排放污染物、废弃物及其他有害物质。

海洋油气钻井平台（船）、生产生活平台、生产储卸装置等海洋油气装备的含油污水和油性混合物，应当经过处理达标后排放；残油、废油应当予以回收，不得排放入海。

钻井所使用的油基泥浆和其他有毒复合泥浆不得排放入海。水基泥浆和无毒复合泥浆及钻屑的排放，应当符合国家有关规定。

第六十八条 海洋油气钻井平台（船）、生产生活平台、生产储卸装置等海洋油气装备及其有关海上设施，不得向海域处置含油的工业固体废物。处置其他固体废物，不得造成海洋环境污染。

第六十九条 海上试油时，应当确保油气充分燃烧，油和油性混合物不得排放入海。

第七十条 勘探开发海洋油气资源，应当按照有关规定编制油气污染应急预案，报国务院生态环境主管部门海域派出机构备案。

第六章 废弃物倾倒污染防治

第七十一条 任何个人和未经批准的单位，不得向中华人民共和国管辖海域倾倒任何废弃物。

需要倾倒废弃物的，产生废弃物的单位应当向国务院生态环境主管部门海域派出机构提出书面申请，并出具废弃物特性和成分检验报告，取得倾倒许可证后，方可倾倒。

国家鼓励疏浚物等废弃物的综合利用，避免或者减少海洋倾倒。

禁止中华人民共和国境外的废弃物在中华人民共和国管辖海域倾倒。

第七十二条　国务院生态环境主管部门根据废弃物的毒性、有毒物质含量和对海洋环境影响程度，制定海洋倾倒废弃物评价程序和标准。

可以向海洋倾倒的废弃物名录，由国务院生态环境主管部门制定。

第七十三条　国务院生态环境主管部门会同国务院自然资源主管部门编制全国海洋倾倒区规划，并征求国务院交通运输、渔业等部门和海警机构的意见，报国务院批准。

国务院生态环境主管部门根据全国海洋倾倒区规划，按照科学、合理、经济、安全的原则及时选划海洋倾倒区，征求国务院交通运输、渔业等部门和海警机构的意见，并向社会公告。

第七十四条　国务院生态环境主管部门组织开展海洋倾倒区使用状况评估，根据评估结果予以调整、暂停使用或者封闭海洋倾倒区。

海洋倾倒区的调整、暂停使用和封闭情况，应当通报国务院有关部门、海警机构并向社会公布。

第七十五条　获准和实施倾倒废弃物的单位，应当按照许可证注明的期限及条件，到指定的区域进行倾倒。倾倒作业船舶等载运工具应当安装使用符合要求的海洋倾倒在线监控设备，并与国务院生态环境主管部门监管系统联网。

第七十六条　获准和实施倾倒废弃物的单位，应当按照规定向颁发许可证的国务院生态环境主管部门海域派出机构报告倾倒情况。倾倒废弃物的船舶应当向驶出港的海事管理机构、海警机构作出报告。

第七十七条　禁止在海上焚烧废弃物。

禁止在海上处置污染海洋环境、破坏海洋生态的放射性废物或者其他放射性物质。

第七十八条　获准倾倒废弃物的单位委托实施废弃物海洋倾倒作业的，应当对受托单位的主体资格、技术能力和信用状况进行核实，依法签订书面合同，在合同中约定污染防治与生态保护要求，并监督实施。

受托单位实施废弃物海洋倾倒作业，应当依照有关法律法规的规定和合同约定，履行污染防治和生态保护要求。

获准倾倒废弃物的单位违反本条第一款规定的，除依照有关法律法规的规定予以处罚外，还应当与造成环境污染、生态破坏的受托单位承担连带责任。

第七章　船舶及有关作业活动污染防治

第七十九条　在中华人民共和国管辖海域，任何船舶及相关作业不得违法向海洋排放船舶垃圾、生活污水、含油污水、含有毒有害物质污水、废气等污染物，废弃物，压载水和沉积物及其他有害物质。

船舶应当按照国家有关规定采取有效措施，对压载水和沉积物进行处理处置，严格防控引入外来有害生物。

从事船舶污染物、废弃物接收和船舶清舱、洗舱作业活动的，应当具备相应的接收处理能力。

第八十条　船舶应当配备相应的防污设备和器材。

船舶的结构、配备的防污设备和器材应当符合国家防治船舶污染海洋环境的有关规定，并经检验合格。

船舶应当取得并持有防治海洋环境污染的证书与文书，在进行涉及船舶污染物、压载水和沉积物排放及操作时，应当按照有关规定监测、监控，如实记录并保存。

第八十一条　船舶应当遵守海上交通安全法律、法规的规定，防止因碰撞、触礁、搁浅、火灾或者爆炸等引起的海难事故，造成海洋环境的污染。

第八十二条　国家完善并实施船舶油污损害民事赔偿责任制度；按照船舶油污损害赔偿责任由船东和货主共同承担风险的原则，完善并实施船舶油污保险、油污损害赔偿基金制度，具体办法由国务院规定。

第八十三条 载运具有污染危害性货物进出港口的船舶，其承运人、货物所有人或者代理人，应当事先向海事管理机构申报。经批准后，方可进出港口或者装卸作业。

第八十四条 交付船舶载运污染危害性货物的，托运人应当将货物的正式名称、污染危害性以及应当采取的防护措施如实告知承运人。污染危害性货物的单证、包装、标志、数量限制等，应当符合对所交付货物的有关规定。

需要船舶载运污染危害性不明的货物，应当按照有关规定事先进行评估。

装卸油类及有毒有害货物的作业，船岸双方应当遵守安全防污操作规程。

第八十五条 港口、码头、装卸站和船舶修造拆解单位所在地县级以上地方人民政府应当统筹规划建设船舶污染物等的接收、转运、处理处置设施，建立相应的接收、转运、处理处置多部门联合监管制度。

沿海县级以上地方人民政府负责对其管理海域的渔港和渔业船舶停泊点及周边区域污染防治的监督管理，规范生产生活污水和渔业垃圾回收处置，推进污染防治设备建设和环境清理整治。

港口、码头、装卸站和船舶修造拆解单位应当按照有关规定配备足够的用于处理船舶污染物、废弃物的接收设施，使该设施处于良好状态并有效运行。

装卸油类等污染危害性货物的港口、码头、装卸站和船舶应当编制污染应急预案，并配备相应的污染应急设备和器材。

第八十六条 国家海事管理机构组织制定中国籍船舶禁止或者限制安装和使用的有害材料名录。

船舶修造单位或者船舶所有人、经营人或者管理人应当在船上备有有害材料清单，在船舶建造、营运和维修过程中持续更新，并在船舶拆解前提供给从事船舶拆解的单位。

第八十七条 从事船舶拆解的单位，应当采取有效的污染防治措施，在船舶拆解前将船舶污染物减至最小量，对拆解产生的船舶污染物、废弃物和其他有害物质进行安全与环境无害化处置。拆解的船舶部件不得进入水体。

禁止采取冲滩方式进行船舶拆解作业。

第八十八条 国家倡导绿色低碳智能航运，鼓励船舶使用新能源或者清洁能源，淘汰高耗能高排放老旧船舶，减少温室气体和大气污染物的排放。沿海县级以上地方人民政府应当制定港口岸电、船舶受电等设施建设和改造计划，并组织实施。港口岸电设施的供电能力应当与靠港船舶的用电需求相适应。

船舶应当按照国家有关规定采取有效措施提高能效水平。具备岸电使用条件的船舶靠港应当按照国家有关规定使用岸电，但是使用清洁能源的除外。具备岸电供应能力的港口经营人、岸电供电企业应当按照国家有关规定为具备岸电使用条件的船舶提供岸电。

国务院和沿海县级以上地方人民政府对港口岸电设施、船舶受电设施的改造和使用，清洁能源或者新能源动力船舶建造等按照规定给予支持。

第八十九条 船舶及有关作业活动应当遵守有关法律法规和标准，采取有效措施，防止造成海洋环境污染。海事管理机构等应当加强对船舶及有关作业活动的监督管理。

船舶进行散装液体污染危害性货物的过驳作业，应当编制作业方案，采取有效的安全和污染防治措施，并事先按照有关规定报经批准。

第九十条 船舶发生海难事故，造成或者可能造成海洋环境重大污染损害的，国家海事管理机构有权强制采取避免或者减少污染损害的措施。

对在公海上因发生海难事故，造成中华人民共和国管辖海域重大污染损害后果或者具有污染威胁的船舶、海上设施，国家海事管理机构有权采取与实际的或者可能发生的损害相称的必要措施。

第九十一条 所有船舶均有监视海上污染的义务，在发现海上污染事件或者违反本法规定的行为时，应当立即向就近的依照本法规定行使海洋环境监督管理权的部门或者机构报告。

民用航空器发现海上排污或者污染事件，应当及时向就近的民用航空空中交通管制单位报告。接到报告的单位，应当立即向依照本法规定行使海洋环境监督管理权的部门或者机构通报。

第九十二条 国务院交通运输主管部门可以划定船舶污染物排放控制区。进入控制区的船舶应当符合船舶污染物排放相关控制要求。

第八章 法律责任

第九十三条 违反本法规定，有下列行为之一，由依照本法规定行使海洋环境监督管理权的部门或者机构责令改正或者责令采取限制生产、停产整治等措施，并处以罚款；情节严重的，报经有批准权的人民政府批准，责令停业、关闭：

（一）向海域排放本法禁止排放的污染物或者其他物质的；

（二）未依法取得排污许可证排放污染物的；

（三）超过标准、总量控制指标排放污染物的；

（四）通过私设暗管或者篡改、伪造监测数据，或者不正常运行污染防治设施等逃避监管的方式违法向海洋排放污染物的；

（五）违反本法有关船舶压载水和沉积物排放和管理规定的；

（六）其他未依照本法规定向海洋排放污染物、废弃物的。

有前款第一项、第二项行为之一的，处二十万元以上一百万元以下的罚款；有前款第三项行为的，处十万元以上一百万元以下的罚款；有前款第四项行为的，处十万元以上一百万元以下的罚款，情节严重的，吊销排污许可证；有前款第五项、第六项行为之一的，处一万元以上二十万元以下的罚款。个人擅自在岸滩弃置、堆放和处理生活垃圾的，按次处一百元以上一千元以下的罚款。

第九十四条 违反本法规定，有下列行为之一，由依照本法规定行使海洋环境监督管理权的部门或者机构责令改正，处以罚款：

（一）未依法公开排污信息或者弄虚作假的；

（二）因发生事故或者其他突发性事件，造成或者可能造成海洋环境污染、生态破坏事件，未按照规定通报或者报告的；

（三）未按照有关规定制定应急预案并备案，或者未按照有关规定配备应急设备、器材的；

（四）因发生事故或者其他突发性事件，造成或者可能造成海洋环境污染、生态破坏事件，未立即采取有效措施或者逃逸的；

（五）未采取必要应对措施，造成海洋生态灾害危害扩大的。

有前款第一项行为的，处二万元以上二十万元以下的罚款，拒不改正的，责令限制生产、停产整治；有前款第二项行为的，处五万元以上五十万元以下的罚款，对直接负责的主管人员和其他直接责任人员处一万元以上十万元以下的罚款，并可以暂扣或者吊销相关任职资格许可；有前款第三项行为的，处二万元以上二十万元以下的罚款；有前款第四项、第五项行为之一的，处二十万元以上二百万元以下的罚款。

第九十五条 违反本法规定，拒绝、阻挠调查和现场检查，或者在被检查时弄虚作假的，由依照本法规定行使海洋环境监督管理权的部门或者机构责令改正，处五万元以上二十万元以下的罚款；对直接负责的主管人员和其他直接责任人员处二万元以上十万元以下的罚款。

第九十六条 违反本法规定，造成珊瑚礁等海洋生态系统或者自然保护地破坏的，由依照本法规定行使海洋环境监督管理权的部门或者机构责令改正、采取补救措施，处每平方米一千元以上一万元以下的罚款。

第九十七条 违反本法规定，有下列行为之一，由依照本法规定行使海洋环境监督管理权的部门或者机构责令改正，处以罚款：

（一）占用、损害自然岸线的；

（二）在严格保护岸线范围内开采海砂的；

（三）违反本法其他关于海砂、矿产资源规定的。

有前款第一项行为的，处每米五百元以上一万元以下的罚款；有前款第二项行为的，处货值金额二倍以上二十倍以下的罚款，货值金额不足十万元的，处二十万元以上二百万元以下的罚款；有前款第三项行为的，处五万元以上五十万元以下的罚款。

第九十八条 违反本法规定，从事海水养殖活动有下列行为之一，由依照本法规定行使海洋环境监督管理权的部门或者机构责令改正，处二万元以上二十万元以下的罚款；情节严重的，报经有批准权的人民政府批准，责令停业、关闭：

（一）违反禁养区、限养区规定的；

（二）违反养殖规模、养殖密度规定的；

（三）违反投饵、投肥、药物使用规定的；

（四）未按照有关规定对养殖尾水自行监测的。

第九十九条 违反本法规定设置入海排污口的，由生态环境主管部门责令关闭或者拆除，处二万元以上十万元以下的罚款；拒不关闭或者拆除的，强制关闭、拆除，所需费用由违法者承担，处十万元以上五十万元以下的罚款；情节严重的，可以责令停产整治。

违反本法规定，设置入海排污口未备案的，由生态环境主管部门责令改正，处二万元以上十万元以下的罚款。

违反本法规定，入海排污口的责任主体未按照规定开展监控、自动监测的，由生态环境主管部门责令改正，处二万元以上十万元以下的罚款；拒不改正的，可以责令停产整治。

自然资源、渔业等部门和海事管理机构、海警机构、军队生态环境保护部门发现前三款违法行为之一的，应当通报生态环境主管部门。

第一百条 违反本法规定，经中华人民共和国管辖海域，转移危险废物的，由国家海事管理机构责令非法运输该危险废物的船舶退出中华人民共和国管辖海域，处五十万元以上五百万元以下的罚款。

第一百零一条 违反本法规定，建设单位未落实建设项目投资计划有关要求的，由生态环境主管部门责令改正，处五万元以上二十万元以下的罚款；拒不改正的，处二十万元以上一百万元以下的罚款。

违反本法规定，建设单位未依法报批或者报请重新审核环境影响报告书（表），擅自开工建设的，由生态环境主管部门或者海警机构责令其停止建设，根据违法情节和危害后果，处建设项目总投资额百分之一以上百分之五以下的罚款，并可以责令恢复原状；对建设单位直接负责的主管人员和其他直接责任人员，依法给予处分。建设单位未依法备案环境影响登记表的，由生态环境主管部门责令备案，处五万元以下的罚款。

第一百零二条 违反本法规定，在依法划定的自然保护地、重要渔业水域及其他需要特别保护的区域建设污染环境、破坏生态的工程建设项目或者从事其他活动，或者在沿海陆域新建不符合国家产业政策的生产项目的，由县级以上人民政府按照管理权限责令关闭。

违反生态环境准入清单进行生产建设活动的，由依照本法规定行使海洋环境监督管理权的部门或者机构责令停止违法行为，限期拆除并恢复原状，所需费用由违法者承担，处五十万元以上五百万元以下的罚款，对直接负责的主管人员和其他直接责任人员处五万元以上十万元以下的罚款；情节严重的，报经有批准权的人民政府批准，责令关闭。

第一百零三条 违反本法规定，环境保护设施未与主体工程同时设计、同时施工、同时投产使用的，或者环境保护设施未建成、未达到规定要求、未经验收或者经验收不合格即投入生产、使用的，由生态环境主管部门或者海警机构责令改正，处二十万元以上一百万元以下的罚款；拒不改正的，处一百万元以上二百万元以下的罚款；对直接负责的主管人员和其他责任人员处五万元以上二十万元以下的罚款；造成重大环境污染、生态破坏的，责令其停止生产、使用，或者报经有批准权的人民政府批准，责令关闭。

第一百零四条 违反本法规定，工程建设项目有下列行为之一，由依照本法规定行使海洋环境监督管理权的部门或者机构责令其停止违法行为、消除危害，处二十万元以上一百万元以下的罚款；情节严重的，报经有批准权的人民政府批准，责令停业、关闭：

（一）使用含超标准放射性物质或者易溶出有毒有害物质的材料的；

（二）造成领海基点及其周围环境的侵蚀、淤积、损害，或者危及领海基点稳定的。

第一百零五条 违反本法规定进行海洋油气勘探开发活动，造成海洋环境污染的，由海警机构责令改正，给予警告，并处二十万元以上一百万元以下的罚款。

第一百零六条 违反本法规定，有下列行为之一，由国务院生态环境主管部门及其海域派出机构、海事管理机构或者海警机构责令改正，处以罚款，必要时可以扣押船舶；情节严重的，报经有批准权的人民政府批准，责令停业、关闭：

（一）倾倒废弃物的船舶驶出港口未报告的；

（二）未取得倾倒许可证，向海洋倾倒废弃物的；

（三）在海上焚烧废弃物或者处置放射性废物及其他放射性物质的。

有前款第一项行为的，对违法船舶的所有人、经营人或者管理人处三千元以上三万元以下的罚款，对船长、责任船员或者其他责任人员处五百元以上五千元以下的罚款；有前款第二项行为的，处二十万元以上二百万元以下的罚款；有前款第三项行为的，处五十万元以上五百万元以下的罚款。有前款第二项、第三项行为之一，两年内受到行政处罚三次以上的，三年内不得从事废弃物海洋倾倒活动。

第一百零七条 违反本法规定，有下列行为之一，由国务院生态环境主管部门及其海域派出机构、海事管理机构或者海警机构责令改正，处以罚款，暂扣或者吊销倾倒许可证，必要时可以扣押船舶；情节严重的，报经有批准权的人民政府批准，责令停业、关闭：

（一）未按照国家规定报告倾倒情况的；

（二）未按照国家规定安装使用海洋倾废在线监控设备的；

（三）获准倾倒废弃物的单位未依照本法规定委托实施废弃物海洋倾倒作业或者未依照本法规定监督实施的；

（四）未按照倾倒许可证的规定倾倒废弃物的。

有前款第一项行为的，按次处五千元以上二万元以下的罚款；

有前款第二项行为的，处二万元以上二十万元以下的罚款；有前款第三项行为的，处三万元以上三十万元以下的罚款；有前款第四项行为的，处二十万元以上一百万元以下的罚款，被吊销倾倒许可证的，三年内不得从事废弃物海洋倾倒活动。

以提供虚假申请材料、欺骗、贿赂等不正当手段申请取得倾倒许可证的，由国务院生态环境主管部门及其海域派出机构依法撤销倾倒许可证，并处二十万元以上五十万元以下的罚款；三年内不得再次申请倾倒许可证。

第一百零八条 违反本法规定，将中华人民共和国境外废弃物运进中华人民共和国管辖海域倾倒的，由海警机构责令改正，根据造成或者可能造成的危害后果，处五十万元以上五百万元以下的罚款。

第一百零九条 违反本法规定，有下列行为之一，由依照本法规定行使海洋环境监督管理权的部门或者机构责令改正，处以罚款：

（一）港口、码头、装卸站、船舶修造拆解单位未按照规定配备或者有效运行船舶污染物、废弃物接收设施，或者船舶的结构、配备的防污设备和器材不符合国家防污规定或者未经检验合格的；

（二）从事船舶污染物、废弃物接收和船舶清舱、洗舱作业活动，不具备相应接收处理能力的；

（三）从事船舶拆解、旧船改装、打捞和其他水上、水下施工作业，造成海洋环境污染损害的；

（四）采取冲滩方式进行船舶拆解作业的。

有前款第一项、第二项行为之一的，处二万元以上三十万元以下的罚款；有前款第三项行为的，处五万元以上二十万元以下的罚款；有前款第四项行为的，处十万元以上一百万元以下的罚款。

第一百一十条 违反本法规定，有下列行为之一，由依照本法规定行使海洋环境监督管理权的部门或者机构责令改正，处以罚款：

（一）未在船上备有有害材料清单，未在船舶建造、营运和维修过程中持续更新有害材料清单，或者未在船舶拆解前将有害材料清单提供给从事船舶拆解单位的；

（二）船舶未持有防污证书、防污文书，或者不按照规定监测、监控，如实记载和保存船舶污染物、压载水和沉积物的排放及操作记录的；

（三）船舶采取措施提高能效水平未达到有关规定的；

（四）进入控制区的船舶不符合船舶污染物排放相关控制要求的；

（五）具备岸电供应能力的港口经营人、岸电供电企业未按照国家规定为具备岸电使用条件的船舶提供岸电的；

（六）具备岸电使用条件的船舶靠港，不按照国家规定使用岸电的。

有前款第一项行为的，处二万元以下的罚款；有前款第二项行为的，处十万元以下的罚款；有前款第三项行为的，处一万元以上十万元以下的罚款；有前款第四项行为的，处三万元以上三十万元以下的罚款；有前款第五项、第六项行为之一的，处一万元以上十万元以下的罚款，情节严重的，处十万元以上五十万元以下的罚款。

第一百一十一条 违反本法规定，有下列行为之一，由依照本法规定行使海洋环境监督管理权的部门或者机构责令改正，处以罚款：

（一）拒报或者谎报船舶载运污染危害性货物申报事项的；

（二）托运人未将托运的污染危害性货物的正式名称、污染危害性以及应当采取的防护措施如实告知承运人的；

（三）托运人交付承运人的污染危害性货物的单证、包装、标志、数量限制不符合对所交付货物的有关规定的；

（四）托运人在托运的普通货物中夹带污染危害性货物或者将污染危害性货物谎报为普通货物的；

（五）需要船舶载运污染危害性不明的货物，未按照有关规定事先进行评估的。

有前款第一项行为的，处五万元以下的罚款；有前款第二项行为的，处五万元以上十万元以下的罚款；有前款第三项、第五项行为之一的，处二万元以上十万元以下的罚款；有前款第四项行为的，处十万元以上二十万元以下的罚款。

第一百一十二条 违反本法规定，有下列行为之一，由依照本法规定行使海洋环境监督管理权的部门或者机构责令改正，处一万元以上五万元以下的罚款：

（一）载运具有污染危害性货物的船舶未经许可进出港口或者装卸作业的；

（二）装卸油类及有毒有害货物的作业，船岸双方未遵守安全防污操作规程的；

（三）船舶进行散装液体污染危害性货物的过驳作业，未编制作业方案或者未按照有关规定报经批准的。

第一百一十三条 企业事业单位和其他生产经营者违反本法规定向海域排放、倾倒、处置污染物、废弃物或者其他物质，受到罚款处罚，被责令改正的，依法作出处罚决定的部门或者机构应当组织复查，发现其继续实施该违法行为或者拒绝、阻挠复查的，依照《中华人民共和国环境保护法》的规定按日连续处罚。

第一百一十四条 对污染海洋环境、破坏海洋生态，造成他人损害的，依照《中华人民共和国民法典》等法律的规定承担民事责任。

对污染海洋环境、破坏海洋生态，给国家造成重大损失的，由依照本法规定行使海洋环境监督管理权的部门代表国家对责任者提出损害赔偿要求。

前款规定的部门不提起诉讼的，人民检察院可以向人民法院提起诉讼。前款规定的部门提起诉讼的，人民检察院可以支持起诉。

第一百一十五条 对违反本法规定，造成海洋环境污染、生态破坏事故的单位，除依法承担赔偿责任外，由依照本法规定行使海洋环境监督管理权的部门或者机构处以罚款；对直接负责的主管人员和其他直接责任人员可以处上一年度从本单位取得收入百分之五十以下的罚款；直接负责的主管人员和其他直接责任人员属于公职人员的，依法给予处分。

对造成一般或者较大海洋环境污染、生态破坏事故的，按照直接损失的百分之二十计算罚款；对造成重大或者特大海洋环境污染、生态破坏事故的，按照直接损失的百分之三十计算罚款。

第一百一十六条 完全属于下列情形之一，经过及时采取合理措施，仍然不能避免对海洋环境造成污染损害的，造成污染损害的有关责任者免予承担责任：

（一）战争；

（二）不可抗拒的自然灾害；

（三）负责灯塔或者其他助航设备的主管部门，在执行职责时的疏忽，或者其他过失行为。

第一百一十七条 未依照本法规定缴纳倾倒费的，由国务院生态环境主管部门及其海域派出机构责令限期缴纳；逾期拒不缴纳的，处应缴纳倾倒费数额一倍以上三倍以下的罚款，并可以报经有批准权的人民政府批准，责令停业、关闭。

第一百一十八条 海洋环境监督管理人员滥用职权、玩忽职守、徇私舞弊，造成海洋环境污染损害、生态破坏的，依法给予处分。

第一百一十九条 违反本法规定，构成违反治安管理行为的，依法给予治安管理处罚；构成犯罪的，依法追究刑事责任。

第九章 附 则

第一百二十条 本法中下列用语的含义是：

（一）海洋环境污染损害，是指直接或者间接地把物质或者能量引入海洋环境，产生损害海洋生物资源、危害人体健康、妨害渔业和海上其他合法活动、损害海水使用素质和减损环境质量等有害影响。

（二）内水，是指我国领海基线向内陆一侧的所有海域。

（三）沿海陆域，是指与海岸相连，或者通过管道、沟渠、设施，直接或者间接向海洋排放污染物及其相关活动的一带区域。

（四）滨海湿地，是指低潮时水深不超过六米的水域及其沿岸浸湿地带，包括水深不超过六米的永久性水域、潮间带（或者洪泛地带）和沿海低地等，但是用于养殖的人工的水域和滩涂除外。

（五）陆地污染源（简称陆源），是指从陆地向海域排放污染物，造成或者可能造成海洋环境污染的场所、设施等。

（六）陆源污染物，是指由陆地污染源排放的污染物。

（七）倾倒，是指通过船舶、航空器、平台或者其他载运工具，向海洋处置废弃物和其他有害物质的行为，包括弃置船舶、航空器、平台及其辅助设施和其他浮动工具的行为。

（八）海岸线，是指多年大潮平均高潮位时海陆分界痕迹线，以国家组织开展的海岸线修测结果为准。

（九）入海河口，是指河流终端与受水体（海）相结合的地段。

（十）海洋生态灾害，是指受自然环境变化或者人为因素影响，导致一种或者多种海洋生物暴发性增殖或者高度聚集，对海洋生态系统结构和功能造成损害。

（十一）渔业水域，是指鱼虾蟹贝类的产卵场、索饵场、越冬场、洄游通道和鱼虾蟹贝藻类及其他水生动植物的养殖场。

（十二）排放，是指把污染物排入海洋的行为，包括泵出、溢出、泄出、喷出和倒出。

（十三）油类，是指任何类型的油及其炼制品。

（十四）入海排污口，是指直接或者通过管道、沟、渠等排污通道向海洋环境水体排放污水的口门，包括工业排污口、城镇污水处理厂排污口、农业排口及其他排口等类型。

（十五）油性混合物，是指任何含有油份的混合物。

（十六）海上焚烧，是指以热摧毁为目的，在海上焚烧设施上，故意焚烧废弃物或者其他物质的行为，但是船舶、平台或者其他人工构造物正常操作中所附带发生的行为除外。

第一百二十一条　涉及海洋环境监督管理的有关部门的具体职权划分，本法未作规定的，由国务院规定。

沿海县级以上地方人民政府行使海洋环境监督管理权的部门的职责，由省、自治区、直辖市人民政府根据本法及国务院有关规定确定。

第一百二十二条　军事船舶和军事用海环境保护管理办法，由国务院、中央军事委员会依照本法制定。

第一百二十三条　中华人民共和国缔结或者参加的与海洋环境保护有关的国际条约与本法有不同规定的，适用国际条约的规定；但是，中华人民共和国声明保留的条款除外。

第一百二十四条　本法自 2024 年 1 月 1 日起施行。

二、环境污染防治法

中华人民共和国水污染防治法

（1984年5月11日第六届全国人民代表大会常务委员会第五次会议通过　根据1996年5月15日第八届全国人民代表大会常务委员会第十九次会议《关于修改〈中华人民共和国水污染防治法〉的决定》第一次修正　根据2008年2月28日第十届全国人民代表大会常务委员会第三十二次会议修订　根据2017年6月27日第十二届全国人民代表大会常务委员会第二十八次会议《关于修改〈中华人民共和国水污染防治法〉的决定》第二次修正）

第一章　总　　则

第一条　为了保护和改善环境，防治水污染，保护水生态，保障饮用水安全，维护公众健康，推进生态文明建设，促进经济社会可持续发展，制定本法。

第二条　本法适用于中华人民共和国领域内的江河、湖泊、运河、渠道、水库等地表水体以及地下水体的污染防治。

海洋污染防治适用《中华人民共和国海洋环境保护法》。

第三条　水污染防治应当坚持预防为主、防治结合、综合治理的原则，优先保护饮用水水源，严格控制工业污染、城镇生活污染，防治农业面源污染，积极推进生态治理工程建设，预防、控制和减少水环境污染和生态破坏。

第四条　县级以上人民政府应当将水环境保护工作纳入国民经济和社会发展规划。

地方各级人民政府对本行政区域的水环境质量负责，应当及时采取措施防治水污染。

第五条 省、市、县、乡建立河长制，分级分段组织领导本行政区域内江河、湖泊的水资源保护、水域岸线管理、水污染防治、水环境治理等工作。

第六条 国家实行水环境保护目标责任制和考核评价制度，将水环境保护目标完成情况作为对地方人民政府及其负责人考核评价的内容。

第七条 国家鼓励、支持水污染防治的科学技术研究和先进适用技术的推广应用，加强水环境保护的宣传教育。

第八条 国家通过财政转移支付等方式，建立健全对位于饮用水水源保护区区域和江河、湖泊、水库上游地区的水环境生态保护补偿机制。

第九条 县级以上人民政府环境保护主管部门对水污染防治实施统一监督管理。

交通主管部门的海事管理机构对船舶污染水域的防治实施监督管理。

县级以上人民政府水行政、国土资源、卫生、建设、农业、渔业等部门以及重要江河、湖泊的流域水资源保护机构，在各自的职责范围内，对有关水污染防治实施监督管理。

第十条 排放水污染物，不得超过国家或者地方规定的水污染物排放标准和重点水污染物排放总量控制指标。

第十一条 任何单位和个人都有义务保护水环境，并有权对污染损害水环境的行为进行检举。

县级以上人民政府及其有关主管部门对在水污染防治工作中做出显著成绩的单位和个人给予表彰和奖励。

第二章　水污染防治的标准和规划

第十二条 国务院环境保护主管部门制定国家水环境质量标准。

省、自治区、直辖市人民政府可以对国家水环境质量标准中未作规定的项目，制定地方标准，并报国务院环境保护主管部门备案。

第十三条 国务院环境保护主管部门会同国务院水行政主管部门和有关省、自治区、直辖市人民政府，可以根据国家确定的重要江河、湖泊流域水体的使用功能以及有关地区的经济、技术条件，确定该重要江河、湖泊流域的省界水体适用的水环境质量标准，报国务院批准后施行。

第十四条 国务院环境保护主管部门根据国家水环境质量标准和国家经济、技术条件，制定国家水污染物排放标准。

省、自治区、直辖市人民政府对国家水污染物排放标准中未作规定的项目，可以制定地方水污染物排放标准；对国家水污染物排放标准中已作规定的项目，可以制定严于国家水污染物排放标准的地方水污染物排放标准。地方水污染物排放标准须报国务院环境保护主管部门备案。

向已有地方水污染物排放标准的水体排放污染物的，应当执行地方水污染物排放标准。

第十五条 国务院环境保护主管部门和省、自治区、直辖市人民政府，应当根据水污染防治的要求和国家或者地方的经济、技术条件，适时修订水环境质量标准和水污染物排放标准。

第十六条 防治水污染应当按流域或者按区域进行统一规划。国家确定的重要江河、湖泊的流域水污染防治规划，由国务院环境保护主管部门会同国务院经济综合宏观调控、水行政等部门和有关省、自治区、直辖市人民政府编制，报国务院批准。

前款规定外的其他跨省、自治区、直辖市江河、湖泊的流域水污染防治规划，根据国家确定的重要江河、湖泊的流域水污染防治规划和本地实际情况，由有关省、自治区、直辖市人民政府环境保护主管部门会同同级水行政等部门和有关市、县人民政府编制，经有关省、自治区、直辖市人民政府审核，报国务院批准。

省、自治区、直辖市内跨县江河、湖泊的流域水污染防治规划，根据国家确定的重要江河、湖泊的流域水污染防治规划和本地实际情况，由省、自治区、直辖市人民政府环境保护主管部门会同同级水行政等部门编制，报省、自治区、直辖市人民政府批准，并报国务院备案。

经批准的水污染防治规划是防治水污染的基本依据，规划的修订须经原批准机关批准。

县级以上地方人民政府应当根据依法批准的江河、湖泊的流域水污染防治规划，组织制定本行政区域的水污染防治规划。

第十七条 有关市、县级人民政府应当按照水污染防治规划确定的水环境质量改善目标的要求，制定限期达标规划，采取措施按期达标。

有关市、县级人民政府应当将限期达标规划报上一级人民政府备案，并向社会公开。

第十八条 市、县级人民政府每年在向本级人民代表大会或者其常务委员会报告环境状况和环境保护目标完成情况时，应当报告水环境质量限期达标规划执行情况，并向社会公开。

第三章 水污染防治的监督管理

第十九条 新建、改建、扩建直接或者间接向水体排放污染物的建设项目和其他水上设施，应当依法进行环境影响评价。

建设单位在江河、湖泊新建、改建、扩建排污口的，应当取得水行政主管部门或者流域管理机构同意；涉及通航、渔业水域的，环境保护主管部门在审批环境影响评价文件时，应当征求交通、渔业主管部门的意见。

建设项目的水污染防治设施，应当与主体工程同时设计、同时施工、同时投入使用。水污染防治设施应当符合经批准或者备案的环境影响评价文件的要求。

第二十条 国家对重点水污染物排放实施总量控制制度。

重点水污染物排放总量控制指标，由国务院环境保护主管部门在征求国务院有关部门和各省、自治区、直辖市人民政府意见后，会同国务院经济综合宏观调控部门报国务院批准并下达实施。

省、自治区、直辖市人民政府应当按照国务院的规定削减和控制本行政区域的重点水污染物排放总量。具体办法由国务院环境保护主管部门会同国务院有关部门规定。

省、自治区、直辖市人民政府可以根据本行政区域水环境质量状况和水污染防治工作的需要，对国家重点水污染物之外的其他水污染物排放实行总量控制。

对超过重点水污染物排放总量控制指标或者未完成水环境质量改善目标的地区，省级以上人民政府环境保护主管部门应当会同有关部门约谈该地区人民政府的主要负责人，并暂停审批新增重点水污染物排放总量的建设项目的环境影响评价文件。约谈情况应当向社会公开。

第二十一条 直接或者间接向水体排放工业废水和医疗污水以及其他按照规定应当取得排污许可证方可排放的废水、污水的企业事业单位和其他生产经营者，应当取得排污许可证；城镇污水集中处理设施的运营单位，也应当取得排污许可证。排污许可证应当明确排放水污染物的种类、浓度、总量和排放去向等要求。排污许可的具体办法由国务院规定。

禁止企业事业单位和其他生产经营者无排污许可证或者违反排污许可证的规定向水体排放前款规定的废水、污水。

第二十二条 向水体排放污染物的企业事业单位和其他生产经营者，应当按照法律、行政法规和国务院环境保护主管部门的规定设置排污口；在江河、湖泊设置排污口的，还应当遵守国务院水行政主管部门的规定。

第二十三条 实行排污许可管理的企业事业单位和其他生产经营者应当按照国家有关规定和监测规范，对所排放的水污染物自行监测，并保存原始监测记录。重点排污单位还应当安装水污染物排放自动监测设备，与环境保护主管部门的监控设备联网，并保证监测设备正常运行。具体办法由国务院环境保护主管部门规定。

应当安装水污染物排放自动监测设备的重点排污单位名录，由设区的市级以上地方人民政府环境保护主管部门根据本行政区域的环境容量、重点水污染物排放总量控制指标的要求以及排污单位排放水污染物的种类、数量和浓度等因素，商同级有关部门确定。

第二十四条 实行排污许可管理的企业事业单位和其他生产经营者应当对监测数据的真实性和准确性负责。

环境保护主管部门发现重点排污单位的水污染物排放自动监测设备传输数据异常，应当及时进行调查。

第二十五条 国家建立水环境质量监测和水污染物排放监测制度。国务院环境保护主管部门负责制定水环境监测规范，统一发布国家水环境状况信息，会同国务院水行政等部门组织监测网络，统一规划国家水环境质量监测站（点）的设置，建立监测数据共享机制，加强对水环境监测的管理。

第二十六条 国家确定的重要江河、湖泊流域的水资源保护工作机构负责监测其所在流域的省界水体的水环境质量状况，并将监测结果及时报国务院环境保护主管部门和国务院水行政主管部门；有经国务院批准成立的流域水资源保护领导机构的，应当将监测结果及时报告流域水资源保护领导机构。

第二十七条 国务院有关部门和县级以上地方人民政府开发、利用和调节、调度水资源时，应当统筹兼顾，维持江河的合理流量和湖泊、水库以及地下水体的合理水位，保障基本生态用水，维护水体的生态功能。

第二十八条 国务院环境保护主管部门应当会同国务院水行政等部门和有关省、自治区、直辖市人民政府，建立重要江河、湖泊的流域水环境保护联合协调机制，实行统一规划、统一标准、统一监测、统一的防治措施。

第二十九条 国务院环境保护主管部门和省、自治区、直辖市人民政府环境保护主管部门应当会同同级有关部门根据流域生态环境功能需要，明确流域生态环境保护要求，组织开展流域环境资源承载能力监测、评价，实施流域环境资源承载能力预警。

县级以上地方人民政府应当根据流域生态环境功能需要，组织开展江河、湖泊、湿地保护与修复，因地制宜建设人工湿地、水源涵养林、沿河沿湖植被缓冲带和隔离带等生态环境治理与保护工程，整治黑臭水体，提高流域环境资源承载能力。

从事开发建设活动，应当采取有效措施，维护流域生态环境功能，严守生态保护红线。

第三十条 环境保护主管部门和其他依照本法规定行使监督管理权的部门，有权对管辖范围内的排污单位进行现场检查，被检查的单位应当如实反映情况，提供必要的资料。检查机关有义务为被检查的单位保守在检查中获取的商业秘密。

第三十一条 跨行政区域的水污染纠纷，由有关地方人民政府协商解决，或者由其共同的上级人民政府协调解决。

第四章 水污染防治措施

第一节 一般规定

第三十二条 国务院环境保护主管部门应当会同国务院卫生主管部门，根据对公众健康和生态环境的危害和影响程度，公布有毒有害水污染物名录，实行风险管理。

排放前款规定名录中所列有毒有害水污染物的企业事业单位和其他生产经营者，应当对排污口和周边环境进行监测，评估环境风险，排查环境安全隐患，并公开有毒有害水污染物信息，采取有效措施防范环境风险。

第三十三条 禁止向水体排放油类、酸液、碱液或者剧毒废液。

禁止在水体清洗装贮过油类或者有毒污染物的车辆和容器。

第三十四条 禁止向水体排放、倾倒放射性固体废物或者含有高放射性和中放射性物质的废水。

向水体排放含低放射性物质的废水，应当符合国家有关放射性污染防治的规定和标准。

第三十五条 向水体排放含热废水，应当采取措施，保证水体的水温符合水环境质量标准。

第三十六条 含病原体的污水应当经过消毒处理；符合国家有关标准后，方可排放。

第三十七条 禁止向水体排放、倾倒工业废渣、城镇垃圾和其他废弃物。

禁止将含有汞、镉、砷、铬、铅、氰化物、黄磷等的可溶性剧毒废渣向水体排放、倾倒或者直接埋入地下。

存放可溶性剧毒废渣的场所，应当采取防水、防渗漏、防流失的措施。

第三十八条 禁止在江河、湖泊、运河、渠道、水库最高水位线以下的滩地和岸坡堆放、存贮固体废弃物和其他污染物。

第三十九条 禁止利用渗井、渗坑、裂隙、溶洞，私设暗管，篡改、伪造监测数据，或者不正常运行水污染防治设施等逃避监管的方式排放水污染物。

第四十条 化学品生产企业以及工业集聚区、矿山开采区、尾矿库、危险废物处置场、垃圾填埋场等的运营、管理单位，应当采取防渗漏等措施，并建设地下水水质监测井进行监测，防止地下水污染。

加油站等的地下油罐应当使用双层罐或者采取建造防渗池等其他有效措施，并进行防渗漏监测，防止地下水污染。

禁止利用无防渗漏措施的沟渠、坑塘等输送或者存贮含有毒污染物的废水、含病原体的污水和其他废弃物。

第四十一条 多层地下水的含水层水质差异大的，应当分层开采；对已受污染的潜水和承压水，不得混合开采。

第四十二条 兴建地下工程设施或者进行地下勘探、采矿等活动，应当采取防护性措施，防止地下水污染。

报废矿井、钻井或者取水井等，应当实施封井或者回填。

第四十三条 人工回灌补给地下水，不得恶化地下水质。

第二节 工业水污染防治

第四十四条 国务院有关部门和县级以上地方人民政府应当合

理规划工业布局，要求造成水污染的企业进行技术改造，采取综合防治措施，提高水的重复利用率，减少废水和污染物排放量。

第四十五条 排放工业废水的企业应当采取有效措施，收集和处理产生的全部废水，防止污染环境。含有毒有害水污染物的工业废水应当分类收集和处理，不得稀释排放。

工业集聚区应当配套建设相应的污水集中处理设施，安装自动监测设备，与环境保护主管部门的监控设备联网，并保证监测设备正常运行。

向污水集中处理设施排放工业废水的，应当按照国家有关规定进行预处理，达到集中处理设施处理工艺要求后方可排放。

第四十六条 国家对严重污染水环境的落后工艺和设备实行淘汰制度。

国务院经济综合宏观调控部门会同国务院有关部门，公布限期禁止采用的严重污染水环境的工艺名录和限期禁止生产、销售、进口、使用的严重污染水环境的设备名录。

生产者、销售者、进口者或者使用者应当在规定的期限内停止生产、销售、进口或者使用列入前款规定的设备名录中的设备。工艺的采用者应当在规定的期限内停止采用列入前款规定的工艺名录中的工艺。

依照本条第二款、第三款规定被淘汰的设备，不得转让给他人使用。

第四十七条 国家禁止新建不符合国家产业政策的小型造纸、制革、印染、染料、炼焦、炼硫、炼砷、炼汞、炼油、电镀、农药、石棉、水泥、玻璃、钢铁、火电以及其他严重污染水环境的生产项目。

第四十八条 企业应当采用原材料利用效率高、污染物排放量少的清洁工艺，并加强管理，减少水污染物的产生。

第三节 城镇水污染防治

第四十九条 城镇污水应当集中处理。

县级以上地方人民政府应当通过财政预算和其他渠道筹集资金，

统筹安排建设城镇污水集中处理设施及配套管网，提高本行政区域城镇污水的收集率和处理率。

国务院建设主管部门应当会同国务院经济综合宏观调控、环境保护主管部门，根据城乡规划和水污染防治规划，组织编制全国城镇污水处理设施建设规划。县级以上地方人民政府组织建设、经济综合宏观调控、环境保护、水行政等部门编制本行政区域的城镇污水处理设施建设规划。县级以上地方人民政府建设主管部门应当按照城镇污水处理设施建设规划，组织建设城镇污水集中处理设施及配套管网，并加强对城镇污水集中处理设施运营的监督管理。

城镇污水集中处理设施的运营单位按照国家规定向排污者提供污水处理的有偿服务，收取污水处理费用，保证污水集中处理设施的正常运行。收取的污水处理费用应当用于城镇污水集中处理设施的建设运行和污泥处理处置，不得挪作他用。

城镇污水集中处理设施的污水处理收费、管理以及使用的具体办法，由国务院规定。

第五十条 向城镇污水集中处理设施排放水污染物，应当符合国家或者地方规定的水污染物排放标准。

城镇污水集中处理设施的运营单位，应当对城镇污水集中处理设施的出水水质负责。

环境保护主管部门应当对城镇污水集中处理设施的出水水质和水量进行监督检查。

第五十一条 城镇污水集中处理设施的运营单位或者污泥处理处置单位应当安全处理处置污泥，保证处理处置后的污泥符合国家标准，并对污泥的去向等进行记录。

第四节 农业和农村水污染防治

第五十二条 国家支持农村污水、垃圾处理设施的建设，推进农村污水、垃圾集中处理。

地方各级人民政府应当统筹规划建设农村污水、垃圾处理设施，并保障其正常运行。

第五十三条 制定化肥、农药等产品的质量标准和使用标准，应当适应水环境保护要求。

第五十四条 使用农药，应当符合国家有关农药安全使用的规定和标准。

运输、存贮农药和处置过期失效农药，应当加强管理，防止造成水污染。

第五十五条 县级以上地方人民政府农业主管部门和其他有关部门，应当采取措施，指导农业生产者科学、合理地施用化肥和农药，推广测土配方施肥技术和高效低毒低残留农药，控制化肥和农药的过量使用，防止造成水污染。

第五十六条 国家支持畜禽养殖场、养殖小区建设畜禽粪便、废水的综合利用或者无害化处理设施。

畜禽养殖场、养殖小区应当保证其畜禽粪便、废水的综合利用或者无害化处理设施正常运转，保证污水达标排放，防止污染水环境。

畜禽散养密集区所在地县、乡级人民政府应当组织对畜禽粪便污水进行分户收集、集中处理利用。

第五十七条 从事水产养殖应当保护水域生态环境，科学确定养殖密度，合理投饵和使用药物，防止污染水环境。

第五十八条 农田灌溉用水应当符合相应的水质标准，防止污染土壤、地下水和农产品。

禁止向农田灌溉渠道排放工业废水或者医疗污水。向农田灌溉渠道排放城镇污水以及未综合利用的畜禽养殖废水、农产品加工废水的，应当保证其下游最近的灌溉取水点的水质符合农田灌溉水质标准。

第五节 船舶水污染防治

第五十九条 船舶排放含油污水、生活污水，应当符合船舶污染物排放标准。从事海洋航运的船舶进入内河和港口的，应当遵守内河的船舶污染物排放标准。

船舶的残油、废油应当回收，禁止排入水体。

禁止向水体倾倒船舶垃圾。

船舶装载运输油类或者有毒货物，应当采取防止溢流和渗漏的措施，防止货物落水造成水污染。

进入中华人民共和国内河的国际航线船舶排放压载水的，应当采用压载水处理装置或者采取其他等效措施，对压载水进行灭活等处理。禁止排放不符合规定的船舶压载水。

第六十条　船舶应当按照国家有关规定配置相应的防污设备和器材，并持有合法有效的防止水域环境污染的证书与文书。

船舶进行涉及污染物排放的作业，应当严格遵守操作规程，并在相应的记录簿上如实记载。

第六十一条　港口、码头、装卸站和船舶修造厂所在地市、县级人民政府应当统筹规划建设船舶污染物、废弃物的接收、转运及处理处置设施。

港口、码头、装卸站和船舶修造厂应当备有足够的船舶污染物、废弃物的接收设施。从事船舶污染物、废弃物接收作业，或者从事装载油类、污染危害性货物船舱清洗作业的单位，应当具备与其运营规模相适应的接收处理能力。

第六十二条　船舶及有关作业单位从事有污染风险的作业活动，应当按照有关法律法规和标准，采取有效措施，防止造成水污染。海事管理机构、渔业主管部门应当加强对船舶及有关作业活动的监督管理。

船舶进行散装液体污染危害性货物的过驳作业，应当编制作业方案，采取有效的安全和污染防治措施，并报作业地海事管理机构批准。

禁止采取冲滩方式进行船舶拆解作业。

第五章　饮用水水源和其他特殊水体保护

第六十三条　国家建立饮用水水源保护区制度。饮用水水源保护区分为一级保护区和二级保护区；必要时，可以在饮用水水源保护区外围划定一定的区域作为准保护区。

饮用水水源保护区的划定，由有关市、县人民政府提出划定方案，报省、自治区、直辖市人民政府批准；跨市、县饮用水水源保护区的划定，由有关市、县人民政府协商提出划定方案，报省、自治区、直辖市人民政府批准；协商不成的，由省、自治区、直辖市人民政府环境保护主管部门会同同级水行政、国土资源、卫生、建设等部门提出划定方案，征求同级有关部门的意见后，报省、自治区、直辖市人民政府批准。

跨省、自治区、直辖市的饮用水水源保护区，由有关省、自治区、直辖市人民政府商有关流域管理机构划定；协商不成的，由国务院环境保护主管部门会同同级水行政、国土资源、卫生、建设等部门提出划定方案，征求国务院有关部门的意见后，报国务院批准。

国务院和省、自治区、直辖市人民政府可以根据保护饮用水水源的实际需要，调整饮用水水源保护区的范围，确保饮用水安全。有关地方人民政府应当在饮用水水源保护区的边界设立明确的地理界标和明显的警示标志。

第六十四条　在饮用水水源保护区内，禁止设置排污口。

第六十五条　禁止在饮用水水源一级保护区内新建、改建、扩建与供水设施和保护水源无关的建设项目；已建成的与供水设施和保护水源无关的建设项目，由县级以上人民政府责令拆除或者关闭。

禁止在饮用水水源一级保护区内从事网箱养殖、旅游、游泳、垂钓或者其他可能污染饮用水水体的活动。

第六十六条　禁止在饮用水水源二级保护区内新建、改建、扩建排放污染物的建设项目；已建成的排放污染物的建设项目，由县级以上人民政府责令拆除或者关闭。

在饮用水水源二级保护区内从事网箱养殖、旅游等活动的，应当按照规定采取措施，防止污染饮用水水体。

第六十七条　禁止在饮用水水源准保护区内新建、扩建对水体污染严重的建设项目；改建建设项目，不得增加排污量。

第六十八条 县级以上地方人民政府应当根据保护饮用水水源的实际需要，在准保护区内采取工程措施或者建造湿地、水源涵养林等生态保护措施，防止水污染物直接排入饮用水水体，确保饮用水安全。

第六十九条 县级以上地方人民政府应当组织环境保护等部门，对饮用水水源保护区、地下水型饮用水源的补给区及供水单位周边区域的环境状况和污染风险进行调查评估，筛查可能存在的污染风险因素，并采取相应的风险防范措施。

饮用水水源受到污染可能威胁供水安全的，环境保护主管部门应当责令有关企业事业单位和其他生产经营者采取停止排放水污染物等措施，并通报饮用水供水单位和供水、卫生、水行政等部门；跨行政区域的，还应当通报相关地方人民政府。

第七十条 单一水源供水城市的人民政府应当建设应急水源或者备用水源，有条件的地区可以开展区域联网供水。

县级以上地方人民政府应当合理安排、布局农村饮用水水源，有条件的地区可以采取城镇供水管网延伸或者建设跨村、跨乡镇联片集中供水工程等方式，发展规模集中供水。

第七十一条 饮用水供水单位应当做好取水口和出水口的水质检测工作。发现取水口水质不符合饮用水水源水质标准或者出水口水质不符合饮用水卫生标准的，应当及时采取相应措施，并向所在地市、县级人民政府供水主管部门报告。供水主管部门接到报告后，应当通报环境保护、卫生、水行政等部门。

饮用水供水单位应当对供水水质负责，确保供水设施安全可靠运行，保证供水水质符合国家有关标准。

第七十二条 县级以上地方人民政府应当组织有关部门监测、评估本行政区域内饮用水水源、供水单位供水和用户水龙头出水的水质等饮用水安全状况。

县级以上地方人民政府有关部门应当至少每季度向社会公开一次饮用水安全状况信息。

第七十三条 国务院和省、自治区、直辖市人民政府根据水环境保护的需要，可以规定在饮用水水源保护区内，采取禁止或者限制使用含磷洗涤剂、化肥、农药以及限制种植养殖等措施。

第七十四条　县级以上人民政府可以对风景名胜区水体、重要渔业水体和其他具有特殊经济文化价值的水体划定保护区，并采取措施，保证保护区的水质符合规定用途的水环境质量标准。

第七十五条　在风景名胜区水体、重要渔业水体和其他具有特殊经济文化价值的水体的保护区内，不得新建排污口。在保护区附近新建排污口，应当保证保护区水体不受污染。

第六章　水污染事故处置

第七十六条　各级人民政府及其有关部门，可能发生水污染事故的企业事业单位，应当依照《中华人民共和国突发事件应对法》的规定，做好突发水污染事故的应急准备、应急处置和事后恢复等工作。

第七十七条　可能发生水污染事故的企业事业单位，应当制定有关水污染事故的应急方案，做好应急准备，并定期进行演练。

生产、储存危险化学品的企业事业单位，应当采取措施，防止在处理安全生产事故过程中产生的可能严重污染水体的消防废水、废液直接排入水体。

第七十八条　企业事业单位发生事故或者其他突发性事件，造成或者可能造成水污染事故的，应当立即启动本单位的应急方案，采取隔离等应急措施，防止水污染物进入水体，并向事故发生地的县级以上地方人民政府或者环境保护主管部门报告。环境保护主管部门接到报告后，应当及时向本级人民政府报告，并抄送有关部门。

造成渔业污染事故或者渔业船舶造成水污染事故的，应当向事故发生地的渔业主管部门报告，接受调查处理。其他船舶造成水污染事故的，应当向事故发生地的海事管理机构报告，接受调查处理；给渔业造成损害的，海事管理机构应当通知渔业主管部门参与调查处理。

第七十九条 市、县级人民政府应当组织编制饮用水安全突发事件应急预案。

饮用水供水单位应当根据所在地饮用水安全突发事件应急预案，制定相应的突发事件应急方案，报所在地市、县级人民政府备案，并定期进行演练。

饮用水水源发生水污染事故，或者发生其他可能影响饮用水安全的突发性事件，饮用水供水单位应当采取应急处理措施，向所在地市、县级人民政府报告，并向社会公开。有关人民政府应当根据情况及时启动应急预案，采取有效措施，保障供水安全。

第七章 法律责任

第八十条 环境保护主管部门或者其他依照本法规定行使监督管理权的部门，不依法作出行政许可或者办理批准文件的，发现违法行为或者接到对违法行为的举报后不予查处的，或者有其他未依照本法规定履行职责的行为的，对直接负责的主管人员和其他直接责任人员依法给予处分。

第八十一条 以拖延、围堵、滞留执法人员等方式拒绝、阻挠环境保护主管部门或者其他依照本法规定行使监督管理权的部门的监督检查，或者在接受监督检查时弄虚作假的，由县级以上人民政府环境保护主管部门或者其他依照本法规定行使监督管理权的部门责令改正，处二万元以上二十万元以下的罚款。

第八十二条 违反本法规定，有下列行为之一的，由县级以上人民政府环境保护主管部门责令限期改正，处二万元以上二十万元以下的罚款；逾期不改正的，责令停产整治：

（一）未按照规定对所排放的水污染物自行监测，或者未保存原始监测记录的；

（二）未按照规定安装水污染物排放自动监测设备，未按照规定与环境保护主管部门的监控设备联网，或者未保证监测设备正常运行的；

（三）未按照规定对有毒有害水污染物的排污口和周边环境进行监测，或者未公开有毒有害水污染物信息的。

第八十三条 违反本法规定，有下列行为之一的，由县级以上人民政府环境保护主管部门责令改正或者责令限制生产、停产整治，并处十万元以上一百万元以下的罚款；情节严重的，报经有批准权的人民政府批准，责令停业、关闭：

（一）未依法取得排污许可证排放水污染物的；

（二）超过水污染物排放标准或者超过重点水污染物排放总量控制指标排放水污染物的；

（三）利用渗井、渗坑、裂隙、溶洞，私设暗管，篡改、伪造监测数据，或者不正常运行水污染防治设施等逃避监管的方式排放水污染物的；

（四）未按照规定进行预处理，向污水集中处理设施排放不符合处理工艺要求的工业废水的。

第八十四条 在饮用水水源保护区内设置排污口的，由县级以上地方人民政府责令限期拆除，处十万元以上五十万元以下的罚款；逾期不拆除的，强制拆除，所需费用由违法者承担，处五十万元以上一百万元以下的罚款，并可以责令停产整治。

除前款规定外，违反法律、行政法规和国务院环境保护主管部门的规定设置排污口的，由县级以上地方人民政府环境保护主管部门责令限期拆除，处二万元以上十万元以下的罚款；逾期不拆除的，强制拆除，所需费用由违法者承担，处十万元以上五十万元以下的罚款；情节严重的，可以责令停产整治。

未经水行政主管部门或者流域管理机构同意，在江河、湖泊新建、改建、扩建排污口的，由县级以上人民政府水行政主管部门或者流域管理机构依据职权，依照前款规定采取措施、给予处罚。

第八十五条 有下列行为之一的，由县级以上地方人民政府环境保护主管部门责令停止违法行为，限期采取治理措施，消除污染，处以罚款；逾期不采取治理措施的，环境保护主管部门可以指定有治理能力的单位代为治理，所需费用由违法者承担：

（一）向水体排放油类、酸液、碱液的；

（二）向水体排放剧毒废液，或者将含有汞、镉、砷、铬、铅、氰化物、黄磷等的可溶性剧毒废渣向水体排放、倾倒或者直接埋入地下的；

（三）在水体清洗装贮过油类、有毒污染物的车辆或者容器的；

（四）向水体排放、倾倒工业废渣、城镇垃圾或者其他废弃物，或者在江河、湖泊、运河、渠道、水库最高水位线以下的滩地、岸坡堆放、存贮固体废弃物或者其他污染物的；

（五）向水体排放、倾倒放射性固体废物或者含有高放射性、中放射性物质的废水的；

（六）违反国家有关规定或者标准，向水体排放含低放射性物质的废水、热废水或者含病原体的污水的；

（七）未采取防渗漏等措施，或者未建设地下水水质监测井进行监测的；

（八）加油站等的地下油罐未使用双层罐或者采取建造防渗池等其他有效措施，或者未进行防渗漏监测的；

（九）未按照规定采取防护性措施，或者利用无防渗漏措施的沟渠、坑塘等输送或者存贮含有毒污染物的废水、含病原体的污水或者其他废弃物的。

有前款第三项、第四项、第六项、第七项、第八项行为之一的，处二万元以上二十万元以下的罚款。有前款第一项、第二项、第五项、第九项行为之一的，处十万元以上一百万元以下的罚款；情节严重的，报经有批准权的人民政府批准，责令停业、关闭。

第八十六条 违反本法规定，生产、销售、进口或者使用列入禁止生产、销售、进口、使用的严重污染水环境的设备名录中的设备，或者采用列入禁止采用的严重污染水环境的工艺名录中的工艺的，由县级以上人民政府经济综合宏观调控部门责令改正，处五万元以上二十万元以下的罚款；情节严重的，由县级以上人民政府经济综合宏观调控部门提出意见，报请本级人民政府责令停业、关闭。

第八十七条 违反本法规定，建设不符合国家产业政策的小型造纸、制革、印染、染料、炼焦、炼硫、炼砷、炼汞、炼油、电镀、农药、石棉、水泥、玻璃、钢铁、火电以及其他严重污染水环境的生产项目的，由所在地的市、县人民政府责令关闭。

第八十八条 城镇污水集中处理设施的运营单位或者污泥处理处置单位，处理处置后的污泥不符合国家标准，或者对污泥去向等未进行记录的，由城镇排水主管部门责令限期采取治理措施，给予警告；造成严重后果的，处十万元以上二十万元以下的罚款；逾期不采取治理措施的，城镇排水主管部门可以指定有治理能力的单位代为治理，所需费用由违法者承担。

第八十九条 船舶未配置相应的防污染设备和器材，或者未持有合法有效的防止水域环境污染的证书与文书的，由海事管理机构、渔业主管部门按照职责分工责令限期改正，处二千元以上二万元以下的罚款；逾期不改正的，责令船舶临时停航。

船舶进行涉及污染物排放的作业，未遵守操作规程或者未在相应的记录簿上如实记载的，由海事管理机构、渔业主管部门按照职责分工责令改正，处二千元以上二万元以下的罚款。

第九十条 违反本法规定，有下列行为之一的，由海事管理机构、渔业主管部门按照职责分工责令停止违法行为，处一万元以上十万元以下的罚款；造成水污染的，责令限期采取治理措施，消除污染，处二万元以上二十万元以下的罚款；逾期不采取治理措施的，海事管理机构、渔业主管部门按照职责分工可以指定有治理能力的单位代为治理，所需费用由船舶承担：

（一）向水体倾倒船舶垃圾或者排放船舶的残油、废油的；

（二）未经作业地海事管理机构批准，船舶进行散装液体污染危害性货物的过驳作业的；

（三）船舶及有关作业单位从事有污染风险的作业活动，未按照规定采取污染防治措施的；

（四）以冲滩方式进行船舶拆解的；

（五）进入中华人民共和国内河的国际航线船舶，排放不符合规定的船舶压载水的。

第九十一条 有下列行为之一的，由县级以上地方人民政府环境保护主管部门责令停止违法行为，处十万元以上五十万元以下的罚款；并报经有批准权的人民政府批准，责令拆除或者关闭：

（一）在饮用水水源一级保护区内新建、改建、扩建与供水设施和保护水源无关的建设项目的；

（二）在饮用水水源二级保护区内新建、改建、扩建排放污染物的建设项目的；

（三）在饮用水水源准保护区内新建、扩建对水体污染严重的建设项目，或者改建建设项目增加排污量的。

在饮用水水源一级保护区内从事网箱养殖或者组织进行旅游、垂钓或者其他可能污染饮用水水体的活动的，由县级以上地方人民政府环境保护主管部门责令停止违法行为，处二万元以上十万元以下的罚款。个人在饮用水水源一级保护区内游泳、垂钓或者从事其他可能污染饮用水水体的活动的，由县级以上地方人民政府环境保护主管部门责令停止违法行为，可以处五百元以下的罚款。

第九十二条 饮用水供水单位供水水质不符合国家规定标准的，由所在地市、县级人民政府供水主管部门责令改正，处二万元以上二十万元以下的罚款；情节严重的，报经有批准权的人民政府批准，可以责令停业整顿；对直接负责的主管人员和其他直接责任人员依法给予处分。

第九十三条 企业事业单位有下列行为之一的，由县级以上人民政府环境保护主管部门责令改正；情节严重的，处二万元以上十万元以下的罚款：

（一）不按照规定制定水污染事故的应急方案的；

（二）水污染事故发生后，未及时启动水污染事故的应急方案，采取有关应急措施的。

第九十四条 企业事业单位违反本法规定，造成水污染事故的，除依法承担赔偿责任外，由县级以上人民政府环境保护主管部门依照本条第二款的规定处以罚款，责令限期采取治理措施，消除污染；未按照要求采取治理措施或者不具备治理能力的，由环境保护主管部门指定有治理能力的单位代为治理，所需费用由违法者承担；对造成重大或者特大水污染事故的，还可以报经有批准权的人民政府批准，责令关闭；对直接负责的主管人员和其他直接责任人员可以处上一年度从本单位取得的收入百分之五十以下的罚款；有《中华人民共和国环境保护法》第六十三条规定的违法排放水污染物等行为之一，尚不构成犯罪的，由公安机关对直接负责的主管人员和其他直接责任人员处十日以上十五日以下的拘留；情节较轻的，处五日以上十日以下的拘留。

对造成一般或者较大水污染事故的，按照水污染事故造成的直接损失的百分之二十计算罚款；对造成重大或者特大水污染事故的，按照水污染事故造成的直接损失的百分之三十计算罚款。

造成渔业污染事故或者渔业船舶造成水污染事故的，由渔业主管部门进行处罚；其他船舶造成水污染事故的，由海事管理机构进行处罚。

第九十五条 企业事业单位和其他生产经营者违法排放水污染物，受到罚款处罚，被责令改正的，依法作出处罚决定的行政机关应当组织复查，发现其继续违法排放水污染物或者拒绝、阻挠复查的，依照《中华人民共和国环境保护法》的规定按日连续处罚。

第九十六条 因水污染受到损害的当事人，有权要求排污方排除危害和赔偿损失。

由于不可抗力造成水污染损害的，排污方不承担赔偿责任；法律另有规定的除外。

水污染损害是由受害人故意造成的，排污方不承担赔偿责任。水污染损害是由受害人重大过失造成的，可以减轻排污方的赔偿责任。

水污染损害是由第三人造成的，排污方承担赔偿责任后，有权向第三人追偿。

第九十七条 因水污染引起的损害赔偿责任和赔偿金额的纠纷，可以根据当事人的请求，由环境保护主管部门或者海事管理机构、渔业主管部门按照职责分工调解处理；调解不成的，当事人可以向人民法院提起诉讼。当事人也可以直接向人民法院提起诉讼。

第九十八条 因水污染引起的损害赔偿诉讼，由排污方就法律规定的免责事由及其行为与损害结果之间不存在因果关系承担举证责任。

第九十九条 因水污染受到损害的当事人人数众多的，可以依法由当事人推选代表人进行共同诉讼。

环境保护主管部门和有关社会团体可以依法支持因水污染受到损害的当事人向人民法院提起诉讼。

国家鼓励法律服务机构和律师为水污染损害诉讼中的受害人提供法律援助。

第一百条 因水污染引起的损害赔偿责任和赔偿金额的纠纷，当事人可以委托环境监测机构提供监测数据。环境监测机构应当接受委托，如实提供有关监测数据。

第一百零一条 违反本法规定，构成犯罪的，依法追究刑事责任。

第八章 附 则

第一百零二条 本法中下列用语的含义：

（一）水污染，是指水体因某种物质的介入，而导致其化学、物理、生物或者放射性等方面特性的改变，从而影响水的有效利用，危害人体健康或者破坏生态环境，造成水质恶化的现象。

（二）水污染物，是指直接或者间接向水体排放的，能导致水体污染的物质。

（三）有毒污染物，是指那些直接或者间接被生物摄入体内后，可能导致该生物或者其后代发病、行为反常、遗传异变、生理机能失常、机体变形或者死亡的污染物。

（四）污泥，是指污水处理过程中产生的半固态或者固态物质。

（五）渔业水体，是指划定的鱼虾类的产卵场、索饵场、越冬场、洄游通道和鱼虾贝藻类的养殖场的水体。

第一百零三条 本法自 2008 年 6 月 1 日起施行。

中华人民共和国土壤污染防治法

（2018年8月31日第十三届全国人民代表大会常务委员会第五次会议通过　2018年8月31日中华人民共和国主席令第8号公布　自2019年1月1日起施行）

第一章　总　　则

第一条　为了保护和改善生态环境，防治土壤污染，保障公众健康，推动土壤资源永续利用，推进生态文明建设，促进经济社会可持续发展，制定本法。

第二条　在中华人民共和国领域及管辖的其他海域从事土壤污染防治及相关活动，适用本法。

本法所称土壤污染，是指因人为因素导致某种物质进入陆地表层土壤，引起土壤化学、物理、生物等方面特性的改变，影响土壤功能和有效利用，危害公众健康或者破坏生态环境的现象。

第三条　土壤污染防治应当坚持预防为主、保护优先、分类管理、风险管控、污染担责、公众参与的原则。

第四条　任何组织和个人都有保护土壤、防止土壤污染的义务。

土地使用权人从事土地开发利用活动，企业事业单位和其他生产经营者从事生产经营活动，应当采取有效措施，防止、减少土壤污染，对所造成的土壤污染依法承担责任。

第五条　地方各级人民政府应当对本行政区域土壤污染防治和安全利用负责。

国家实行土壤污染防治目标责任制和考核评价制度，将土壤污染防治目标完成情况作为考核评价地方各级人民政府及其负责人、县级以上人民政府负有土壤污染防治监督管理职责的部门及其负责人的内容。

第六条　各级人民政府应当加强对土壤污染防治工作的领导，

组织、协调、督促有关部门依法履行土壤污染防治监督管理职责。

第七条 国务院生态环境主管部门对全国土壤污染防治工作实施统一监督管理；国务院农业农村、自然资源、住房城乡建设、林业草原等主管部门在各自职责范围内对土壤污染防治工作实施监督管理。

地方人民政府生态环境主管部门对本行政区域土壤污染防治工作实施统一监督管理；地方人民政府农业农村、自然资源、住房城乡建设、林业草原等主管部门在各自职责范围内对土壤污染防治工作实施监督管理。

第八条 国家建立土壤环境信息共享机制。

国务院生态环境主管部门应当会同国务院农业农村、自然资源、住房城乡建设、水利、卫生健康、林业草原等主管部门建立土壤环境基础数据库，构建全国土壤环境信息平台，实行数据动态更新和信息共享。

第九条 国家支持土壤污染风险管控和修复、监测等污染防治科学技术研究开发、成果转化和推广应用，鼓励土壤污染防治产业发展，加强土壤污染防治专业技术人才培养，促进土壤污染防治科学技术进步。

国家支持土壤污染防治国际交流与合作。

第十条 各级人民政府及其有关部门、基层群众性自治组织和新闻媒体应当加强土壤污染防治宣传教育和科学普及，增强公众土壤污染防治意识，引导公众依法参与土壤污染防治工作。

第二章 规划、标准、普查和监测

第十一条 县级以上人民政府应当将土壤污染防治工作纳入国民经济和社会发展规划、环境保护规划。

设区的市级以上地方人民政府生态环境主管部门应当会同发展改革、农业农村、自然资源、住房城乡建设、林业草原等主管部门，根据环境保护规划要求、土地用途、土壤污染状况普查和监测结果等，编制土壤污染防治规划，报本级人民政府批准后公布实施。

第十二条 国务院生态环境主管部门根据土壤污染状况、公众健康风险、生态风险和科学技术水平，并按照土地用途，制定国家土壤污染风险管控标准，加强土壤污染防治标准体系建设。

省级人民政府对国家土壤污染风险管控标准中未作规定的项目，可以制定地方土壤污染风险管控标准；对国家土壤污染风险管控标准中已作规定的项目，可以制定严于国家土壤污染风险管控标准的地方土壤污染风险管控标准。地方土壤污染风险管控标准应当报国务院生态环境主管部门备案。

土壤污染风险管控标准是强制性标准。

国家支持对土壤环境背景值和环境基准的研究。

第十三条 制定土壤污染风险管控标准，应当组织专家进行审查和论证，并征求有关部门、行业协会、企业事业单位和公众等方面的意见。

土壤污染风险管控标准的执行情况应当定期评估，并根据评估结果对标准适时修订。

省级以上人民政府生态环境主管部门应当在其网站上公布土壤污染风险管控标准，供公众免费查阅、下载。

第十四条 国务院统一领导全国土壤污染状况普查。国务院生态环境主管部门会同国务院农业农村、自然资源、住房城乡建设、林业草原等主管部门，每十年至少组织开展一次全国土壤污染状况普查。

国务院有关部门、设区的市级以上地方人民政府可以根据本行业、本行政区域实际情况组织开展土壤污染状况详查。

第十五条 国家实行土壤环境监测制度。

国务院生态环境主管部门制定土壤环境监测规范，会同国务院农业农村、自然资源、住房城乡建设、水利、卫生健康、林业草原等主管部门组织监测网络，统一规划国家土壤环境监测站（点）的设置。

第十六条 地方人民政府农业农村、林业草原主管部门应当会同生态环境、自然资源主管部门对下列农用地地块进行重点监测：

（一）产出的农产品污染物含量超标的；

（二）作为或者曾作为污水灌溉区的；

（三）用于或者曾用于规模化养殖，固体废物堆放、填埋的；

（四）曾作为工矿用地或者发生过重大、特大污染事故的；

（五）有毒有害物质生产、贮存、利用、处置设施周边的；

（六）国务院农业农村、林业草原、生态环境、自然资源主管部门规定的其他情形。

第十七条 地方人民政府生态环境主管部门应当会同自然资源主管部门对下列建设用地地块进行重点监测：

（一）曾用于生产、使用、贮存、回收、处置有毒有害物质的；

（二）曾用于固体废物堆放、填埋的；

（三）曾发生过重大、特大污染事故的；

（四）国务院生态环境、自然资源主管部门规定的其他情形。

第三章 预防和保护

第十八条 各类涉及土地利用的规划和可能造成土壤污染的建设项目，应当依法进行环境影响评价。环境影响评价文件应当包括对土壤可能造成的不良影响及应当采取的相应预防措施等内容。

第十九条 生产、使用、贮存、运输、回收、处置、排放有毒有害物质的单位和个人，应当采取有效措施，防止有毒有害物质渗漏、流失、扬散，避免土壤受到污染。

第二十条 国务院生态环境主管部门应当会同国务院卫生健康等主管部门，根据对公众健康、生态环境的危害和影响程度，对土壤中有毒有害物质进行筛查评估，公布重点控制的土壤有毒有害物质名录，并适时更新。

第二十一条 设区的市级以上地方人民政府生态环境主管部门应当按照国务院生态环境主管部门的规定，根据有毒有害物质排放等情况，制定本行政区域土壤污染重点监管单位名录，向社会公开并适时更新。

土壤污染重点监管单位应当履行下列义务：

（一）严格控制有毒有害物质排放，并按年度向生态环境主管部门报告排放情况；

（二）建立土壤污染隐患排查制度，保证持续有效防止有毒有害物质渗漏、流失、扬散；

（三）制定、实施自行监测方案，并将监测数据报生态环境主管部门。

前款规定的义务应当在排污许可证中载明。

土壤污染重点监管单位应当对监测数据的真实性和准确性负责。生态环境主管部门发现土壤污染重点监管单位监测数据异常，应当及时进行调查。

设区的市级以上地方人民政府生态环境主管部门应当定期对土壤污染重点监管单位周边土壤进行监测。

第二十二条 企业事业单位拆除设施、设备或者建筑物、构筑物的，应当采取相应的土壤污染防治措施。

土壤污染重点监管单位拆除设施、设备或者建筑物、构筑物的，应当制定包括应急措施在内的土壤污染防治工作方案，报地方人民政府生态环境、工业和信息化主管部门备案并实施。

第二十三条 各级人民政府生态环境、自然资源主管部门应当依法加强对矿产资源开发区域土壤污染防治的监督管理，按照相关标准和总量控制的要求，严格控制可能造成土壤污染的重点污染物排放。

尾矿库运营、管理单位应当按照规定，加强尾矿库的安全管理，采取措施防止土壤污染。危库、险库、病库以及其他需要重点监管的尾矿库的运营、管理单位应当按照规定，进行土壤污染状况监测和定期评估。

第二十四条 国家鼓励在建筑、通信、电力、交通、水利等领域的信息、网络、防雷、接地等建设工程中采用新技术、新材料，防止土壤污染。

禁止在土壤中使用重金属含量超标的降阻产品。

第二十五条　建设和运行污水集中处理设施、固体废物处置设施，应当依照法律法规和相关标准的要求，采取措施防止土壤污染。

地方人民政府生态环境主管部门应当定期对污水集中处理设施、固体废物处置设施周边土壤进行监测；对不符合法律法规和相关标准要求的，应当根据监测结果，要求污水集中处理设施、固体废物处置设施运营单位采取相应改进措施。

地方各级人民政府应当统筹规划、建设城乡生活污水和生活垃圾处理、处置设施，并保障其正常运行，防止土壤污染。

第二十六条　国务院农业农村、林业草原主管部门应当制定规划，完善相关标准和措施，加强农用地农药、化肥使用指导和使用总量控制，加强农用薄膜使用控制。

国务院农业农村主管部门应当加强农药、肥料登记，组织开展农药、肥料对土壤环境影响的安全性评价。

制定农药、兽药、肥料、饲料、农用薄膜等农业投入品及其包装物标准和农田灌溉用水水质标准，应当适应土壤污染防治的要求。

第二十七条　地方人民政府农业农村、林业草原主管部门应当开展农用地土壤污染防治宣传和技术培训活动，扶持农业生产专业化服务，指导农业生产者合理使用农药、兽药、肥料、饲料、农用薄膜等农业投入品，控制农药、兽药、化肥等的使用量。

地方人民政府农业农村主管部门应当鼓励农业生产者采取有利于防止土壤污染的种养结合、轮作休耕等农业耕作措施；支持采取土壤改良、土壤肥力提升等有利于土壤养护和培育的措施；支持畜禽粪便处理、利用设施的建设。

第二十八条　禁止向农用地排放重金属或者其他有毒有害物质含量超标的污水、污泥，以及可能造成土壤污染的清淤底泥、尾矿、矿渣等。

县级以上人民政府有关部门应当加强对畜禽粪便、沼渣、沼液等收集、贮存、利用、处置的监督管理，防止土壤污染。

农田灌溉用水应当符合相应的水质标准，防止土壤、地下水和农产品污染。地方人民政府生态环境主管部门应当会同农业农村、水利主管部门加强对农田灌溉用水水质的管理，对农田灌溉用水水质进行监测和监督检查。

第二十九条 国家鼓励和支持农业生产者采取下列措施：

（一）使用低毒、低残留农药以及先进喷施技术；

（二）使用符合标准的有机肥、高效肥；

（三）采用测土配方施肥技术、生物防治等病虫害绿色防控技术；

（四）使用生物可降解农用薄膜；

（五）综合利用秸秆、移出高富集污染物秸秆；

（六）按照规定对酸性土壤等进行改良。

第三十条 禁止生产、销售、使用国家明令禁止的农业投入品。

农业投入品生产者、销售者和使用者应当及时回收农药、肥料等农业投入品的包装废弃物和农用薄膜，并将农药包装废弃物交由专门的机构或者组织进行无害化处理。具体办法由国务院农业农村主管部门会同国务院生态环境等主管部门制定。

国家采取措施，鼓励、支持单位和个人回收农业投入品包装废弃物和农用薄膜。

第三十一条 国家加强对未污染土壤的保护。

地方各级人民政府应当重点保护未污染的耕地、林地、草地和饮用水水源地。

各级人民政府应当加强对国家公园等自然保护地的保护，维护其生态功能。

对未利用地应当予以保护，不得污染和破坏。

第三十二条 县级以上地方人民政府及其有关部门应当按照土地利用总体规划和城乡规划，严格执行相关行业企业布局选址要求，禁止在居民区和学校、医院、疗养院、养老院等单位周边新建、改建、扩建可能造成土壤污染的建设项目。

第三十三条 国家加强对土壤资源的保护和合理利用。对开发建设过程中剥离的表土，应当单独收集和存放，符合条件的应当优先用于土地复垦、土壤改良、造地和绿化等。

禁止将重金属或者其他有毒有害物质含量超标的工业固体废物、生活垃圾或者污染土壤用于土地复垦。

第三十四条 因科学研究等特殊原因，需要进口土壤的，应当遵守国家出入境检验检疫的有关规定。

第四章 风险管控和修复

第一节 一般规定

第三十五条 土壤污染风险管控和修复，包括土壤污染状况调查和土壤污染风险评估、风险管控、修复、风险管控效果评估、修复效果评估、后期管理等活动。

第三十六条 实施土壤污染状况调查活动，应当编制土壤污染状况调查报告。

土壤污染状况调查报告应当主要包括地块基本信息、污染物含量是否超过土壤污染风险管控标准等内容。污染物含量超过土壤污染风险管控标准的，土壤污染状况调查报告还应当包括污染类型、污染来源以及地下水是否受到污染等内容。

第三十七条 实施土壤污染风险评估活动，应当编制土壤污染风险评估报告。

土壤污染风险评估报告应当主要包括下列内容：

（一）主要污染物状况；

（二）土壤及地下水污染范围；

（三）农产品质量安全风险、公众健康风险或者生态风险；

（四）风险管控、修复的目标和基本要求等。

第三十八条 实施风险管控、修复活动，应当因地制宜、科学合理，提高针对性和有效性。

实施风险管控、修复活动，不得对土壤和周边环境造成新的污染。

第三十九条 实施风险管控、修复活动前，地方人民政府有关部门有权根据实际情况，要求土壤污染责任人、土地使用权人采取移除污染源、防止污染扩散等措施。

第四十条 实施风险管控、修复活动中产生的废水、废气和固体废物，应当按照规定进行处理、处置，并达到相关环境保护标准。

实施风险管控、修复活动中产生的固体废物以及拆除的设施、设备或者建筑物、构筑物属于危险废物的，应当依照法律法规和相关标准的要求进行处置。

修复施工期间，应当设立公告牌，公开相关情况和环境保护措施。

第四十一条 修复施工单位转运污染土壤的，应当制定转运计划，将运输时间、方式、线路和污染土壤数量、去向、最终处置措施等，提前报所在地和接收地生态环境主管部门。

转运的污染土壤属于危险废物的，修复施工单位应当依照法律法规和相关标准的要求进行处置。

第四十二条 实施风险管控效果评估、修复效果评估活动，应当编制效果评估报告。

效果评估报告应当主要包括是否达到土壤污染风险评估报告确定的风险管控、修复目标等内容。

风险管控、修复活动完成后，需要实施后期管理的，土壤污染责任人应当按照要求实施后期管理。

第四十三条 从事土壤污染状况调查和土壤污染风险评估、风险管控、修复、风险管控效果评估、修复效果评估、后期管理等活动的单位，应当具备相应的专业能力。

受委托从事前款活动的单位对其出具的调查报告、风险评估报告、风险管控效果评估报告、修复效果评估报告的真实性、准确性、完整性负责，并按照约定对风险管控、修复、后期管理等活动结果负责。

第四十四条 发生突发事件可能造成土壤污染的，地方人民政府及其有关部门和相关企业事业单位以及其他生产经营者应当立即采取应急措施，防止土壤污染，并依照本法规定做好土壤污染状况监测、调查和土壤污染风险评估、风险管控、修复等工作。

第四十五条 土壤污染责任人负有实施土壤污染风险管控和修复的义务。土壤污染责任人无法认定的，土地使用权人应当实施土壤污染风险管控和修复。

地方人民政府及其有关部门可以根据实际情况组织实施土壤污染风险管控和修复。

国家鼓励和支持有关当事人自愿实施土壤污染风险管控和修复。

第四十六条 因实施或者组织实施土壤污染状况调查和土壤污染风险评估、风险管控、修复、风险管控效果评估、修复效果评估、后期管理等活动所支出的费用，由土壤污染责任人承担。

第四十七条 土壤污染责任人变更的，由变更后承继其债权、债务的单位或者个人履行相关土壤污染风险管控和修复义务并承担相关费用。

第四十八条 土壤污染责任人不明确或者存在争议的，农用地由地方人民政府农业农村、林业草原主管部门会同生态环境、自然资源主管部门认定，建设用地由地方人民政府生态环境主管部门会同自然资源主管部门认定。认定办法由国务院生态环境主管部门会同有关部门制定。

第二节 农 用 地

第四十九条 国家建立农用地分类管理制度。按照土壤污染程度和相关标准，将农用地划分为优先保护类、安全利用类和严格管控类。

第五十条 县级以上地方人民政府应当依法将符合条件的优先保护类耕地划为永久基本农田，实行严格保护。

在永久基本农田集中区域，不得新建可能造成土壤污染的建设项目；已经建成的，应当限期关闭拆除。

第五十一条 未利用地、复垦土地等拟开垦为耕地的，地方人民政府农业农村主管部门应当会同生态环境、自然资源主管部门进行土壤污染状况调查，依法进行分类管理。

第五十二条 对土壤污染状况普查、详查和监测、现场检查表明有土壤污染风险的农用地地块，地方人民政府农业农村、林业草原主管部门应当会同生态环境、自然资源主管部门进行土壤污染状况调查。

对土壤污染状况调查表明污染物含量超过土壤污染风险管控标准的农用地地块，地方人民政府农业农村、林业草原主管部门应当会同生态环境、自然资源主管部门组织进行土壤污染风险评估，并按照农用地分类管理制度管理。

第五十三条 对安全利用类农用地地块，地方人民政府农业农村、林业草原主管部门，应当结合主要作物品种和种植习惯等情况，制定并实施安全利用方案。

安全利用方案应当包括下列内容：

（一）农艺调控、替代种植；

（二）定期开展土壤和农产品协同监测与评价；

（三）对农民、农民专业合作社及其他农业生产经营主体进行技术指导和培训；

（四）其他风险管控措施。

第五十四条 对严格管控类农用地地块，地方人民政府农业农村、林业草原主管部门应当采取下列风险管控措施：

（一）提出划定特定农产品禁止生产区域的建议，报本级人民政府批准后实施；

（二）按照规定开展土壤和农产品协同监测与评价；

（三）对农民、农民专业合作社及其他农业生产经营主体进行技术指导和培训；

（四）其他风险管控措施。

各级人民政府及其有关部门应当鼓励对严格管控类农用地采取调整种植结构、退耕还林还草、退耕还湿、轮作休耕、轮牧休牧等风险管控措施，并给予相应的政策支持。

第五十五条 安全利用类和严格管控类农用地地块的土壤污染

影响或者可能影响地下水、饮用水水源安全的，地方人民政府生态环境主管部门应当会同农业农村、林业草原等主管部门制定防治污染的方案，并采取相应的措施。

第五十六条 对安全利用类和严格管控类农用地地块，土壤污染责任人应当按照国家有关规定以及土壤污染风险评估报告的要求，采取相应的风险管控措施，并定期向地方人民政府农业农村、林业草原主管部门报告。

第五十七条 对产出的农产品污染物含量超标，需要实施修复的农用地地块，土壤污染责任人应当编制修复方案，报地方人民政府农业农村、林业草原主管部门备案并实施。修复方案应当包括地下水污染防治的内容。

修复活动应当优先采取不影响农业生产、不降低土壤生产功能的生物修复措施，阻断或者减少污染物进入农作物食用部分，确保农产品质量安全。

风险管控、修复活动完成后，土壤污染责任人应当另行委托有关单位对风险管控效果、修复效果进行评估，并将效果评估报告报地方人民政府农业农村、林业草原主管部门备案。

农村集体经济组织及其成员、农民专业合作社及其他农业生产经营主体等负有协助实施土壤污染风险管控和修复的义务。

第三节 建设用地

第五十八条 国家实行建设用地土壤污染风险管控和修复名录制度。

建设用地土壤污染风险管控和修复名录由省级人民政府生态环境主管部门会同自然资源等主管部门制定，按照规定向社会公开，并根据风险管控、修复情况适时更新。

第五十九条 对土壤污染状况普查、详查和监测、现场检查表明有土壤污染风险的建设用地地块，地方人民政府生态环境主管部门应当要求土地使用权人按照规定进行土壤污染状况调查。

用途变更为住宅、公共管理与公共服务用地的，变更前应当按照规定进行土壤污染状况调查。

前两款规定的土壤污染状况调查报告应当报地方人民政府生态环境主管部门，由地方人民政府生态环境主管部门会同自然资源主管部门组织评审。

第六十条 对土壤污染状况调查报告评审表明污染物含量超过土壤污染风险管控标准的建设用地地块，土壤污染责任人、土地使用权人应当按照国务院生态环境主管部门的规定进行土壤污染风险评估，并将土壤污染风险评估报告报省级人民政府生态环境主管部门。

第六十一条 省级人民政府生态环境主管部门应当会同自然资源等主管部门按照国务院生态环境主管部门的规定，对土壤污染风险评估报告组织评审，及时将需要实施风险管控、修复的地块纳入建设用地土壤污染风险管控和修复名录，并定期向国务院生态环境主管部门报告。

列入建设用地土壤污染风险管控和修复名录的地块，不得作为住宅、公共管理与公共服务用地。

第六十二条 对建设用地土壤污染风险管控和修复名录中的地块，土壤污染责任人应当按照国家有关规定以及土壤污染风险评估报告的要求，采取相应的风险管控措施，并定期向地方人民政府生态环境主管部门报告。风险管控措施应当包括地下水污染防治的内容。

第六十三条 对建设用地土壤污染风险管控和修复名录中的地块，地方人民政府生态环境主管部门可以根据实际情况采取下列风险管控措施：

（一）提出划定隔离区域的建议，报本级人民政府批准后实施；

（二）进行土壤及地下水污染状况监测；

（三）其他风险管控措施。

第六十四条 对建设用地土壤污染风险管控和修复名录中需要实施修复的地块，土壤污染责任人应当结合土地利用总体规划和城乡规划编制修复方案，报地方人民政府生态环境主管部门备案并实施。修复方案应当包括地下水污染防治的内容。

第六十五条　风险管控、修复活动完成后，土壤污染责任人应当另行委托有关单位对风险管控效果、修复效果进行评估，并将效果评估报告报地方人民政府生态环境主管部门备案。

第六十六条　对达到土壤污染风险评估报告确定的风险管控、修复目标的建设用地地块，土壤污染责任人、土地使用权人可以申请省级人民政府生态环境主管部门移出建设用地土壤污染风险管控和修复名录。

省级人民政府生态环境主管部门应当会同自然资源等主管部门对风险管控效果评估报告、修复效果评估报告组织评审，及时将达到土壤污染风险评估报告确定的风险管控、修复目标且可以安全利用的地块移出建设用地土壤污染风险管控和修复名录，按照规定向社会公开，并定期向国务院生态环境主管部门报告。

未达到土壤污染风险评估报告确定的风险管控、修复目标的建设用地地块，禁止开工建设任何与风险管控、修复无关的项目。

第六十七条　土壤污染重点监管单位生产经营用地的用途变更或者在其土地使用权收回、转让前，应当由土地使用权人按照规定进行土壤污染状况调查。土壤污染状况调查报告应当作为不动产登记资料送交地方人民政府不动产登记机构，并报地方人民政府生态环境主管部门备案。

第六十八条　土地使用权已经被地方人民政府收回，土壤污染责任人为原土地使用权人的，由地方人民政府组织实施土壤污染风险管控和修复。

第五章　保障和监督

第六十九条　国家采取有利于土壤污染防治的财政、税收、价格、金融等经济政策和措施。

第七十条　各级人民政府应当加强对土壤污染的防治，安排必要的资金用于下列事项：

（一）土壤污染防治的科学技术研究开发、示范工程和项目；

（二）各级人民政府及其有关部门组织实施的土壤污染状况普查、监测、调查和土壤污染责任人认定、风险评估、风险管控、修复等活动；

（三）各级人民政府及其有关部门对涉及土壤污染的突发事件的应急处置；

（四）各级人民政府规定的涉及土壤污染防治的其他事项。

使用资金应当加强绩效管理和审计监督，确保资金使用效益。

第七十一条 国家加大土壤污染防治资金投入力度，建立土壤污染防治基金制度。设立中央土壤污染防治专项资金和省级土壤污染防治基金，主要用于农用地土壤污染防治和土壤污染责任人或者土地使用权人无法认定的土壤污染风险管控和修复以及政府规定的其他事项。

对本法实施之前产生的，并且土壤污染责任人无法认定的污染地块，土地使用权人实际承担土壤污染风险管控和修复的，可以申请土壤污染防治基金，集中用于土壤污染风险管控和修复。

土壤污染防治基金的具体管理办法，由国务院财政主管部门会同国务院生态环境、农业农村、自然资源、住房城乡建设、林业草原等主管部门制定。

第七十二条 国家鼓励金融机构加大对土壤污染风险管控和修复项目的信贷投放。

国家鼓励金融机构在办理土地权利抵押业务时开展土壤污染状况调查。

第七十三条 从事土壤污染风险管控和修复的单位依照法律、行政法规的规定，享受税收优惠。

第七十四条 国家鼓励并提倡社会各界为防治土壤污染捐赠财产，并依照法律、行政法规的规定，给予税收优惠。

第七十五条 县级以上人民政府应当将土壤污染防治情况纳入环境状况和环境保护目标完成情况年度报告，向本级人民代表大会或者人民代表大会常务委员会报告。

第七十六条 省级以上人民政府生态环境主管部门应当会同有关部门对土壤污染问题突出、防治工作不力、群众反映强烈的地区，约谈设区的市级以上地方人民政府及其有关部门主要负责人，要求其采取措施及时整改。约谈整改情况应当向社会公开。

第七十七条 生态环境主管部门及其环境执法机构和其他负有土壤污染防治监督管理职责的部门，有权对从事可能造成土壤污染活动的企业事业单位和其他生产经营者进行现场检查、取样，要求被检查者提供有关资料、就有关问题作出说明。

被检查者应当配合检查工作，如实反映情况，提供必要的资料。

实施现场检查的部门、机构及其工作人员应当为被检查者保守商业秘密。

第七十八条 企业事业单位和其他生产经营者违反法律法规规定排放有毒有害物质，造成或者可能造成严重土壤污染的，或者有关证据可能灭失或者被隐匿的，生态环境主管部门和其他负有土壤污染防治监督管理职责的部门，可以查封、扣押有关设施、设备、物品。

第七十九条 地方人民政府安全生产监督管理部门应当监督尾矿库运营、管理单位履行防治土壤污染的法定义务，防止其发生可能污染土壤的事故；地方人民政府生态环境主管部门应当加强对尾矿库土壤污染防治情况的监督检查和定期评估，发现风险隐患的，及时督促尾矿库运营、管理单位采取相应措施。

地方人民政府及其有关部门应当依法加强对向沙漠、滩涂、盐碱地、沼泽地等未利用地非法排放有毒有害物质等行为的监督检查。

第八十条 省级以上人民政府生态环境主管部门和其他负有土壤污染防治监督管理职责的部门应当将从事土壤污染状况调查和土壤污染风险评估、风险管控、修复、风险管控效果评估、修复效果评估、后期管理等活动的单位和个人的执业情况，纳入信用系统建立信用记录，将违法信息记入社会诚信档案，并纳入全国信用信息共享平台和国家企业信用信息公示系统向社会公布。

第八十一条 生态环境主管部门和其他负有土壤污染防治监督

管理职责的部门应当依法公开土壤污染状况和防治信息。

国务院生态环境主管部门负责统一发布全国土壤环境信息；省级人民政府生态环境主管部门负责统一发布本行政区域土壤环境信息。生态环境主管部门应当将涉及主要食用农产品生产区域的重大土壤环境信息，及时通报同级农业农村、卫生健康和食品安全主管部门。

公民、法人和其他组织享有依法获取土壤污染状况和防治信息、参与和监督土壤污染防治的权利。

第八十二条 土壤污染状况普查报告、监测数据、调查报告和土壤污染风险评估报告、风险管控效果评估报告、修复效果评估报告等，应当及时上传全国土壤环境信息平台。

第八十三条 新闻媒体对违反土壤污染防治法律法规的行为享有舆论监督的权利，受监督的单位和个人不得打击报复。

第八十四条 任何组织和个人对污染土壤的行为，均有向生态环境主管部门和其他负有土壤污染防治监督管理职责的部门报告或者举报的权利。

生态环境主管部门和其他负有土壤污染防治监督管理职责的部门应当将土壤污染防治举报方式向社会公布，方便公众举报。

接到举报的部门应当及时处理并对举报人的相关信息予以保密；对实名举报并查证属实的，给予奖励。

举报人举报所在单位的，该单位不得以解除、变更劳动合同或者其他方式对举报人进行打击报复。

第六章　法律责任

第八十五条 地方各级人民政府、生态环境主管部门或者其他负有土壤污染防治监督管理职责的部门未依照本法规定履行职责的，对直接负责的主管人员和其他直接责任人员依法给予处分。

依照本法规定应当作出行政处罚决定而未作出的，上级主管部门可以直接作出行政处罚决定。

第八十六条　违反本法规定，有下列行为之一的，由地方人民政府生态环境主管部门或者其他负有土壤污染防治监督管理职责的部门责令改正，处以罚款；拒不改正的，责令停产整治：

（一）土壤污染重点监管单位未制定、实施自行监测方案，或者未将监测数据报生态环境主管部门的；

（二）土壤污染重点监管单位篡改、伪造监测数据的；

（三）土壤污染重点监管单位未按年度报告有毒有害物质排放情况，或者未建立土壤污染隐患排查制度的；

（四）拆除设施、设备或者建筑物、构筑物，企业事业单位未采取相应的土壤污染防治措施或者土壤污染重点监管单位未制定、实施土壤污染防治工作方案的；

（五）尾矿库运营、管理单位未按照规定采取措施防止土壤污染的；

（六）尾矿库运营、管理单位未按照规定进行土壤污染状况监测的；

（七）建设和运行污水集中处理设施、固体废物处置设施，未依照法律法规和相关标准的要求采取措施防止土壤污染的。

有前款规定行为之一的，处二万元以上二十万元以下的罚款；有前款第二项、第四项、第五项、第七项规定行为之一，造成严重后果的，处二十万元以上二百万元以下的罚款。

第八十七条　违反本法规定，向农用地排放重金属或者其他有毒有害物质含量超标的污水、污泥，以及可能造成土壤污染的清淤底泥、尾矿、矿渣等的，由地方人民政府生态环境主管部门责令改正，处十万元以上五十万元以下的罚款；情节严重的，处五十万元以上二百万元以下的罚款，并可以将案件移送公安机关，对直接负责的主管人员和其他直接责任人员处五日以上十五日以下的拘留；有违法所得的，没收违法所得。

第八十八条　违反本法规定，农业投入品生产者、销售者、使用者未按照规定及时回收肥料等农业投入品的包装废弃物或者农用薄膜，或者未按照规定及时回收农药包装废弃物交由专门的机构或者组织进行无害化处理的，由地方人民政府农业农村主管部门责令改正，处一万元以上十万元以下的罚款；农业投入品使用者为个人的，可以处二百元以上二千元以下的罚款。

第八十九条 违反本法规定，将重金属或者其他有毒有害物质含量超标的工业固体废物、生活垃圾或者污染土壤用于土地复垦的，由地方人民政府生态环境主管部门责令改正，处十万元以上一百万元以下的罚款；有违法所得的，没收违法所得。

第九十条 违反本法规定，受委托从事土壤污染状况调查和土壤污染风险评估、风险管控效果评估、修复效果评估活动的单位，出具虚假调查报告、风险评估报告、风险管控效果评估报告、修复效果评估报告的，由地方人民政府生态环境主管部门处十万元以上五十万元以下的罚款；情节严重的，禁止从事上述业务，并处五十万元以上一百万元以下的罚款；有违法所得的，没收违法所得。

前款规定的单位出具虚假报告的，由地方人民政府生态环境主管部门对直接负责的主管人员和其他直接责任人员处一万元以上五万元以下的罚款；情节严重的，十年内禁止从事前款规定的业务；构成犯罪的，终身禁止从事前款规定的业务。

本条第一款规定的单位和委托人恶意串通，出具虚假报告，造成他人人身或者财产损害的，还应当与委托人承担连带责任。

第九十一条 违反本法规定，有下列行为之一的，由地方人民政府生态环境主管部门责令改正，处十万元以上五十万元以下的罚款；情节严重的，处五十万元以上一百万元以下的罚款；有违法所得的，没收违法所得；对直接负责的主管人员和其他直接责任人员处五千元以上二万元以下的罚款：

（一）未单独收集、存放开发建设过程中剥离的表土的；

（二）实施风险管控、修复活动对土壤、周边环境造成新的污染的；

（三）转运污染土壤，未将运输时间、方式、线路和污染土壤数量、去向、最终处置措施等提前报所在地和接收地生态环境主管部门的；

（四）未达到土壤污染风险评估报告确定的风险管控、修复目标的建设用地地块，开工建设与风险管控、修复无关的项目的。

第九十二条 违反本法规定，土壤污染责任人或者土地使用权人未按照规定实施后期管理的，由地方人民政府生态环境主管部门或者其他负有土壤污染防治监督管理职责的部门责令改正，处一万元以上五万元以下的罚款；情节严重的，处五万元以上五十万元以下的罚款。

第九十三条 违反本法规定，被检查者拒不配合检查，或者在接受检查时弄虚作假的，由地方人民政府生态环境主管部门或者其他负有土壤污染防治监督管理职责的部门责令改正，处二万元以上二十万元以下的罚款；对直接负责的主管人员和其他直接责任人员处五千元以上二万元以下的罚款。

第九十四条 违反本法规定，土壤污染责任人或者土地使用权人有下列行为之一的，由地方人民政府生态环境主管部门或者其他负有土壤污染防治监督管理职责的部门责令改正，处二万元以上二十万元以下的罚款；拒不改正的，处二十万元以上一百万元以下的罚款，并委托他人代为履行，所需费用由土壤污染责任人或者土地使用权人承担；对直接负责的主管人员和其他直接责任人员处五千元以上二万元以下的罚款：

（一）未按照规定进行土壤污染状况调查的；

（二）未按照规定进行土壤污染风险评估的；

（三）未按照规定采取风险管控措施的；

（四）未按照规定实施修复的；

（五）风险管控、修复活动完成后，未另行委托有关单位对风险管控效果、修复效果进行评估的。

土壤污染责任人或者土地使用权人有前款第三项、第四项规定行为之一，情节严重的，地方人民政府生态环境主管部门或者其他负有土壤污染防治监督管理职责的部门可以将案件移送公安机关，对直接负责的主管人员和其他直接责任人员处五日以上十五日以下的拘留。

第九十五条 违反本法规定，有下列行为之一的，由地方人民政府有关部门责令改正；拒不改正的，处一万元以上五万元以下的罚款：

（一）土壤污染重点监管单位未按照规定将土壤污染防治工作方案报地方人民政府生态环境、工业和信息化主管部门备案的；

（二）土壤污染责任人或者土地使用权人未按照规定将修复方案、效果评估报告报地方人民政府生态环境、农业农村、林业草原主管部门备案的；

（三）土地使用权人未按照规定将土壤污染状况调查报告报地方人民政府生态环境主管部门备案的。

第九十六条 污染土壤造成他人人身或者财产损害的，应当依法承担侵权责任。

土壤污染责任人无法认定，土地使用权人未依照本法规定履行土壤污染风险管控和修复义务，造成他人人身或者财产损害的，应当依法承担侵权责任。

土壤污染引起的民事纠纷，当事人可以向地方人民政府生态环境等主管部门申请调解处理，也可以向人民法院提起诉讼。

第九十七条 污染土壤损害国家利益、社会公共利益的，有关机关和组织可以依照《中华人民共和国环境保护法》《中华人民共和国民事诉讼法》《中华人民共和国行政诉讼法》等法律的规定向人民法院提起诉讼。

第九十八条 违反本法规定，构成违反治安管理行为的，由公安机关依法给予治安管理处罚；构成犯罪的，依法追究刑事责任。

第七章　附　　则

第九十九条 本法自2019年1月1日起施行。

中华人民共和国
固体废物污染环境防治法

（1995年10月30日第八届全国人民代表大会常务委员会第十六次会议通过　2004年12月29日第十届全国人民代表大会常务委员会第十三次会议第一次修订　根据2013年6月29日第十二届全国人民代表大会常务委员会第三次会议《关于修改〈中华人民共和国文物保护法〉等十二部法律的决定》第一次修正　根据2015年4月24日第十二届全国人民代表大会常务委员会第十四次会议《关于修改〈中华人民共和国港口法〉等七部法律的决定》第二次修正　根据2016年11月7日第十二届全国人民代表大会常务委员会第二十四次会议《关于修改〈中华人民共和国对外贸易法〉等十二部法律的决定》第三次修正　2020年4月29日第十三届全国人民代表大会常务委员会第十七次会议第二次修订　2020年4月29日中华人民共和国主席令第43号公布　自2020年9月1日起施行）

第一章　总　　则

第一条　为了保护和改善生态环境，防治固体废物污染环境，保障公众健康，维护生态安全，推进生态文明建设，促进经济社会可持续发展，制定本法。

第二条　固体废物污染环境的防治适用本法。

固体废物污染海洋环境的防治和放射性固体废物污染环境的防治不适用本法。

第三条　国家推行绿色发展方式，促进清洁生产和循环经济发展。

国家倡导简约适度、绿色低碳的生活方式，引导公众积极参与固体废物污染环境防治。

第四条 固体废物污染环境防治坚持减量化、资源化和无害化的原则。

任何单位和个人都应当采取措施，减少固体废物的产生量，促进固体废物的综合利用，降低固体废物的危害性。

第五条 固体废物污染环境防治坚持污染担责的原则。

产生、收集、贮存、运输、利用、处置固体废物的单位和个人，应当采取措施，防止或者减少固体废物对环境的污染，对所造成的环境污染依法承担责任。

第六条 国家推行生活垃圾分类制度。

生活垃圾分类坚持政府推动、全民参与、城乡统筹、因地制宜、简便易行的原则。

第七条 地方各级人民政府对本行政区域固体废物污染环境防治负责。

国家实行固体废物污染环境防治目标责任制和考核评价制度，将固体废物污染环境防治目标完成情况纳入考核评价的内容。

第八条 各级人民政府应当加强对固体废物污染环境防治工作的领导，组织、协调、督促有关部门依法履行固体废物污染环境防治监督管理职责。

省、自治区、直辖市之间可以协商建立跨行政区域固体废物污染环境的联防联控机制，统筹规划制定、设施建设、固体废物转移等工作。

第九条 国务院生态环境主管部门对全国固体废物污染环境防治工作实施统一监督管理。国务院发展改革、工业和信息化、自然资源、住房城乡建设、交通运输、农业农村、商务、卫生健康、海关等主管部门在各自职责范围内负责固体废物污染环境防治的监督管理工作。

地方人民政府生态环境主管部门对本行政区域固体废物污染环境防治工作实施统一监督管理。地方人民政府发展改革、工业和信息化、自然资源、住房城乡建设、交通运输、农业农村、商务、卫生健康等主管部门在各自职责范围内负责固体废物污染环境防治的监督管理工作。

第十条 国家鼓励、支持固体废物污染环境防治的科学研究、技术开发、先进技术推广和科学普及，加强固体废物污染环境防治科技支撑。

第十一条 国家机关、社会团体、企业事业单位、基层群众性自治组织和新闻媒体应当加强固体废物污染环境防治宣传教育和科学普及，增强公众固体废物污染环境防治意识。

学校应当开展生活垃圾分类以及其他固体废物污染环境防治知识普及和教育。

第十二条 各级人民政府对在固体废物污染环境防治工作以及相关的综合利用活动中做出显著成绩的单位和个人，按照国家有关规定给予表彰、奖励。

第二章 监督管理

第十三条 县级以上人民政府应当将固体废物污染环境防治工作纳入国民经济和社会发展规划、生态环境保护规划，并采取有效措施减少固体废物的产生量、促进固体废物的综合利用、降低固体废物的危害性，最大限度降低固体废物填埋量。

第十四条 国务院生态环境主管部门应当会同国务院有关部门根据国家环境质量标准和国家经济、技术条件，制定固体废物鉴别标准、鉴别程序和国家固体废物污染环境防治技术标准。

第十五条 国务院标准化主管部门应当会同国务院发展改革、工业和信息化、生态环境、农业农村等主管部门，制定固体废物综合利用标准。

综合利用固体废物应当遵守生态环境法律法规，符合固体废物污染环境防治技术标准。使用固体废物综合利用产物应当符合国家规定的用途、标准。

第十六条 国务院生态环境主管部门应当会同国务院有关部门建立全国危险废物等固体废物污染环境防治信息平台，推进固体废物收集、转移、处置等全过程监控和信息化追溯。

第十七条 建设产生、贮存、利用、处置固体废物的项目，应当依法进行环境影响评价，并遵守国家有关建设项目环境保护管理的规定。

第十八条 建设项目的环境影响评价文件确定需要配套建设的固体废物污染环境防治设施，应当与主体工程同时设计、同时施工、同时投入使用。建设项目的初步设计，应当按照环境保护设计规范的要求，将固体废物污染环境防治内容纳入环境影响评价文件，落实防治固体废物污染环境和破坏生态的措施以及固体废物污染环境防治设施投资概算。

建设单位应当依照有关法律法规的规定，对配套建设的固体废物污染环境防治设施进行验收，编制验收报告，并向社会公开。

第十九条 收集、贮存、运输、利用、处置固体废物的单位和其他生产经营者，应当加强对相关设施、设备和场所的管理和维护，保证其正常运行和使用。

第二十条 产生、收集、贮存、运输、利用、处置固体废物的单位和其他生产经营者，应当采取防扬散、防流失、防渗漏或者其他防止污染环境的措施，不得擅自倾倒、堆放、丢弃、遗撒固体废物。

禁止任何单位或者个人向江河、湖泊、运河、渠道、水库及其最高水位线以下的滩地和岸坡以及法律法规规定的其他地点倾倒、堆放、贮存固体废物。

案例 句容市后白镇某村民委员会、袁某政等非法掩埋废酸、废油脂等污染环境案（2022年3月1日最高人民法院发布十起人民法院依法审理固体废物污染环境典型案例）

案件适用要点：本案是因非法掩埋废酸、废油脂引发的刑事案件。《中华人民共和国固体废物污染环境防治法》规定，处置危险废物的单位和个人，必须采取防扬散、防流失、防渗漏或者其他防止污染环境的措施；不得擅自倾倒、堆放、丢弃、遗撒危险废物。

村民委员会作为基层群众性自治组织，是社会综合治理体系的重要组成部分，也是美丽乡村建设的重要力量，要不断提升自身的环保意识和法治水平，带头遵守并宣传宪法、法律、法规和国家的政策，教育和推动村民履行法律规定的义务、爱护环境。本案中，村民委员会及袁某政等因缺乏相关法律意识，“好心”办了坏事，教训深刻，具有典型的警示教育作用。而法院在判处刑罚的同时又禁止被告人在缓刑考验期内从事与排污或者处置危险废物有关的经营活动，体现了环境司法坚持保护优先、预防为主的理念，具有较好的示范意义。

第二十一条 在生态保护红线区域、永久基本农田集中区域和其他需要特别保护的区域内，禁止建设工业固体废物、危险废物集中贮存、利用、处置的设施、场所和生活垃圾填埋场。

第二十二条 转移固体废物出省、自治区、直辖市行政区域贮存、处置的，应当向固体废物移出地的省、自治区、直辖市人民政府生态环境主管部门提出申请。移出地的省、自治区、直辖市人民政府生态环境主管部门应当及时商经接受地的省、自治区、直辖市人民政府生态环境主管部门同意后，在规定期限内批准转移该固体废物出省、自治区、直辖市行政区域。未经批准的，不得转移。

转移固体废物出省、自治区、直辖市行政区域利用的，应当报固体废物移出地的省、自治区、直辖市人民政府生态环境主管部门备案。移出地的省、自治区、直辖市人民政府生态环境主管部门应当将备案信息通报接受地的省、自治区、直辖市人民政府生态环境主管部门。

第二十三条 禁止中华人民共和国境外的固体废物进境倾倒、堆放、处置。

第二十四条 国家逐步实现固体废物零进口，由国务院生态环境主管部门会同国务院商务、发展改革、海关等主管部门组织实施。

第二十五条 海关发现进口货物疑似固体废物的，可以委托专业机构开展属性鉴别，并根据鉴别结论依法管理。

第二十六条 生态环境主管部门及其环境执法机构和其他负有

固体废物污染环境防治监督管理职责的部门，在各自职责范围内有权对从事产生、收集、贮存、运输、利用、处置固体废物等活动的单位和其他生产经营者进行现场检查。被检查者应当如实反映情况，并提供必要的资料。

实施现场检查，可以采取现场监测、采集样品、查阅或者复制与固体废物污染环境防治相关的资料等措施。检查人员进行现场检查，应当出示证件。对现场检查中知悉的商业秘密应当保密。

第二十七条　有下列情形之一，生态环境主管部门和其他负有固体废物污染环境防治监督管理职责的部门，可以对违法收集、贮存、运输、利用、处置的固体废物及设施、设备、场所、工具、物品予以查封、扣押：

（一）可能造成证据灭失、被隐匿或者非法转移的；

（二）造成或者可能造成严重环境污染的。

第二十八条　生态环境主管部门应当会同有关部门建立产生、收集、贮存、运输、利用、处置固体废物的单位和其他生产经营者信用记录制度，将相关信用记录纳入全国信用信息共享平台。

第二十九条　设区的市级人民政府生态环境主管部门应当会同住房城乡建设、农业农村、卫生健康等主管部门，定期向社会发布固体废物的种类、产生量、处置能力、利用处置状况等信息。

产生、收集、贮存、运输、利用、处置固体废物的单位，应当依法及时公开固体废物污染环境防治信息，主动接受社会监督。

利用、处置固体废物的单位，应当依法向公众开放设施、场所，提高公众环境保护意识和参与程度。

第三十条　县级以上人民政府应当将工业固体废物、生活垃圾、危险废物等固体废物污染环境防治情况纳入环境状况和环境保护目标完成情况年度报告，向本级人民代表大会或者人民代表大会常务委员会报告。

第三十一条　任何单位和个人都有权对造成固体废物污染环境的单位和个人进行举报。

生态环境主管部门和其他负有固体废物污染环境防治监督管理

职责的部门应当将固体废物污染环境防治举报方式向社会公布，方便公众举报。

接到举报的部门应当及时处理并对举报人的相关信息予以保密；对实名举报并查证属实的，给予奖励。

举报人举报所在单位的，该单位不得以解除、变更劳动合同或者其他方式对举报人进行打击报复。

第三章　工业固体废物

第三十二条　国务院生态环境主管部门应当会同国务院发展改革、工业和信息化等主管部门对工业固体废物对公众健康、生态环境的危害和影响程度等作出界定，制定防治工业固体废物污染环境的技术政策，组织推广先进的防治工业固体废物污染环境的生产工艺和设备。

第三十三条　国务院工业和信息化主管部门应当会同国务院有关部门组织研究开发、推广减少工业固体废物产生量和降低工业固体废物危害性的生产工艺和设备，公布限期淘汰产生严重污染环境的工业固体废物的落后生产工艺、设备的名录。

生产者、销售者、进口者、使用者应当在国务院工业和信息化主管部门会同国务院有关部门规定的期限内分别停止生产、销售、进口或者使用列入前款规定名录中的设备。生产工艺的采用者应当在国务院工业和信息化主管部门会同国务院有关部门规定的期限内停止采用列入前款规定名录中的工艺。

列入限期淘汰名录被淘汰的设备，不得转让给他人使用。

第三十四条　国务院工业和信息化主管部门应当会同国务院发展改革、生态环境等主管部门，定期发布工业固体废物综合利用技术、工艺、设备和产品导向目录，组织开展工业固体废物资源综合利用评价，推动工业固体废物综合利用。

第三十五条　县级以上地方人民政府应当制定工业固体废物污染环境防治工作规划，组织建设工业固体废物集中处置等设施，推动工业固体废物污染环境防治工作。

第三十六条 产生工业固体废物的单位应当建立健全工业固体废物产生、收集、贮存、运输、利用、处置全过程的污染环境防治责任制度，建立工业固体废物管理台账，如实记录产生工业固体废物的种类、数量、流向、贮存、利用、处置等信息，实现工业固体废物可追溯、可查询，并采取防治工业固体废物污染环境的措施。

禁止向生活垃圾收集设施中投放工业固体废物。

第三十七条 产生工业固体废物的单位委托他人运输、利用、处置工业固体废物的，应当对受托方的主体资格和技术能力进行核实，依法签订书面合同，在合同中约定污染防治要求。

受托方运输、利用、处置工业固体废物，应当依照有关法律法规的规定和合同约定履行污染防治要求，并将运输、利用、处置情况告知产生工业固体废物的单位。

产生工业固体废物的单位违反本条第一款规定的，除依照有关法律法规的规定予以处罚外，还应当与造成环境污染和生态破坏的受托方承担连带责任。

第三十八条 产生工业固体废物的单位应当依法实施清洁生产审核，合理选择和利用原材料、能源和其他资源，采用先进的生产工艺和设备，减少工业固体废物的产生量，降低工业固体废物的危害性。

第三十九条 产生工业固体废物的单位应当取得排污许可证。排污许可的具体办法和实施步骤由国务院规定。

产生工业固体废物的单位应当向所在地生态环境主管部门提供工业固体废物的种类、数量、流向、贮存、利用、处置等有关资料，以及减少工业固体废物产生、促进综合利用的具体措施，并执行排污许可管理制度的相关规定。

第四十条 产生工业固体废物的单位应当根据经济、技术条件对工业固体废物加以利用；对暂时不利用或者不能利用的，应当按照国务院生态环境等主管部门的规定建设贮存设施、场所，安全分类存放，或者采取无害化处置措施。贮存工业固体废物应当采取符合国家环境保护标准的防护措施。

建设工业固体废物贮存、处置的设施、场所，应当符合国家环境保护标准。

第四十一条 产生工业固体废物的单位终止的，应当在终止前对工业固体废物的贮存、处置的设施、场所采取污染防治措施，并对未处置的工业固体废物作出妥善处置，防止污染环境。

产生工业固体废物的单位发生变更的，变更后的单位应当按照国家有关环境保护的规定对未处置的工业固体废物及其贮存、处置的设施、场所进行安全处置或者采取有效措施保证该设施、场所安全运行。变更前当事人对工业固体废物及其贮存、处置的设施、场所的污染防治责任另有约定的，从其约定；但是，不得免除当事人的污染防治义务。

对 2005 年 4 月 1 日前已经终止的单位未处置的工业固体废物及其贮存、处置的设施、场所进行安全处置的费用，由有关人民政府承担；但是，该单位享有的土地使用权依法转让的，应当由土地使用权受让人承担处置费用。当事人另有约定的，从其约定；但是，不得免除当事人的污染防治义务。

第四十二条 矿山企业应当采取科学的开采方法和选矿工艺，减少尾矿、煤矸石、废石等矿业固体废物的产生量和贮存量。

国家鼓励采取先进工艺对尾矿、煤矸石、废石等矿业固体废物进行综合利用。

尾矿、煤矸石、废石等矿业固体废物贮存设施停止使用后，矿山企业应当按照国家有关环境保护等规定进行封场，防止造成环境污染和生态破坏。

第四章 生活垃圾

第四十三条 县级以上地方人民政府应当加快建立分类投放、分类收集、分类运输、分类处理的生活垃圾管理系统，实现生活垃圾分类制度有效覆盖。

县级以上地方人民政府应当建立生活垃圾分类工作协调机制，加强和统筹生活垃圾分类管理能力建设。

各级人民政府及其有关部门应当组织开展生活垃圾分类宣传，教育引导公众养成生活垃圾分类习惯，督促和指导生活垃圾分类工作。

第四十四条 县级以上地方人民政府应当有计划地改进燃料结构，发展清洁能源，减少燃料废渣等固体废物的产生量。

县级以上地方人民政府有关部门应当加强产品生产和流通过程管理，避免过度包装，组织净菜上市，减少生活垃圾的产生量。

第四十五条 县级以上人民政府应当统筹安排建设城乡生活垃圾收集、运输、处理设施，确定设施厂址，提高生活垃圾的综合利用和无害化处置水平，促进生活垃圾收集、处理的产业化发展，逐步建立和完善生活垃圾污染环境防治的社会服务体系。

县级以上地方人民政府有关部门应当统筹规划，合理安排回收、分拣、打包网点，促进生活垃圾的回收利用工作。

第四十六条 地方各级人民政府应当加强农村生活垃圾污染环境的防治，保护和改善农村人居环境。

国家鼓励农村生活垃圾源头减量。城乡结合部、人口密集的农村地区和其他有条件的地方，应当建立城乡一体的生活垃圾管理系统；其他农村地区应当积极探索生活垃圾管理模式，因地制宜，就近就地利用或者妥善处理生活垃圾。

第四十七条 设区的市级以上人民政府环境卫生主管部门应当制定生活垃圾清扫、收集、贮存、运输和处理设施、场所建设运行规范，发布生活垃圾分类指导目录，加强监督管理。

第四十八条 县级以上地方人民政府环境卫生等主管部门应当组织对城乡生活垃圾进行清扫、收集、运输和处理，可以通过招标等方式选择具备条件的单位从事生活垃圾的清扫、收集、运输和处理。

第四十九条 产生生活垃圾的单位、家庭和个人应当依法履行生活垃圾源头减量和分类投放义务，承担生活垃圾产生者责任。

任何单位和个人都应当依法在指定的地点分类投放生活垃圾。禁止随意倾倒、抛撒、堆放或者焚烧生活垃圾。

机关、事业单位等应当在生活垃圾分类工作中起示范带头作用。

已经分类投放的生活垃圾，应当按照规定分类收集、分类运输、分类处理。

案例 朱某违规收纳、倾倒生活垃圾污染环境案（2022 年 3 月 1 日最高人民法院发布十起人民法院依法审理固体废物污染环境典型案例）

案件适用要点：本案是因违规收纳、倾倒未经处理的生活垃圾引发的刑事案件。《中华人民共和国固体废物污染环境防治法》明令禁止任何单位和个人随意倾倒、堆放生活垃圾，并对生活垃圾的分类、运输、处理、回收等处置步骤做出了明确规定。实践中，随意排放、倾倒、处置未经处理的生活垃圾的现象时有发生，常因缺乏及时的管理，日积月累造成不同程度的空气、水、土壤等污染。本案的审理，不仅有助于推动相关企业和从业人员提高法律意识，明晰无资质擅自收纳、倾倒未经处理生活垃圾将被追究法律责任，也有助于引导社会公众强化法律意识，落实生活垃圾分类制度，爱护生态环境。

第五十条 清扫、收集、运输、处理城乡生活垃圾，应当遵守国家有关环境保护和环境卫生管理的规定，防止污染环境。

从生活垃圾中分类并集中收集的有害垃圾，属于危险废物的，应当按照危险废物管理。

第五十一条 从事公共交通运输的经营单位，应当及时清扫、收集运输过程中产生的生活垃圾。

第五十二条 农贸市场、农产品批发市场等应当加强环境卫生管理，保持环境卫生清洁，对所产生的垃圾及时清扫、分类收集、妥善处理。

第五十三条 从事城市新区开发、旧区改建和住宅小区开发建设、村镇建设的单位，以及机场、码头、车站、公园、商场、体育场馆等公共设施、场所的经营管理单位，应当按照国家有关环境卫生的规定，配套建设生活垃圾收集设施。

县级以上地方人民政府应当统筹生活垃圾公共转运、处理设施与前款规定的收集设施的有效衔接，并加强生活垃圾分类收运体系和再生资源回收体系在规划、建设、运营等方面的融合。

第五十四条 从生活垃圾中回收的物质应当按照国家规定的用途、标准使用，不得用于生产可能危害人体健康的产品。

第五十五条 建设生活垃圾处理设施、场所，应当符合国务院生态环境主管部门和国务院住房城乡建设主管部门规定的环境保护和环境卫生标准。

鼓励相邻地区统筹生活垃圾处理设施建设，促进生活垃圾处理设施跨行政区域共建共享。

禁止擅自关闭、闲置或者拆除生活垃圾处理设施、场所；确有必要关闭、闲置或者拆除的，应当经所在地的市、县级人民政府环境卫生主管部门商所在地生态环境主管部门同意后核准，并采取防止污染环境的措施。

第五十六条 生活垃圾处理单位应当按照国家有关规定，安装使用监测设备，实时监测污染物的排放情况，将污染排放数据实时公开。监测设备应当与所在地生态环境主管部门的监控设备联网。

第五十七条 县级以上地方人民政府环境卫生主管部门负责组织开展厨余垃圾资源化、无害化处理工作。

产生、收集厨余垃圾的单位和其他生产经营者，应当将厨余垃圾交由具备相应资质条件的单位进行无害化处理。

禁止畜禽养殖场、养殖小区利用未经无害化处理的厨余垃圾饲喂畜禽。

第五十八条 县级以上地方人民政府应当按照产生者付费原则，建立生活垃圾处理收费制度。

县级以上地方人民政府制定生活垃圾处理收费标准，应当根据本地实际，结合生活垃圾分类情况，体现分类计价、计量收费等差别化管理，并充分征求公众意见。生活垃圾处理收费标准应当向社会公布。

生活垃圾处理费应当专项用于生活垃圾的收集、运输和处理等，不得挪作他用。

第五十九条 省、自治区、直辖市和设区的市、自治州可以结合实际，制定本地方生活垃圾具体管理办法。

第五章 建筑垃圾、农业固体废物等

第六十条 县级以上地方人民政府应当加强建筑垃圾污染环境的防治，建立建筑垃圾分类处理制度。

县级以上地方人民政府应当制定包括源头减量、分类处理、消纳设施和场所布局及建设等在内的建筑垃圾污染环境防治工作规划。

第六十一条 国家鼓励采用先进技术、工艺、设备和管理措施，推进建筑垃圾源头减量，建立建筑垃圾回收利用体系。

县级以上地方人民政府应当推动建筑垃圾综合利用产品应用。

第六十二条 县级以上地方人民政府环境卫生主管部门负责建筑垃圾污染环境防治工作，建立建筑垃圾全过程管理制度，规范建筑垃圾产生、收集、贮存、运输、利用、处置行为，推进综合利用，加强建筑垃圾处置设施、场所建设，保障处置安全，防止污染环境。

第六十三条 工程施工单位应当编制建筑垃圾处理方案，采取污染防治措施，并报县级以上地方人民政府环境卫生主管部门备案。

工程施工单位应当及时清运工程施工过程中产生的建筑垃圾等固体废物，并按照环境卫生主管部门的规定进行利用或者处置。

工程施工单位不得擅自倾倒、抛撒或者堆放工程施工过程中产生的建筑垃圾。

第六十四条 县级以上人民政府农业农村主管部门负责指导农业固体废物回收利用体系建设，鼓励和引导有关单位和其他生产经营者依法收集、贮存、运输、利用、处置农业固体废物，加强监督管理，防止污染环境。

第六十五条 产生秸秆、废弃农用薄膜、农药包装废弃物等农业固体废物的单位和其他生产经营者，应当采取回收利用和其他防止污染环境的措施。

从事畜禽规模养殖应当及时收集、贮存、利用或者处置养殖过程中产生的畜禽粪污等固体废物，避免造成环境污染。

禁止在人口集中地区、机场周围、交通干线附近以及当地人民政府划定的其他区域露天焚烧秸秆。

国家鼓励研究开发、生产、销售、使用在环境中可降解且无害的农用薄膜。

第六十六条 国家建立电器电子、铅蓄电池、车用动力电池等产品的生产者责任延伸制度。

电器电子、铅蓄电池、车用动力电池等产品的生产者应当按照规定以自建或者委托等方式建立与产品销售量相匹配的废旧产品回收体系，并向社会公开，实现有效回收和利用。

国家鼓励产品的生产者开展生态设计，促进资源回收利用。

案例 司徒某戌、司徒某协、陈某峰、李某贤等非法倾倒毒性工业固体危险废物污染环境案（2022年3月1日最高人民法院发布十起人民法院依法审理固体废物污染环境典型案例）

案件适用要点：本案是因非法处置新能源汽车锂电池材料生产过程中产生的毒性工业固体危险废物引发的刑事案件。新能源汽车产业是国家政策引导的经济发力点，也是当下热门的环保产业。作为新能源汽车核心部件之一的电池材料，其在生产过程中产生的固体废物，若因违法处置造成污染，将与为了环保目的而推动新能源汽车产业发展的初衷相悖。本案涉案固体废物数量巨大、毒性强、污染地域横跨两省多地、环境污染损害后果严重，人民法院在判断被告人是否具有污染环境的主观故意时，参考被告人的职业经历所体现的正常认知水平，认为作为运输行业经营者，对企业生产过程中产生的固体废物具有危害性及随意倾倒会污染环境，应有一定的认知，并负有核实了解的义务。该案的处理，既有利于防范环保产业发展过程中的污染环境风险，推动环保产业绿色健康发展，也对运输行业经营者非法运输污染物，放任污染环境结果发生的行为起到了警示、震慑作用。

第六十七条 国家对废弃电器电子产品等实行多渠道回收和集中处理制度。

禁止将废弃机动车船等交由不符合规定条件的企业或者个人回收、拆解。

拆解、利用、处置废弃电器电子产品、废弃机动车船等，应当遵守有关法律法规的规定，采取防止污染环境的措施。

案例 陈某勤等焚烧电子垃圾污染环境案（2022 年 3 月 1 日最高人民法院发布十起人民法院依法审理固体废物污染环境典型案例）

案件适用要点： 本案是因焚烧电子垃圾引发的刑事案件，具有涉案人数多、范围广、影响大等特点。随着经济发展、科技进步，电子垃圾逐渐成为生产、生活垃圾中的重要组成部分。根据《中华人民共和国固体废物污染环境防治法》第六十七条规定，国家对废弃电器电子产品等实行多渠道回收和集中处理制度。拆解、利用、处置废弃电器电子产品、废弃机动车船等，应当遵守有关法律法规的规定，采取防止污染环境的措施。本案中，人民法院对非法收购、处置、冶炼等各犯罪环节实施全链条打击，彻底斩断非法冶炼电子垃圾的利益链条，有力打击了污染环境的犯罪行为。本案的审理，有助于推动电子垃圾依法有序回收利用，促使材料回收再加工行业的健康发展，彰显了司法对破坏生态环境犯罪行为的零容忍态度。

第六十八条 产品和包装物的设计、制造，应当遵守国家有关清洁生产的规定。国务院标准化主管部门应当根据国家经济和技术条件、固体废物污染环境防治状况以及产品的技术要求，组织制定有关标准，防止过度包装造成环境污染。

生产经营者应当遵守限制商品过度包装的强制性标准，避免过度包装。县级以上地方人民政府市场监督管理部门和有关部门应当按照各自职责，加强对过度包装的监督管理。

生产、销售、进口依法被列入强制回收目录的产品和包装物的企业，应当按照国家有关规定对该产品和包装物进行回收。

电子商务、快递、外卖等行业应当优先采用可重复使用、易回收利用的包装物，优化物品包装，减少包装物的使用，并积极回收利用包装物。县级以上地方人民政府商务、邮政等主管部门应当加强监督管理。

国家鼓励和引导消费者使用绿色包装和减量包装。

第六十九条 国家依法禁止、限制生产、销售和使用不可降解塑料袋等一次性塑料制品。

商品零售场所开办单位、电子商务平台企业和快递企业、外卖企业应当按照国家有关规定向商务、邮政等主管部门报告塑料袋等一次性塑料制品的使用、回收情况。

国家鼓励和引导减少使用、积极回收塑料袋等一次性塑料制品，推广应用可循环、易回收、可降解的替代产品。

第七十条 旅游、住宿等行业应当按照国家有关规定推行不主动提供一次性用品。

机关、企业事业单位等的办公场所应当使用有利于保护环境的产品、设备和设施，减少使用一次性办公用品。

第七十一条 城镇污水处理设施维护运营单位或者污泥处理单位应当安全处理污泥，保证处理后的污泥符合国家有关标准，对污泥的流向、用途、用量等进行跟踪、记录，并报告城镇排水主管部门、生态环境主管部门。

县级以上人民政府城镇排水主管部门应当将污泥处理设施纳入城镇排水与污水处理规划，推动同步建设污泥处理设施与污水处理设施，鼓励协同处理，污水处理费征收标准和补偿范围应当覆盖污泥处理成本和污水处理设施正常运营成本。

第七十二条 禁止擅自倾倒、堆放、丢弃、遗撒城镇污水处理设施产生的污泥和处理后的污泥。

禁止重金属或者其他有毒有害物质含量超标的污泥进入农用地。

从事水体清淤疏浚应当按照国家有关规定处理清淤疏浚过程中产生的底泥，防止污染环境。

第七十三条 各级各类实验室及其设立单位应当加强对实验室产生的固体废物的管理，依法收集、贮存、运输、利用、处置实验室固体废物。实验室固体废物属于危险废物的，应当按照危险废物管理。

第六章　危险废物

第七十四条　危险废物污染环境的防治，适用本章规定；本章未作规定的，适用本法其他有关规定。

第七十五条　国务院生态环境主管部门应当会同国务院有关部门制定国家危险废物名录，规定统一的危险废物鉴别标准、鉴别方法、识别标志和鉴别单位管理要求。国家危险废物名录应当动态调整。

国务院生态环境主管部门根据危险废物的危害特性和产生数量，科学评估其环境风险，实施分级分类管理，建立信息化监管体系，并通过信息化手段管理、共享危险废物转移数据和信息。

第七十六条　省、自治区、直辖市人民政府应当组织有关部门编制危险废物集中处置设施、场所的建设规划，科学评估危险废物处置需求，合理布局危险废物集中处置设施、场所，确保本行政区域的危险废物得到妥善处置。

编制危险废物集中处置设施、场所的建设规划，应当征求有关行业协会、企业事业单位、专家和公众等方面的意见。

相邻省、自治区、直辖市之间可以开展区域合作，统筹建设区域性危险废物集中处置设施、场所。

第七十七条　对危险废物的容器和包装物以及收集、贮存、运输、利用、处置危险废物的设施、场所，应当按照规定设置危险废物识别标志。

第七十八条　产生危险废物的单位，应当按照国家有关规定制定危险废物管理计划；建立危险废物管理台账，如实记录有关信息，并通过国家危险废物信息管理系统向所在地生态环境主管部门申报危险废物的种类、产生量、流向、贮存、处置等有关资料。

前款所称危险废物管理计划应当包括减少危险废物产生量和降低危险废物危害性的措施以及危险废物贮存、利用、处置措施。危险废物管理计划应当报产生危险废物的单位所在地生态环境主管部门备案。

产生危险废物的单位已经取得排污许可证的，执行排污许可管理制度的规定。

第七十九条 产生危险废物的单位，应当按照国家有关规定和环境保护标准要求贮存、利用、处置危险废物，不得擅自倾倒、堆放。

第八十条 从事收集、贮存、利用、处置危险废物经营活动的单位，应当按照国家有关规定申请取得许可证。许可证的具体管理办法由国务院制定。

禁止无许可证或者未按照许可证规定从事危险废物收集、贮存、利用、处置的经营活动。

禁止将危险废物提供或者委托给无许可证的单位或者其他生产经营者从事收集、贮存、利用、处置活动。

第八十一条 收集、贮存危险废物，应当按照危险废物特性分类进行。禁止混合收集、贮存、运输、处置性质不相容而未经安全性处置的危险废物。

贮存危险废物应当采取符合国家环境保护标准的防护措施。禁止将危险废物混入非危险废物中贮存。

从事收集、贮存、利用、处置危险废物经营活动的单位，贮存危险废物不得超过一年；确需延长期限的，应当报经颁发许可证的生态环境主管部门批准；法律、行政法规另有规定的除外。

第八十二条 转移危险废物的，应当按照国家有关规定填写、运行危险废物电子或者纸质转移联单。

跨省、自治区、直辖市转移危险废物的，应当向危险废物移出地省、自治区、直辖市人民政府生态环境主管部门申请。移出地省、自治区、直辖市人民政府生态环境主管部门应当及时商经接受地省、自治区、直辖市人民政府生态环境主管部门同意后，在规定期限内批准转移该危险废物，并将批准信息通报相关省、自治区、直辖市人民政府生态环境主管部门和交通运输主管部门。未经批准的，不得转移。

危险废物转移管理应当全程管控、提高效率，具体办法由国务院生态环境主管部门会同国务院交通运输主管部门和公安部门制定。

第八十三条 运输危险废物，应当采取防止污染环境的措施，并遵守国家有关危险货物运输管理的规定。

禁止将危险废物与旅客在同一运输工具上载运。

第八十四条 收集、贮存、运输、利用、处置危险废物的场所、设施、设备和容器、包装物及其他物品转作他用时，应当按照国家有关规定经过消除污染处理，方可使用。

第八十五条 产生、收集、贮存、运输、利用、处置危险废物的单位，应当依法制定意外事故的防范措施和应急预案，并向所在地生态环境主管部门和其他负有固体废物污染环境防治监督管理职责的部门备案；生态环境主管部门和其他负有固体废物污染环境防治监督管理职责的部门应当进行检查。

第八十六条 因发生事故或者其他突发性事件，造成危险废物严重污染环境的单位，应当立即采取有效措施消除或者减轻对环境的污染危害，及时通报可能受到污染危害的单位和居民，并向所在地生态环境主管部门和有关部门报告，接受调查处理。

第八十七条 在发生或者有证据证明可能发生危险废物严重污染环境、威胁居民生命财产安全时，生态环境主管部门或者其他负有固体废物污染环境防治监督管理职责的部门应当立即向本级人民政府和上一级人民政府有关部门报告，由人民政府采取防止或者减轻危害的有效措施。有关人民政府可以根据需要责令停止导致或者可能导致环境污染事故的作业。

第八十八条 重点危险废物集中处置设施、场所退役前，运营单位应当按照国家有关规定对设施、场所采取污染防治措施。退役的费用应当预提，列入投资概算或者生产成本，专门用于重点危险废物集中处置设施、场所的退役。具体提取和管理办法，由国务院财政部门、价格主管部门会同国务院生态环境主管部门规定。

第八十九条 禁止经中华人民共和国过境转移危险废物。

第九十条 医疗废物按照国家危险废物名录管理。县级以上地方人民政府应当加强医疗废物集中处置能力建设。

县级以上人民政府卫生健康、生态环境等主管部门应当在各自职责范围内加强对医疗废物收集、贮存、运输、处置的监督管理，防止危害公众健康、污染环境。

医疗卫生机构应当依法分类收集本单位产生的医疗废物，交由医疗废物集中处置单位处置。医疗废物集中处置单位应当及时收集、运输和处置医疗废物。

医疗卫生机构和医疗废物集中处置单位，应当采取有效措施，防止医疗废物流失、泄漏、渗漏、扩散。

案例 重庆某医用输液瓶回收有限公司、关某岗、陈某林、李某芳等非法处置医疗废物污染环境案（2022年3月1日最高人民法院发布十起人民法院依法审理固体废物污染环境典型案例）

案件适用要点：本案是因非法处置医疗废物污染环境引发的刑事案件。医疗废物往往携带大量病菌、病毒，具有感染性、传染性等危害，尤其是在当今疫情防控常态化、医疗废物处置压力不断增加的情况下，非法处置行为不仅对环境产生污染，也会严重威胁人民群众的身体健康。《中华人民共和国固体废物污染环境防治法》第九十条第一款规定，医疗废物按照国家危险废物名录管理。《医疗废物管理条例》第十四条规定，禁止任何单位和个人转让、买卖医疗废物；第二十二条规定，未取得经营许可证的单位，不得从事有关医疗废物集中处置的活动。本案中相关单位和人员在没有取得医疗废物经营许可证的情况下，非法从事医疗废物的处置，造成环境污染，依法应当承担刑事责任。本案的审理，展现了人民法院对非法处置医疗废物污染环境犯罪行为决不姑息、严厉打击的态度，有助于警示上下游相关的医疗机构、企业及从业人员依法依规处置医疗废物，避免因不当处置引发公共健康风险。

第九十一条 重大传染病疫情等突发事件发生时，县级以上人民政府应当统筹协调医疗废物等危险废物收集、贮存、运输、处置等工作，保障所需的车辆、场地、处置设施和防护物资。卫生健康、生态环境、环境卫生、交通运输等主管部门应当协同配合，依法履行应急处置职责。

第七章　保障措施

第九十二条　国务院有关部门、县级以上地方人民政府及其有关部门在编制国土空间规划和相关专项规划时，应当统筹生活垃圾、建筑垃圾、危险废物等固体废物转运、集中处置等设施建设需求，保障转运、集中处置等设施用地。

第九十三条　国家采取有利于固体废物污染环境防治的经济、技术政策和措施，鼓励、支持有关方面采取有利于固体废物污染环境防治的措施，加强对从事固体废物污染环境防治工作人员的培训和指导，促进固体废物污染环境防治产业专业化、规模化发展。

第九十四条　国家鼓励和支持科研单位、固体废物产生单位、固体废物利用单位、固体废物处置单位等联合攻关，研究开发固体废物综合利用、集中处置等的新技术，推动固体废物污染环境防治技术进步。

第九十五条　各级人民政府应当加强固体废物污染环境的防治，按照事权划分的原则安排必要的资金用于下列事项：

（一）固体废物污染环境防治的科学研究、技术开发；

（二）生活垃圾分类；

（三）固体废物集中处置设施建设；

（四）重大传染病疫情等突发事件产生的医疗废物等危险废物应急处置；

（五）涉及固体废物污染环境防治的其他事项。

使用资金应当加强绩效管理和审计监督，确保资金使用效益。

第九十六条　国家鼓励和支持社会力量参与固体废物污染环境防治工作，并按照国家有关规定给予政策扶持。

第九十七条　国家发展绿色金融，鼓励金融机构加大对固体废物污染环境防治项目的信贷投放。

第九十八条　从事固体废物综合利用等固体废物污染环境防治工作的，依照法律、行政法规的规定，享受税收优惠。

国家鼓励并提倡社会各界为防治固体废物污染环境捐赠财产，并依照法律、行政法规的规定，给予税收优惠。

第九十九条 收集、贮存、运输、利用、处置危险废物的单位，应当按照国家有关规定，投保环境污染责任保险。

第一百条 国家鼓励单位和个人购买、使用综合利用产品和可重复使用产品。

县级以上人民政府及其有关部门在政府采购过程中，应当优先采购综合利用产品和可重复使用产品。

第八章 法律责任

第一百零一条 生态环境主管部门或者其他负有固体废物污染环境防治监督管理职责的部门违反本法规定，有下列行为之一，由本级人民政府或者上级人民政府有关部门责令改正，对直接负责的主管人员和其他直接责任人员依法给予处分：

（一）未依法作出行政许可或者办理批准文件的；

（二）对违法行为进行包庇的；

（三）未依法查封、扣押的；

（四）发现违法行为或者接到对违法行为的举报后未予查处的；

（五）有其他滥用职权、玩忽职守、徇私舞弊等违法行为的。

依照本法规定应当作出行政处罚决定而未作出的，上级主管部门可以直接作出行政处罚决定。

第一百零二条 违反本法规定，有下列行为之一，由生态环境主管部门责令改正，处以罚款，没收违法所得；情节严重的，报经有批准权的人民政府批准，可以责令停业或者关闭：

（一）产生、收集、贮存、运输、利用、处置固体废物的单位未依法及时公开固体废物污染环境防治信息的；

（二）生活垃圾处理单位未按照国家有关规定安装使用监测设备、实时监测污染物的排放情况并公开污染排放数据的；

（三）将列入限期淘汰名录被淘汰的设备转让给他人使用的；

（四）在生态保护红线区域、永久基本农田集中区域和其他需要特别保护的区域内，建设工业固体废物、危险废物集中贮存、利用、处置的设施、场所和生活垃圾填埋场的；

（五）转移固体废物出省、自治区、直辖市行政区域贮存、处置未经批准的；

（六）转移固体废物出省、自治区、直辖市行政区域利用未报备案的；

（七）擅自倾倒、堆放、丢弃、遗撒工业固体废物，或者未采取相应防范措施，造成工业固体废物扬散、流失、渗漏或者其他环境污染的；

（八）产生工业固体废物的单位未建立固体废物管理台账并如实记录的；

（九）产生工业固体废物的单位违反本法规定委托他人运输、利用、处置工业固体废物的；

（十）贮存工业固体废物未采取符合国家环境保护标准的防护措施的；

（十一）单位和其他生产经营者违反固体废物管理其他要求，污染环境、破坏生态的。

有前款第一项、第八项行为之一，处五万元以上二十万元以下的罚款；有前款第二项、第三项、第四项、第五项、第六项、第九项、第十项、第十一项行为之一，处十万元以上一百万元以下的罚款；有前款第七项行为，处所需处置费用一倍以上三倍以下的罚款，所需处置费用不足十万元的，按十万元计算。对前款第十一项行为的处罚，有关法律、行政法规另有规定的，适用其规定。

第一百零三条 违反本法规定，以拖延、围堵、滞留执法人员等方式拒绝、阻挠监督检查，或者在接受监督检查时弄虚作假的，由生态环境主管部门或者其他负有固体废物污染环境防治监督管理职责的部门责令改正，处五万元以上二十万元以下的罚款；对直接负责的主管人员和其他直接责任人员，处二万元以上十万元以下的罚款。

第一百零四条 违反本法规定，未依法取得排污许可证产生工业固体废物的，由生态环境主管部门责令改正或者限制生产、停产整治，处十万元以上一百万元以下的罚款；情节严重的，报经有批准权的人民政府批准，责令停业或者关闭。

第一百零五条 违反本法规定，生产经营者未遵守限制商品过度包装的强制性标准的，由县级以上地方人民政府市场监督管理部门或者有关部门责令改正；拒不改正的，处二千元以上二万元以下的罚款；情节严重的，处二万元以上十万元以下的罚款。

第一百零六条 违反本法规定，未遵守国家有关禁止、限制使用不可降解塑料袋等一次性塑料制品的规定，或者未按照国家有关规定报告塑料袋等一次性塑料制品的使用情况的，由县级以上地方人民政府商务、邮政等主管部门责令改正，处一万元以上十万元以下的罚款。

第一百零七条 从事畜禽规模养殖未及时收集、贮存、利用或者处置养殖过程中产生的畜禽粪污等固体废物的，由生态环境主管部门责令改正，可以处十万元以下的罚款；情节严重的，报经有批准权的人民政府批准，责令停业或者关闭。

第一百零八条 违反本法规定，城镇污水处理设施维护运营单位或者污泥处理单位对污泥流向、用途、用量等未进行跟踪、记录，或者处理后的污泥不符合国家有关标准的，由城镇排水主管部门责令改正，给予警告；造成严重后果的，处十万元以上二十万元以下的罚款；拒不改正的，城镇排水主管部门可以指定有治理能力的单位代为治理，所需费用由违法者承担。

违反本法规定，擅自倾倒、堆放、丢弃、遗撒城镇污水处理设施产生的污泥和处理后的污泥的，由城镇排水主管部门责令改正，处二十万元以上二百万元以下的罚款，对直接负责的主管人员和其他直接责任人员处二万元以上十万元以下的罚款；造成严重后果的，处二百万元以上五百万元以下的罚款，对直接负责的主管人员和其他直接责任人员处五万元以上五十万元以下的罚款；拒不改正的，城镇排水主管部门可以指定有治理能力的单位代为治理，所需费用由违法者承担。

第一百零九条 违反本法规定，生产、销售、进口或者使用淘汰的设备，或者采用淘汰的生产工艺的，由县级以上地方人民政府指定的部门责令改正，处十万元以上一百万元以下的罚款，没收违法所得；情节严重的，由县级以上地方人民政府指定的部门提出意见，报经有批准权的人民政府批准，责令停业或者关闭。

第一百一十条 尾矿、煤矸石、废石等矿业固体废物贮存设施停止使用后，未按照国家有关环境保护规定进行封场的，由生态环境主管部门责令改正，处二十万元以上一百万元以下的罚款。

第一百一十一条 违反本法规定，有下列行为之一，由县级以上地方人民政府环境卫生主管部门责令改正，处以罚款，没收违法所得：

（一）随意倾倒、抛撒、堆放或者焚烧生活垃圾的；

（二）擅自关闭、闲置或者拆除生活垃圾处理设施、场所的；

（三）工程施工单位未编制建筑垃圾处理方案报备案，或者未及时清运施工过程中产生的固体废物的；

（四）工程施工单位擅自倾倒、抛撒或者堆放工程施工过程中产生的建筑垃圾，或者未按照规定对施工过程中产生的固体废物进行利用或者处置的；

（五）产生、收集厨余垃圾的单位和其他生产经营者未将厨余垃圾交由具备相应资质条件的单位进行无害化处理的；

（六）畜禽养殖场、养殖小区利用未经无害化处理的厨余垃圾饲喂畜禽的；

（七）在运输过程中沿途丢弃、遗撒生活垃圾的。

单位有前款第一项、第七项行为之一，处五万元以上五十万元以下的罚款；单位有前款第二项、第三项、第四项、第五项、第六项行为之一，处十万元以上一百万元以下的罚款；个人有前款第一项、第五项、第七项行为之一，处一百元以上五百元以下的罚款。

违反本法规定，未在指定的地点分类投放生活垃圾的，由县级以上地方人民政府环境卫生主管部门责令改正；情节严重的，对单位处五万元以上五十万元以下的罚款，对个人依法处以罚款。

第一百一十二条 违反本法规定，有下列行为之一，由生态环境主管部门责令改正，处以罚款，没收违法所得；情节严重的，报经有批准权的人民政府批准，可以责令停业或者关闭：

（一）未按照规定设置危险废物识别标志的；

（二）未按照国家有关规定制定危险废物管理计划或者申报危险废物有关资料的；

（三）擅自倾倒、堆放危险废物的；

（四）将危险废物提供或者委托给无许可证的单位或者其他生产经营者从事经营活动的；

（五）未按照国家有关规定填写、运行危险废物转移联单或者未经批准擅自转移危险废物的；

（六）未按照国家环境保护标准贮存、利用、处置危险废物或者将危险废物混入非危险废物中贮存的；

（七）未经安全性处置，混合收集、贮存、运输、处置具有不相容性质的危险废物的；

（八）将危险废物与旅客在同一运输工具上载运的；

（九）未经消除污染处理，将收集、贮存、运输、处置危险废物的场所、设施、设备和容器、包装物及其他物品转作他用的；

（十）未采取相应防范措施，造成危险废物扬散、流失、渗漏或者其他环境污染的；

（十一）在运输过程中沿途丢弃、遗撒危险废物的；

（十二）未制定危险废物意外事故防范措施和应急预案的；

（十三）未按照国家有关规定建立危险废物管理台账并如实记录的。

有前款第一项、第二项、第五项、第六项、第七项、第八项、第九项、第十二项、第十三项行为之一，处十万元以上一百万元以下的罚款；有前款第三项、第四项、第十项、第十一项行为之一，处所需处置费用三倍以上五倍以下的罚款，所需处置费用不足二十万元的，按二十万元计算。

第一百一十三条 违反本法规定，危险废物产生者未按照规定处置其产生的危险废物被责令改正后拒不改正的，由生态环境主管部门组织代为处置，处置费用由危险废物产生者承担；拒不承担代为处置费用的，处代为处置费用一倍以上三倍以下的罚款。

第一百一十四条 无许可证从事收集、贮存、利用、处置危险废物经营活动的，由生态环境主管部门责令改正，处一百万元以上五百万元以下的罚款，并报经有批准权的人民政府批准，责令停业或者关闭；对法定代表人、主要负责人、直接负责的主管人员和其他责任人员，处十万元以上一百万元以下的罚款。

未按照许可证规定从事收集、贮存、利用、处置危险废物经营活动的，由生态环境主管部门责令改正，限制生产、停产整治，处五十万元以上二百万元以下的罚款；对法定代表人、主要负责人、直接负责的主管人员和其他责任人员，处五万元以上五十万元以下的罚款；情节严重的，报经有批准权的人民政府批准，责令停业或者关闭，还可以由发证机关吊销许可证。

第一百一十五条 违反本法规定，将中华人民共和国境外的固体废物输入境内的，由海关责令退运该固体废物，处五十万元以上五百万元以下的罚款。

承运人对前款规定的固体废物的退运、处置，与进口者承担连带责任。

案例 上海市人民检察院第三分院诉郎溪某固体废物处置有限公司、宁波高新区某贸易有限公司、黄某庭、薛某走私“洋垃圾”污染环境民事公益诉讼案（2022年3月1日最高人民法院发布十起人民法院依法审理固体废物污染环境典型案例）

案件适用要点：本案是因非法走私“洋垃圾”引发的环境污染民事公益诉讼案件。《中华人民共和国固体废物污染环境防治法》第一百一十五条规定，违反本法规定，将中华人民共和国境外的固体废物输入境内的，由海关责令退运该固体废物，处五十万元以上五百万元以下的罚款。承运人对前款规定的固体废物的退运、处置，与进口者承担连带责任。近年来，我国不断加大对“洋垃圾”的打击力度，出台了一系列的制度全面禁止“洋垃圾”入境，但出于巨大非法利益的诱惑，仍有不少违法行为人铤而走险，从国外进口“洋垃圾”，对我国生态环境造成了重大安全隐患。本案中，在进口的固体废物无法退运情况下，法院判决违法行为人承担无害化处置费用，体现了“环境有价、损害担责”原则，有效震慑潜在的违法行为人，同时明确了违法行为人在承担刑事责任的同时，仍需承担相应的民事责任，体现了环境司法对违法行为人全面追责的鲜明态度。

第一百一十六条 违反本法规定，经中华人民共和国过境转移危险废物的，由海关责令退运该危险废物，处五十万元以上五百万元以下的罚款。

第一百一十七条 对已经非法入境的固体废物，由省级以上人民政府生态环境主管部门依法向海关提出处理意见，海关应当依照本法第一百一十五条的规定作出处罚决定；已经造成环境污染的，由省级以上人民政府生态环境主管部门责令进口者消除污染。

第一百一十八条 违反本法规定，造成固体废物污染环境事故的，除依法承担赔偿责任外，由生态环境主管部门依照本条第二款的规定处以罚款，责令限期采取治理措施；造成重大或者特大固体废物污染环境事故的，还可以报经有批准权的人民政府批准，责令关闭。

造成一般或者较大固体废物污染环境事故的，按照事故造成的直接经济损失的一倍以上三倍以下计算罚款；造成重大或者特大固体废物污染环境事故的，按照事故造成的直接经济损失的三倍以上五倍以下计算罚款，并对法定代表人、主要负责人、直接负责的主管人员和其他责任人员处上一年度从本单位取得的收入百分之五十以下的罚款。

第一百一十九条 单位和其他生产经营者违反本法规定排放固体废物，受到罚款处罚，被责令改正的，依法作出处罚决定的行政机关应当组织复查，发现其继续实施该违法行为的，依照《中华人民共和国环境保护法》的规定按日连续处罚。

第一百二十条 违反本法规定，有下列行为之一，尚不构成犯罪的，由公安机关对法定代表人、主要负责人、直接负责的主管人员和其他责任人员处十日以上十五日以下的拘留；情节较轻的，处五日以上十日以下的拘留：

（一）擅自倾倒、堆放、丢弃、遗撒固体废物，造成严重后果的；

（二）在生态保护红线区域、永久基本农田集中区域和其他需要特别保护的区域内，建设工业固体废物、危险废物集中贮存、利用、处置的设施、场所和生活垃圾填埋场的；

（三）将危险废物提供或者委托给无许可证的单位或者其他生产经营者堆放、利用、处置的；

（四）无许可证或者未按照许可证规定从事收集、贮存、利用、处置危险废物经营活动的；

（五）未经批准擅自转移危险废物的；

（六）未采取防范措施，造成危险废物扬散、流失、渗漏或者其他严重后果的。

第一百二十一条 固体废物污染环境、破坏生态，损害国家利益、社会公共利益的，有关机关和组织可以依照《中华人民共和国环境保护法》、《中华人民共和国民事诉讼法》、《中华人民共和国行政诉讼法》等法律的规定向人民法院提起诉讼。

第一百二十二条 固体废物污染环境、破坏生态给国家造成重大损失的，由设区的市级以上地方人民政府或者其指定的部门、机构组织与造成环境污染和生态破坏的单位和其他生产经营者进行磋商，要求其承担损害赔偿责任；磋商未达成一致的，可以向人民法院提起诉讼。

对于执法过程中查获的无法确定责任人或者无法退运的固体废物，由所在地县级以上地方人民政府组织处理。

第一百二十三条 违反本法规定，构成违反治安管理行为的，由公安机关依法给予治安管理处罚；构成犯罪的，依法追究刑事责任；造成人身、财产损害的，依法承担民事责任。

第九章　附　　则

第一百二十四条　本法下列用语的含义：

（一）固体废物，是指在生产、生活和其他活动中产生的丧失原有利用价值或者虽未丧失利用价值但被抛弃或者放弃的固态、半固态和置于容器中的气态的物品、物质以及法律、行政法规规定纳入固体废物管理的物品、物质。经无害化加工处理，并且符合强制性国家产品质量标准，不会危害公众健康和生态安全，或者根据固体废物鉴别标准和鉴别程序认定为不属于固体废物的除外。

（二）工业固体废物，是指在工业生产活动中产生的固体废物。

（三）生活垃圾，是指在日常生活中或者为日常生活提供服务的活动中产生的固体废物，以及法律、行政法规规定视为生活垃圾的固体废物。

（四）建筑垃圾，是指建设单位、施工单位新建、改建、扩建和拆除各类建筑物、构筑物、管网等，以及居民装饰装修房屋过程中产生的弃土、弃料和其他固体废物。

（五）农业固体废物，是指在农业生产活动中产生的固体废物。

（六）危险废物，是指列入国家危险废物名录或者根据国家规定的危险废物鉴别标准和鉴别方法认定的具有危险特性的固体废物。

（七）贮存，是指将固体废物临时置于特定设施或者场所中的活动。

（八）利用，是指从固体废物中提取物质作为原材料或者燃料的活动。

（九）处置，是指将固体废物焚烧和用其他改变固体废物的物理、化学、生物特性的方法，达到减少已产生的固体废物数量、缩小固体废物体积、减少或者消除其危险成分的活动，或者将固体废物最终置于符合环境保护规定要求的填埋场的活动。

第一百二十五条　液态废物的污染防治，适用本法；但是，排入水体的废水的污染防治适用有关法律，不适用本法。

第一百二十六条　本法自 2020 年 9 月 1 日起施行。

中华人民共和国噪声污染防治法

（2021 年 12 月 24 日第十三届全国人民代表大会常务委员会第三十二次会议通过　2021 年 12 月 24 日中华人民共和国主席令第 104 号公布　自 2022 年 6 月 5 日起施行）

第一章　总　　则

第一条　为了防治噪声污染，保障公众健康，保护和改善生活环境，维护社会和谐，推进生态文明建设，促进经济社会可持续发展，制定本法。

第二条　本法所称噪声，是指在工业生产、建筑施工、交通运输和社会生活中产生的干扰周围生活环境的声音。

本法所称噪声污染，是指超过噪声排放标准或者未依法采取防控措施产生噪声，并干扰他人正常生活、工作和学习的现象。

第三条　噪声污染的防治，适用本法。

因从事本职生产经营工作受到噪声危害的防治，适用劳动保护等其他有关法律的规定。

第四条　噪声污染防治应当坚持统筹规划、源头防控、分类管理、社会共治、损害担责的原则。

第五条　县级以上人民政府应当将噪声污染防治工作纳入国民经济和社会发展规划、生态环境保护规划，将噪声污染防治工作经费纳入本级政府预算。

生态环境保护规划应当明确噪声污染防治目标、任务、保障措施等内容。

第六条　地方各级人民政府对本行政区域声环境质量负责，采取有效措施，改善声环境质量。

国家实行噪声污染防治目标责任制和考核评价制度，将噪声污染防治目标完成情况纳入考核评价内容。

第七条 县级以上地方人民政府应当依照本法和国务院的规定，明确有关部门的噪声污染防治监督管理职责，根据需要建立噪声污染防治工作协调联动机制，加强部门协同配合、信息共享，推进本行政区域噪声污染防治工作。

第八条 国务院生态环境主管部门对全国噪声污染防治实施统一监督管理。

地方人民政府生态环境主管部门对本行政区域噪声污染防治实施统一监督管理。

各级住房和城乡建设、公安、交通运输、铁路监督管理、民用航空、海事等部门，在各自职责范围内，对建筑施工、交通运输和社会生活噪声污染防治实施监督管理。

基层群众性自治组织应当协助地方人民政府及其有关部门做好噪声污染防治工作。

第九条 任何单位和个人都有保护声环境的义务，同时依法享有获取声环境信息、参与和监督噪声污染防治的权利。

排放噪声的单位和个人应当采取有效措施，防止、减轻噪声污染。

第十条 各级人民政府及其有关部门应当加强噪声污染防治法律法规和知识的宣传教育普及工作，增强公众噪声污染防治意识，引导公众依法参与噪声污染防治工作。

新闻媒体应当开展噪声污染防治法律法规和知识的公益宣传，对违反噪声污染防治法律法规的行为进行舆论监督。

国家鼓励基层群众性自治组织、社会组织、公共场所管理者、业主委员会、物业服务人、志愿者等开展噪声污染防治法律法规和知识的宣传。

第十一条 国家鼓励、支持噪声污染防治科学技术研究开发、成果转化和推广应用，加强噪声污染防治专业技术人才培养，促进噪声污染防治科学技术进步和产业发展。

第十二条 对在噪声污染防治工作中做出显著成绩的单位和个人，按照国家规定给予表彰、奖励。

第二章　噪声污染防治标准和规划

第十三条　国家推进噪声污染防治标准体系建设。

国务院生态环境主管部门和国务院其他有关部门，在各自职责范围内，制定和完善噪声污染防治相关标准，加强标准之间的衔接协调。

第十四条　国务院生态环境主管部门制定国家声环境质量标准。

县级以上地方人民政府根据国家声环境质量标准和国土空间规划以及用地现状，划定本行政区域各类声环境质量标准的适用区域；将以用于居住、科学研究、医疗卫生、文化教育、机关团体办公、社会福利等的建筑物为主的区域，划定为噪声敏感建筑物集中区域，加强噪声污染防治。

声环境质量标准适用区域范围和噪声敏感建筑物集中区域范围应当向社会公布。

第十五条　国务院生态环境主管部门根据国家声环境质量标准和国家经济、技术条件，制定国家噪声排放标准以及相关的环境振动控制标准。

省、自治区、直辖市人民政府对尚未制定国家噪声排放标准的，可以制定地方噪声排放标准；对已经制定国家噪声排放标准的，可以制定严于国家噪声排放标准的地方噪声排放标准。地方噪声排放标准应当报国务院生态环境主管部门备案。

第十六条　国务院标准化主管部门会同国务院发展改革、生态环境、工业和信息化、住房和城乡建设、交通运输、铁路监督管理、民用航空、海事等部门，对可能产生噪声污染的工业设备、施工机械、机动车、铁路机车车辆、城市轨道交通车辆、民用航空器、机动船舶、电气电子产品、建筑附属设备等产品，根据声环境保护的要求和国家经济、技术条件，在其技术规范或者产品质量标准中规定噪声限值。

前款规定的产品使用时产生噪声的限值，应当在有关技术文件中注明。禁止生产、进口或者销售不符合噪声限值的产品。

县级以上人民政府市场监督管理等部门对生产、销售的有噪声限值的产品进行监督抽查，对电梯等特种设备使用时发出的噪声进行监督抽测，生态环境主管部门予以配合。

第十七条 声环境质量标准、噪声排放标准和其他噪声污染防治相关标准应当定期评估，并根据评估结果适时修订。

第十八条 各级人民政府及其有关部门制定、修改国土空间规划和相关规划，应当依法进行环境影响评价，充分考虑城乡区域开发、改造和建设项目产生的噪声对周围生活环境的影响，统筹规划，合理安排土地用途和建设布局，防止、减轻噪声污染。有关环境影响篇章、说明或者报告书中应当包括噪声污染防治内容。

第十九条 确定建设布局，应当根据国家声环境质量标准和民用建筑隔声设计相关标准，合理划定建筑物与交通干线等的防噪声距离，并提出相应的规划设计要求。

第二十条 未达到国家声环境质量标准的区域所在的设区的市、县级人民政府，应当及时编制声环境质量改善规划及其实施方案，采取有效措施，改善声环境质量。

声环境质量改善规划及其实施方案应当向社会公开。

第二十一条 编制声环境质量改善规划及其实施方案，制定、修订噪声污染防治相关标准，应当征求有关行业协会、企业事业单位、专家和公众等的意见。

第三章 噪声污染防治的监督管理

第二十二条 排放噪声、产生振动，应当符合噪声排放标准以及相关的环境振动控制标准和有关法律、法规、规章的要求。

排放噪声的单位和公共场所管理者，应当建立噪声污染防治责任制度，明确负责人和相关人员的责任。

第二十三条 国务院生态环境主管部门负责制定噪声监测和评价规范，会同国务院有关部门组织声环境质量监测网络，规划国家声环境质量监测站（点）的设置，组织开展全国声环境质量监测，推进监测自动化，统一发布全国声环境质量状况信息。

地方人民政府生态环境主管部门会同有关部门按照规定设置本行政区域声环境质量监测站（点），组织开展本行政区域声环境质量监测，定期向社会公布声环境质量状况信息。

地方人民政府生态环境等部门应当加强对噪声敏感建筑物周边等重点区域噪声排放情况的调查、监测。

第二十四条 新建、改建、扩建可能产生噪声污染的建设项目，应当依法进行环境影响评价。

第二十五条 建设项目的噪声污染防治设施应当与主体工程同时设计、同时施工、同时投产使用。

建设项目在投入生产或者使用之前，建设单位应当依照有关法律法规的规定，对配套建设的噪声污染防治设施进行验收，编制验收报告，并向社会公开。未经验收或者验收不合格的，该建设项目不得投入生产或者使用。

第二十六条 建设噪声敏感建筑物，应当符合民用建筑隔声设计相关标准要求，不符合标准要求的，不得通过验收、交付使用；在交通干线两侧、工业企业周边等地方建设噪声敏感建筑物，还应当按照规定间隔一定距离，并采取减少振动、降低噪声的措施。

第二十七条 国家鼓励、支持低噪声工艺和设备的研究开发和推广应用，实行噪声污染严重的落后工艺和设备淘汰制度。

国务院发展改革部门会同国务院有关部门确定噪声污染严重的工艺和设备淘汰期限，并纳入国家综合性产业政策目录。

生产者、进口者、销售者或者使用者应当在规定期限内停止生产、进口、销售或者使用列入前款规定目录的设备。工艺的采用者应当在规定期限内停止采用列入前款规定目录的工艺。

第二十八条 对未完成声环境质量改善规划设定目标的地区以及噪声污染问题突出、群众反映强烈的地区，省级以上人民政府生态环境主管部门会同其他负有噪声污染防治监督管理职责的部门约谈该地区人民政府及其有关部门的主要负责人，要求其采取有效措施及时整改。约谈和整改情况应当向社会公开。

第二十九条 生态环境主管部门和其他负有噪声污染防治监督管理职责的部门，有权对排放噪声的单位或者场所进行现场检查。被检查者应当如实反映情况，提供必要的资料，不得拒绝或者阻挠。实施检查的部门、人员对现场检查中知悉的商业秘密应当保密。

检查人员进行现场检查，不得少于两人，并应当主动出示执法证件。

第三十条 排放噪声造成严重污染，被责令改正拒不改正的，生态环境主管部门或者其他负有噪声污染防治监督管理职责的部门，可以查封、扣押排放噪声的场所、设施、设备、工具和物品。

第三十一条 任何单位和个人都有权向生态环境主管部门或者其他负有噪声污染防治监督管理职责的部门举报造成噪声污染的行为。

生态环境主管部门和其他负有噪声污染防治监督管理职责的部门应当公布举报电话、电子邮箱等，方便公众举报。

接到举报的部门应当及时处理并对举报人的相关信息保密。举报事项属于其他部门职责的，接到举报的部门应当及时移送相关部门并告知举报人。举报人要求答复并提供有效联系方式的，处理举报事项的部门应当反馈处理结果等情况。

第三十二条 国家鼓励开展宁静小区、静音车厢等宁静区域创建活动，共同维护生活环境和谐安宁。

第三十三条 在举行中等学校招生考试、高等学校招生统一考试等特殊活动期间，地方人民政府或者其指定的部门可以对可能产生噪声影响的活动，作出时间和区域的限制性规定，并提前向社会公告。

第四章　工业噪声污染防治

第三十四条 本法所称工业噪声，是指在工业生产活动中产生的干扰周围生活环境的声音。

第三十五条 工业企业选址应当符合国土空间规划以及相关规划要求，县级以上地方人民政府应当按照规划要求优化工业企业布局，防止工业噪声污染。

在噪声敏感建筑物集中区域，禁止新建排放噪声的工业企业，改建、扩建工业企业的，应当采取有效措施防止工业噪声污染。

第三十六条 排放工业噪声的企业事业单位和其他生产经营者，应当采取有效措施，减少振动、降低噪声，依法取得排污许可证或者填报排污登记表。

实行排污许可管理的单位，不得无排污许可证排放工业噪声，并应当按照排污许可证的要求进行噪声污染防治。

第三十七条 设区的市级以上地方人民政府生态环境主管部门应当按照国务院生态环境主管部门的规定，根据噪声排放、声环境质量改善要求等情况，制定本行政区域噪声重点排污单位名录，向社会公开并适时更新。

第三十八条 实行排污许可管理的单位应当按照规定，对工业噪声开展自行监测，保存原始监测记录，向社会公开监测结果，对监测数据的真实性和准确性负责。

噪声重点排污单位应当按照国家规定，安装、使用、维护噪声自动监测设备，与生态环境主管部门的监控设备联网。

第五章 建筑施工噪声污染防治

第三十九条 本法所称建筑施工噪声，是指在建筑施工过程中产生的干扰周围生活环境的声音。

第四十条 建设单位应当按照规定将噪声污染防治费用列入工程造价，在施工合同中明确施工单位的噪声污染防治责任。

施工单位应当按照规定制定噪声污染防治实施方案，采取有效措施，减少振动、降低噪声。建设单位应当监督施工单位落实噪声污染防治实施方案。

第四十一条　在噪声敏感建筑物集中区域施工作业，应当优先使用低噪声施工工艺和设备。

国务院工业和信息化主管部门会同国务院生态环境、住房和城乡建设、市场监督管理等部门，公布低噪声施工设备指导名录并适时更新。

第四十二条　在噪声敏感建筑物集中区域施工作业，建设单位应当按照国家规定，设置噪声自动监测系统，与监督管理部门联网，保存原始监测记录，对监测数据的真实性和准确性负责。

第四十三条　在噪声敏感建筑物集中区域，禁止夜间进行产生噪声的建筑施工作业，但抢修、抢险施工作业，因生产工艺要求或者其他特殊需要必须连续施工作业的除外。

因特殊需要必须连续施工作业的，应当取得地方人民政府住房和城乡建设、生态环境主管部门或者地方人民政府指定的部门的证明，并在施工现场显著位置公示或者以其他方式公告附近居民。

第六章　交通运输噪声污染防治

第四十四条　本法所称交通运输噪声，是指机动车、铁路机车车辆、城市轨道交通车辆、机动船舶、航空器等交通运输工具在运行时产生的干扰周围生活环境的声音。

第四十五条　各级人民政府及其有关部门制定、修改国土空间规划和交通运输等相关规划，应当综合考虑公路、城市道路、铁路、城市轨道交通线路、水路、港口和民用机场及其起降航线对周围声环境的影响。

新建公路、铁路线路选线设计，应当尽量避开噪声敏感建筑物集中区域。

新建民用机场选址与噪声敏感建筑物集中区域的距离应当符合标准要求。

第四十六条　制定交通基础设施工程技术规范，应当明确噪声污染防治要求。

新建、改建、扩建经过噪声敏感建筑物集中区域的高速公路、城市高架、铁路和城市轨道交通线路等的，建设单位应当在可能造成噪声污染的重点路段设置声屏障或者采取其他减少振动、降低噪声的措施，符合有关交通基础设施工程技术规范以及标准要求。

建设单位违反前款规定的，由县级以上人民政府指定的部门责令制定、实施治理方案。

第四十七条 机动车的消声器和喇叭应当符合国家规定。禁止驾驶拆除或者损坏消声器、加装排气管等擅自改装的机动车以轰鸣、疾驶等方式造成噪声污染。

使用机动车音响器材，应当控制音量，防止噪声污染。

机动车应当加强维修和保养，保持性能良好，防止噪声污染。

第四十八条 机动车、铁路机车车辆、城市轨道交通车辆、机动船舶等交通运输工具运行时，应当按照规定使用喇叭等声响装置。

警车、消防救援车、工程救险车、救护车等机动车安装、使用警报器，应当符合国务院公安等部门的规定；非执行紧急任务，不得使用警报器。

第四十九条 地方人民政府生态环境主管部门会同公安机关根据声环境保护的需要，可以划定禁止机动车行驶和使用喇叭等声响装置的路段和时间，向社会公告，并由公安机关交通管理部门依法设置相关标志、标线。

第五十条 在车站、铁路站场、港口等地指挥作业时使用广播喇叭的，应当控制音量，减轻噪声污染。

第五十一条 公路养护管理单位、城市道路养护维修单位应当加强对公路、城市道路的维护和保养，保持减少振动、降低噪声设施正常运行。

城市轨道交通运营单位、铁路运输企业应当加强对城市轨道交通线路和城市轨道交通车辆、铁路线路和铁路机车车辆的维护和保养，保持减少振动、降低噪声设施正常运行，并按照国家规定进行监测，保存原始监测记录，对监测数据的真实性和准确性负责。

第五十二条 民用机场所在地人民政府，应当根据环境影响评价以及监测结果确定的民用航空器噪声对机场周围生活环境产生影响的范围和程度，划定噪声敏感建筑物禁止建设区域和限制建设区域，并实施控制。

在禁止建设区域禁止新建与航空无关的噪声敏感建筑物。

在限制建设区域确需建设噪声敏感建筑物的，建设单位应当对噪声敏感建筑物进行建筑隔声设计，符合民用建筑隔声设计相关标准要求。

第五十三条 民用航空器应当符合国务院民用航空主管部门规定的适航标准中的有关噪声要求。

第五十四条 民用机场管理机构负责机场起降航空器噪声的管理，会同航空运输企业、通用航空企业、空中交通管理部门等单位，采取低噪声飞行程序、起降跑道优化、运行架次和时段控制、高噪声航空器运行限制或者周围噪声敏感建筑物隔声降噪等措施，防止、减轻民用航空器噪声污染。

民用机场管理机构应当按照国家规定，对机场周围民用航空器噪声进行监测，保存原始监测记录，对监测数据的真实性和准确性负责，监测结果定期向民用航空、生态环境主管部门报送。

第五十五条 因公路、城市道路和城市轨道交通运行排放噪声造成严重污染的，设区的市、县级人民政府应当组织有关部门和其他有关单位对噪声污染情况进行调查评估和责任认定，制定噪声污染综合治理方案。

噪声污染责任单位应当按照噪声污染综合治理方案的要求采取管理或者工程措施，减轻噪声污染。

第五十六条 因铁路运行排放噪声造成严重污染的，铁路运输企业和设区的市、县级人民政府应当对噪声污染情况进行调查，制定噪声污染综合治理方案。

铁路运输企业和设区的市、县级人民政府有关部门和其他有关单位应当按照噪声污染综合治理方案的要求采取有效措施，减轻噪声污染。

第五十七条 因民用航空器起降排放噪声造成严重污染的，民用机场所在地人民政府应当组织有关部门和其他有关单位对噪声污染情况进行调查，综合考虑经济、技术和管理措施，制定噪声污染综合治理方案。

民用机场管理机构、地方各级人民政府和其他有关单位应当按照噪声污染综合治理方案的要求采取有效措施，减轻噪声污染。

第五十八条 制定噪声污染综合治理方案，应当征求有关专家和公众等的意见。

第七章 社会生活噪声污染防治

第五十九条 本法所称社会生活噪声，是指人为活动产生的除工业噪声、建筑施工噪声和交通运输噪声之外的干扰周围生活环境的声音。

第六十条 全社会应当增强噪声污染防治意识，自觉减少社会生活噪声排放，积极开展噪声污染防治活动，形成人人有责、人人参与、人人受益的良好噪声污染防治氛围，共同维护生活环境和谐安宁。

第六十一条 文化娱乐、体育、餐饮等场所的经营管理者应当采取有效措施，防止、减轻噪声污染。

第六十二条 使用空调器、冷却塔、水泵、油烟净化器、风机、发电机、变压器、锅炉、装卸设备等可能产生社会生活噪声污染的设备、设施的企业事业单位和其他经营管理者等，应当采取优化布局、集中排放等措施，防止、减轻噪声污染。

第六十三条 禁止在商业经营活动中使用高音广播喇叭或者采用其他持续反复发出高噪声的方法进行广告宣传。

对商业经营活动中产生的其他噪声，经营者应当采取有效措施，防止噪声污染。

第六十四条 禁止在噪声敏感建筑物集中区域使用高音广播喇叭，但紧急情况以及地方人民政府规定的特殊情形除外。

在街道、广场、公园等公共场所组织或者开展娱乐、健身等活动，应当遵守公共场所管理者有关活动区域、时段、音量等规定，采取有效措施，防止噪声污染；不得违反规定使用音响器材产生过大音量。

公共场所管理者应当合理规定娱乐、健身等活动的区域、时段、音量，可以采取设置噪声自动监测和显示设施等措施加强管理。

第六十五条 家庭及其成员应当培养形成减少噪声产生的良好习惯，乘坐公共交通工具、饲养宠物和其他日常活动尽量避免产生噪声对周围人员造成干扰，互谅互让解决噪声纠纷，共同维护声环境质量。

使用家用电器、乐器或者进行其他家庭场所活动，应当控制音量或者采取其他有效措施，防止噪声污染。

第六十六条 对已竣工交付使用的住宅楼、商铺、办公楼等建筑物进行室内装修活动，应当按照规定限定作业时间，采取有效措施，防止、减轻噪声污染。

第六十七条 新建居民住房的房地产开发经营者应当在销售场所公示住房可能受到噪声影响的情况以及采取或者拟采取的防治措施，并纳入买卖合同。

新建居民住房的房地产开发经营者应当在买卖合同中明确住房的共用设施设备位置和建筑隔声情况。

第六十八条 居民住宅区安装电梯、水泵、变压器等共用设施设备的，建设单位应当合理设置，采取减少振动、降低噪声的措施，符合民用建筑隔声设计相关标准要求。

已建成使用的居民住宅区电梯、水泵、变压器等共用设施设备由专业运营单位负责维护管理，符合民用建筑隔声设计相关标准要求。

第六十九条 基层群众性自治组织指导业主委员会、物业服务人、业主通过制定管理规约或者其他形式，约定本物业管理区域噪声污染防治要求，由业主共同遵守。

第七十条 对噪声敏感建筑物集中区域的社会生活噪声扰民行为，基层群众性自治组织、业主委员会、物业服务人应当及时劝阻、调解；劝阻、调解无效的，可以向负有社会生活噪声污染防治监督管理职责的部门或者地方人民政府指定的部门报告或者投诉，接到报告或者投诉的部门应当依法处理。

第八章 法律责任

第七十一条 违反本法规定，拒绝、阻挠监督检查，或者在接受监督检查时弄虚作假的，由生态环境主管部门或者其他负有噪声污染防治监督管理职责的部门责令改正，处二万元以上二十万元以下的罚款。

第七十二条 违反本法规定，生产、进口、销售超过噪声限值的产品的，由县级以上人民政府市场监督管理部门、海关按照职责责令改正，没收违法所得，并处货值金额一倍以上三倍以下的罚款；情节严重的，报经有批准权的人民政府批准，责令停业、关闭。

违反本法规定，生产、进口、销售、使用淘汰的设备，或者采用淘汰的工艺的，由县级以上人民政府指定的部门责令改正，没收违法所得，并处货值金额一倍以上三倍以下的罚款；情节严重的，报经有批准权的人民政府批准，责令停业、关闭。

第七十三条 违反本法规定，建设单位建设噪声敏感建筑物不符合民用建筑隔声设计相关标准要求的，由县级以上地方人民政府住房和城乡建设主管部门责令改正，处建设工程合同价款百分之二以上百分之四以下的罚款。

违反本法规定，建设单位在噪声敏感建筑物禁止建设区域新建与航空无关的噪声敏感建筑物的，由地方人民政府指定的部门责令停止违法行为，处建设工程合同价款百分之二以上百分之十以下的罚款，并报经有批准权的人民政府批准，责令拆除。

第七十四条 违反本法规定，在噪声敏感建筑物集中区域新建排放噪声的工业企业的，由生态环境主管部门责令停止违法行为，处十万元以上五十万元以下的罚款，并报经有批准权的人民政府批准，责令关闭。

违反本法规定，在噪声敏感建筑物集中区域改建、扩建工业企业，未采取有效措施防止工业噪声污染的，由生态环境主管部门责令改正，处十万元以上五十万元以下的罚款；拒不改正的，报经有批准权的人民政府批准，责令关闭。

第七十五条 违反本法规定，无排污许可证或者超过噪声排放标准排放工业噪声的，由生态环境主管部门责令改正或者限制生产、停产整治，并处二万元以上二十万元以下的罚款；情节严重的，报经有批准权的人民政府批准，责令停业、关闭。

第七十六条 违反本法规定，有下列行为之一，由生态环境主管部门责令改正，处二万元以上二十万元以下的罚款；拒不改正的，责令限制生产、停产整治：

（一）实行排污许可管理的单位未按照规定对工业噪声开展自行监测，未保存原始监测记录，或者未向社会公开监测结果的；

（二）噪声重点排污单位未按照国家规定安装、使用、维护噪声自动监测设备，或者未与生态环境主管部门的监控设备联网的。

第七十七条 违反本法规定，建设单位、施工单位有下列行为之一，由工程所在地人民政府指定的部门责令改正，处一万元以上十万元以下的罚款；拒不改正的，可以责令暂停施工：

（一）超过噪声排放标准排放建筑施工噪声的；

（二）未按照规定取得证明，在噪声敏感建筑物集中区域夜间进行产生噪声的建筑施工作业的。

第七十八条 违反本法规定，有下列行为之一，由工程所在地人民政府指定的部门责令改正，处五千元以上五万元以下的罚款；拒不改正的，处五万元以上二十万元以下的罚款：

（一）建设单位未按照规定将噪声污染防治费用列入工程造价的；

（二）施工单位未按照规定制定噪声污染防治实施方案，或者未采取有效措施减少振动、降低噪声的；

（三）在噪声敏感建筑物集中区域施工作业的建设单位未按照国家规定设置噪声自动监测系统，未与监督管理部门联网，或者未保存原始监测记录的；

（四）因特殊需要必须连续施工作业，建设单位未按照规定公告附近居民的。

第七十九条 违反本法规定，驾驶拆除或者损坏消声器、加装排气管等擅自改装的机动车轰鸣、疾驶，机动车运行时未按照规定使用声响装置，或者违反禁止机动车行驶和使用声响装置的路段和时间规定的，由县级以上地方人民政府公安机关交通管理部门依照有关道路交通安全的法律法规处罚。

违反本法规定，铁路机车车辆、城市轨道交通车辆、机动船舶等交通运输工具运行时未按照规定使用声响装置的，由交通运输、铁路监督管理、海事等部门或者地方人民政府指定的城市轨道交通有关部门按照职责责令改正，处五千元以上一万元以下的罚款。

第八十条 违反本法规定，有下列行为之一，由交通运输、铁路监督管理、民用航空等部门或者地方人民政府指定的城市道路、城市轨道交通有关部门，按照职责责令改正，处五千元以上五万元以下的罚款；拒不改正的，处五万元以上二十万元以下的罚款：

（一）公路养护管理单位、城市道路养护维修单位、城市轨道交通运营单位、铁路运输企业未履行维护和保养义务，未保持减少振动、降低噪声设施正常运行的；

（二）城市轨道交通运营单位、铁路运输企业未按照国家规定进行监测，或者未保存原始监测记录的；

（三）民用机场管理机构、航空运输企业、通用航空企业未采取措施防止、减轻民用航空器噪声污染的；

（四）民用机场管理机构未按照国家规定对机场周围民用航空器噪声进行监测，未保存原始监测记录，或者监测结果未定期报送的。

第八十一条 违反本法规定，有下列行为之一，由地方人民政府指定的部门责令改正，处五千元以上五万元以下的罚款；拒不改正的，处五万元以上二十万元以下的罚款，并可以报经有批准权的人民政府批准，责令停业：

（一）超过噪声排放标准排放社会生活噪声的；

（二）在商业经营活动中使用高音广播喇叭或者采用其他持续反复发出高噪声的方法进行广告宣传的；

（三）未对商业经营活动中产生的其他噪声采取有效措施造成噪声污染的。

第八十二条 违反本法规定，有下列行为之一，由地方人民政府指定的部门说服教育，责令改正；拒不改正的，给予警告，对个人可以处二百元以上一千元以下的罚款，对单位可以处二千元以上二万元以下的罚款：

（一）在噪声敏感建筑物集中区域使用高音广播喇叭的；

（二）在公共场所组织或者开展娱乐、健身等活动，未遵守公共场所管理者有关活动区域、时段、音量等规定，未采取有效措施造成噪声污染，或者违反规定使用音响器材产生过大音量的；

（三）对已竣工交付使用的建筑物进行室内装修活动，未按照规定在限定的作业时间内进行，或者未采取有效措施造成噪声污染的；

（四）其他违反法律规定造成社会生活噪声污染的。

第八十三条 违反本法规定，有下列行为之一，由县级以上地方人民政府房产管理部门责令改正，处一万元以上五万元以下的罚款；拒不改正的，责令暂停销售：

（一）新建居民住房的房地产开发经营者未在销售场所公示住房可能受到噪声影响的情况以及采取或者拟采取的防治措施，或者未纳入买卖合同的；

（二）新建居民住房的房地产开发经营者未在买卖合同中明确住房的共用设施设备位置或者建筑隔声情况的。

第八十四条 违反本法规定，有下列行为之一，由地方人民政府指定的部门责令改正，处五千元以上五万元以下的罚款；拒不改正的，处五万元以上二十万元以下的罚款：

（一）居民住宅区安装共用设施设备，设置不合理或者未采取减少振动、降低噪声的措施，不符合民用建筑隔声设计相关标准要求的；

（二）对已建成使用的居民住宅区共用设施设备，专业运营单位未进行维护管理，不符合民用建筑隔声设计相关标准要求的。

第八十五条 噪声污染防治监督管理人员滥用职权、玩忽职守、徇私舞弊的，由监察机关或者任免机关、单位依法给予处分。

第八十六条 受到噪声侵害的单位和个人，有权要求侵权人依法承担民事责任。

对赔偿责任和赔偿金额纠纷，可以根据当事人的请求，由相应的负有噪声污染防治监督管理职责的部门、人民调解委员会调解处理。

国家鼓励排放噪声的单位、个人和公共场所管理者与受到噪声侵害的单位和个人友好协商，通过调整生产经营时间、施工作业时间，采取减少振动、降低噪声措施，支付补偿金、异地安置等方式，妥善解决噪声纠纷。

第八十七条 违反本法规定，产生社会生活噪声，经劝阻、调解和处理未能制止，持续干扰他人正常生活、工作和学习，或者有其他扰乱公共秩序、妨害社会管理等违反治安管理行为的，由公安机关依法给予治安管理处罚。

违反本法规定，构成犯罪的，依法追究刑事责任。

第九章 附 则

第八十八条 本法中下列用语的含义：

（一）噪声排放，是指噪声源向周围生活环境辐射噪声；

（二）夜间，是指晚上十点至次日早晨六点之间的期间，设区的市级以上人民政府可以另行规定本行政区域夜间的起止时间，夜间时段长度为八小时；

（三）噪声敏感建筑物，是指用于居住、科学研究、医疗卫生、文化教育、机关团体办公、社会福利等需要保持安静的建筑物；

（四）交通干线，是指铁路、高速公路、一级公路、二级公路、城市快速路、城市主干路、城市次干路、城市轨道交通线路、内河高等级航道。

第八十九条 省、自治区、直辖市或者设区的市、自治州根据实际情况，制定本地方噪声污染防治具体办法。

第九十条 本法自2022年6月5日起施行。《中华人民共和国环境噪声污染防治法》同时废止。

中华人民共和国大气污染防治法

（1987年9月5日第六届全国人民代表大会常务委员会第二十二次会议通过 根据1995年8月29日第八届全国人民代表大会常务委员会第十五次会议《关于修改〈中华人民共和国大气污染防治法〉的决定》第一次修正 2000年4月29日第九届全国人民代表大会常务委员会第十五次会议第一次修订 2015年8月29日第十二届全国人民代表大会常务委员会第十六次会议第二次修订 根据2018年10月26日第十三届全国人民代表大会常务委员会第六次会议《关于修改〈中华人民共和国野生动物保护法〉等十五部法律的决定》第二次修正）

第一章 总 则

第一条 为保护和改善环境，防治大气污染，保障公众健康，推进生态文明建设，促进经济社会可持续发展，制定本法。

第二条 防治大气污染，应当以改善大气环境质量为目标，坚持源头治理，规划先行，转变经济发展方式，优化产业结构和布局，调整能源结构。

防治大气污染，应当加强对燃煤、工业、机动车船、扬尘、农业等大气污染的综合防治，推行区域大气污染联合防治，对颗粒物、二氧化硫、氮氧化物、挥发性有机物、氨等大气污染物和温室气体实施协同控制。

第三条 县级以上人民政府应当将大气污染防治工作纳入国民

经济和社会发展规划，加大对大气污染防治的财政投入。

地方各级人民政府应当对本行政区域的大气环境质量负责，制定规划，采取措施，控制或者逐步削减大气污染物的排放量，使大气环境质量达到规定标准并逐步改善。

第四条 国务院生态环境主管部门会同国务院有关部门，按照国务院的规定，对省、自治区、直辖市大气环境质量改善目标、大气污染防治重点任务完成情况进行考核。省、自治区、直辖市人民政府制定考核办法，对本行政区域内地方大气环境质量改善目标、大气污染防治重点任务完成情况实施考核。考核结果应当向社会公开。

第五条 县级以上人民政府生态环境主管部门对大气污染防治实施统一监督管理。

县级以上人民政府其他有关部门在各自职责范围内对大气污染防治实施监督管理。

第六条 国家鼓励和支持大气污染防治科学技术研究，开展对大气污染来源及其变化趋势的分析，推广先进适用的大气污染防治技术和装备，促进科技成果转化，发挥科学技术在大气污染防治中的支撑作用。

第七条 企业事业单位和其他生产经营者应当采取有效措施，防止、减少大气污染，对所造成的损害依法承担责任。

公民应当增强大气环境保护意识，采取低碳、节俭的生活方式，自觉履行大气环境保护义务。

第二章 大气污染防治标准和限期达标规划

第八条 国务院生态环境主管部门或者省、自治区、直辖市人民政府制定大气环境质量标准，应当以保障公众健康和保护生态环境为宗旨，与经济社会发展相适应，做到科学合理。

第九条 国务院生态环境主管部门或者省、自治区、直辖市人民政府制定大气污染物排放标准，应当以大气环境质量标准和国家经济、技术条件为依据。

第十条 制定大气环境质量标准、大气污染物排放标准，应当组织专家进行审查和论证，并征求有关部门、行业协会、企业事业单位和公众等方面的意见。

第十一条 省级以上人民政府生态环境主管部门应当在其网站上公布大气环境质量标准、大气污染物排放标准，供公众免费查阅、下载。

第十二条 大气环境质量标准、大气污染物排放标准的执行情况应当定期进行评估，根据评估结果对标准适时进行修订。

第十三条 制定燃煤、石油焦、生物质燃料、涂料等含挥发性有机物的产品、烟花爆竹以及锅炉等产品的质量标准，应当明确大气环境保护要求。

制定燃油质量标准，应当符合国家大气污染物控制要求，并与国家机动车船、非道路移动机械大气污染物排放标准相互衔接，同步实施。

前款所称非道路移动机械，是指装配有发动机的移动机械和可运输工业设备。

第十四条 未达到国家大气环境质量标准城市的人民政府应当及时编制大气环境质量限期达标规划，采取措施，按照国务院或者省级人民政府规定的期限达到大气环境质量标准。

编制城市大气环境质量限期达标规划，应当征求有关行业协会、企业事业单位、专家和公众等方面的意见。

第十五条 城市大气环境质量限期达标规划应当向社会公开。直辖市和设区的市的大气环境质量限期达标规划应当报国务院生态环境主管部门备案。

第十六条 城市人民政府每年在向本级人民代表大会或者其常务委员会报告环境状况和环境保护目标完成情况时，应当报告大气环境质量限期达标规划执行情况，并向社会公开。

第十七条 城市大气环境质量限期达标规划应当根据大气污染防治的要求和经济、技术条件适时进行评估、修订。

第三章　大气污染防治的监督管理

第十八条　企业事业单位和其他生产经营者建设对大气环境有影响的项目，应当依法进行环境影响评价、公开环境影响评价文件；向大气排放污染物的，应当符合大气污染物排放标准，遵守重点大气污染物排放总量控制要求。

第十九条　排放工业废气或者本法第七十八条规定名录中所列有毒有害大气污染物的企业事业单位、集中供热设施的燃煤热源生产运营单位以及其他依法实行排污许可管理的单位，应当取得排污许可证。排污许可的具体办法和实施步骤由国务院规定。

第二十条　企业事业单位和其他生产经营者向大气排放污染物的，应当依照法律法规和国务院生态环境主管部门的规定设置大气污染物排放口。

禁止通过偷排、篡改或者伪造监测数据、以逃避现场检查为目的的临时停产、非紧急情况下开启应急排放通道、不正常运行大气污染防治设施等逃避监管的方式排放大气污染物。

第二十一条　国家对重点大气污染物排放实行总量控制。

重点大气污染物排放总量控制目标，由国务院生态环境主管部门在征求国务院有关部门和各省、自治区、直辖市人民政府意见后，会同国务院经济综合主管部门报国务院批准并下达实施。

省、自治区、直辖市人民政府应当按照国务院下达的总量控制目标，控制或者削减本行政区域的重点大气污染物排放总量。

确定总量控制目标和分解总量控制指标的具体办法，由国务院生态环境主管部门会同国务院有关部门规定。省、自治区、直辖市人民政府可以根据本行政区域大气污染防治的需要，对国家重点大气污染物之外的其他大气污染物排放实行总量控制。

国家逐步推行重点大气污染物排污权交易。

第二十二条　对超过国家重点大气污染物排放总量控制指标或者未完成国家下达的大气环境质量改善目标的地区，省级以上人民政府生态环境主管部门应当会同有关部门约谈该地区人民政府的主要负责人，并暂停审批该地区新增重点大气污染物排放总量的建设项目环境影响评价文件。约谈情况应当向社会公开。

第二十三条 国务院生态环境主管部门负责制定大气环境质量和大气污染源的监测和评价规范，组织建设与管理全国大气环境质量和大气污染源监测网，组织开展大气环境质量和大气污染源监测，统一发布全国大气环境质量状况信息。

县级以上地方人民政府生态环境主管部门负责组织建设与管理本行政区域大气环境质量和大气污染源监测网，开展大气环境质量和大气污染源监测，统一发布本行政区域大气环境质量状况信息。

第二十四条 企业事业单位和其他生产经营者应当按照国家有关规定和监测规范，对其排放的工业废气和本法第七十八条规定名录中所列有毒有害大气污染物进行监测，并保存原始监测记录。其中，重点排污单位应当安装、使用大气污染物排放自动监测设备，与生态环境主管部门的监控设备联网，保证监测设备正常运行并依法公开排放信息。监测的具体办法和重点排污单位的条件由国务院生态环境主管部门规定。

重点排污单位名录由设区的市级以上地方人民政府生态环境主管部门按照国务院生态环境主管部门的规定，根据本行政区域的大气环境承载力、重点大气污染物排放总量控制指标的要求以及排污单位排放大气污染物的种类、数量和浓度等因素，商有关部门确定，并向社会公布。

第二十五条 重点排污单位应当对自动监测数据的真实性和准确性负责。生态环境主管部门发现重点排污单位的大气污染物排放自动监测设备传输数据异常，应当及时进行调查。

第二十六条 禁止侵占、损毁或者擅自移动、改变大气环境质量监测设施和大气污染物排放自动监测设备。

第二十七条 国家对严重污染大气环境的工艺、设备和产品实行淘汰制度。

国务院经济综合主管部门会同国务院有关部门确定严重污染大气环境的工艺、设备和产品淘汰期限，并纳入国家综合性产业政策目录。

生产者、进口者、销售者或者使用者应当在规定期限内停止生产、进口、销售或者使用列入前款规定目录中的设备和产品。工艺的采用者应当在规定期限内停止采用列入前款规定目录中的工艺。

被淘汰的设备和产品，不得转让给他人使用。

第二十八条 国务院生态环境主管部门会同有关部门，建立和完善大气污染损害评估制度。

第二十九条 生态环境主管部门及其环境执法机构和其他负有大气环境保护监督管理职责的部门，有权通过现场检查监测、自动监测、遥感监测、远红外摄像等方式，对排放大气污染物的企业事业单位和其他生产经营者进行监督检查。被检查者应当如实反映情况，提供必要的资料。实施检查的部门、机构及其工作人员应当为被检查者保守商业秘密。

第三十条 企业事业单位和其他生产经营者违反法律法规规定排放大气污染物，造成或者可能造成严重大气污染，或者有关证据可能灭失或者被隐匿的，县级以上人民政府生态环境主管部门和其他负有大气环境保护监督管理职责的部门，可以对有关设施、设备、物品采取查封、扣押等行政强制措施。

第三十一条 生态环境主管部门和其他负有大气环境保护监督管理职责的部门应当公布举报电话、电子邮箱等，方便公众举报。

生态环境主管部门和其他负有大气环境保护监督管理职责的部门接到举报的，应当及时处理并对举报人的相关信息予以保密；对实名举报的，应当反馈处理结果等情况，查证属实的，处理结果依法向社会公开，并对举报人给予奖励。

举报人举报所在单位的，该单位不得以解除、变更劳动合同或者其他方式对举报人进行打击报复。

第四章 大气污染防治措施

第一节 燃煤和其他能源污染防治

第三十二条 国务院有关部门和地方各级人民政府应当采取措施，调整能源结构，推广清洁能源的生产和使用；优化煤炭使用方式，推广煤炭清洁高效利用，逐步降低煤炭在一次能源消费中的比重，减少煤炭生产、使用、转化过程中的大气污染物排放。

第三十三条 国家推行煤炭洗选加工，降低煤炭的硫分和灰分，限制高硫分、高灰分煤炭的开采。新建煤矿应当同步建设配套的煤炭洗选设施，使煤炭的硫分、灰分含量达到规定标准；已建成的煤矿除所采煤炭属于低硫分、低灰分或者根据已达标排放的燃煤电厂要求不需要洗选的以外，应当限期建成配套的煤炭洗选设施。

禁止开采含放射性和砷等有毒有害物质超过规定标准的煤炭。

第三十四条 国家采取有利于煤炭清洁高效利用的经济、技术政策和措施，鼓励和支持洁净煤技术的开发和推广。

国家鼓励煤矿企业等采用合理、可行的技术措施，对煤层气进行开采利用，对煤矸石进行综合利用。从事煤层气开采利用的，煤层气排放应当符合有关标准规范。

第三十五条 国家禁止进口、销售和燃用不符合质量标准的煤炭，鼓励燃用优质煤炭。

单位存放煤炭、煤矸石、煤渣、煤灰等物料，应当采取防燃措施，防止大气污染。

第三十六条 地方各级人民政府应当采取措施，加强民用散煤的管理，禁止销售不符合民用散煤质量标准的煤炭，鼓励居民燃用优质煤炭和洁净型煤，推广节能环保型炉灶。

第三十七条 石油炼制企业应当按照燃油质量标准生产燃油。

禁止进口、销售和燃用不符合质量标准的石油焦。

第三十八条 城市人民政府可以划定并公布高污染燃料禁燃区，并根据大气环境质量改善要求，逐步扩大高污染燃料禁燃区范围。

高污染燃料的目录由国务院生态环境主管部门确定。

在禁燃区内，禁止销售、燃用高污染燃料；禁止新建、扩建燃用高污染燃料的设施，已建成的，应当在城市人民政府规定的期限内改用天然气、页岩气、液化石油气、电或者其他清洁能源。

第三十九条 城市建设应当统筹规划，在燃煤供热地区，推进热电联产和集中供热。在集中供热管网覆盖地区，禁止新建、扩建分散燃煤供热锅炉；已建成的不能达标排放的燃煤供热锅炉，应当在城市人民政府规定的期限内拆除。

第四十条 县级以上人民政府市场监督管理部门应当会同生态环境主管部门对锅炉生产、进口、销售和使用环节执行环境保护标准或者要求的情况进行监督检查；不符合环境保护标准或者要求的，不得生产、进口、销售和使用。

第四十一条 燃煤电厂和其他燃煤单位应当采用清洁生产工艺，配套建设除尘、脱硫、脱硝等装置，或者采取技术改造等其他控制大气污染物排放的措施。

国家鼓励燃煤单位采用先进的除尘、脱硫、脱硝、脱汞等大气污染物协同控制的技术和装置，减少大气污染物的排放。

第四十二条 电力调度应当优先安排清洁能源发电上网。

第二节　工业污染防治

第四十三条 钢铁、建材、有色金属、石油、化工等企业生产过程中排放粉尘、硫化物和氮氧化物的，应当采用清洁生产工艺，配套建设除尘、脱硫、脱硝等装置，或者采取技术改造等其他控制大气污染物排放的措施。

第四十四条 生产、进口、销售和使用含挥发性有机物的原材料和产品的，其挥发性有机物含量应当符合质量标准或者要求。

国家鼓励生产、进口、销售和使用低毒、低挥发性有机溶剂。

第四十五条 产生含挥发性有机物废气的生产和服务活动，应当在密闭空间或者设备中进行，并按照规定安装、使用污染防治设施；无法密闭的，应当采取措施减少废气排放。

第四十六条 工业涂装企业应当使用低挥发性有机物含量的涂料，并建立台账，记录生产原料、辅料的使用量、废弃量、去向以及挥发性有机物含量。台账保存期限不得少于三年。

第四十七条 石油、化工以及其他生产和使用有机溶剂的企业，应当采取措施对管道、设备进行日常维护、维修，减少物料泄漏，对泄漏的物料应当及时收集处理。

储油储气库、加油加气站、原油成品油码头、原油成品油运输船舶和油罐车、气罐车等，应当按照国家有关规定安装油气回收装置并保持正常使用。

第四十八条 钢铁、建材、有色金属、石油、化工、制药、矿产开采等企业，应当加强精细化管理，采取集中收集处理等措施，严格控制粉尘和气态污染物的排放。

工业生产企业应当采取密闭、围挡、遮盖、清扫、洒水等措施，减少内部物料的堆存、传输、装卸等环节产生的粉尘和气态污染物的排放。

第四十九条 工业生产、垃圾填埋或者其他活动产生的可燃性气体应当回收利用，不具备回收利用条件的，应当进行污染防治处理。

可燃性气体回收利用装置不能正常作业的，应当及时修复或者更新。在回收利用装置不能正常作业期间确需排放可燃性气体的，应当将排放的可燃性气体充分燃烧或者采取其他控制大气污染物排放的措施，并向当地生态环境主管部门报告，按照要求限期修复或者更新。

第三节 机动车船等污染防治

第五十条 国家倡导低碳、环保出行，根据城市规划合理控制燃油机动车保有量，大力发展城市公共交通，提高公共交通出行比例。

国家采取财政、税收、政府采购等措施推广应用节能环保型和新能源机动车船、非道路移动机械，限制高油耗、高排放机动车船、非道路移动机械的发展，减少化石能源的消耗。

省、自治区、直辖市人民政府可以在条件具备的地区，提前执行国家机动车大气污染物排放标准中相应阶段排放限值，并报国务院生态环境主管部门备案。

城市人民政府应当加强并改善城市交通管理，优化道路设置，保障人行道和非机动车道的连续、畅通。

第五十一条 机动车船、非道路移动机械不得超过标准排放大气污染物。

禁止生产、进口或者销售大气污染物排放超过标准的机动车船、非道路移动机械。

第五十二条 机动车、非道路移动机械生产企业应当对新生产的机动车和非道路移动机械进行排放检验。经检验合格的，方可出厂销售。检验信息应当向社会公开。

省级以上人民政府生态环境主管部门可以通过现场检查、抽样检测等方式，加强对新生产、销售机动车和非道路移动机械大气污染物排放状况的监督检查。工业、市场监督管理等有关部门予以配合。

第五十三条 在用机动车应当按照国家或者地方的有关规定，由机动车排放检验机构定期对其进行排放检验。经检验合格的，方可上道路行驶。未经检验合格的，公安机关交通管理部门不得核发安全技术检验合格标志。

县级以上地方人民政府生态环境主管部门可以在机动车集中停放地、维修地对在用机动车的大气污染物排放状况进行监督抽测；在不影响正常通行的情况下，可以通过遥感监测等技术手段对在道路上行驶的机动车的大气污染物排放状况进行监督抽测，公安机关交通管理部门予以配合。

第五十四条 机动车排放检验机构应当依法通过计量认证，使用经依法检定合格的机动车排放检验设备，按照国务院生态环境主管部门制定的规范，对机动车进行排放检验，并与生态环境主管部门联网，实现检验数据实时共享。机动车排放检验机构及其负责人对检验数据的真实性和准确性负责。

生态环境主管部门和认证认可监督管理部门应当对机动车排放检验机构的排放检验情况进行监督检查。

第五十五条 机动车生产、进口企业应当向社会公布其生产、进口机动车车型的排放检验信息、污染控制技术信息和有关维修技术信息。

机动车维修单位应当按照防治大气污染的要求和国家有关技术规范对在用机动车进行维修，使其达到规定的排放标准。交通运输、生态环境主管部门应当依法加强监督管理。

禁止机动车所有人以临时更换机动车污染控制装置等弄虚作假的方式通过机动车排放检验。禁止机动车维修单位提供该类维修服务。禁止破坏机动车车载排放诊断系统。

第五十六条 生态环境主管部门应当会同交通运输、住房城乡建设、农业行政、水行政等有关部门对非道路移动机械的大气污染物排放状况进行监督检查，排放不合格的，不得使用。

第五十七条 国家倡导环保驾驶，鼓励燃油机动车驾驶人在不影响道路通行且需停车三分钟以上的情况下熄灭发动机，减少大气污染物的排放。

第五十八条 国家建立机动车和非道路移动机械环境保护召回制度。

生产、进口企业获知机动车、非道路移动机械排放大气污染物超过标准，属于设计、生产缺陷或者不符合规定的环境保护耐久性要求的，应当召回；未召回的，由国务院市场监督管理部门会同国务院生态环境主管部门责令其召回。

第五十九条 在用重型柴油车、非道路移动机械未安装污染控制装置或者污染控制装置不符合要求，不能达标排放的，应当加装或者更换符合要求的污染控制装置。

第六十条 在用机动车排放大气污染物超过标准的，应当进行维修；经维修或者采用污染控制技术后，大气污染物排放仍不符合国家在用机动车排放标准的，应当强制报废。其所有人应当将机动车交售给报废机动车回收拆解企业，由报废机动车回收拆解企业按照国家有关规定进行登记、拆解、销毁等处理。

国家鼓励和支持高排放机动车船、非道路移动机械提前报废。

第六十一条 城市人民政府可以根据大气环境质量状况，划定并公布禁止使用高排放非道路移动机械的区域。

第六十二条 船舶检验机构对船舶发动机及有关设备进行排放检验。经检验符合国家排放标准的，船舶方可运营。

第六十三条 内河和江海直达船舶应当使用符合标准的普通柴油。远洋船舶靠港后应当使用符合大气污染物控制要求的船舶用燃油。

新建码头应当规划、设计和建设岸基供电设施；已建成的码头应当逐步实施岸基供电设施改造。船舶靠港后应当优先使用岸电。

第六十四条 国务院交通运输主管部门可以在沿海海域划定船舶大气污染物排放控制区，进入排放控制区的船舶应当符合船舶相关排放要求。

第六十五条 禁止生产、进口、销售不符合标准的机动车船、非道路移动机械用燃料；禁止向汽车和摩托车销售普通柴油以及其他非机动车用燃料；禁止向非道路移动机械、内河和江海直达船舶销售渣油和重油。

第六十六条 发动机油、氮氧化物还原剂、燃料和润滑油添加剂以及其他添加剂的有害物质含量和其他大气环境保护指标，应当符合有关标准的要求，不得损害机动车船污染控制装置效果和耐久性，不得增加新的大气污染物排放。

第六十七条 国家积极推进民用航空器的大气污染防治，鼓励在设计、生产、使用过程中采取有效措施减少大气污染物排放。

民用航空器应当符合国家规定的适航标准中的有关发动机排出物要求。

第四节 扬尘污染防治

第六十八条 地方各级人民政府应当加强对建设施工和运输的

管理，保持道路清洁，控制料堆和渣土堆放，扩大绿地、水面、湿地和地面铺装面积，防治扬尘污染。

住房城乡建设、市容环境卫生、交通运输、国土资源等有关部门，应当根据本级人民政府确定的职责，做好扬尘污染防治工作。

第六十九条 建设单位应当将防治扬尘污染的费用列入工程造价，并在施工承包合同中明确施工单位扬尘污染防治责任。施工单位应当制定具体的施工扬尘污染防治实施方案。

从事房屋建筑、市政基础设施建设、河道整治以及建筑物拆除等施工单位，应当向负责监督管理扬尘污染防治的主管部门备案。

施工单位应当在施工工地设置硬质围挡，并采取覆盖、分段作业、择时施工、洒水抑尘、冲洗地面和车辆等有效防尘降尘措施。建筑土方、工程渣土、建筑垃圾应当及时清运；在场地内堆存的，应当采用密闭式防尘网遮盖。工程渣土、建筑垃圾应当进行资源化处理。

施工单位应当在施工工地公示扬尘污染防治措施、负责人、扬尘监督管理主管部门等信息。

暂时不能开工的建设用地，建设单位应当对裸露地面进行覆盖；超过三个月的，应当进行绿化、铺装或者遮盖。

第七十条 运输煤炭、垃圾、渣土、砂石、土方、灰浆等散装、流体物料的车辆应当采取密闭或者其他措施防止物料遗撒造成扬尘污染，并按照规定路线行驶。

装卸物料应当采取密闭或者喷淋等方式防治扬尘污染。

城市人民政府应当加强道路、广场、停车场和其他公共场所的清扫保洁管理，推行清洁动力机械化清扫等低尘作业方式，防治扬尘污染。

第七十一条 市政河道以及河道沿线、公共用地的裸露地面以及其他城镇裸露地面，有关部门应当按照规划组织实施绿化或者透水铺装。

第七十二条 贮存煤炭、煤矸石、煤渣、煤灰、水泥、石灰、石膏、砂土等易产生扬尘的物料应当密闭；不能密闭的，应当设置不低于堆放物高度的严密围挡，并采取有效覆盖措施防治扬尘污染。

码头、矿山、填埋场和消纳场应当实施分区作业，并采取有效措施防治扬尘污染。

第五节　农业和其他污染防治

第七十三条　地方各级人民政府应当推动转变农业生产方式，发展农业循环经济，加大对废弃物综合处理的支持力度，加强对农业生产经营活动排放大气污染物的控制。

第七十四条　农业生产经营者应当改进施肥方式，科学合理施用化肥并按照国家有关规定使用农药，减少氨、挥发性有机物等大气污染物的排放。

禁止在人口集中地区对树木、花草喷洒剧毒、高毒农药。

第七十五条　畜禽养殖场、养殖小区应当及时对污水、畜禽粪便和尸体等进行收集、贮存、清运和无害化处理，防止排放恶臭气体。

第七十六条　各级人民政府及其农业行政等有关部门应当鼓励和支持采用先进适用技术，对秸秆、落叶等进行肥料化、饲料化、能源化、工业原料化、食用菌基料化等综合利用，加大对秸秆还田、收集一体化农业机械的财政补贴力度。

县级人民政府应当组织建立秸秆收集、贮存、运输和综合利用服务体系，采用财政补贴等措施支持农村集体经济组织、农民专业合作经济组织、企业等开展秸秆收集、贮存、运输和综合利用服务。

第七十七条　省、自治区、直辖市人民政府应当划定区域，禁止露天焚烧秸秆、落叶等产生烟尘污染的物质。

第七十八条　国务院生态环境主管部门应当会同国务院卫生行政部门，根据大气污染物对公众健康和生态环境的危害和影响程度，公布有毒有害大气污染物名录，实行风险管理。

排放前款规定名录中所列有毒有害大气污染物的企业事业单位，应当按照国家有关规定建设环境风险预警体系，对排放口和周边环境进行定期监测，评估环境风险，排查环境安全隐患，并采取有效措施防范环境风险。

第七十九条 向大气排放持久性有机污染物的企业事业单位和其他生产经营者以及废弃物焚烧设施的运营单位，应当按照国家有关规定，采取有利于减少持久性有机污染物排放的技术方法和工艺，配备有效的净化装置，实现达标排放。

第八十条 企业事业单位和其他生产经营者在生产经营活动中产生恶臭气体的，应当科学选址，设置合理的防护距离，并安装净化装置或者采取其他措施，防止排放恶臭气体。

第八十一条 排放油烟的餐饮服务业经营者应当安装油烟净化设施并保持正常使用，或者采取其他油烟净化措施，使油烟达标排放，并防止对附近居民的正常生活环境造成污染。

禁止在居民住宅楼、未配套设立专用烟道的商住综合楼以及商住综合楼内与居住层相邻的商业楼层内新建、改建、扩建产生油烟、异味、废气的餐饮服务项目。

任何单位和个人不得在当地人民政府禁止的区域内露天烧烤食品或者为露天烧烤食品提供场地。

第八十二条 禁止在人口集中地区和其他依法需要特殊保护的区域内焚烧沥青、油毡、橡胶、塑料、皮革、垃圾以及其他产生有毒有害烟尘和恶臭气体的物质。

禁止生产、销售和燃放不符合质量标准的烟花爆竹。任何单位和个人不得在城市人民政府禁止的时段和区域内燃放烟花爆竹。

第八十三条 国家鼓励和倡导文明、绿色祭祀。

火葬场应当设置除尘等污染防治设施并保持正常使用，防止影响周边环境。

第八十四条 从事服装干洗和机动车维修等服务活动的经营者，应当按照国家有关标准或者要求设置异味和废气处理装置等污染防治设施并保持正常使用，防止影响周边环境。

第八十五条 国家鼓励、支持消耗臭氧层物质替代品的生产和使用，逐步减少直至停止消耗臭氧层物质的生产和使用。

国家对消耗臭氧层物质的生产、使用、进出口实行总量控制和配额管理。具体办法由国务院规定。

第五章　重点区域大气污染联合防治

第八十六条　国家建立重点区域大气污染联防联控机制，统筹协调重点区域内大气污染防治工作。国务院生态环境主管部门根据主体功能区划、区域大气环境质量状况和大气污染传输扩散规律，划定国家大气污染防治重点区域，报国务院批准。

重点区域内有关省、自治区、直辖市人民政府应当确定牵头的地方人民政府，定期召开联席会议，按照统一规划、统一标准、统一监测、统一的防治措施的要求，开展大气污染联合防治，落实大气污染防治目标责任。国务院生态环境主管部门应当加强指导、督促。

省、自治区、直辖市可以参照第一款规定划定本行政区域的大气污染防治重点区域。

第八十七条　国务院生态环境主管部门会同国务院有关部门、国家大气污染防治重点区域内有关省、自治区、直辖市人民政府，根据重点区域经济社会发展和大气环境承载力，制定重点区域大气污染联合防治行动计划，明确控制目标，优化区域经济布局，统筹交通管理，发展清洁能源，提出重点防治任务和措施，促进重点区域大气环境质量改善。

第八十八条　国务院经济综合主管部门会同国务院生态环境主管部门，结合国家大气污染防治重点区域产业发展实际和大气环境质量状况，进一步提高环境保护、能耗、安全、质量等要求。

重点区域内有关省、自治区、直辖市人民政府应当实施更严格的机动车大气污染物排放标准，统一在用机动车检验方法和排放限值，并配套供应合格的车用燃油。

第八十九条　编制可能对国家大气污染防治重点区域的大气环境造成严重污染的有关工业园区、开发区、区域产业和发展等规划，应当依法进行环境影响评价。规划编制机关应当与重点区域内有关省、自治区、直辖市人民政府或者有关部门会商。

重点区域内有关省、自治区、直辖市建设可能对相邻省、自治区、直辖市大气环境质量产生重大影响的项目，应当及时通报有关信息，进行会商。

会商意见及其采纳情况作为环境影响评价文件审查或者审批的重要依据。

第九十条 国家大气污染防治重点区域内新建、改建、扩建用煤项目的，应当实行煤炭的等量或者减量替代。

第九十一条 国务院生态环境主管部门应当组织建立国家大气污染防治重点区域的大气环境质量监测、大气污染源监测等相关信息共享机制，利用监测、模拟以及卫星、航测、遥感等新技术分析重点区域内大气污染来源及其变化趋势，并向社会公开。

第九十二条 国务院生态环境主管部门和国家大气污染防治重点区域内有关省、自治区、直辖市人民政府可以组织有关部门开展联合执法、跨区域执法、交叉执法。

第六章 重污染天气应对

第九十三条 国家建立重污染天气监测预警体系。

国务院生态环境主管部门会同国务院气象主管机构等有关部门、国家大气污染防治重点区域内有关省、自治区、直辖市人民政府，建立重点区域重污染天气监测预警机制，统一预警分级标准。可能发生区域重污染天气的，应当及时向重点区域内有关省、自治区、直辖市人民政府通报。

省、自治区、直辖市、设区的市人民政府生态环境主管部门会同气象主管机构等有关部门建立本行政区域重污染天气监测预警机制。

第九十四条 县级以上地方人民政府应当将重污染天气应对纳入突发事件应急管理体系。

省、自治区、直辖市、设区的市人民政府以及可能发生重污染天气的县级人民政府，应当制定重污染天气应急预案，向上一级人民政府生态环境主管部门备案，并向社会公布。

第九十五条 省、自治区、直辖市、设区的市人民政府生态环境主管部门应当会同气象主管机构建立会商机制，进行大气环境质量预报。可能发生重污染天气的，应当及时向本级人民政府报告。省、自治区、直辖市、设区的市人民政府依据重污染天气预报信息，进行综合研判，确定预警等级并及时发出预警。预警等级根据情况变化及时调整。任何单位和个人不得擅自向社会发布重污染天气预报预警信息。

预警信息发布后，人民政府及其有关部门应当通过电视、广播、网络、短信等途径告知公众采取健康防护措施，指导公众出行和调整其他相关社会活动。

第九十六条 县级以上地方人民政府应当依据重污染天气的预警等级，及时启动应急预案，根据应急需要可以采取责令有关企业停产或者限产、限制部分机动车行驶、禁止燃放烟花爆竹、停止工地土石方作业和建筑物拆除施工、停止露天烧烤、停止幼儿园和学校组织的户外活动、组织开展人工影响天气作业等应急措施。

应急响应结束后，人民政府应当及时开展应急预案实施情况的评估，适时修改完善应急预案。

第九十七条 发生造成大气污染的突发环境事件，人民政府及其有关部门和相关企业事业单位，应当依照《中华人民共和国突发事件应对法》、《中华人民共和国环境保护法》的规定，做好应急处置工作。生态环境主管部门应当及时对突发环境事件产生的大气污染物进行监测，并向社会公布监测信息。

第七章 法律责任

第九十八条 违反本法规定，以拒绝进入现场等方式拒不接受生态环境主管部门及其环境执法机构或者其他负有大气环境保护监督管理职责的部门的监督检查，或者在接受监督检查时弄虚作假的，由县级以上人民政府生态环境主管部门或者其他负有大气环境保护监督管理职责的部门责令改正，处二万元以上二十万元以下的罚款；构成违反治安管理行为的，由公安机关依法予以处罚。

第九十九条 违反本法规定，有下列行为之一的，由县级以上人民政府生态环境主管部门责令改正或者限制生产、停产整治，并处十万元以上一百万元以下的罚款；情节严重的，报经有批准权的人民政府批准，责令停业、关闭：

（一）未依法取得排污许可证排放大气污染物的；

（二）超过大气污染物排放标准或者超过重点大气污染物排放总量控制指标排放大气污染物的；

（三）通过逃避监管的方式排放大气污染物的。

第一百条 违反本法规定，有下列行为之一的，由县级以上人民政府生态环境主管部门责令改正，处二万元以上二十万元以下的罚款；拒不改正的，责令停产整治：

（一）侵占、损毁或者擅自移动、改变大气环境质量监测设施或者大气污染物排放自动监测设备的；

（二）未按照规定对所排放的工业废气和有毒有害大气污染物进行监测并保存原始监测记录的；

（三）未按照规定安装、使用大气污染物排放自动监测设备或者未按照规定与生态环境主管部门的监控设备联网，并保证监测设备正常运行的；

（四）重点排污单位不公开或者不如实公开自动监测数据的；

（五）未按照规定设置大气污染物排放口的。

第一百零一条 违反本法规定，生产、进口、销售或者使用国家综合性产业政策目录中禁止的设备和产品，采用国家综合性产业政策目录中禁止的工艺，或者将淘汰的设备和产品转让给他人使用的，由县级以上人民政府经济综合主管部门、海关按照职责责令改正，没收违法所得，并处货值金额一倍以上三倍以下的罚款；拒不改正的，报经有批准权的人民政府批准，责令停业、关闭。进口行为构成走私的，由海关依法予以处罚。

第一百零二条 违反本法规定，煤矿未按照规定建设配套煤炭洗选设施的，由县级以上人民政府能源主管部门责令改正，处十万元以上一百万元以下的罚款；拒不改正的，报经有批准权的人民政府批准，责令停业、关闭。

违反本法规定，开采含放射性和砷等有毒有害物质超过规定标准的煤炭的，由县级以上人民政府按照国务院规定的权限责令停业、关闭。

第一百零三条 违反本法规定，有下列行为之一的，由县级以上地方人民政府市场监督管理部门责令改正，没收原材料、产品和违法所得，并处货值金额一倍以上三倍以下的罚款：

（一）销售不符合质量标准的煤炭、石油焦的；

（二）生产、销售挥发性有机物含量不符合质量标准或者要求的原材料和产品的；

（三）生产、销售不符合标准的机动车船和非道路移动机械用燃料、发动机油、氮氧化物还原剂、燃料和润滑油添加剂以及其他添加剂的；

（四）在禁燃区内销售高污染燃料的。

第一百零四条 违反本法规定，有下列行为之一的，由海关责令改正，没收原材料、产品和违法所得，并处货值金额一倍以上三倍以下的罚款；构成走私的，由海关依法予以处罚：

（一）进口不符合质量标准的煤炭、石油焦的；

（二）进口挥发性有机物含量不符合质量标准或者要求的原材料和产品的；

（三）进口不符合标准的机动车船和非道路移动机械用燃料、发动机油、氮氧化物还原剂、燃料和润滑油添加剂以及其他添加剂的。

第一百零五条 违反本法规定，单位燃用不符合质量标准的煤炭、石油焦的，由县级以上人民政府生态环境主管部门责令改正，处货值金额一倍以上三倍以下的罚款。

第一百零六条 违反本法规定，使用不符合标准或者要求的船舶用燃油的，由海事管理机构、渔业主管部门按照职责处一万元以上十万元以下的罚款。

第一百零七条 违反本法规定，在禁燃区内新建、扩建燃用高污染燃料的设施，或者未按照规定停止燃用高污染燃料，或者在城市集中供热管网覆盖地区新建、扩建分散燃煤供热锅炉，或者未按照规定拆除已建成的不能达标排放的燃煤供热锅炉的，由县级以上地方人民政府生态环境主管部门没收燃用高污染燃料的设施，组织拆除燃煤供热锅炉，并处二万元以上二十万元以下的罚款。

违反本法规定，生产、进口、销售或者使用不符合规定标准或者要求的锅炉，由县级以上人民政府市场监督管理、生态环境主管部门责令改正，没收违法所得，并处二万元以上二十万元以下的罚款。

第一百零八条 违反本法规定，有下列行为之一的，由县级以上人民政府生态环境主管部门责令改正，处二万元以上二十万元以下的罚款；拒不改正的，责令停产整治：

（一）产生含挥发性有机物废气的生产和服务活动，未在密闭空间或者设备中进行，未按照规定安装、使用污染防治设施，或者未采取减少废气排放措施的；

（二）工业涂装企业未使用低挥发性有机物含量涂料或者未建立、保存台账的；

（三）石油、化工以及其他生产和使用有机溶剂的企业，未采取措施对管道、设备进行日常维护、维修，减少物料泄漏或者对泄漏的物料未及时收集处理的；

（四）储油储气库、加油加气站和油罐车、气罐车等，未按照国家有关规定安装并正常使用油气回收装置的；

（五）钢铁、建材、有色金属、石油、化工、制药、矿产开采等企业，未采取集中收集处理、密闭、围挡、遮盖、清扫、洒水等措施，控制、减少粉尘和气态污染物排放的；

（六）工业生产、垃圾填埋或者其他活动中产生的可燃性气体未回收利用，不具备回收利用条件未进行防治污染处理，或者可燃性气体回收利用装置不能正常作业，未及时修复或者更新的。

第一百零九条 违反本法规定，生产超过污染物排放标准的机动车、非道路移动机械的，由省级以上人民政府生态环境主管部门责令改正，没收违法所得，并处货值金额一倍以上三倍以下的罚款，没收销毁无法达到污染物排放标准的机动车、非道路移动机械；拒不改正的，责令停产整治，并由国务院机动车生产主管部门责令停止生产该车型。

违反本法规定，机动车、非道路移动机械生产企业对发动机、污染控制装置弄虚作假、以次充好，冒充排放检验合格产品出厂销售的，由省级以上人民政府生态环境主管部门责令停产整治，没收违法所得，并处货值金额一倍以上三倍以下的罚款，没收销毁无法达到污染物排放标准的机动车、非道路移动机械，并由国务院机动车生产主管部门责令停止生产该车型。

第一百一十条 违反本法规定，进口、销售超过污染物排放标准的机动车、非道路移动机械的，由县级以上人民政府市场监督管理部门、海关按照职责没收违法所得，并处货值金额一倍以上三倍以下的罚款，没收销毁无法达到污染物排放标准的机动车、非道路移动机械；进口行为构成走私的，由海关依法予以处罚。

违反本法规定，销售的机动车、非道路移动机械不符合污染物排放标准的，销售者应当负责修理、更换、退货；给购买者造成损失的，销售者应当赔偿损失。

第一百一十一条 违反本法规定，机动车生产、进口企业未按照规定向社会公布其生产、进口机动车车型的排放检验信息或者污染控制技术信息的，由省级以上人民政府生态环境主管部门责令改正，处五万元以上五十万元以下的罚款。

违反本法规定，机动车生产、进口企业未按照规定向社会公布其生产、进口机动车车型的有关维修技术信息的，由省级以上人民政府交通运输主管部门责令改正，处五万元以上五十万元以下的罚款。

第一百一十二条 违反本法规定，伪造机动车、非道路移动机械排放检验结果或者出具虚假排放检验报告的，由县级以上人民政府生态环境主管部门没收违法所得，并处十万元以上五十万元以下的罚款；情节严重的，由负责资质认定的部门取消其检验资格。

违反本法规定，伪造船舶排放检验结果或者出具虚假排放检验报告的，由海事管理机构依法予以处罚。

违反本法规定，以临时更换机动车污染控制装置等弄虚作假的方式通过机动车排放检验或者破坏机动车车载排放诊断系统的，由县级以上人民政府生态环境主管部门责令改正，对机动车所有人处五千元的罚款；对机动车维修单位处每辆机动车五千元的罚款。

第一百一十三条 违反本法规定，机动车驾驶人驾驶排放检验不合格的机动车上道路行驶的，由公安机关交通管理部门依法予以处罚。

第一百一十四条 违反本法规定，使用排放不合格的非道路移动机械，或者在用重型柴油车、非道路移动机械未按照规定加装、更换污染控制装置的，由县级以上人民政府生态环境等主管部门按照职责责令改正，处五千元的罚款。

违反本法规定，在禁止使用高排放非道路移动机械的区域使用高排放非道路移动机械的，由城市人民政府生态环境等主管部门依法予以处罚。

第一百一十五条 违反本法规定，施工单位有下列行为之一的，由县级以上人民政府住房城乡建设等主管部门按照职责责令改正，处一万元以上十万元以下的罚款；拒不改正的，责令停工整治：

（一）施工工地未设置硬质围挡，或者未采取覆盖、分段作业、择时施工、洒水抑尘、冲洗地面和车辆等有效防尘降尘措施的；

（二）建筑土方、工程渣土、建筑垃圾未及时清运，或者未采用密闭式防尘网遮盖的。

违反本法规定，建设单位未对暂时不能开工的建设用地的裸露地面进行覆盖，或者未对超过三个月不能开工的建设用地的裸露地面进行绿化、铺装或者遮盖的，由县级以上人民政府住房城乡建设等主管部门依照前款规定予以处罚。

第一百一十六条 违反本法规定，运输煤炭、垃圾、渣土、砂石、土方、灰浆等散装、流体物料的车辆，未采取密闭或者其他措施防止物料遗撒的，由县级以上地方人民政府确定的监督管理部门责令改正，处二千元以上二万元以下的罚款；拒不改正的，车辆不得上道路行驶。

第一百一十七条 违反本法规定，有下列行为之一的，由县级以上人民政府生态环境等主管部门按照职责责令改正，处一万元以上十万元以下的罚款；拒不改正的，责令停工整治或者停业整治：

（一）未密闭煤炭、煤矸石、煤渣、煤灰、水泥、石灰、石膏、砂土等易产生扬尘的物料的；

（二）对不能密闭的易产生扬尘的物料，未设置不低于堆放物高度的严密围挡，或者未采取有效覆盖措施防治扬尘污染的；

（三）装卸物料未采取密闭或者喷淋等方式控制扬尘排放的；

（四）存放煤炭、煤矸石、煤渣、煤灰等物料，未采取防燃措施的；

（五）码头、矿山、填埋场和消纳场未采取有效措施防治扬尘污染的；

（六）排放有毒有害大气污染物名录中所列有毒有害大气污染物的企业事业单位，未按照规定建设环境风险预警体系或者对排放口和周边环境进行定期监测、排查环境安全隐患并采取有效措施防范环境风险的；

（七）向大气排放持久性有机污染物的企业事业单位和其他生产经营者以及废弃物焚烧设施的运营单位，未按照国家有关规定采取有利于减少持久性有机污染物排放的技术方法和工艺，配备净化装置的；

（八）未采取措施防止排放恶臭气体的。

第一百一十八条 违反本法规定，排放油烟的餐饮服务业经营者未安装油烟净化设施、不正常使用油烟净化设施或者未采取其他油烟净化措施，超过排放标准排放油烟的，由县级以上地方人民政府确定的监督管理部门责令改正，处五千元以上五万元以下的罚款；拒不改正的，责令停业整治。

违反本法规定，在居民住宅楼、未配套设立专用烟道的商住综合楼、商住综合楼内与居住层相邻的商业楼层内新建、改建、扩建产生油烟、异味、废气的餐饮服务项目的，由县级以上地方人民政府确定的监督管理部门责令改正；拒不改正的，予以关闭，并处一万元以上十万元以下的罚款。

违反本法规定，在当地人民政府禁止的时段和区域内露天烧烤食品或者为露天烧烤食品提供场地的，由县级以上地方人民政府确定的监督管理部门责令改正，没收烧烤工具和违法所得，并处五百元以上二万元以下的罚款。

第一百一十九条 违反本法规定，在人口集中地区对树木、花草喷洒剧毒、高毒农药，或者露天焚烧秸秆、落叶等产生烟尘污染的物质的，由县级以上地方人民政府确定的监督管理部门责令改正，并可以处五百元以上二千元以下的罚款。

违反本法规定，在人口集中地区和其他依法需要特殊保护的区域内，焚烧沥青、油毡、橡胶、塑料、皮革、垃圾以及其他产生有毒有害烟尘和恶臭气体的物质的，由县级人民政府确定的监督管理部门责令改正，对单位处一万元以上十万元以下的罚款，对个人处五百元以上二千元以下的罚款。

违反本法规定，在城市人民政府禁止的时段和区域内燃放烟花爆竹的，由县级以上地方人民政府确定的监督管理部门依法予以处罚。

第一百二十条 违反本法规定，从事服装干洗和机动车维修等服务活动，未设置异味和废气处理装置等污染防治设施并保持正常使用，影响周边环境的，由县级以上地方人民政府生态环境主管部门责令改正，处二千元以上二万元以下的罚款；拒不改正的，责令停业整治。

第一百二十一条 违反本法规定，擅自向社会发布重污染天气预报预警信息，构成违反治安管理行为的，由公安机关依法予以处罚。

违反本法规定，拒不执行停止工地土石方作业或者建筑物拆除施工等重污染天气应急措施的，由县级以上地方人民政府确定的监督管理部门处一万元以上十万元以下的罚款。

第一百二十二条 违反本法规定，造成大气污染事故的，由县级以上人民政府生态环境主管部门依照本条第二款的规定处以罚款；对直接负责的主管人员和其他直接责任人员可以处上一年度从本企业事业单位取得收入百分之五十以下的罚款。

对造成一般或者较大大气污染事故的，按照污染事故造成直接损失的一倍以上三倍以下计算罚款；对造成重大或者特大大气污染事故的，按照污染事故造成的直接损失的三倍以上五倍以下计算罚款。

第一百二十三条 违反本法规定，企业事业单位和其他生产经营者有下列行为之一，受到罚款处罚，被责令改正，拒不改正的，依法作出处罚决定的行政机关可以自责令改正之日的次日起，按照原处罚数额按日连续处罚：

（一）未依法取得排污许可证排放大气污染物的；

（二）超过大气污染物排放标准或者超过重点大气污染物排放总量控制指标排放大气污染物的；

（三）通过逃避监管的方式排放大气污染物的；

（四）建筑施工或者贮存易产生扬尘的物料未采取有效措施防治扬尘污染的。

第一百二十四条 违反本法规定，对举报人以解除、变更劳动合同或者其他方式打击报复的，应当依照有关法律的规定承担责任。

第一百二十五条 排放大气污染物造成损害的，应当依法承担侵权责任。

第一百二十六条 地方各级人民政府、县级以上人民政府生态环境主管部门和其他负有大气环境保护监督管理职责的部门及其工作人员滥用职权、玩忽职守、徇私舞弊、弄虚作假的，依法给予处分。

第一百二十七条 违反本法规定，构成犯罪的，依法追究刑事责任。

第八章　附　　则

第一百二十八条　海洋工程的大气污染防治，依照《中华人民共和国海洋环境保护法》的有关规定执行。

第一百二十九条　本法自2016年1月1日起施行。

中华人民共和国放射性污染防治法

（2003年6月28日第十届全国人民代表大会常务委员会第三次会议通过　2003年6月28日中华人民共和国主席令第6号公布　自2003年10月1日起施行）

第一章　总　　则

第一条　为了防治放射性污染，保护环境，保障人体健康，促进核能、核技术的开发与和平利用，制定本法。

第二条　本法适用于中华人民共和国领域和管辖的其他海域在核设施选址、建造、运行、退役和核技术、铀（钍）矿、伴生放射性矿开发利用过程中发生的放射性污染的防治活动。

第三条　国家对放射性污染的防治，实行预防为主、防治结合、严格管理、安全第一的方针。

第四条　国家鼓励、支持放射性污染防治的科学研究和技术开发利用，推广先进的放射性污染防治技术。

国家支持开展放射性污染防治的国际交流与合作。

第五条　县级以上人民政府应当将放射性污染防治工作纳入环境保护规划。

县级以上人民政府应当组织开展有针对性的放射性污染防治宣传教育，使公众了解放射性污染防治的有关情况和科学知识。

第六条　任何单位和个人有权对造成放射性污染的行为提出检

举和控告。

第七条 在放射性污染防治工作中作出显著成绩的单位和个人，由县级以上人民政府给予奖励。

第八条 国务院环境保护行政主管部门对全国放射性污染防治工作依法实施统一监督管理。

国务院卫生行政部门和其他有关部门依据国务院规定的职责，对有关的放射性污染防治工作依法实施监督管理。

第二章 放射性污染防治的监督管理

第九条 国家放射性污染防治标准由国务院环境保护行政主管部门根据环境安全要求、国家经济技术条件制定。国家放射性污染防治标准由国务院环境保护行政主管部门和国务院标准化行政主管部门联合发布。

第十条 国家建立放射性污染监测制度。国务院环境保护行政主管部门会同国务院其他有关部门组织环境监测网络，对放射性污染实施监测管理。

第十一条 国务院环境保护行政主管部门和国务院其他有关部门，按照职责分工，各负其责，互通信息，密切配合，对核设施、铀（钍）矿开发利用中的放射性污染防治进行监督检查。

县级以上地方人民政府环境保护行政主管部门和同级其他有关部门，按照职责分工，各负其责，互通信息，密切配合，对本行政区域内核技术利用、伴生放射性矿开发利用中的放射性污染防治进行监督检查。

监督检查人员进行现场检查时，应当出示证件。被检查的单位必须如实反映情况，提供必要的资料。监督检查人员应当为被检查单位保守技术秘密和业务秘密。对涉及国家秘密的单位和部位进行检查时，应当遵守国家有关保守国家秘密的规定，依法办理有关审批手续。

第十二条 核设施营运单位、核技术利用单位、铀（钍）矿和伴生放射性矿开发利用单位，负责本单位放射性污染的防治，接受环境保护行政主管部门和其他有关部门的监督管理，并依法对其造成的放射性污染承担责任。

第十三条 核设施营运单位、核技术利用单位、铀（钍）矿和伴生放射性矿开发利用单位，必须采取安全与防护措施，预防发生可能导致放射性污染的各类事故，避免放射性污染危害。

核设施营运单位、核技术利用单位、铀（钍）矿和伴生放射性矿开发利用单位，应当对其工作人员进行放射性安全教育、培训，采取有效的防护安全措施。

第十四条 国家对从事放射性污染防治的专业人员实行资格管理制度；对从事放射性污染监测工作的机构实行资质管理制度。

第十五条 运输放射性物质和含放射源的射线装置，应当采取有效措施，防止放射性污染。具体办法由国务院规定。

第十六条 放射性物质和射线装置应当设置明显的放射性标识和中文警示说明。生产、销售、使用、贮存、处置放射性物质和射线装置的场所，以及运输放射性物质和含放射源的射线装置的工具，应当设置明显的放射性标志。

第十七条 含有放射性物质的产品，应当符合国家放射性污染防治标准；不符合国家放射性污染防治标准的，不得出厂和销售。

使用伴生放射性矿渣和含有天然放射性物质的石材做建筑和装修材料，应当符合国家建筑材料放射性核素控制标准。

第三章 核设施的放射性污染防治

第十八条 核设施选址，应当进行科学论证，并按照国家有关规定办理审批手续。在办理核设施选址审批手续前，应当编制环境影响报告书，报国务院环境保护行政主管部门审查批准；未经批准，有关部门不得办理核设施选址批准文件。

第十九条 核设施营运单位在进行核设施建造、装料、运行、退役等活动前，必须按照国务院有关核设施安全监督管理的规定，申请领取核设施建造、运行许可证和办理装料、退役等审批手续。

核设施营运单位领取有关许可证或者批准文件后，方可进行相应的建造、装料、运行、退役等活动。

第二十条 核设施营运单位应当在申请领取核设施建造、运行许可证和办理退役审批手续前编制环境影响报告书，报国务院环境保护行政主管部门审查批准；未经批准，有关部门不得颁发许可证和办理批准文件。

第二十一条 与核设施相配套的放射性污染防治设施，应当与主体工程同时设计、同时施工、同时投入使用。

放射性污染防治设施应当与主体工程同时验收；验收合格的，主体工程方可投入生产或者使用。

第二十二条 进口核设施，应当符合国家放射性污染防治标准；没有相应的国家放射性污染防治标准的，采用国务院环境保护行政主管部门指定的国外有关标准。

第二十三条 核动力厂等重要核设施外围地区应当划定规划限制区。规划限制区的划定和管理办法，由国务院规定。

第二十四条 核设施营运单位应当对核设施周围环境中所含的放射性核素的种类、浓度以及核设施流出物中的放射性核素总量实施监测，并定期向国务院环境保护行政主管部门和所在地省、自治区、直辖市人民政府环境保护行政主管部门报告监测结果。

国务院环境保护行政主管部门负责对核动力厂等重要核设施实施监督性监测，并根据需要对其他核设施的流出物实施监测。监督性监测系统的建设、运行和维护费用由财政预算安排。

第二十五条 核设施营运单位应当建立健全安全保卫制度，加强安全保卫工作，并接受公安部门的监督指导。

核设施营运单位应当按照核设施的规模和性质制定核事故场内应急计划，做好应急准备。

出现核事故应急状态时，核设施营运单位必须立即采取有效的应急措施控制事故，并向核设施主管部门和环境保护行政主管部门、卫生行政部门、公安部门以及其他有关部门报告。

第二十六条 国家建立健全核事故应急制度。

核设施主管部门、环境保护行政主管部门、卫生行政部门、公安部门以及其他有关部门，在本级人民政府的组织领导下，按照各自的职责依法做好核事故应急工作。

中国人民解放军和中国人民武装警察部队按照国务院、中央军事委员会的有关规定在核事故应急中实施有效的支援。

第二十七条 核设施营运单位应当制定核设施退役计划。

核设施的退役费用和放射性废物处置费用应当预提，列入投资概算或者生产成本。核设施的退役费用和放射性废物处置费用的提取和管理办法，由国务院财政部门、价格主管部门会同国务院环境保护行政主管部门、核设施主管部门规定。

第四章 核技术利用的放射性污染防治

第二十八条 生产、销售、使用放射性同位素和射线装置的单位，应当按照国务院有关放射性同位素与射线装置放射防护的规定申请领取许可证，办理登记手续。

转让、进口放射性同位素和射线装置的单位以及装备有放射性同位素的仪表的单位，应当按照国务院有关放射性同位素与射线装置放射防护的规定办理有关手续。

第二十九条 生产、销售、使用放射性同位素和加速器、中子发生器以及含放射源的射线装置的单位，应当在申请领取许可证前编制环境影响评价文件，报省、自治区、直辖市人民政府环境保护行政主管部门审查批准；未经批准，有关部门不得颁发许可证。

国家建立放射性同位素备案制度。具体办法由国务院规定。

第三十条 新建、改建、扩建放射工作场所的放射防护设施，应当与主体工程同时设计、同时施工、同时投入使用。

放射防护设施应当与主体工程同时验收；验收合格的，主体工程方可投入生产或者使用。

第三十一条 放射性同位素应当单独存放，不得与易燃、易爆、腐蚀性物品等一起存放，其贮存场所应当采取有效的防火、防盗、防射线泄漏的安全防护措施，并指定专人负责保管。贮存、领取、使用、归还放射性同位素时，应当进行登记、检查，做到账物相符。

第三十二条 生产、使用放射性同位素和射线装置的单位，应当按照国务院环境保护行政主管部门的规定对其产生的放射性废物进行收集、包装、贮存。

生产放射源的单位，应当按照国务院环境保护行政主管部门的规定回收和利用废旧放射源；使用放射源的单位，应当按照国务院环境保护行政主管部门的规定将废旧放射源交回生产放射源的单位或者送交专门从事放射性固体废物贮存、处置的单位。

第三十三条 生产、销售、使用、贮存放射源的单位，应当建立健全安全保卫制度，指定专人负责，落实安全责任制，制定必要的事故应急措施。发生放射源丢失、被盗和放射性污染事故时，有关单位和个人必须立即采取应急措施，并向公安部门、卫生行政部门和环境保护行政主管部门报告。

公安部门、卫生行政部门和环境保护行政主管部门接到放射源丢失、被盗和放射性污染事故报告后，应当报告本级人民政府，并按照各自的职责立即组织采取有效措施，防止放射性污染蔓延，减少事故损失。当地人民政府应当及时将有关情况告知公众，并做好事故的调查、处理工作。

第五章　铀（钍）矿和伴生放射性矿开发利用的放射性污染防治

第三十四条 开发利用或者关闭铀（钍）矿的单位，应当在申请领取采矿许可证或者办理退役审批手续前编制环境影响报告书，报国务院环境保护行政主管部门审查批准。

开发利用伴生放射性矿的单位，应当在申请领取采矿许可证前编制环境影响报告书，报省级以上人民政府环境保护行政主管部门审查批准。

第三十五条 与铀（钍）矿和伴生放射性矿开发利用建设项目相配套的放射性污染防治设施，应当与主体工程同时设计、同时施工、同时投入使用。

放射性污染防治设施应当与主体工程同时验收；验收合格的，主体工程方可投入生产或者使用。

第三十六条 铀（钍）矿开发利用单位应当对铀（钍）矿的流出物和周围的环境实施监测，并定期向国务院环境保护行政主管部门和所在地省、自治区、直辖市人民政府环境保护行政主管部门报告监测结果。

第三十七条 对铀（钍）矿和伴生放射性矿开发利用过程中产生的尾矿，应当建造尾矿库进行贮存、处置；建造的尾矿库应当符合放射性污染防治的要求。

第三十八条 铀（钍）矿开发利用单位应当制定铀（钍）矿退役计划。铀矿退役费用由国家财政预算安排。

第六章 放射性废物管理

第三十九条 核设施营运单位、核技术利用单位、铀（钍）矿和伴生放射性矿开发利用单位，应当合理选择和利用原材料，采用先进的生产工艺和设备，尽量减少放射性废物的产生量。

第四十条 向环境排放放射性废气、废液，必须符合国家放射性污染防治标准。

第四十一条 产生放射性废气、废液的单位向环境排放符合国家放射性污染防治标准的放射性废气、废液，应当向审批环境影响评价文件的环境保护行政主管部门申请放射性核素排放量，并定期报告排放计量结果。

第四十二条 产生放射性废液的单位，必须按照国家放射性污染防治标准的要求，对不得向环境排放的放射性废液进行处理或者贮存。

产生放射性废液的单位，向环境排放符合国家放射性污染防治标准的放射性废液，必须采用符合国务院环境保护行政主管部门规定的排放方式。

禁止利用渗井、渗坑、天然裂隙、溶洞或者国家禁止的其他方式排放放射性废液。

第四十三条　低、中水平放射性固体废物在符合国家规定的区域实行近地表处置。

高水平放射性固体废物实行集中的深地质处置。

α放射性固体废物依照前款规定处置。

禁止在内河水域和海洋上处置放射性固体废物。

第四十四条　国务院核设施主管部门会同国务院环境保护行政主管部门根据地质条件和放射性固体废物处置的需要，在环境影响评价的基础上编制放射性固体废物处置场所选址规划，报国务院批准后实施。

有关地方人民政府应当根据放射性固体废物处置场所选址规划，提供放射性固体废物处置场所的建设用地，并采取有效措施支持放射性固体废物的处置。

第四十五条　产生放射性固体废物的单位，应当按照国务院环境保护行政主管部门的规定，对其产生的放射性固体废物进行处理后，送交放射性固体废物处置单位处置，并承担处置费用。

放射性固体废物处置费用收取和使用管理办法，由国务院财政部门、价格主管部门会同国务院环境保护行政主管部门规定。

第四十六条　设立专门从事放射性固体废物贮存、处置的单位，必须经国务院环境保护行政主管部门审查批准，取得许可证。具体办法由国务院规定。

禁止未经许可或者不按照许可的有关规定从事贮存和处置放射性固体废物的活动。

禁止将放射性固体废物提供或者委托给无许可证的单位贮存和处置。

第四十七条　禁止将放射性废物和被放射性污染的物品输入中华人民共和国境内或者经中华人民共和国境内转移。

第七章 法律责任

第四十八条 放射性污染防治监督管理人员违反法律规定，利用职务上的便利收受他人财物、谋取其他利益，或者玩忽职守，有下列行为之一的，依法给予行政处分；构成犯罪的，依法追究刑事责任：

（一）对不符合法定条件的单位颁发许可证和办理批准文件的；

（二）不依法履行监督管理职责的；

（三）发现违法行为不予查处的。

第四十九条 违反本法规定，有下列行为之一的，由县级以上人民政府环境保护行政主管部门或者其他有关部门依据职权责令限期改正，可以处二万元以下罚款：

（一）不按照规定报告有关环境监测结果的；

（二）拒绝环境保护行政主管部门和其他有关部门进行现场检查，或者被检查时不如实反映情况和提供必要资料的。

第五十条 违反本法规定，未编制环境影响评价文件，或者环境影响评价文件未经环境保护行政主管部门批准，擅自进行建造、运行、生产和使用等活动的，由审批环境影响评价文件的环境保护行政主管部门责令停止违法行为，限期补办手续或者恢复原状，并处一万元以上二十万元以下罚款。

第五十一条 违反本法规定，未建造放射性污染防治设施、放射防护设施，或者防治防护设施未经验收合格，主体工程即投入生产或者使用的，由审批环境影响评价文件的环境保护行政主管部门责令停止违法行为，限期改正，并处五万元以上二十万元以下罚款。

第五十二条 违反本法规定，未经许可或者批准，核设施营运单位擅自进行核设施的建造、装料、运行、退役等活动的，由国务院环境保护行政主管部门责令停止违法行为，限期改正，并处二十万元以上五十万元以下罚款；构成犯罪的，依法追究刑事责任。

第五十三条 违反本法规定，生产、销售、使用、转让、进口、贮存放射性同位素和射线装置以及装备有放射性同位素的仪表的，由县级以上人民政府环境保护行政主管部门或者其他有关部门依据职权责令停止违法行为，限期改正；逾期不改正的，责令停产停业或者吊销许可证；有违法所得的，没收违法所得；违法所得十万元以上的，并处违法所得一倍以上五倍以下罚款；没有违法所得或者违法所得不足十万元的，并处一万元以上十万元以下罚款；构成犯罪的，依法追究刑事责任。

第五十四条 违反本法规定，有下列行为之一的，由县级以上人民政府环境保护行政主管部门责令停止违法行为，限期改正，处以罚款；构成犯罪的，依法追究刑事责任：

（一）未建造尾矿库或者不按照放射性污染防治的要求建造尾矿库，贮存、处置铀（钍）矿和伴生放射性矿的尾矿的；

（二）向环境排放不得排放的放射性废气、废液的；

（三）不按照规定的方式排放放射性废液，利用渗井、渗坑、天然裂隙、溶洞或者国家禁止的其他方式排放放射性废液的；

（四）不按照规定处理或者贮存不得向环境排放的放射性废液的；

（五）将放射性固体废物提供或者委托给无许可证的单位贮存和处置的。

有前款第（一）项、第（二）项、第（三）项、第（五）项行为之一的，处十万元以上二十万元以下罚款；有前款第（四）项行为的，处一万元以上十万元以下罚款。

第五十五条 违反本法规定，有下列行为之一的，由县级以上人民政府环境保护行政主管部门或者其他有关部门依据职权责令限期改正；逾期不改正的，责令停产停业，并处二万元以上十万元以下罚款；构成犯罪的，依法追究刑事责任：

（一）不按照规定设置放射性标识、标志、中文警示说明的；

（二）不按照规定建立健全安全保卫制度和制定事故应急计划或者应急措施的；

（三）不按照规定报告放射源丢失、被盗情况或者放射性污染事故的。

第五十六条 产生放射性固体废物的单位，不按照本法第四十五条的规定对其产生的放射性固体废物进行处置的，由审批该单位立项环境影响评价文件的环境保护行政主管部门责令停止违法行为，限期改正；逾期不改正的，指定有处置能力的单位代为处置，所需费用由产生放射性固体废物的单位承担，可以并处二十万元以下罚款；构成犯罪的，依法追究刑事责任。

第五十七条 违反本法规定，有下列行为之一的，由省级以上人民政府环境保护行政主管部门责令停产停业或者吊销许可证；有违法所得的，没收违法所得；违法所得十万元以上的，并处违法所得一倍以上五倍以下罚款；没有违法所得或者违法所得不足十万元的，并处五万元以上十万元以下罚款；构成犯罪的，依法追究刑事责任：

（一）未经许可，擅自从事贮存和处置放射性固体废物活动的；

（二）不按照许可的有关规定从事贮存和处置放射性固体废物活动的。

第五十八条 向中华人民共和国境内输入放射性废物和被放射性污染的物品，或者经中华人民共和国境内转移放射性废物和被放射性污染的物品的，由海关责令退运该放射性废物和被放射性污染的物品，并处五十万元以上一百万元以下罚款；构成犯罪的，依法追究刑事责任。

第五十九条 因放射性污染造成他人损害的，应当依法承担民事责任。

第八章 附　　则

第六十条 军用设施、装备的放射性污染防治，由国务院和军队的有关主管部门依照本法规定的原则和国务院、中央军事委员会规定的职责实施监督管理。

第六十一条 劳动者在职业活动中接触放射性物质造成的职业病的防治，依照《中华人民共和国职业病防治法》的规定执行。

第六十二条 本法中下列用语的含义：

（一）放射性污染，是指由于人类活动造成物料、人体、场所、环境介质表面或者内部出现超过国家标准的放射性物质或者射线。

（二）核设施，是指核动力厂（核电厂、核热电厂、核供汽供热厂等）和其他反应堆（研究堆、实验堆、临界装置等）；核燃料生产、加工、贮存和后处理设施；放射性废物的处理和处置设施等。

（三）核技术利用，是指密封放射源、非密封放射源和射线装置在医疗、工业、农业、地质调查、科学研究和教学等领域中的使用。

（四）放射性同位素，是指某种发生放射性衰变的元素中具有相同原子序数但质量不同的核素。

（五）放射源，是指除研究堆和动力堆核燃料循环范畴的材料以外，永久密封在容器中或者有严密包层并呈固态的放射性材料。

（六）射线装置，是指X线机、加速器、中子发生器以及含放射源的装置。

（七）伴生放射性矿，是指含有较高水平天然放射性核素浓度的非铀矿（如稀土矿和磷酸盐矿等）。

（八）放射性废物，是指含有放射性核素或者被放射性核素污染，其浓度或者比活度大于国家确定的清洁解控水平，预期不再使用的废弃物。

第六十三条 本法自2003年10月1日起施行。

消耗臭氧层物质管理条例

（2010年4月8日中华人民共和国国务院令第573号公布 根据2018年3月19日《国务院关于修改和废止部分行政法规的决定》第一次修订 根据2023年12月29日《国务院关于修改〈消耗臭氧层物质管理条例〉的决定》第二次修订）

第一章 总 则

第一条 为了加强对消耗臭氧层物质的管理，履行《保护臭氧层维也纳公约》和《关于消耗臭氧层物质的蒙特利尔议定书》规定的义务，保护臭氧层和生态环境，保障人体健康，根据《中华人民共和国大气污染防治法》，制定本条例。

第二条 本条例所称消耗臭氧层物质，是指列入《中国受控消耗臭氧层物质清单》的化学品。

《中国受控消耗臭氧层物质清单》由国务院生态环境主管部门会同国务院有关部门制定、调整和公布。

第三条 在中华人民共和国境内从事消耗臭氧层物质的生产、销售、使用和进出口等活动，适用本条例。

前款所称生产，是指制造消耗臭氧层物质的活动。前款所称使用，是指利用消耗臭氧层物质进行的生产经营等活动，不包括使用含消耗臭氧层物质的产品的活动。

第四条 消耗臭氧层物质的管理工作应当坚持中国共产党的领导，贯彻党和国家路线方针政策和决策部署。

国务院生态环境主管部门统一负责全国消耗臭氧层物质的监督管理工作。

国务院商务主管部门、海关总署等有关部门依照本条例的规定和各自的职责负责消耗臭氧层物质的有关监督管理工作。

地方人民政府生态环境主管部门和商务等有关部门依照本条例的规定和各自的职责负责本行政区域消耗臭氧层物质的有关监督管理工作。

第五条 国家逐步削减并最终淘汰作为制冷剂、发泡剂、灭火剂、溶剂、清洗剂、加工助剂、杀虫剂、气雾剂、膨胀剂等用途的消耗臭氧层物质。

禁止将国家已经淘汰的消耗臭氧层物质用于前款规定的用途。

国务院生态环境主管部门会同国务院有关部门拟订《中国履行〈关于消耗臭氧层物质的蒙特利尔议定书〉国家方案》（以下简称国家方案），报国务院批准后实施。

第六条 国务院生态环境主管部门根据国家方案和消耗臭氧层物质淘汰进展情况，会同国务院有关部门确定并公布限制或者禁止新建、改建、扩建生产、使用消耗臭氧层物质建设项目的类别，制定并公布限制或者禁止生产、使用、进出口消耗臭氧层物质的名录。

因特殊用途确需生产、使用前款规定禁止生产、使用的消耗臭氧层物质的，按照《关于消耗臭氧层物质的蒙特利尔议定书》有关允许用于特殊用途的规定，由国务院生态环境主管部门会同国务院有关部门批准。

第七条 国家对消耗臭氧层物质的生产、使用、进出口实行总量控制和配额管理。国务院生态环境主管部门根据国家方案和消耗臭氧层物质淘汰进展情况，商国务院有关部门确定国家消耗臭氧层物质的年度生产、使用和进出口配额总量，并予以公告。

第八条 国家鼓励、支持消耗臭氧层物质替代品和替代技术的科学研究、技术开发和推广应用。

国务院生态环境主管部门会同国务院有关部门制定、调整和公布《中国消耗臭氧层物质替代品推荐名录》。

开发、生产、使用消耗臭氧层物质替代品，应当符合国家产业政策，并按照国家有关规定享受优惠政策。对在消耗臭氧层物质淘汰工作中做出突出成绩的单位和个人，按照国家有关规定给予奖励。

第九条 任何单位和个人对违反本条例规定的行为，有权向生态环境主管部门或者其他有关部门举报。接到举报的部门应当及时调查处理，并为举报人保密；经调查情况属实的，对举报人给予奖励。

第二章 生产、销售和使用

第十条 消耗臭氧层物质的生产、使用单位，应当依照本条例的规定申请领取生产或者使用配额许可证。但是，使用单位有下列情形之一的，不需要申请领取使用配额许可证：

（一）维修单位为了维修制冷设备、制冷系统或者灭火系统使用消耗臭氧层物质的；

（二）实验室为了实验分析少量使用消耗臭氧层物质的；

（三）海关为了防止有害生物传入传出使用消耗臭氧层物质实施检疫的；

（四）国务院生态环境主管部门规定的不需要申请领取使用配额许可证的其他情形。

第十一条 消耗臭氧层物质的生产、使用单位除具备法律、行政法规规定的条件外，还应当具备下列条件：

（一）有合法生产或者使用相应消耗臭氧层物质的业绩；

（二）有生产或者使用相应消耗臭氧层物质的场所、设施、设备和专业技术人员；

（三）有经验收合格的环境保护设施；

（四）有健全完善的生产经营管理制度。

将消耗臭氧层物质用于本条例第六条规定的特殊用途的单位，不适用前款第（一）项的规定。

第十二条 消耗臭氧层物质的生产、使用单位应当于每年10月31日前向国务院生态环境主管部门书面申请下一年度的生产配额或者使用配额，并提交其符合本条例第十一条规定条件的证明材料。

国务院生态环境主管部门根据国家消耗臭氧层物质的年度生产、使用配额总量和申请单位生产、使用相应消耗臭氧层物质的业绩情况，核定申请单位下一年度的生产配额或者使用配额，并于每年12月20日前完成审查，符合条件的，核发下一年度的生产或者使用配额许可证，予以公告，并抄送国务院有关部门和申请单位所在地省、自治区、直辖市人民政府生态环境主管部门；不符合条件的，书面通知申请单位并说明理由。

第十三条 消耗臭氧层物质的生产或者使用配额许可证应当载明下列内容：

（一）生产或者使用单位的名称、地址、法定代表人或者负责人；

（二）准予生产或者使用的消耗臭氧层物质的品种、用途及其数量；

（三）有效期限；

（四）发证机关、发证日期和证书编号。

第十四条 消耗臭氧层物质的生产、使用单位需要调整其配额的，应当向国务院生态环境主管部门申请办理配额变更手续。

国务院生态环境主管部门应当依照本条例第十一条、第十二条规定的条件和依据进行审查，并在受理申请之日起20个工作日内完成审查，符合条件的，对申请单位的配额进行调整，并予以公告；不符合条件的，书面通知申请单位并说明理由。

第十五条 消耗臭氧层物质的生产单位不得超出生产配额许可证规定的品种、数量、期限生产消耗臭氧层物质，不得超出生产配额许可证规定的用途生产、销售消耗臭氧层物质。

禁止无生产配额许可证生产消耗臭氧层物质。

第十六条 依照本条例规定领取使用配额许可证的单位，不得超出使用配额许可证规定的品种、用途、数量、期限使用消耗臭氧层物质。

除本条例第十条规定的不需要申请领取使用配额许可证的情形外，禁止无使用配额许可证使用消耗臭氧层物质。

第十七条 下列单位应当按照国务院生态环境主管部门的规定办理备案手续：

（一）消耗臭氧层物质的销售单位；

（二）从事含消耗臭氧层物质的制冷设备、制冷系统或者灭火系统的维修、报废处理等经营活动的单位；

（三）从事消耗臭氧层物质回收、再生利用或者销毁等经营活动的单位；

（四）国务院生态环境主管部门规定的不需要申请领取使用配额许可证的消耗臭氧层物质的使用单位。

前款第（一）项、第（二）项、第（四）项规定的单位向所在地设区的市级人民政府生态环境主管部门备案，第（三）项规定的单位向所在地省、自治区、直辖市人民政府生态环境主管部门备案。

第十八条 除依照本条例规定进出口外，消耗臭氧层物质的购买和销售行为只能在符合本条例规定的消耗臭氧层物质的生产、销售和使用单位之间进行。

第十九条 消耗臭氧层物质的生产、使用单位，应当按照国务院生态环境主管部门的规定采取必要的措施，防止或者减少消耗臭氧层物质的泄漏和排放。

从事含消耗臭氧层物质的制冷设备、制冷系统或者灭火系统的维修、报废处理等经营活动的单位，应当按照国务院生态环境主管部门的规定对消耗臭氧层物质进行回收、循环利用或者交由从事消耗臭氧层物质回收、再生利用、销毁等经营活动的单位进行无害化处置。

从事消耗臭氧层物质回收、再生利用、销毁等经营活动的单位，以及生产过程中附带产生消耗臭氧层物质的单位，应当按照国务院生态环境主管部门的规定对消耗臭氧层物质进行无害化处置，不得直接排放。

第二十条 从事消耗臭氧层物质的生产、销售、使用、回收、再生利用、销毁等经营活动的单位，以及从事含消耗臭氧层物质的制冷设备、制冷系统或者灭火系统的维修、报废处理等经营活动的单位，应当完整保存有关生产经营活动的原始资料至少3年，并按照国务院生态环境主管部门的规定报送相关数据。

生产、使用消耗臭氧层物质数量较大，以及生产过程中附带产生消耗臭氧层物质数量较大的单位，应当安装自动监测设备，与生态环境主管部门的监控设备联网，并保证监测设备正常运行，确保监测数据的真实性和准确性。具体办法由国务院生态环境主管部门规定。

第三章 进 出 口

第二十一条 国家对进出口消耗臭氧层物质予以控制，并实行名录管理。国务院生态环境主管部门会同国务院商务主管部门、海关总署制定、调整和公布《中国进出口受控消耗臭氧层物质名录》。

进出口列入《中国进出口受控消耗臭氧层物质名录》的消耗臭

氧层物质的单位，应当依照本条例的规定向国家消耗臭氧层物质进出口管理机构申请进出口配额，领取进出口审批单，并提交拟进出口的消耗臭氧层物质的品种、数量、来源、用途等情况的材料。

第二十二条 国家消耗臭氧层物质进出口管理机构应当自受理申请之日起20个工作日内完成审查，作出是否批准的决定。予以批准的，向申请单位核发进出口审批单；未予批准的，书面通知申请单位并说明理由。

进出口审批单的有效期最长为90日，不得超期或者跨年度使用。

第二十三条 取得消耗臭氧层物质进出口审批单的单位，应当按照国务院商务主管部门的规定申请领取进出口许可证，持进出口许可证向海关办理通关手续。列入必须实施检验的进出口商品目录的消耗臭氧层物质，由海关依法实施检验。

消耗臭氧层物质在中华人民共和国境内的海关特殊监管区域、保税监管场所与境外之间进出的，进出口单位应当依照本条例的规定申请领取进出口审批单、进出口许可证；消耗臭氧层物质在中华人民共和国境内的海关特殊监管区域、保税监管场所与境内其他区域之间进出的，或者在上述海关特殊监管区域、保税监管场所之间进出的，不需要申请领取进出口审批单、进出口许可证。

第四章 监督检查

第二十四条 生态环境主管部门和其他有关部门，依照本条例的规定和各自的职责对消耗臭氧层物质的生产、销售、使用和进出口等活动进行监督检查。

第二十五条 生态环境主管部门和其他有关部门进行监督检查，有权采取下列措施：

（一）要求被检查单位提供有关资料；

（二）要求被检查单位就执行本条例规定的有关情况作出说明；

（三）进入被检查单位的生产、经营、储存场所进行调查和取证；

（四）责令被检查单位停止违反本条例规定的行为，履行法定义务；

（五）扣押、查封违法生产、销售、使用、进出口的消耗臭氧层物质及其生产设备、设施、原料及产品。

被检查单位应当予以配合，如实反映情况，提供必要资料，不得拒绝和阻碍。

第二十六条 生态环境主管部门和其他有关部门进行监督检查，监督检查人员不得少于2人，并应当出示有效的行政执法证件。

生态环境主管部门和其他有关部门的工作人员，对监督检查中知悉的商业秘密负有保密义务。

第二十七条 国务院生态环境主管部门应当建立健全消耗臭氧层物质的数据信息管理系统，收集、汇总和发布消耗臭氧层物质的生产、使用、进出口等数据信息。

地方人民政府生态环境主管部门应当将监督检查中发现的违反本条例规定的行为及处理情况逐级上报至国务院生态环境主管部门。

县级以上地方人民政府其他有关部门应当将监督检查中发现的违反本条例规定的行为及处理情况逐级上报至国务院有关部门，国务院有关部门应当及时抄送国务院生态环境主管部门。

第二十八条 地方人民政府生态环境主管部门或者其他有关部门对违反本条例规定的行为不查处的，其上级主管部门有权责令其依法查处或者直接进行查处。

第五章 法律责任

第二十九条 负有消耗臭氧层物质监督管理职责的部门及其工作人员有下列行为之一的，对直接负责的主管人员和其他直接责任人员，依法给予处分；直接负责的主管人员和其他直接责任人员构成犯罪的，依法追究刑事责任：

（一）违反本条例规定核发消耗臭氧层物质生产、使用配额许可证的；

（二）违反本条例规定核发消耗臭氧层物质进出口审批单或者进出口许可证的；

（三）对发现的违反本条例的行为不依法查处的；

（四）在办理消耗臭氧层物质生产、使用、进出口等行政许可以及实施监督检查的过程中，索取、收受他人财物或者谋取其他利益的；

（五）有其他徇私舞弊、滥用职权、玩忽职守行为的。

第三十条 无生产配额许可证生产消耗臭氧层物质的，由所在地生态环境主管部门责令停止违法行为，没收用于违法生产消耗臭氧层物质的原料、违法生产的消耗臭氧层物质和违法所得，拆除、销毁用于违法生产消耗臭氧层物质的设备、设施，并处100万元以上500万元以下的罚款。

第三十一条 依照本条例规定应当申请领取使用配额许可证的单位无使用配额许可证使用消耗臭氧层物质，或者违反本条例规定将已淘汰的消耗臭氧层物质用于制冷剂、发泡剂、灭火剂、溶剂、清洗剂、加工助剂、杀虫剂、气雾剂、膨胀剂等用途的，由所在地生态环境主管部门责令停止违法行为，没收违法使用的消耗臭氧层物质、违法使用消耗臭氧层物质生产的产品和违法所得，并处20万元以上50万元以下的罚款；情节严重的，并处50万元以上100万元以下的罚款，拆除、销毁用于违法使用消耗臭氧层物质的设备、设施。

第三十二条 消耗臭氧层物质的生产、使用单位有下列行为之一的，由所在地省、自治区、直辖市人民政府生态环境主管部门责令停止违法行为，没收违法生产、使用的消耗臭氧层物质、违法使用消耗臭氧层物质生产的产品和违法所得，并处10万元以上50万元以下的罚款，报国务院生态环境主管部门核减其生产、使用配额数量；情节严重的，并处50万元以上100万元以下的罚款，报国务院生态环境主管部门吊销其生产、使用配额许可证：

（一）超出生产配额许可证规定的品种、数量、期限生产消耗臭氧层物质的；

（二）超出生产配额许可证规定的用途生产或者销售消耗臭氧层物质的；

（三）超出使用配额许可证规定的品种、数量、用途、期限使用消耗臭氧层物质的。

第三十三条 消耗臭氧层物质的生产、销售、使用单位向不符合本条例规定的单位销售或者购买消耗臭氧层物质的，由所在地生态环境主管部门责令改正，没收违法销售或者购买的消耗臭氧层物质和违法所得，处以所销售或者购买的消耗臭氧层物质市场总价3倍的罚款；对取得生产、使用配额许可证的单位，报国务院生态环境主管部门核减其生产、使用配额数量。

第三十四条 消耗臭氧层物质的生产、使用单位未按照规定采取必要的措施防止或者减少消耗臭氧层物质的泄漏和排放的，由所在地生态环境主管部门责令改正，处5万元以上10万元以下的罚款；拒不改正的，处10万元以上50万元以下的罚款，报国务院生态环境主管部门核减其生产、使用配额数量。

第三十五条 从事含消耗臭氧层物质的制冷设备、制冷系统或者灭火系统的维修、报废处理等经营活动的单位，未按照规定对消耗臭氧层物质进行回收、循环利用或者交由从事消耗臭氧层物质回收、再生利用、销毁等经营活动的单位进行无害化处置的，由所在地生态环境主管部门责令改正，处5万元以上20万元以下的罚款；拒不改正的，责令停产整治或者停业整治。

第三十六条 从事消耗臭氧层物质回收、再生利用、销毁等经营活动的单位，以及生产过程中附带产生消耗臭氧层物质的单位，未按照规定对消耗臭氧层物质进行无害化处置而直接排放的，由所在地生态环境主管部门责令改正，处10万元以上50万元以下的罚款；拒不改正的，责令停产整治或者停业整治。

第三十七条 从事消耗臭氧层物质生产、销售、使用、进出口、回收、再生利用、销毁等经营活动的单位，以及从事含消耗臭氧层物质的制冷设备、制冷系统或者灭火系统的维修、报废处理等经营活动的单位有下列行为之一的，由所在地生态环境主管部门责令改正，处5000元以上2万元以下的罚款：

（一）依照本条例规定应当向生态环境主管部门备案而未备案的；

（二）未按照规定完整保存有关生产经营活动的原始资料的；

（三）未按时申报或者谎报、瞒报有关经营活动的数据资料的；

（四）未按照监督检查人员的要求提供必要的资料的。

第三十八条 生产、使用消耗臭氧层物质数量较大，以及生产过程中附带产生消耗臭氧层物质数量较大的单位，未按照规定安装自动监测设备并与生态环境主管部门的监控设备联网，或者未保证监测设备正常运行导致监测数据不真实、不准确的，由所在地生态环境主管部门责令改正，处2万元以上20万元以下的罚款；拒不改正的，责令停产整治或者停业整治。

第三十九条 进出口单位无进出口许可证或者超出进出口许可证的规定进出口消耗臭氧层物质的，由海关依照有关法律、行政法规的规定予以处罚；构成犯罪的，依法追究刑事责任。

以欺骗、贿赂等不正当手段取得消耗臭氧层物质进出口配额、进出口审批单、进出口许可证的，由国家消耗臭氧层物质进出口管理机构、国务院商务主管部门依据职责撤销其进出口配额、进出口审批单、进出口许可证，3年内不得再次申请，并由所在地生态环境主管部门处10万元以上50万元以下的罚款。

第四十条 拒绝、阻碍生态环境主管部门或者其他有关部门的监督检查，或者在接受监督检查时弄虚作假的，由监督检查部门责令改正，处2万元以上20万元以下的罚款；构成违反治安管理行为的，由公安机关依法给予治安管理处罚；构成犯罪的，依法追究刑事责任。

第四十一条 因违反本条例规定受到行政处罚的，按照国家有关规定记入信用记录，并向社会公布。

第六章　附　　则

第四十二条 本条例自2010年6月1日起施行。

碳排放权交易管理暂行条例

（2024年1月5日国务院第23次常务会议通过　2024年1月25日中华人民共和国国务院令第775号公布　自2024年5月1日起施行）

第一条　为了规范碳排放权交易及相关活动，加强对温室气体排放的控制，积极稳妥推进碳达峰碳中和，促进经济社会绿色低碳发展，推进生态文明建设，制定本条例。

第二条　本条例适用于全国碳排放权交易市场的碳排放权交易及相关活动。

第三条　碳排放权交易及相关活动的管理，应当坚持中国共产党的领导，贯彻党和国家路线方针政策和决策部署，坚持温室气体排放控制与经济社会发展相适应，坚持政府引导与市场调节相结合，遵循公开、公平、公正的原则。

国家加强碳排放权交易领域的国际合作与交流。

第四条　国务院生态环境主管部门负责碳排放权交易及相关活动的监督管理工作。国务院有关部门按照职责分工，负责碳排放权交易及相关活动的有关监督管理工作。

地方人民政府生态环境主管部门负责本行政区域内碳排放权交易及相关活动的监督管理工作。地方人民政府有关部门按照职责分工，负责本行政区域内碳排放权交易及相关活动的有关监督管理工作。

第五条　全国碳排放权注册登记机构按照国家有关规定，负责碳排放权交易产品登记，提供交易结算等服务。全国碳排放权交易机构按照国家有关规定，负责组织开展碳排放权集中统一交易。登记和交易的收费应当合理，收费项目、收费标准和管理办法应当向社会公开。

全国碳排放权注册登记机构和全国碳排放权交易机构应当按照国家有关规定，完善相关业务规则，建立风险防控和信息披露制度。

国务院生态环境主管部门会同国务院市场监督管理部门、中国人民银行和国务院银行业监督管理机构，对全国碳排放权注册登记机构和全国碳排放权交易机构进行监督管理，并加强信息共享和执法协作配合。

碳排放权交易应当逐步纳入统一的公共资源交易平台体系。

第六条 碳排放权交易覆盖的温室气体种类和行业范围，由国务院生态环境主管部门会同国务院发展改革等有关部门根据国家温室气体排放控制目标研究提出，报国务院批准后实施。

碳排放权交易产品包括碳排放配额和经国务院批准的其他现货交易产品。

第七条 纳入全国碳排放权交易市场的温室气体重点排放单位（以下简称重点排放单位）以及符合国家有关规定的其他主体，可以参与碳排放权交易。

生态环境主管部门、其他对碳排放权交易及相关活动负有监督管理职责的部门（以下简称其他负有监督管理职责的部门）、全国碳排放权注册登记机构、全国碳排放权交易机构以及本条例规定的技术服务机构的工作人员，不得参与碳排放权交易。

第八条 国务院生态环境主管部门会同国务院有关部门，根据国家温室气体排放控制目标，制定重点排放单位的确定条件。省、自治区、直辖市人民政府（以下统称省级人民政府）生态环境主管部门会同同级有关部门，按照重点排放单位的确定条件制定本行政区域年度重点排放单位名录。

重点排放单位的确定条件和年度重点排放单位名录应当向社会公布。

第九条 国务院生态环境主管部门会同国务院有关部门，根据国家温室气体排放控制目标，综合考虑经济社会发展、产业结构调整、行业发展阶段、历史排放情况、市场调节需要等因素，制定年度碳排放配额总量和分配方案，并组织实施。碳排放配额实行免费分配，并根据国家有关要求逐步推行免费和有偿相结合的分配方式。

省级人民政府生态环境主管部门会同同级有关部门，根据年度碳排放配额总量和分配方案，向本行政区域内的重点排放单位发放碳排放配额，不得违反年度碳排放配额总量和分配方案发放或者调剂碳排放配额。

第十条 依照本条例第六条、第八条、第九条的规定研究提出碳排放权交易覆盖的温室气体种类和行业范围、制定重点排放单位的确定条件以及年度碳排放配额总量和分配方案，应当征求省级人民政府、有关行业协会、企业事业单位、专家和公众等方面的意见。

第十一条 重点排放单位应当采取有效措施控制温室气体排放，按照国家有关规定和国务院生态环境主管部门制定的技术规范，制定并严格执行温室气体排放数据质量控制方案，使用依法经计量检定合格或者校准的计量器具开展温室气体排放相关检验检测，如实准确统计核算本单位温室气体排放量，编制上一年度温室气体排放报告（以下简称年度排放报告），并按照规定将排放统计核算数据、年度排放报告报送其生产经营场所所在地省级人民政府生态环境主管部门。

重点排放单位应当对其排放统计核算数据、年度排放报告的真实性、完整性、准确性负责。

重点排放单位应当按照国家有关规定，向社会公开其年度排放报告中的排放量、排放设施、统计核算方法等信息。年度排放报告所涉数据的原始记录和管理台账应当至少保存5年。

重点排放单位可以委托依法设立的技术服务机构开展温室气体排放相关检验检测、编制年度排放报告。

第十二条 省级人民政府生态环境主管部门应当对重点排放单位报送的年度排放报告进行核查，确认其温室气体实际排放量。核查工作应当在规定的时限内完成，并自核查完成之日起7个工作日内向重点排放单位反馈核查结果。核查结果应当向社会公开。

省级人民政府生态环境主管部门可以通过政府购买服务等方式，委托依法设立的技术服务机构对年度排放报告进行技术审核。重点排放单位应当配合技术服务机构开展技术审核工作，如实提供有关数据和资料。

第十三条 接受委托开展温室气体排放相关检验检测的技术服务机构，应当遵守国家有关技术规程和技术规范要求，对其出具的检验检测报告承担相应责任，不得出具不实或者虚假的检验检测报告。重点排放单位应当按照国家有关规定制作和送检样品，对样品的代表性、真实性负责。

接受委托编制年度排放报告、对年度排放报告进行技术审核的技术服务机构，应当按照国家有关规定，具备相应的设施设备、技术能力和技术人员，建立业务质量管理制度，独立、客观、公正开展相关业务，对其出具的年度排放报告和技术审核意见承担相应责任，不得篡改、伪造数据资料，不得使用虚假的数据资料或者实施其他弄虚作假行为。年度排放报告编制和技术审核的具体管理办法由国务院生态环境主管部门会同国务院有关部门制定。

技术服务机构在同一省、自治区、直辖市范围内不得同时从事年度排放报告编制业务和技术审核业务。

第十四条 重点排放单位应当根据省级人民政府生态环境主管部门对年度排放报告的核查结果，按照国务院生态环境主管部门规定的时限，足额清缴其碳排放配额。

重点排放单位可以通过全国碳排放权交易市场购买或者出售碳排放配额，其购买的碳排放配额可以用于清缴。

重点排放单位可以按照国家有关规定，购买经核证的温室气体减排量用于清缴其碳排放配额。

第十五条 碳排放权交易可以采取协议转让、单向竞价或者符合国家有关规定的其他现货交易方式。

禁止任何单位和个人通过欺诈、恶意串通、散布虚假信息等方式操纵全国碳排放权交易市场或者扰乱全国碳排放权交易市场秩序。

第十六条 国务院生态环境主管部门建立全国碳排放权交易市场管理平台，加强对碳排放配额分配、清缴以及重点排放单位温室气体排放情况等的全过程监督管理，并与国务院有关部门实现信息共享。

第十七条 生态环境主管部门和其他负有监督管理职责的部门，可以在各自职责范围内对重点排放单位等交易主体、技术服务机构进行现场检查。

生态环境主管部门和其他负有监督管理职责的部门进行现场检查，可以采取查阅、复制相关资料，查询、检查相关信息系统等措施，并可以要求有关单位和个人就相关事项作出说明。被检查者应当如实反映情况、提供资料，不得拒绝、阻碍。

进行现场检查，检查人员不得少于 2 人，并应当出示执法证件。检查人员对检查中知悉的国家秘密、商业秘密，依法负有保密义务。

第十八条 任何单位和个人对违反本条例规定的行为，有权向生态环境主管部门和其他负有监督管理职责的部门举报。接到举报的部门应当依法及时处理，按照国家有关规定向举报人反馈处理结果，并为举报人保密。

第十九条 生态环境主管部门或者其他负有监督管理职责的部门的工作人员在碳排放权交易及相关活动的监督管理工作中滥用职权、玩忽职守、徇私舞弊的，应当依法给予处分。

第二十条 生态环境主管部门、其他负有监督管理职责的部门、全国碳排放权注册登记机构、全国碳排放权交易机构以及本条例规定的技术服务机构的工作人员参与碳排放权交易的，由国务院生态环境主管部门责令依法处理持有的碳排放配额等交易产品，没收违法所得，可以并处所交易碳排放配额等产品的价款等值以下的罚款；属于国家工作人员的，还应当依法给予处分。

第二十一条 重点排放单位有下列情形之一的，由生态环境主管部门责令改正，处 5 万元以上 50 万元以下的罚款；拒不改正的，可以责令停产整治：

（一）未按照规定制定并执行温室气体排放数据质量控制方案；

（二）未按照规定报送排放统计核算数据、年度排放报告；

（三）未按照规定向社会公开年度排放报告中的排放量、排放设施、统计核算方法等信息；

（四）未按照规定保存年度排放报告所涉数据的原始记录和管理台账。

第二十二条 重点排放单位有下列情形之一的，由生态环境主管部门责令改正，没收违法所得，并处违法所得5倍以上10倍以下的罚款；没有违法所得或者违法所得不足50万元的，处50万元以上200万元以下的罚款；对其直接负责的主管人员和其他直接责任人员处5万元以上20万元以下的罚款；拒不改正的，按照50%以上100%以下的比例核减其下一年度碳排放配额，可以责令停产整治：

（一）未按照规定统计核算温室气体排放量；

（二）编制的年度排放报告存在重大缺陷或者遗漏，在年度排放报告编制过程中篡改、伪造数据资料，使用虚假的数据资料或者实施其他弄虚作假行为；

（三）未按照规定制作和送检样品。

第二十三条 技术服务机构出具不实或者虚假的检验检测报告的，由生态环境主管部门责令改正，没收违法所得，并处违法所得5倍以上10倍以下的罚款；没有违法所得或者违法所得不足2万元的，处2万元以上10万元以下的罚款；情节严重的，由负责资质认定的部门取消其检验检测资质。

技术服务机构出具的年度排放报告或者技术审核意见存在重大缺陷或者遗漏，在年度排放报告编制或者对年度排放报告进行技术审核过程中篡改、伪造数据资料，使用虚假的数据资料或者实施其他弄虚作假行为的，由生态环境主管部门责令改正，没收违法所得，并处违法所得5倍以上10倍以下的罚款；没有违法所得或者违法所得不足20万元的，处20万元以上100万元以下的罚款；情节严重的，禁止其从事年度排放报告编制和技术审核业务。

技术服务机构因本条第一款、第二款规定的违法行为受到处罚的，对其直接负责的主管人员和其他直接责任人员处 2 万元以上 20 万元以下的罚款，5 年内禁止从事温室气体排放相关检验检测、年度排放报告编制和技术审核业务；情节严重的，终身禁止从事前述业务。

第二十四条　重点排放单位未按照规定清缴其碳排放配额的，由生态环境主管部门责令改正，处未清缴的碳排放配额清缴时限前 1 个月市场交易平均成交价格 5 倍以上 10 倍以下的罚款；拒不改正的，按照未清缴的碳排放配额等量核减其下一年度碳排放配额，可以责令停产整治。

第二十五条　操纵全国碳排放权交易市场的，由国务院生态环境主管部门责令改正，没收违法所得，并处违法所得 1 倍以上 10 倍以下的罚款；没有违法所得或者违法所得不足 50 万元的，处 50 万元以上 500 万元以下的罚款。单位因前述违法行为受到处罚的，对其直接负责的主管人员和其他直接责任人员给予警告，并处 10 万元以上 100 万元以下的罚款。

扰乱全国碳排放权交易市场秩序的，由国务院生态环境主管部门责令改正，没收违法所得，并处违法所得 1 倍以上 10 倍以下的罚款；没有违法所得或者违法所得不足 10 万元的，处 10 万元以上 100 万元以下的罚款。单位因前述违法行为受到处罚的，对其直接负责的主管人员和其他直接责任人员给予警告，并处 5 万元以上 50 万元以下的罚款。

第二十六条　拒绝、阻碍生态环境主管部门或者其他负有监督管理职责的部门依法实施监督检查的，由生态环境主管部门或者其他负有监督管理职责的部门责令改正，处 2 万元以上 20 万元以下的罚款。

第二十七条　国务院生态环境主管部门会同国务院有关部门建立重点排放单位等交易主体、技术服务机构信用记录制度，将重点排放单位等交易主体、技术服务机构因违反本条例规定受到行政处罚等信息纳入国家有关信用信息系统，并依法向社会公布。

第二十八条　违反本条例规定，给他人造成损害的，依法承担民事责任；构成违反治安管理行为的，依法给予治安管理处罚；构成犯罪的，依法追究刑事责任。

第二十九条 对本条例施行前建立的地方碳排放权交易市场，应当参照本条例的规定健全完善有关管理制度，加强监督管理。

本条例施行后，不再新建地方碳排放权交易市场，重点排放单位不再参与相同温室气体种类和相同行业的地方碳排放权交易市场的碳排放权交易。

第三十条 本条例下列用语的含义：

（一）温室气体，是指大气中吸收和重新放出红外辐射的自然和人为的气态成分，包括二氧化碳、甲烷、氧化亚氮、氢氟碳化物、全氟化碳、六氟化硫和三氟化氮。

（二）碳排放配额，是指分配给重点排放单位规定时期内的二氧化碳等温室气体的排放额度。1 个单位碳排放配额相当于向大气排放 1 吨的二氧化碳当量。

（三）清缴，是指重点排放单位在规定的时限内，向生态环境主管部门缴纳等同于其经核查确认的上一年度温室气体实际排放量的碳排放配额的行为。

第三十一条 重点排放单位消费非化石能源电力的，按照国家有关规定对其碳排放配额和温室气体排放量予以相应调整。

第三十二条 国务院生态环境主管部门会同国务院民用航空等主管部门可以依照本条例规定的原则，根据实际需要，结合民用航空等行业温室气体排放控制的特点，对民用航空等行业的重点排放单位名录制定、碳排放配额发放与清缴、温室气体排放数据统计核算和年度排放报告报送与核查等制定具体管理办法。

第三十三条 本条例自 2024 年 5 月 1 日起施行。

排污许可管理条例

（2020年12月9日国务院第117次常务会议通过
2021年1月24日中华人民共和国国务院令第736号公布
自2021年3月1日起施行）

第一章 总 则

第一条 为了加强排污许可管理，规范企业事业单位和其他生产经营者排污行为，控制污染物排放，保护和改善生态环境，根据《中华人民共和国环境保护法》等有关法律，制定本条例。

第二条 依照法律规定实行排污许可管理的企业事业单位和其他生产经营者（以下称排污单位），应当依照本条例规定申请取得排污许可证；未取得排污许可证的，不得排放污染物。

根据污染物产生量、排放量、对环境的影响程度等因素，对排污单位实行排污许可分类管理：

（一）污染物产生量、排放量或者对环境的影响程度较大的排污单位，实行排污许可重点管理；

（二）污染物产生量、排放量和对环境的影响程度都较小的排污单位，实行排污许可简化管理。

实行排污许可管理的排污单位范围、实施步骤和管理类别名录，由国务院生态环境主管部门拟订并报国务院批准后公布实施。制定实行排污许可管理的排污单位范围、实施步骤和管理类别名录，应当征求有关部门、行业协会、企业事业单位和社会公众等方面的意见。

第三条 国务院生态环境主管部门负责全国排污许可的统一监督管理。

设区的市级以上地方人民政府生态环境主管部门负责本行政区域排污许可的监督管理。

第四条 国务院生态环境主管部门应当加强全国排污许可证管理信息平台建设和管理，提高排污许可在线办理水平。

排污许可证审查与决定、信息公开等应当通过全国排污许可证管理信息平台办理。

第五条 设区的市级以上人民政府应当将排污许可管理工作所需经费列入本级预算。

第二章 申请与审批

第六条 排污单位应当向其生产经营场所所在地设区的市级以上地方人民政府生态环境主管部门（以下称审批部门）申请取得排污许可证。

排污单位有两个以上生产经营场所排放污染物的，应当按照生产经营场所分别申请取得排污许可证。

第七条 申请取得排污许可证，可以通过全国排污许可证管理信息平台提交排污许可证申请表，也可以通过信函等方式提交。

排污许可证申请表应当包括下列事项：

（一）排污单位名称、住所、法定代表人或者主要负责人、生产经营场所所在地、统一社会信用代码等信息；

（二）建设项目环境影响报告书（表）批准文件或者环境影响登记表备案材料；

（三）按照污染物排放口、主要生产设施或者车间、厂界申请的污染物排放种类、排放浓度和排放量，执行的污染物排放标准和重点污染物排放总量控制指标；

（四）污染防治设施、污染物排放口位置和数量，污染物排放方式、排放去向、自行监测方案等信息；

（五）主要生产设施、主要产品及产能、主要原辅材料、产生和排放污染物环节等信息，及其是否涉及商业秘密等不宜公开情形的情况说明。

第八条 有下列情形之一的，申请取得排污许可证还应当提交相应材料：

（一）属于实行排污许可重点管理的，排污单位在提出申请前已通过全国排污许可证管理信息平台公开单位基本信息、拟申请许可事项的说明材料；

（二）属于城镇和工业污水集中处理设施的，排污单位的纳污范围、管网布置、最终排放去向等说明材料；

（三）属于排放重点污染物的新建、改建、扩建项目以及实施技术改造项目的，排污单位通过污染物排放量削减替代获得重点污染物排放总量控制指标的说明材料。

第九条 审批部门对收到的排污许可证申请，应当根据下列情况分别作出处理：

（一）依法不需要申请取得排污许可证的，应当即时告知不需要申请取得排污许可证；

（二）不属于本审批部门职权范围的，应当即时作出不予受理的决定，并告知排污单位向有审批权的生态环境主管部门申请；

（三）申请材料存在可以当场更正的错误的，应当允许排污单位当场更正；

（四）申请材料不齐全或者不符合法定形式的，应当当场或者在3日内出具告知单，一次性告知排污单位需要补正的全部材料；逾期不告知的，自收到申请材料之日起即视为受理；

（五）属于本审批部门职权范围，申请材料齐全、符合法定形式，或者排污单位按照要求补正全部申请材料的，应当受理。

审批部门应当在全国排污许可证管理信息平台上公开受理或者不予受理排污许可证申请的决定，同时向排污单位出具加盖本审批部门专用印章和注明日期的书面凭证。

第十条 审批部门应当对排污单位提交的申请材料进行审查，并可以对排污单位的生产经营场所进行现场核查。

审批部门可以组织技术机构对排污许可证申请材料进行技术评估，并承担相应费用。

技术机构应当对其提出的技术评估意见负责，不得向排污单位收取任何费用。

第十一条 对具备下列条件的排污单位，颁发排污许可证：

（一）依法取得建设项目环境影响报告书（表）批准文件，或者已经办理环境影响登记表备案手续；

（二）污染物排放符合污染物排放标准要求，重点污染物排放符合排污许可证申请与核发技术规范、环境影响报告书（表）批准文件、重点污染物排放总量控制要求；其中，排污单位生产经营场所位于未达到国家环境质量标准的重点区域、流域的，还应当符合有关地方人民政府关于改善生态环境质量的特别要求；

（三）采用污染防治设施可以达到许可排放浓度要求或者符合污染防治可行技术；

（四）自行监测方案的监测点位、指标、频次等符合国家自行监测规范。

第十二条 对实行排污许可简化管理的排污单位，审批部门应当自受理申请之日起20日内作出审批决定；对符合条件的颁发排污许可证，对不符合条件的不予许可并书面说明理由。

对实行排污许可重点管理的排污单位，审批部门应当自受理申请之日起30日内作出审批决定；需要进行现场核查的，应当自受理申请之日起45日内作出审批决定；对符合条件的颁发排污许可证，对不符合条件的不予许可并书面说明理由。

审批部门应当通过全国排污许可证管理信息平台生成统一的排污许可证编号。

第十三条 排污许可证应当记载下列信息：

（一）排污单位名称、住所、法定代表人或者主要负责人、生产经营场所所在地等；

（二）排污许可证有效期限、发证机关、发证日期、证书编号和二维码等；

（三）产生和排放污染物环节、污染防治设施等；

（四）污染物排放口位置和数量、污染物排放方式和排放去向等；

（五）污染物排放种类、许可排放浓度、许可排放量等；

（六）污染防治设施运行和维护要求、污染物排放口规范化建设要求等；

（七）特殊时段禁止或者限制污染物排放的要求；

（八）自行监测、环境管理台账记录、排污许可证执行报告的内容和频次等要求；

（九）排污单位环境信息公开要求；

（十）存在大气污染物无组织排放情形时的无组织排放控制要求；

（十一）法律法规规定排污单位应当遵守的其他控制污染物排放的要求。

第十四条 排污许可证有效期为 5 年。

排污许可证有效期届满，排污单位需要继续排放污染物的，应当于排污许可证有效期届满 60 日前向审批部门提出申请。审批部门应当自受理申请之日起 20 日内完成审查；对符合条件的予以延续，对不符合条件的不予延续并书面说明理由。

排污单位变更名称、住所、法定代表人或者主要负责人的，应当自变更之日起 30 日内，向审批部门申请办理排污许可证变更手续。

第十五条 在排污许可证有效期内，排污单位有下列情形之一的，应当重新申请取得排污许可证：

（一）新建、改建、扩建排放污染物的项目；

（二）生产经营场所、污染物排放口位置或者污染物排放方式、排放去向发生变化；

（三）污染物排放口数量或者污染物排放种类、排放量、排放浓度增加。

第十六条 排污单位适用的污染物排放标准、重点污染物总量控制要求发生变化，需要对排污许可证进行变更的，审批部门可以依法对排污许可证相应事项进行变更。

第三章 排污管理

第十七条 排污许可证是对排污单位进行生态环境监管的主要依据。

排污单位应当遵守排污许可证规定，按照生态环境管理要求运行和维护污染防治设施，建立环境管理制度，严格控制污染物排放。

第十八条 排污单位应当按照生态环境主管部门的规定建设规范化污染物排放口，并设置标志牌。

污染物排放口位置和数量、污染物排放方式和排放去向应当与排污许可证规定相符。

实施新建、改建、扩建项目和技术改造的排污单位，应当在建设污染防治设施的同时，建设规范化污染物排放口。

第十九条 排污单位应当按照排污许可证规定和有关标准规范，依法开展自行监测，并保存原始监测记录。原始监测记录保存期限不得少于5年。

排污单位应当对自行监测数据的真实性、准确性负责，不得篡改、伪造。

第二十条 实行排污许可重点管理的排污单位，应当依法安装、使用、维护污染物排放自动监测设备，并与生态环境主管部门的监控设备联网。

排污单位发现污染物排放自动监测设备传输数据异常的，应当及时报告生态环境主管部门，并进行检查、修复。

第二十一条 排污单位应当建立环境管理台账记录制度，按照排污许可证规定的格式、内容和频次，如实记录主要生产设施、污染防治设施运行情况以及污染物排放浓度、排放量。环境管理台账记录保存期限不得少于5年。

排污单位发现污染物排放超过污染物排放标准等异常情况时，应当立即采取措施消除、减轻危害后果，如实进行环境管理台账记录，并报告生态环境主管部门，说明原因。超过污染物排放标准等异常情况下的污染物排放计入排污单位的污染物排放量。

第二十二条 排污单位应当按照排污许可证规定的内容、频次和时间要求，向审批部门提交排污许可证执行报告，如实报告污染物排放行为、排放浓度、排放量等。

排污许可证有效期内发生停产的，排污单位应当在排污许可证执行报告中如实报告污染物排放变化情况并说明原因。

排污许可证执行报告中报告的污染物排放量可以作为年度生态环境统计、重点污染物排放总量考核、污染源排放清单编制的依据。

第二十三条 排污单位应当按照排污许可证规定，如实在全国排污许可证管理信息平台上公开污染物排放信息。

污染物排放信息应当包括污染物排放种类、排放浓度和排放量，以及污染防治设施的建设运行情况、排污许可证执行报告、自行监测数据等；其中，水污染物排入市政排水管网的，还应当包括污水接入市政排水管网位置、排放方式等信息。

第二十四条 污染物产生量、排放量和对环境的影响程度都很小的企业事业单位和其他生产经营者，应当填报排污登记表，不需要申请取得排污许可证。

需要填报排污登记表的企业事业单位和其他生产经营者范围名录，由国务院生态环境主管部门制定并公布。制定需要填报排污登记表的企业事业单位和其他生产经营者范围名录，应当征求有关部门、行业协会、企业事业单位和社会公众等方面的意见。

需要填报排污登记表的企业事业单位和其他生产经营者，应当在全国排污许可证管理信息平台上填报基本信息、污染物排放去向、执行的污染物排放标准以及采取的污染防治措施等信息；填报的信息发生变动的，应当自发生变动之日起20日内进行变更填报。

第四章 监督检查

第二十五条 生态环境主管部门应当加强对排污许可的事中事后监管，将排污许可执法检查纳入生态环境执法年度计划，根据排污许可管理类别、排污单位信用记录和生态环境管理需要等因素，合理确定检查频次和检查方式。

生态环境主管部门应当在全国排污许可证管理信息平台上记录执法检查时间、内容、结果以及处罚决定，同时将处罚决定纳入国家有关信用信息系统向社会公布。

第二十六条 排污单位应当配合生态环境主管部门监督检查，如实反映情况，并按照要求提供排污许可证、环境管理台账记录、排污许可证执行报告、自行监测数据等相关材料。

禁止伪造、变造、转让排污许可证。

第二十七条 生态环境主管部门可以通过全国排污许可证管理信息平台监控排污单位的污染物排放情况，发现排污单位的污染物排放浓度超过许可排放浓度的，应当要求排污单位提供排污许可证、环境管理台账记录、排污许可证执行报告、自行监测数据等相关材料进行核查，必要时可以组织开展现场监测。

第二十八条 生态环境主管部门根据行政执法过程中收集的监测数据，以及排污单位的排污许可证、环境管理台账记录、排污许可证执行报告、自行监测数据等相关材料，对排污单位在规定周期内的污染物排放量，以及排污单位污染防治设施运行和维护是否符合排污许可证规定进行核查。

第二十九条 生态环境主管部门依法通过现场监测、排污单位污染物排放自动监测设备、全国排污许可证管理信息平台获得的排污单位污染物排放数据，可以作为判定污染物排放浓度是否超过许可排放浓度的证据。

排污单位自行监测数据与生态环境主管部门及其所属监测机构在行政执法过程中收集的监测数据不一致的，以生态环境主管部门及其所属监测机构收集的监测数据作为行政执法依据。

第三十条 国家鼓励排污单位采用污染防治可行技术。国务院生态环境主管部门制定并公布污染防治可行技术指南。

排污单位未采用污染防治可行技术的，生态环境主管部门应当根据排污许可证、环境管理台账记录、排污许可证执行报告、自行监测数据等相关材料，以及生态环境主管部门及其所属监测机构在行政执法过程中收集的监测数据，综合判断排污单位采用的污染防治技术能否稳定达到排污许可证规定；对不能稳定达到排污许可证规定的，应当提出整改要求，并可以增加检查频次。

制定污染防治可行技术指南，应当征求有关部门、行业协会、企业事业单位和社会公众等方面的意见。

第三十一条 任何单位和个人对排污单位违反本条例规定的行为，均有向生态环境主管部门举报的权利。

接到举报的生态环境主管部门应当依法处理，按照有关规定向举报人反馈处理结果，并为举报人保密。

第五章 法律责任

第三十二条 违反本条例规定，生态环境主管部门在排污许可证审批或者监督管理中有下列行为之一的，由上级机关责令改正；对直接负责的主管人员和其他直接责任人员依法给予处分：

（一）对符合法定条件的排污许可证申请不予受理或者不在法定期限内审批；

（二）向不符合法定条件的排污单位颁发排污许可证；

（三）违反审批权限审批排污许可证；

（四）发现违法行为不予查处；

（五）不依法履行监督管理职责的其他行为。

第三十三条 违反本条例规定，排污单位有下列行为之一的，由生态环境主管部门责令改正或者限制生产、停产整治，处20万元以上100万元以下的罚款；情节严重的，报经有批准权的人民政府批准，责令停业、关闭：

（一）未取得排污许可证排放污染物；

（二）排污许可证有效期届满未申请延续或者延续申请未经批准排放污染物；

（三）被依法撤销、注销、吊销排污许可证后排放污染物；

（四）依法应当重新申请取得排污许可证，未重新申请取得排污许可证排放污染物。

第三十四条　违反本条例规定，排污单位有下列行为之一的，由生态环境主管部门责令改正或者限制生产、停产整治，处20万元以上100万元以下的罚款；情节严重的，吊销排污许可证，报经有批准权的人民政府批准，责令停业、关闭：

（一）超过许可排放浓度、许可排放量排放污染物；

（二）通过暗管、渗井、渗坑、灌注或者篡改、伪造监测数据，或者不正常运行污染防治设施等逃避监管的方式违法排放污染物。

第三十五条　违反本条例规定，排污单位有下列行为之一的，由生态环境主管部门责令改正，处5万元以上20万元以下的罚款；情节严重的，处20万元以上100万元以下的罚款，责令限制生产、停产整治：

（一）未按照排污许可证规定控制大气污染物无组织排放；

（二）特殊时段未按照排污许可证规定停止或者限制排放污染物。

第三十六条　违反本条例规定，排污单位有下列行为之一的，由生态环境主管部门责令改正，处2万元以上20万元以下的罚款；拒不改正的，责令停产整治：

（一）污染物排放口位置或者数量不符合排污许可证规定；

（二）污染物排放方式或者排放去向不符合排污许可证规定；

（三）损毁或者擅自移动、改变污染物排放自动监测设备；

（四）未按照排污许可证规定安装、使用污染物排放自动监测设备并与生态环境主管部门的监控设备联网，或者未保证污染物排放自动监测设备正常运行；

（五）未按照排污许可证规定制定自行监测方案并开展自行监测；

（六）未按照排污许可证规定保存原始监测记录；

（七）未按照排污许可证规定公开或者不如实公开污染物排放信息；

（八）发现污染物排放自动监测设备传输数据异常或者污染物排放超过污染物排放标准等异常情况不报告；

（九）违反法律法规规定的其他控制污染物排放要求的行为。

第三十七条 违反本条例规定，排污单位有下列行为之一的，由生态环境主管部门责令改正，处每次 5 千元以上 2 万元以下的罚款；法律另有规定的，从其规定：

（一）未建立环境管理台账记录制度，或者未按照排污许可证规定记录；

（二）未如实记录主要生产设施及污染防治设施运行情况或者污染物排放浓度、排放量；

（三）未按照排污许可证规定提交排污许可证执行报告；

（四）未如实报告污染物排放行为或者污染物排放浓度、排放量。

第三十八条 排污单位违反本条例规定排放污染物，受到罚款处罚，被责令改正的，生态环境主管部门应当组织复查，发现其继续实施该违法行为或者拒绝、阻挠复查的，依照《中华人民共和国环境保护法》的规定按日连续处罚。

第三十九条 排污单位拒不配合生态环境主管部门监督检查，或者在接受监督检查时弄虚作假的，由生态环境主管部门责令改正，处 2 万元以上 20 万元以下的罚款。

第四十条 排污单位以欺骗、贿赂等不正当手段申请取得排污许可证的，由审批部门依法撤销其排污许可证，处 20 万元以上 50 万元以下的罚款，3 年内不得再次申请排污许可证。

第四十一条 违反本条例规定，伪造、变造、转让排污许可证的，由生态环境主管部门没收相关证件或者吊销排污许可证，处 10 万元以上 30 万元以下的罚款，3 年内不得再次申请排污许可证。

第四十二条 违反本条例规定，接受审批部门委托的排污许可技术机构弄虚作假的，由审批部门解除委托关系，将相关信息记入其信用记录，在全国排污许可证管理信息平台上公布，同时纳入国家有关信用信息系统向社会公布；情节严重的，禁止从事排污许可技术服务。

第四十三条 需要填报排污登记表的企业事业单位和其他生产经营者，未依照本条例规定填报排污信息的，由生态环境主管部门责令改正，可以处 5 万元以下的罚款。

第四十四条 排污单位有下列行为之一，尚不构成犯罪的，除依照本条例规定予以处罚外，对其直接负责的主管人员和其他直接责任人员，依照《中华人民共和国环境保护法》的规定处以拘留：

（一）未取得排污许可证排放污染物，被责令停止排污，拒不执行；

（二）通过暗管、渗井、渗坑、灌注或者篡改、伪造监测数据，或者不正常运行污染防治设施等逃避监管的方式违法排放污染物。

第四十五条 违反本条例规定，构成违反治安管理行为的，依法给予治安管理处罚；构成犯罪的，依法追究刑事责任。

第六章 附 则

第四十六条 本条例施行前已经实际排放污染物的排污单位，不符合本条例规定条件的，应当在国务院生态环境主管部门规定的期限内进行整改，达到本条例规定的条件并申请取得排污许可证；逾期未取得排污许可证的，不得继续排放污染物。整改期限内，生态环境主管部门应当向其下达排污限期整改通知书，明确整改内容、整改期限等要求。

第四十七条 排污许可证申请表、环境管理台账记录、排污许可证执行报告等文件的格式和内容要求，以及排污许可证申请与核发技术规范等，由国务院生态环境主管部门制定。

第四十八条 企业事业单位和其他生产经营者涉及国家秘密的，其排污许可、监督管理等应当遵守保密法律法规的规定。

第四十九条 飞机、船舶、机动车、列车等移动污染源的污染物排放管理，依照相关法律法规的规定执行。

第五十条 排污单位应当遵守安全生产规定，按照安全生产管理要求运行和维护污染防治设施，建立安全生产管理制度。

在运行和维护污染防治设施过程中违反安全生产规定，发生安全生产事故的，对负有责任的排污单位依照《中华人民共和国安全生产法》的有关规定予以处罚。

第五十一条 本条例自 2021 年 3 月 1 日起施行。

三、自然资源保护法

中华人民共和国水法（节录）

（1988年1月21日第六届全国人民代表大会常务委员会第二十四次会议通过　2002年8月29日第九届全国人民代表大会常务委员会第二十九次会议修订　根据2009年8月27日第十一届全国人民代表大会常务委员会第十次会议《关于修改部分法律的决定》第一次修正　根据2016年7月2日第十二届全国人民代表大会常务委员会第二十一次会议《关于修改〈中华人民共和国节约能源法〉等六部法律的决定》第二次修正）

……

第四章　水资源、水域和水工程的保护

第三十条　县级以上人民政府水行政主管部门、流域管理机构以及其他有关部门在制定水资源开发、利用规划和调度水资源时，应当注意维持江河的合理流量和湖泊、水库以及地下水的合理水位，维护水体的自然净化能力。

第三十一条　从事水资源开发、利用、节约、保护和防治水害等水事活动，应当遵守经批准的规划；因违反规划造成江河和湖泊水域使用功能降低、地下水超采、地面沉降、水体污染的，应当承担治理责任。

开采矿藏或者建设地下工程，因疏干排水导致地下水水位下降、水源枯竭或者地面塌陷，采矿单位或者建设单位应当采取补救措施；对他人生活和生产造成损失的，依法给予补偿。

第三十二条 国务院水行政主管部门会同国务院环境保护行政主管部门、有关部门和有关省、自治区、直辖市人民政府，按照流域综合规划、水资源保护规划和经济社会发展要求，拟定国家确定的重要江河、湖泊的水功能区划，报国务院批准。跨省、自治区、直辖市的其他江河、湖泊的水功能区划，由有关流域管理机构会同江河、湖泊所在地的省、自治区、直辖市人民政府水行政主管部门、环境保护行政主管部门和其他有关部门拟定，分别经有关省、自治区、直辖市人民政府审查提出意见后，由国务院水行政主管部门会同国务院环境保护行政主管部门审核，报国务院或者其授权的部门批准。

前款规定以外的其他江河、湖泊的水功能区划，由县级以上地方人民政府水行政主管部门会同同级人民政府环境保护行政主管部门和有关部门拟定，报同级人民政府或者其授权的部门批准，并报上一级水行政主管部门和环境保护行政主管部门备案。

县级以上人民政府水行政主管部门或者流域管理机构应当按照水功能区对水质的要求和水体的自然净化能力，核定该水域的纳污能力，向环境保护行政主管部门提出该水域的限制排污总量意见。

县级以上地方人民政府水行政主管部门和流域管理机构应当对水功能区的水质状况进行监测，发现重点污染物排放总量超过控制指标的，或者水功能区的水质未达到水域使用功能对水质的要求的，应当及时报告有关人民政府采取治理措施，并向环境保护行政主管部门通报。

第三十三条 国家建立饮用水水源保护区制度。省、自治区、直辖市人民政府应当划定饮用水水源保护区，并采取措施，防止水源枯竭和水体污染，保证城乡居民饮用水安全。

第三十四条 禁止在饮用水水源保护区内设置排污口。

在江河、湖泊新建、改建或者扩大排污口，应当经过有管辖权的水行政主管部门或者流域管理机构同意，由环境保护行政主管部门负责对该建设项目的环境影响报告书进行审批。

第三十五条 从事工程建设，占用农业灌溉水源、灌排工程设施，或者对原有灌溉用水、供水水源有不利影响的，建设单位应当采取相应的补救措施；造成损失的，依法给予补偿。

第三十六条 在地下水超采地区，县级以上地方人民政府应当采取措施，严格控制开采地下水。在地下水严重超采地区，经省、自治区、直辖市人民政府批准，可以划定地下水禁止开采或者限制开采区。在沿海地区开采地下水，应当经过科学论证，并采取措施，防止地面沉降和海水入侵。

第三十七条 禁止在江河、湖泊、水库、运河、渠道内弃置、堆放阻碍行洪的物体和种植阻碍行洪的林木及高秆作物。

禁止在河道管理范围内建设妨碍行洪的建筑物、构筑物以及从事影响河势稳定、危害河岸堤防安全和其他妨碍河道行洪的活动。

第三十八条 在河道管理范围内建设桥梁、码头和其他拦河、跨河、临河建筑物、构筑物，铺设跨河管道、电缆，应当符合国家规定的防洪标准和其他有关的技术要求，工程建设方案应当依照防洪法的有关规定报经有关水行政主管部门审查同意。

因建设前款工程设施，需要扩建、改建、拆除或者损坏原有水工程设施的，建设单位应当负担扩建、改建的费用和损失补偿。但是，原有工程设施属于违法工程的除外。

第三十九条 国家实行河道采砂许可制度。河道采砂许可制度实施办法，由国务院规定。

在河道管理范围内采砂，影响河势稳定或者危及堤防安全的，有关县级以上人民政府水行政主管部门应当划定禁采区和规定禁采期，并予以公告。

第四十条 禁止围湖造地。已经围垦的，应当按照国家规定的防洪标准有计划地退地还湖。

禁止围垦河道。确需围垦的，应当经过科学论证，经省、自治区、直辖市人民政府水行政主管部门或者国务院水行政主管部门同意后，报本级人民政府批准。

第四十一条 单位和个人有保护水工程的义务，不得侵占、毁坏堤防、护岸、防汛、水文监测、水文地质监测等工程设施。

第四十二条 县级以上地方人民政府应当采取措施，保障本行政区域内水工程，特别是水坝和堤防的安全，限期消除险情。水行政主管部门应当加强对水工程安全的监督管理。

第四十三条 国家对水工程实施保护。国家所有的水工程应当按照国务院的规定划定工程管理和保护范围。

国务院水行政主管部门或者流域管理机构管理的水工程，由主管部门或者流域管理机构商有关省、自治区、直辖市人民政府划定工程管理和保护范围。

前款规定以外的其他水工程，应当按照省、自治区、直辖市人民政府的规定，划定工程保护范围和保护职责。

在水工程保护范围内，禁止从事影响水工程运行和危害水工程安全的爆破、打井、采石、取土等活动。

……

中华人民共和国森林法（节录）

（1984年9月20日第六届全国人民代表大会常务委员会第七次会议通过　根据1998年4月29日第九届全国人民代表大会常务委员会第二次会议《关于修改〈中华人民共和国森林法〉的决定》第一次修正　根据2009年8月27日第十一届全国人民代表大会常务委员会第十次会议《关于修改部分法律的决定》第二次修正　2019年12月28日第十三届全国人民代表大会常务委员会第十五次会议修订　2019年12月28日中华人民共和国主席令第39号公布　自2020年7月1日起施行）

……

第四章　森林保护

第二十八条 国家加强森林资源保护，发挥森林蓄水保土、调节气候、改善环境、维护生物多样性和提供林产品等多种功能。

第二十九条 中央和地方财政分别安排资金，用于公益林的营造、抚育、保护、管理和非国有公益林权利人的经济补偿等，实行专款专用。具体办法由国务院财政部门会同林业主管部门制定。

第三十条 国家支持重点林区的转型发展和森林资源保护修复，改善生产生活条件，促进所在地区经济社会发展。重点林区按照规定享受国家重点生态功能区转移支付等政策。

第三十一条 国家在不同自然地带的典型森林生态地区、珍贵动物和植物生长繁殖的林区、天然热带雨林区和具有特殊保护价值的其他天然林区，建立以国家公园为主体的自然保护地体系，加强保护管理。

国家支持生态脆弱地区森林资源的保护修复。

县级以上人民政府应当采取措施对具有特殊价值的野生植物资源予以保护。

第三十二条 国家实行天然林全面保护制度，严格限制天然林采伐，加强天然林管护能力建设，保护和修复天然林资源，逐步提高天然林生态功能。具体办法由国务院规定。

第三十三条 地方各级人民政府应当组织有关部门建立护林组织，负责护林工作；根据实际需要建设护林设施，加强森林资源保护；督促相关组织订立护林公约、组织群众护林、划定护林责任区、配备专职或者兼职护林员。

县级或者乡镇人民政府可以聘用护林员，其主要职责是巡护森林，发现火情、林业有害生物以及破坏森林资源的行为，应当及时处理并向当地林业等有关部门报告。

第三十四条 地方各级人民政府负责本行政区域的森林防火工作，发挥群防作用；县级以上人民政府组织领导应急管理、林业、公安等部门按照职责分工密切配合做好森林火灾的科学预防、扑救和处置工作：

（一）组织开展森林防火宣传活动，普及森林防火知识；

（二）划定森林防火区，规定森林防火期；

（三）设置防火设施，配备防灭火装备和物资；

（四）建立森林火灾监测预警体系，及时消除隐患；

（五）制定森林火灾应急预案，发生森林火灾，立即组织扑救；

（六）保障预防和扑救森林火灾所需费用。

国家综合性消防救援队伍承担国家规定的森林火灾扑救任务和预防相关工作。

第三十五条 县级以上人民政府林业主管部门负责本行政区域的林业有害生物的监测、检疫和防治。

省级以上人民政府林业主管部门负责确定林业植物及其产品的检疫性有害生物，划定疫区和保护区。

重大林业有害生物灾害防治实行地方人民政府负责制。发生暴发性、危险性等重大林业有害生物灾害时，当地人民政府应当及时组织除治。

林业经营者在政府支持引导下，对其经营管理范围内的林业有害生物进行防治。

第三十六条 国家保护林地，严格控制林地转为非林地，实行占用林地总量控制，确保林地保有量不减少。各类建设项目占用林地不得超过本行政区域的占用林地总量控制指标。

第三十七条 矿藏勘查、开采以及其他各类工程建设，应当不占或者少占林地；确需占用林地的，应当经县级以上人民政府林业主管部门审核同意，依法办理建设用地审批手续。

占用林地的单位应当缴纳森林植被恢复费。森林植被恢复费征收使用管理办法由国务院财政部门会同林业主管部门制定。

县级以上人民政府林业主管部门应当按照规定安排植树造林，恢复森林植被，植树造林面积不得少于因占用林地而减少的森林植被面积。上级林业主管部门应当定期督促下级林业主管部门组织植树造林、恢复森林植被，并进行检查。

第三十八条 需要临时使用林地的，应当经县级以上人民政府林业主管部门批准；临时使用林地的期限一般不超过二年，并不得在临时使用的林地上修建永久性建筑物。

临时使用林地期满后一年内，用地单位或者个人应当恢复植被和林业生产条件。

第三十九条 禁止毁林开垦、采石、采砂、采土以及其他毁坏林木和林地的行为。

禁止向林地排放重金属或者其他有毒有害物质含量超标的污水、污泥，以及可能造成林地污染的清淤底泥、尾矿、矿渣等。

禁止在幼林地砍柴、毁苗、放牧。

禁止擅自移动或者损坏森林保护标志。

第四十条 国家保护古树名木和珍贵树木。禁止破坏古树名木和珍贵树木及其生存的自然环境。

第四十一条 各级人民政府应当加强林业基础设施建设，应用先进适用的科技手段，提高森林防火、林业有害生物防治等森林管护能力。

各有关单位应当加强森林管护。国有林业企业事业单位应当加大投入，加强森林防火、林业有害生物防治，预防和制止破坏森林资源的行为。

第五章　造林绿化

第四十二条 国家统筹城乡造林绿化，开展大规模国土绿化行动，绿化美化城乡，推动森林城市建设，促进乡村振兴，建设美丽家园。

第四十三条 各级人民政府应当组织各行各业和城乡居民造林绿化。

宜林荒山荒地荒滩，属于国家所有的，由县级以上人民政府林业主管部门和其他有关主管部门组织开展造林绿化；属于集体所有的，由集体经济组织组织开展造林绿化。

城市规划区内、铁路公路两侧、江河两侧、湖泊水库周围，由各有关主管部门按照有关规定因地制宜组织开展造林绿化；工矿区、工业园区、机关、学校用地，部队营区以及农场、牧场、渔场经营地区，由各该单位负责造林绿化。组织开展城市造林绿化的具体办法由国务院制定。

国家所有和集体所有的宜林荒山荒地荒滩可以由单位或者个人承包造林绿化。

第四十四条　国家鼓励公民通过植树造林、抚育管护、认建认养等方式参与造林绿化。

第四十五条　各级人民政府组织造林绿化，应当科学规划、因地制宜，优化林种、树种结构，鼓励使用乡土树种和林木良种、营造混交林，提高造林绿化质量。

国家投资或者以国家投资为主的造林绿化项目，应当按照国家规定使用林木良种。

第四十六条　各级人民政府应当采取以自然恢复为主、自然恢复和人工修复相结合的措施，科学保护修复森林生态系统。新造幼林地和其他应当封山育林的地方，由当地人民政府组织封山育林。

各级人民政府应当对国务院确定的坡耕地、严重沙化耕地、严重石漠化耕地、严重污染耕地等需要生态修复的耕地，有计划地组织实施退耕还林还草。

各级人民政府应当对自然因素等导致的荒废和受损山体、退化林地以及宜林荒山荒地荒滩，因地制宜实施森林生态修复工程，恢复植被。

……

中华人民共和国草原法（节录）

（1985年6月18日第六届全国人民代表大会常务委员会第十一次会议通过　2002年12月28日第九届全国人民代表大会常务委员会第三十一次会议修订　根据2009年8月27日第十一届全国人民代表大会常务委员会第十次会议《关于修改部分法律的决定》第一次修正　根据2013年6月29日第十二届全国人民代表大会常务委员会第三次会议《关于修改〈中华人民共和国文物保护法〉等十二部法律的决定》第二次修正　根据2021年4月29日第十三届全国人民代表大会常务委员会第二十八次会议《关于修改〈中华人民共和国道路交通安全法〉等八部法律的决定》第三次修正）

……

第六章　保　　护

第四十二条　国家实行基本草原保护制度。下列草原应当划为基本草原，实施严格管理：

（一）重要放牧场；

（二）割草地；

（三）用于畜牧业生产的人工草地、退耕还草地以及改良草地、草种基地；

（四）对调节气候、涵养水源、保持水土、防风固沙具有特殊作用的草原；

（五）作为国家重点保护野生动植物生存环境的草原；

（六）草原科研、教学试验基地；

（七）国务院规定应当划为基本草原的其他草原。

基本草原的保护管理办法，由国务院制定。

第四十三条 国务院草原行政主管部门或者省、自治区、直辖市人民政府可以按照自然保护区管理的有关规定在下列地区建立草原自然保护区：

（一）具有代表性的草原类型；

（二）珍稀濒危野生动植物分布区；

（三）具有重要生态功能和经济科研价值的草原。

第四十四条 县级以上人民政府应当依法加强对草原珍稀濒危野生植物和种质资源的保护、管理。

第四十五条 国家对草原实行以草定畜、草畜平衡制度。县级以上地方人民政府草原行政主管部门应当按照国务院草原行政主管部门制定的草原载畜量标准，结合当地实际情况，定期核定草原载畜量。各级人民政府应当采取有效措施，防止超载过牧。

第四十六条 禁止开垦草原。对水土流失严重、有沙化趋势、需要改善生态环境的已垦草原，应当有计划、有步骤地退耕还草；已造成沙化、盐碱化、石漠化的，应当限期治理。

第四十七条 对严重退化、沙化、盐碱化、石漠化的草原和生态脆弱区的草原，实行禁牧、休牧制度。

第四十八条 国家支持依法实行退耕还草和禁牧、休牧。具体办法由国务院或者省、自治区、直辖市人民政府制定。

对在国务院批准规划范围内实施退耕还草的农牧民，按照国家规定给予粮食、现金、草种费补助。退耕还草完成后，由县级以上人民政府草原行政主管部门核实登记，依法履行土地用途变更手续，发放草原权属证书。

第四十九条 禁止在荒漠、半荒漠和严重退化、沙化、盐碱化、石漠化、水土流失的草原以及生态脆弱区的草原上采挖植物和从事破坏草原植被的其他活动。

第五十条 在草原上从事采土、采砂、采石等作业活动，应当报县级人民政府草原行政主管部门批准；开采矿产资源的，并应当依法办理有关手续。

经批准在草原上从事本条第一款所列活动的，应当在规定的时间、区域内，按照准许的采挖方式作业，并采取保护草原植被的措施。

在他人使用的草原上从事本条第一款所列活动的，还应当事先征得草原使用者的同意。

第五十一条 在草原上种植牧草或者饲料作物，应当符合草原保护、建设、利用规划；县级以上地方人民政府草原行政主管部门应当加强监督管理，防止草原沙化和水土流失。

第五十二条 在草原上开展经营性旅游活动，应当符合有关草原保护、建设、利用规划，并不得侵犯草原所有者、使用者和承包经营者的合法权益，不得破坏草原植被。

第五十三条 草原防火工作贯彻预防为主、防消结合的方针。

各级人民政府应当建立草原防火责任制，规定草原防火期，制定草原防火扑火预案，切实做好草原火灾的预防和扑救工作。

第五十四条 县级以上地方人民政府应当做好草原鼠害、病虫害和毒害草防治的组织管理工作。县级以上地方人民政府草原行政主管部门应当采取措施，加强草原鼠害、病虫害和毒害草监测预警、调查以及防治工作，组织研究和推广综合防治的办法。

禁止在草原上使用剧毒、高残留以及可能导致二次中毒的农药。

第五十五条 除抢险救灾和牧民搬迁的机动车辆外，禁止机动车辆离开道路在草原上行驶，破坏草原植被；因从事地质勘探、科学考察等活动确需离开道路在草原上行驶的，应当事先向所在地县级人民政府草原行政主管部门报告行驶区域和行驶路线，并按照报告的行驶区域和行驶路线在草原上行驶。

……

中华人民共和国渔业法

（1986年1月20日第六届全国人民代表大会常务委员会第十四次会议通过　根据2000年10月31日第九届全国人民代表大会常务委员会第十八次会议《关于修改〈中华人民共和国渔业法〉的决定》第一次修正　根据2004年8月28日第十届全国人民代表大会常务委员会第十一次会议《关于修改〈中华人民共和国渔业法〉的决定》第二次修正　根据2009年8月27日第十一届全国人民代表大会常务委员会第十次会议《关于修改部分法律的决定》第三次修正　根据2013年12月28日第十二届全国人民代表大会常务委员会第六次会议《关于修改〈中华人民共和国海洋环境保护法〉等七部法律的决定》第四次修正）

第一章　总　　则

第一条　为了加强渔业资源的保护、增殖、开发和合理利用，发展人工养殖，保障渔业生产者的合法权益，促进渔业生产的发展，适应社会主义建设和人民生活的需要，特制定本法。

第二条　在中华人民共和国的内水、滩涂、领海、专属经济区以及中华人民共和国管辖的一切其他海域从事养殖和捕捞水生动物、水生植物等渔业生产活动，都必须遵守本法。

第三条　国家对渔业生产实行以养殖为主，养殖、捕捞、加工并举，因地制宜，各有侧重的方针。

各级人民政府应当把渔业生产纳入国民经济发展计划，采取措施，加强水域的统一规划和综合利用。

第四条　国家鼓励渔业科学技术研究，推广先进技术，提高渔业科学技术水平。

第五条　在增殖和保护渔业资源、发展渔业生产、进行渔业科学技术研究等方面成绩显著的单位和个人，由各级人民政府给予精神的或者物质的奖励。

第六条 国务院渔业行政主管部门主管全国的渔业工作。县级以上地方人民政府渔业行政主管部门主管本行政区域内的渔业工作。县级以上人民政府渔业行政主管部门可以在重要渔业水域、渔港设渔政监督管理机构。

县级以上人民政府渔业行政主管部门及其所属的渔政监督管理机构可以设渔政检查人员。渔政检查人员执行渔业行政主管部门及其所属的渔政监督管理机构交付的任务。

第七条 国家对渔业的监督管理，实行统一领导、分级管理。

海洋渔业，除国务院划定由国务院渔业行政主管部门及其所属的渔政监督管理机构监督管理的海域和特定渔业资源渔场外，由毗邻海域的省、自治区、直辖市人民政府渔业行政主管部门监督管理。

江河、湖泊等水域的渔业，按照行政区划由有关县级以上人民政府渔业行政主管部门监督管理；跨行政区域的，由有关县级以上地方人民政府协商制定管理办法，或者由上一级人民政府渔业行政主管部门及其所属的渔政监督管理机构监督管理。

第八条 外国人、外国渔业船舶进入中华人民共和国管辖水域，从事渔业生产或者渔业资源调查活动，必须经国务院有关主管部门批准，并遵守本法和中华人民共和国其他有关法律、法规的规定；同中华人民共和国订有条约、协定的，按照条约、协定办理。

国家渔政渔港监督管理机构对外行使渔政渔港监督管理权。

第九条 渔业行政主管部门和其所属的渔政监督管理机构及其工作人员不得参与和从事渔业生产经营活动。

第二章 养 殖 业

第十条 国家鼓励全民所有制单位、集体所有制单位和个人充分利用适于养殖的水域、滩涂，发展养殖业。

第十一条 国家对水域利用进行统一规划，确定可以用于养殖业的水域和滩涂。单位和个人使用国家规划确定用于养殖业的全民所有的水域、滩涂的，使用者应当向县级以上地方人民政府渔业行政主管部门提出申请，由本级人民政府核发养殖证，许可其使用该水域、滩涂从事养殖生产。核发养殖证的具体办法由国务院规定。

集体所有的或者全民所有由农业集体经济组织使用的水域、滩涂，可以由个人或者集体承包，从事养殖生产。

第十二条 县级以上地方人民政府在核发养殖证时，应当优先安排当地的渔业生产者。

第十三条 当事人因使用国家规划确定用于养殖业的水域、滩涂从事养殖生产发生争议的，按照有关法律规定的程序处理。在争议解决以前，任何一方不得破坏养殖生产。

第十四条 国家建设征收集体所有的水域、滩涂，按照《中华人民共和国土地管理法》有关征地的规定办理。

第十五条 县级以上地方人民政府应当采取措施，加强对商品鱼生产基地和城市郊区重要养殖水域的保护。

第十六条 国家鼓励和支持水产优良品种的选育、培育和推广。水产新品种必须经全国水产原种和良种审定委员会审定，由国务院渔业行政主管部门公告后推广。

水产苗种的进口、出口由国务院渔业行政主管部门或者省、自治区、直辖市人民政府渔业行政主管部门审批。

水产苗种的生产由县级以上地方人民政府渔业行政主管部门审批。但是，渔业生产者自育、自用水产苗种的除外。

第十七条 水产苗种的进口、出口必须实施检疫，防止病害传入境内和传出境外，具体检疫工作按照有关动植物进出境检疫法律、行政法规的规定执行。

引进转基因水产苗种必须进行安全性评价，具体管理工作按照国务院有关规定执行。

第十八条 县级以上人民政府渔业行政主管部门应当加强对养殖生产的技术指导和病害防治工作。

第十九条 从事养殖生产不得使用含有毒有害物质的饵料、饲料。

第二十条 从事养殖生产应当保护水域生态环境，科学确定养殖密度，合理投饵、施肥、使用药物，不得造成水域的环境污染。

第三章 捕 捞 业

第二十一条 国家在财政、信贷和税收等方面采取措施，鼓励、扶持远洋捕捞业的发展，并根据渔业资源的可捕捞量，安排内水和近海捕捞力量。

第二十二条 国家根据捕捞量低于渔业资源增长量的原则，确定渔业资源的总可捕捞量，实行捕捞限额制度。国务院渔业行政主管部门负责组织渔业资源的调查和评估，为实行捕捞限额制度提供科学依据。中华人民共和国内海、领海、专属经济区和其他管辖海域的捕捞限额总量由国务院渔业行政主管部门确定，报国务院批准后逐级分解下达；国家确定的重要江河、湖泊的捕捞限额总量由有关省、自治区、直辖市人民政府确定或者协商确定，逐级分解下达。捕捞限额总量的分配应当体现公平、公正的原则，分配办法和分配结果必须向社会公开，并接受监督。

国务院渔业行政主管部门和省、自治区、直辖市人民政府渔业行政主管部门应当加强对捕捞限额制度实施情况的监督检查，对超过上级下达的捕捞限额指标的，应当在其次年捕捞限额指标中予以核减。

第二十三条 国家对捕捞业实行捕捞许可证制度。

到中华人民共和国与有关国家缔结的协定确定的共同管理的渔区或者公海从事捕捞作业的捕捞许可证，由国务院渔业行政主管部门批准发放。海洋大型拖网、围网作业的捕捞许可证，由省、自治区、直辖市人民政府渔业行政主管部门批准发放。其他作业的捕捞许可证，由县级以上地方人民政府渔业行政主管部门批准发放；但是，批准发放海洋作业的捕捞许可证不得超过国家下达的船网工具控制指标，具体办法由省、自治区、直辖市人民政府规定。

捕捞许可证不得买卖、出租和以其他形式转让，不得涂改、伪造、变造。

到他国管辖海域从事捕捞作业的，应当经国务院渔业行政主管部门批准，并遵守中华人民共和国缔结的或者参加的有关条约、协定和有关国家的法律。

第二十四条 具备下列条件的，方可发给捕捞许可证：

（一）有渔业船舶检验证书；

（二）有渔业船舶登记证书；

（三）符合国务院渔业行政主管部门规定的其他条件。

县级以上地方人民政府渔业行政主管部门批准发放的捕捞许可证，应当与上级人民政府渔业行政主管部门下达的捕捞限额指标相适应。

第二十五条 从事捕捞作业的单位和个人，必须按照捕捞许可证关于作业类型、场所、时限、渔具数量和捕捞限额的规定进行作业，并遵守国家有关保护渔业资源的规定，大中型渔船应当填写渔捞日志。

第二十六条 制造、更新改造、购置、进口的从事捕捞作业的船舶必须经渔业船舶检验部门检验合格后，方可下水作业。具体管理办法由国务院规定。

第二十七条 渔港建设应当遵守国家的统一规划，实行谁投资谁受益的原则。县级以上地方人民政府应当对位于本行政区域内的渔港加强监督管理，维护渔港的正常秩序。

第四章 渔业资源的增殖和保护

第二十八条 县级以上人民政府渔业行政主管部门应当对其管理的渔业水域统一规划，采取措施，增殖渔业资源。县级以上人民政府渔业行政主管部门可以向受益的单位和个人征收渔业资源增殖保护费，专门用于增殖和保护渔业资源。渔业资源增殖保护费的征收办法由国务院渔业行政主管部门会同财政部门制定，报国务院批准后施行。

第二十九条 国家保护水产种质资源及其生存环境，并在具有较高经济价值和遗传育种价值的水产种质资源的主要生长繁育区域建立水产种质资源保护区。未经国务院渔业行政主管部门批准，任何单位或者个人不得在水产种质资源保护区内从事捕捞活动。

第三十条 禁止使用炸鱼、毒鱼、电鱼等破坏渔业资源的方法进行捕捞。禁止制造、销售、使用禁用的渔具。禁止在禁渔区、禁渔期进行捕捞。禁止使用小于最小网目尺寸的网具进行捕捞。捕捞的渔获物中幼鱼不得超过规定的比例。在禁渔区或者禁渔期内禁止销售非法捕捞的渔获物。

重点保护的渔业资源品种及其可捕捞标准，禁渔区和禁渔期，禁止使用或者限制使用的渔具和捕捞方法，最小网目尺寸以及其他保护渔业资源的措施，由国务院渔业行政主管部门或者省、自治区、直辖市人民政府渔业行政主管部门规定。

第三十一条 禁止捕捞有重要经济价值的水生动物苗种。因养殖或者其他特殊需要，捕捞有重要经济价值的苗种或者禁捕的怀卵亲体的，必须经国务院渔业行政主管部门或者省、自治区、直辖市人民政府渔业行政主管部门批准，在指定的区域和时间内，按照限额捕捞。

在水生动物苗种重点产区引水用水时，应当采取措施，保护苗种。

第三十二条 在鱼、虾、蟹洄游通道建闸、筑坝，对渔业资源有严重影响的，建设单位应当建造过鱼设施或者采取其他补救措施。

第三十三条 用于渔业并兼有调蓄、灌溉等功能的水体，有关主管部门应当确定渔业生产所需的最低水位线。

第三十四条 禁止围湖造田。沿海滩涂未经县级以上人民政府批准，不得围垦；重要的苗种基地和养殖场所不得围垦。

第三十五条 进行水下爆破、勘探、施工作业，对渔业资源有严重影响的，作业单位应当事先同有关县级以上人民政府渔业行政主管部门协商，采取措施，防止或者减少对渔业资源的损害；造成渔业资源损失的，由有关县级以上人民政府责令赔偿。

第三十六条 各级人民政府应当采取措施，保护和改善渔业水域的生态环境，防治污染。

渔业水域生态环境的监督管理和渔业污染事故的调查处理，依照《中华人民共和国海洋环境保护法》和《中华人民共和国水污染防治法》的有关规定执行。

第三十七条 国家对白鳍豚等珍贵、濒危水生野生动物实行重点保护，防止其灭绝。禁止捕杀、伤害国家重点保护的水生野生动物。因科学研究、驯养繁殖、展览或者其他特殊情况，需要捕捞国家重点保护的水生野生动物的，依照《中华人民共和国野生动物保护法》的规定执行。

第五章 法律责任

第三十八条 使用炸鱼、毒鱼、电鱼等破坏渔业资源方法进行捕捞的，违反关于禁渔区、禁渔期的规定进行捕捞的，或者使用禁用的渔具、捕捞方法和小于最小网目尺寸的网具进行捕捞或者渔获物中幼鱼超过规定比例的，没收渔获物和违法所得，处五万元以下的罚款；情节严重的，没收渔具，吊销捕捞许可证；情节特别严重的，可以没收渔船；构成犯罪的，依法追究刑事责任。

在禁渔区或者禁渔期内销售非法捕捞的渔获物的，县级以上地方人民政府渔业行政主管部门应当及时进行调查处理。

制造、销售禁用的渔具的，没收非法制造、销售的渔具和违法所得，并处一万元以下的罚款。

第三十九条 偷捕、抢夺他人养殖的水产品的，或者破坏他人养殖水体、养殖设施的，责令改正，可以处二万元以下的罚款；造成他人损失的，依法承担赔偿责任；构成犯罪的，依法追究刑事责任。

第四十条 使用全民所有的水域、滩涂从事养殖生产，无正当理由使水域、滩涂荒芜满一年的，由发放养殖证的机关责令限期开发利用；逾期未开发利用的，吊销养殖证，可以并处一万元以下的罚款。

未依法取得养殖证擅自在全民所有的水域从事养殖生产的，责令改正，补办养殖证或者限期拆除养殖设施。

未依法取得养殖证或者超越养殖证许可范围在全民所有的水域从事养殖生产，妨碍航运、行洪的，责令限期拆除养殖设施，可以并处一万元以下的罚款。

第四十一条 未依法取得捕捞许可证擅自进行捕捞的，没收渔获物和违法所得，并处十万元以下的罚款；情节严重的，并可以没收渔具和渔船。

第四十二条 违反捕捞许可证关于作业类型、场所、时限和渔具数量的规定进行捕捞的，没收渔获物和违法所得，可以并处五万元以下的罚款；情节严重的，并可以没收渔具，吊销捕捞许可证。

第四十三条 涂改、买卖、出租或者以其他形式转让捕捞许可证的，没收违法所得，吊销捕捞许可证，可以并处一万元以下的罚款；伪造、变造、买卖捕捞许可证，构成犯罪的，依法追究刑事责任。

第四十四条 非法生产、进口、出口水产苗种的，没收苗种和违法所得，并处五万元以下的罚款。

经营未经审定的水产苗种的，责令立即停止经营，没收违法所得，可以并处五万元以下的罚款。

第四十五条 未经批准在水产种质资源保护区内从事捕捞活动的，责令立即停止捕捞，没收渔获物和渔具，可以并处一万元以下的罚款。

第四十六条 外国人、外国渔船违反本法规定，擅自进入中华人民共和国管辖水域从事渔业生产和渔业资源调查活动的，责令其离开或者将其驱逐，可以没收渔获物、渔具，并处五十万元以下的罚款；情节严重的，可以没收渔船；构成犯罪的，依法追究刑事责任。

第四十七条 造成渔业水域生态环境破坏或者渔业污染事故的，依照《中华人民共和国海洋环境保护法》和《中华人民共和国水污染防治法》的规定追究法律责任。

第四十八条 本法规定的行政处罚，由县级以上人民政府渔业行政主管部门或者其所属的渔政监督管理机构决定。但是，本法已对处罚机关作出规定的除外。

在海上执法时，对违反禁渔区、禁渔期的规定或者使用禁用的渔具、捕捞方法进行捕捞，以及未取得捕捞许可证进行捕捞的，事实清楚、证据充分，但是当场不能按照法定程序作出和执行行政处罚决定的，可以先暂时扣押捕捞许可证、渔具或者渔船，回港后依法作出和执行行政处罚决定。

第四十九条 渔业行政主管部门和其所属的渔政监督管理机构及其工作人员违反本法规定核发许可证、分配捕捞限额或者从事渔业生产经营活动的，或者有其他玩忽职守不履行法定义务、滥用职权、徇私舞弊的行为的，依法给予行政处分；构成犯罪的，依法追究刑事责任。

第六章　附　　则

第五十条 本法自1986年7月1日起施行。

中华人民共和国煤炭法

（1996年8月29日第八届全国人民代表大会常务委员会第二十一次会议通过　根据2009年8月27日第十一届全国人民代表大会常务委员会第十次会议《关于修改部分法律的决定》第一次修正　根据2011年4月22日第十一届全国人民代表大会常务委员会第二十次会议《关于修改〈中华人民共和国煤炭法〉的决定》第二次修正　根据2013年6月29日第十二届全国人民代表大会常务委员会第三次会议《关于修改〈中华人民共和国文物保护法〉等十二部法律的决定》第三次修正　根据2016年11月7日第十二届全国人民代表大会常务委员会第二十四次会议《关于修改〈中华人民共和国对外贸易法〉等十二部法律的决定》第四次修正）

第一章　总　则

第一条　为了合理开发利用和保护煤炭资源，规范煤炭生产、经营活动，促进和保障煤炭行业的发展，制定本法。

第二条　在中华人民共和国领域和中华人民共和国管辖的其他海域从事煤炭生产、经营活动，适用本法。

第三条　煤炭资源属于国家所有。地表或者地下的煤炭资源的国家所有权，不因其依附的土地的所有权或者使用权的不同而改变。

第四条　国家对煤炭开发实行统一规划、合理布局、综合利用的方针。

第五条　国家依法保护煤炭资源，禁止任何乱采、滥挖破坏煤炭资源的行为。

第六条　国家保护依法投资开发煤炭资源的投资者的合法权益。

国家保障国有煤矿的健康发展。

国家对乡镇煤矿采取扶持、改造、整顿、联合、提高的方针，实行正规合理开发和有序发展。

第七条 煤矿企业必须坚持安全第一、预防为主的安全生产方针，建立健全安全生产的责任制度和群防群治制度。

第八条 各级人民政府及其有关部门和煤矿企业必须采取措施加强劳动保护，保障煤矿职工的安全和健康。

国家对煤矿井下作业的职工采取特殊保护措施。

第九条 国家鼓励和支持在开发利用煤炭资源过程中采用先进的科学技术和管理方法。

煤矿企业应当加强和改善经营管理，提高劳动生产率和经济效益。

第十条 国家维护煤矿矿区的生产秩序、工作秩序，保护煤矿企业设施。

第十一条 开发利用煤炭资源，应当遵守有关环境保护的法律、法规，防治污染和其他公害，保护生态环境。

第十二条 国务院煤炭管理部门依法负责全国煤炭行业的监督管理。国务院有关部门在各自的职责范围内负责煤炭行业的监督管理。

县级以上地方人民政府煤炭管理部门和有关部门依法负责本行政区域内煤炭行业的监督管理。

第十三条 煤炭矿务局是国有煤矿企业，具有独立法人资格。

矿务局和其他具有独立法人资格的煤矿企业、煤炭经营企业依法实行自主经营、自负盈亏、自我约束、自我发展。

第二章 煤炭生产开发规划与煤矿建设

第十四条 国务院煤炭管理部门根据全国矿产资源勘查规划编制全国煤炭资源勘查规划。

第十五条 国务院煤炭管理部门根据全国矿产资源规划规定的煤炭资源，组织编制和实施煤炭生产开发规划。

省、自治区、直辖市人民政府煤炭管理部门根据全国矿产资源规划规定的煤炭资源，组织编制和实施本地区煤炭生产开发规划，并报国务院煤炭管理部门备案。

第十六条 煤炭生产开发规划应当根据国民经济和社会发展的需要制定，并纳入国民经济和社会发展计划。

第十七条 国家制定优惠政策，支持煤炭工业发展，促进煤矿建设。

煤矿建设项目应当符合煤炭生产开发规划和煤炭产业政策。

第十八条 煤矿建设使用土地，应当依照有关法律、行政法规的规定办理。征收土地的，应当依法支付土地补偿费和安置补偿费，做好迁移居民的安置工作。

煤矿建设应当贯彻保护耕地、合理利用土地的原则。

地方人民政府对煤矿建设依法使用土地和迁移居民，应当给予支持和协助。

第十九条 煤矿建设应当坚持煤炭开发与环境治理同步进行。煤矿建设项目的环境保护设施必须与主体工程同时设计、同时施工、同时验收、同时投入使用。

第三章 煤炭生产与煤矿安全

第二十条 煤矿投入生产前，煤矿企业应当依照有关安全生产的法律、行政法规的规定取得安全生产许可证。未取得安全生产许可证的，不得从事煤炭生产。

第二十一条 对国民经济具有重要价值的特殊煤种或者稀缺煤种，国家实行保护性开采。

第二十二条 开采煤炭资源必须符合煤矿开采规程，遵守合理的开采顺序，达到规定的煤炭资源回采率。

煤炭资源回采率由国务院煤炭管理部门根据不同的资源和开采条件确定。

国家鼓励煤矿企业进行复采或者开采边角残煤和极薄煤。

第二十三条 煤矿企业应当加强煤炭产品质量的监督检查和管理。煤炭产品质量应当按照国家标准或者行业标准分等论级。

第二十四条 煤炭生产应当依法在批准的开采范围内进行，不得超越批准的开采范围越界、越层开采。

采矿作业不得擅自开采保安煤柱，不得采用可能危及相邻煤矿生产安全的决水、爆破、贯通巷道等危险方法。

第二十五条 因开采煤炭压占土地或者造成地表土地塌陷、挖损，由采矿者负责进行复垦，恢复到可供利用的状态；造成他人损失的，应当依法给予补偿。

第二十六条 关闭煤矿和报废矿井，应当依照有关法律、法规和国务院煤炭管理部门的规定办理。

第二十七条 国家建立煤矿企业积累煤矿衰老期转产资金的制度。

国家鼓励和扶持煤矿企业发展多种经营。

第二十八条 国家提倡和支持煤矿企业和其他企业发展煤电联产、炼焦、煤化工、煤建材等，进行煤炭的深加工和精加工。

国家鼓励煤矿企业发展煤炭洗选加工，综合开发利用煤层气、煤矸石、煤泥、石煤和泥炭。

第二十九条 国家发展和推广洁净煤技术。

国家采取措施取缔土法炼焦。禁止新建土法炼焦窑炉；现有的土法炼焦限期改造。

第三十条 县级以上各级人民政府及其煤炭管理部门和其他有关部门，应当加强对煤矿安全生产工作的监督管理。

第三十一条 煤矿企业的安全生产管理，实行矿务局长、矿长负责制。

第三十二条 矿务局长、矿长及煤矿企业的其他主要负责人必须遵守有关矿山安全的法律、法规和煤炭行业安全规章、规程，加强对煤矿安全生产工作的管理，执行安全生产责任制度，采取有效措施，防止伤亡和其他安全生产事故的发生。

第三十三条 煤矿企业应当对职工进行安全生产教育、培训；

未经安全生产教育、培训的，不得上岗作业。

煤矿企业职工必须遵守有关安全生产的法律、法规、煤炭行业规章、规程和企业规章制度。

第三十四条 在煤矿井下作业中，出现危及职工生命安全并无法排除的紧急情况时，作业现场负责人或者安全管理人员应当立即组织职工撤离危险现场，并及时报告有关方面负责人。

第三十五条 煤矿企业工会发现企业行政方面违章指挥、强令职工冒险作业或者生产过程中发现明显重大事故隐患，可能危及职工生命安全的情况，有权提出解决问题的建议，煤矿企业行政方面必须及时作出处理决定。企业行政方面拒不处理的，工会有权提出批评、检举和控告。

第三十六条 煤矿企业必须为职工提供保障安全生产所需的劳动保护用品。

第三十七条 煤矿企业应当依法为职工参加工伤保险缴纳工伤保险费。鼓励企业为井下作业职工办理意外伤害保险，支付保险费。

第三十八条 煤矿企业使用的设备、器材、火工产品和安全仪器，必须符合国家标准或者行业标准。

第四章　煤 炭 经 营

第三十九条 煤炭经营企业从事煤炭经营，应当遵守有关法律、法规的规定，改善服务，保障供应。禁止一切非法经营活动。

第四十条 煤炭经营应当减少中间环节和取消不合理的中间环节，提倡有条件的煤矿企业直销。

煤炭用户和煤炭销区的煤炭经营企业有权直接从煤矿企业购进煤炭。在煤炭产区可以组成煤炭销售、运输服务机构，为中小煤矿办理经销、运输业务。

禁止行政机关违反国家规定擅自设立煤炭供应的中间环节和额外加收费用。

第四十一条 从事煤炭运输的车站、港口及其他运输企业不得利用其掌握的运力作为参与煤炭经营、谋取不正当利益的手段。

第四十二条 国务院物价行政主管部门会同国务院煤炭管理部门和有关部门对煤炭的销售价格进行监督管理。

第四十三条 煤矿企业和煤炭经营企业供应用户的煤炭质量应当符合国家标准或者行业标准，质级相符，质价相符。用户对煤炭质量有特殊要求的，由供需双方在煤炭购销合同中约定。

煤矿企业和煤炭经营企业不得在煤炭中掺杂、掺假，以次充好。

第四十四条 煤矿企业和煤炭经营企业供应用户的煤炭质量不符合国家标准或者行业标准，或者不符合合同约定，或者质级不符、质价不符，给用户造成损失的，应当依法给予赔偿。

第四十五条 煤矿企业、煤炭经营企业、运输企业和煤炭用户应当依照法律、国务院有关规定或者合同约定供应、运输和接卸煤炭。

运输企业应当将承运的不同质量的煤炭分装、分堆。

第四十六条 煤炭的进出口依照国务院的规定，实行统一管理。

具备条件的大型煤矿企业经国务院对外经济贸易主管部门依法许可，有权从事煤炭出口经营。

第四十七条 煤炭经营管理办法，由国务院依照本法制定。

第五章 煤矿矿区保护

第四十八条 任何单位或者个人不得危害煤矿矿区的电力、通讯、水源、交通及其他生产设施。

禁止任何单位和个人扰乱煤矿矿区的生产秩序和工作秩序。

第四十九条 对盗窃或者破坏煤矿矿区设施、器材及其他危及煤矿矿区安全的行为，一切单位和个人都有权检举、控告。

第五十条 未经煤矿企业同意，任何单位或者个人不得在煤矿企业依法取得土地使用权的有效期间内在该土地上种植、养殖、取土或者修建建筑物、构筑物。

第五十一条 未经煤矿企业同意，任何单位或者个人不得占用煤矿企业的铁路专用线、专用道路、专用航道、专用码头、电力专用线、专用供水管路。

第五十二条 任何单位或者个人需要在煤矿采区范围内进行可能危及煤矿安全的作业时，应当经煤矿企业同意，报煤炭管理部门批准，并采取安全措施后，方可进行作业。

在煤矿矿区范围内需要建设公用工程或者其他工程的，有关单位应当事先与煤矿企业协商并达成协议后，方可施工。

第六章 监督检查

第五十三条 煤炭管理部门和有关部门依法对煤矿企业和煤炭经营企业执行煤炭法律、法规的情况进行监督检查。

第五十四条 煤炭管理部门和有关部门的监督检查人员应当熟悉煤炭法律、法规，掌握有关煤炭专业技术，公正廉洁，秉公执法。

第五十五条 煤炭管理部门和有关部门的监督检查人员进行监督检查时，有权向煤矿企业、煤炭经营企业或者用户了解有关执行煤炭法律、法规的情况，查阅有关资料，并有权进入现场进行检查。

煤矿企业、煤炭经营企业和用户对依法执行监督检查任务的煤炭管理部门和有关部门的监督检查人员应当提供方便。

第五十六条 煤炭管理部门和有关部门的监督检查人员对煤矿企业和煤炭经营企业违反煤炭法律、法规的行为，有权要求其依法改正。

煤炭管理部门和有关部门的监督检查人员进行监督检查时，应当出示证件。

第七章 法律责任

第五十七条 违反本法第二十二条的规定，开采煤炭资源未达到国务院煤炭管理部门规定的煤炭资源回采率的，由煤炭管理部门责令限期改正；逾期仍达不到规定的回采率的，责令停止生产。

第五十八条 违反本法第二十四条的规定，擅自开采保安煤柱或者采用危及相邻煤矿生产安全的危险方法进行采矿作业的，由劳动行政主管部门会同煤炭管理部门责令停止作业；由煤炭管理部门没收违法所得，并处违法所得一倍以上五倍以下的罚款；构成犯罪的，由司法机关依法追究刑事责任；造成损失的，依法承担赔偿责任。

第五十九条 违反本法第四十三条的规定，在煤炭产品中掺杂、掺假，以次充好的，责令停止销售，没收违法所得，并处违法所得一倍以上五倍以下的罚款；构成犯罪的，由司法机关依法追究刑事责任。

第六十条 违反本法第五十条的规定，未经煤矿企业同意，在煤矿企业依法取得土地使用权的有效期间内在该土地上修建建筑物、构筑物的，由当地人民政府动员拆除；拒不拆除的，责令拆除。

第六十一条 违反本法第五十一条的规定，未经煤矿企业同意，占用煤矿企业的铁路专用线、专用道路、专用航道、专用码头、电力专用线、专用供水管路的，由县级以上地方人民政府责令限期改正；逾期不改正的，强制清除，可以并处五万元以下的罚款；造成损失的，依法承担赔偿责任。

第六十二条 违反本法第五十二条的规定，未经批准或者未采取安全措施，在煤矿采区范围内进行危及煤矿安全作业的，由煤炭管理部门责令停止作业，可以并处五万元以下的罚款；造成损失的，依法承担赔偿责任。

第六十三条 有下列行为之一的，由公安机关依照治安管理处罚法的有关规定处罚；构成犯罪的，由司法机关依法追究刑事责任：

（一）阻碍煤矿建设，致使煤矿建设不能正常进行的；

（二）故意损坏煤矿矿区的电力、通讯、水源、交通及其他生产设施的；

（三）扰乱煤矿矿区秩序，致使生产、工作不能正常进行的；

（四）拒绝、阻碍监督检查人员依法执行职务的。

第六十四条 煤矿企业的管理人员违章指挥、强令职工冒险作业，发生重大伤亡事故的，依照刑法有关规定追究刑事责任。

第六十五条 煤矿企业的管理人员对煤矿事故隐患不采取措施予以消除，发生重大伤亡事故的，依照刑法有关规定追究刑事责任。

第六十六条 煤炭管理部门和有关部门的工作人员玩忽职守、徇私舞弊、滥用职权的，依法给予行政处分；构成犯罪的，由司法机关依法追究刑事责任。

第八章 附 则

第六十七条 本法自1996年12月1日起施行。

中华人民共和国矿产资源法

（1986年3月19日第六届全国人民代表大会常务委员会第十五次会议通过 根据1996年8月29日第八届全国人民代表大会常务委员会第二十一次会议《关于修改〈中华人民共和国矿产资源法〉的决定》第一次修正 根据2009年8月27日第十一届全国人民代表大会常务委员会第十次会议《关于修改部分法律的决定》第二次修正 2024年11月8日第十四届全国人民代表大会常务委员会第十二次会议修订 2024年11月8日中华人民共和国主席令第36号公布 自2025年7月1日起施行）

第一章 总 则

第一条 为了促进矿产资源合理开发利用，加强矿产资源和生态环境保护，维护矿产资源国家所有者权益和矿业权人合法权益，推动矿业高质量发展，保障国家矿产资源安全，适应全面建设社会主义现代化国家的需要，根据宪法，制定本法。

第二条 在中华人民共和国领域及管辖的其他海域勘查、开采矿产资源，开展矿区生态修复等活动，适用本法。

本法所称矿产资源，是指由地质作用形成、具有利用价值的，呈固态、液态、气态等形态的自然资源。矿产资源目录由国务院确定并调整。

第三条 矿产资源开发利用和保护工作应当坚持中国共产党的领导，贯彻总体国家安全观，统筹发展和安全，统筹国内国际，坚持开发利用与保护并重，遵循保障安全、节约集约、科技支撑、绿色发展的原则。

第四条 矿产资源属于国家所有，由国务院代表国家行使矿产资源的所有权。地表或者地下的矿产资源的国家所有权，不因其所依附的土地的所有权或者使用权的不同而改变。

各级人民政府应当加强矿产资源保护工作。禁止任何单位和个人以任何手段侵占或者破坏矿产资源。

第五条 勘查、开采矿产资源应当依法分别取得探矿权、采矿权，本法另有规定的除外。

国家保护依法取得的探矿权、采矿权不受侵犯，维护矿产资源勘查、开采区域的生产秩序、工作秩序。

第六条 勘查、开采矿产资源应当按照国家有关规定缴纳费用。国务院可以根据不同情况规定减收或者免收有关费用。

开采矿产资源应当依法缴纳资源税。

第七条 国家建立健全地质调查制度，加强基础性地质调查工作，为矿产资源勘查、开采和保护等提供基础地质资料。

第八条 国家完善政策措施，加大对战略性矿产资源勘查、开采、贸易、储备等的支持力度，推动战略性矿产资源增加储量和提高产能，推进战略性矿产资源产业优化升级，提升矿产资源安全保障水平。

战略性矿产资源目录由国务院确定并调整。

对国务院确定的特定战略性矿产资源，按照国家有关规定实行保护性开采。

第九条 国家对矿产资源勘查、开采实行统一规划、合理布局、综合勘查、合理开采和综合利用的方针。

国务院自然资源主管部门会同国务院发展改革、应急管理、生态环境、工业和信息化、水行政、能源、矿山安全监察等有关部门，依据国家发展规划、全国国土空间规划、地质调查成果等，编制全国矿产资源规划，报国务院或者其授权的部门批准后实施。

省级人民政府自然资源主管部门会同有关部门编制本行政区域矿产资源规划，经本级人民政府同意后，报国务院自然资源主管部门批准后实施。

设区的市级、县级人民政府自然资源主管部门会同有关部门根据本行政区域内矿产资源状况和实际需要，编制本行政区域矿产资源规划，经本级人民政府同意后，报上一级人民政府自然资源主管部门批准后实施。

第十条 国家加强战略性矿产资源储备体系和矿产资源应急体系建设，提升矿产资源应急保供能力和水平。

第十一条 国家鼓励、支持矿产资源勘查、开采、保护和矿区生态修复等领域的科技创新、科技成果应用推广，推动数字化、智能化、绿色化建设，提高矿产资源相关领域的科学技术水平。

第十二条 对在矿产资源勘查、开采、保护和矿区生态修复工作中做出突出贡献以及在矿产资源相关领域科技创新等方面取得显著成绩的单位和个人，按照国家有关规定给予表彰、奖励。

第十三条 国家在民族自治地方开采矿产资源，应当照顾民族自治地方的利益，作出有利于民族自治地方经济建设的安排，照顾当地群众的生产和生活。

民族自治地方的自治机关根据法律规定和国家的统一规划，对可以由本地方开发的矿产资源，优先合理开发利用。

第十四条 国务院自然资源主管部门会同有关部门负责全国矿产资源勘查、开采和矿区生态修复等活动的监督管理工作。

县级以上地方人民政府自然资源主管部门会同有关部门负责本行政区域内矿产资源勘查、开采和矿区生态修复等活动的监督管理工作。

国务院授权的机构对省、自治区、直辖市人民政府矿产资源开发利用和监督管理情况进行督察。

第十五条 国家坚持平等互利、合作共赢的方针，积极促进矿产资源领域国际合作。

第二章 矿业权

第十六条 国家实行探矿权、采矿权有偿取得的制度。

探矿权、采矿权统称矿业权。

第十七条 矿业权应当通过招标、拍卖、挂牌等竞争性方式出让，法律、行政法规或者国务院规定可以通过协议出让或者其他方式设立的除外。

矿业权出让权限划分由国务院规定。县级以上人民政府自然资源主管部门按照规定权限组织矿业权出让。

矿业权出让应当按照国家规定纳入统一的公共资源交易平台体系。

第十八条 县级以上人民政府自然资源主管部门应当加强对矿业权出让工作的统筹安排，优化矿业权出让工作流程，提高工作效率，保障矿业权出让工作与加强矿产资源勘查、开采的实际需要相适应。矿业权出让应当考虑不同矿产资源特点、矿山最低开采规模、生态环境保护和安全要求等因素。

国家鼓励单位和个人向县级以上人民政府自然资源主管部门提供可供出让的探矿权区块来源；对符合出让条件的，有关人民政府自然资源主管部门应当及时安排出让。

国务院自然资源主管部门应当加强对矿业权出让工作的指导和监督。

法律、行政法规规定在一定区域范围内禁止或者限制开采矿产资源的，应当遵守相关规定。

第十九条 通过竞争性方式出让矿业权的，出让矿业权的自然资源主管部门（以下称矿业权出让部门）应当提前公告拟出让矿业权的基本情况、竞争规则、受让人的技术能力等条件及其权利义务等事项，不得以不合理的条件对市场主体实行差别待遇或者歧视待遇。

第二十条 出让矿业权的，矿业权出让部门应当与依法确定的受让人以书面形式签订矿业权出让合同。

矿业权出让合同应当明确勘查或者开采的矿种、区域，勘查、开采、矿区生态修复和安全要求，矿业权出让收益数额与缴纳方式、矿业权的期限等事项；涉及特定战略性矿产资源的，还应当明确保护性开采的有关要求。矿业权出让合同示范文本由国务院自然资源主管部门制定。

第二十一条 矿业权出让合同约定的矿业权出让收益数额与缴纳方式等，应当符合国家有关矿业权出让收益征收的规定。

矿业权出让收益征收办法由国务院财政部门会同国务院自然资源主管部门、国务院税务主管部门制定，报国务院批准后执行。制定矿业权出让收益征收办法，应当根据不同矿产资源特点，遵循有利于维护国家权益、调动矿产资源勘查积极性、促进矿业可持续发展的原则，并广泛听取各有关方面的意见和建议。

第二十二条 设立矿业权的，应当向矿业权出让部门申请矿业权登记。符合登记条件的，矿业权出让部门应当将相关事项记载于矿业权登记簿，并向矿业权人发放矿业权证书。

矿业权变更、转让、抵押和消灭的，应当依法办理登记。

矿业权的设立、变更、转让、抵押和消灭，经依法登记，发生效力；未经登记，不发生效力，法律另有规定的除外。

矿业权登记的具体办法由国务院自然资源主管部门制定。

第二十三条 探矿权人在登记的勘查区域内，享有勘查有关矿产资源并依法取得采矿权的权利。

采矿权人在登记的开采区域内，享有开采有关矿产资源并获得采出的矿产品的权利。

矿业权人有权依法优先取得登记的勘查、开采区域内新发现的其他矿产资源的矿业权，具体办法由国务院自然资源主管部门制定。

在已经登记的勘查、开采区域内，不得设立其他矿业权，国务院和国务院自然资源主管部门规定可以按照不同矿种分别设立矿业权的除外。

第二十四条　探矿权的期限为五年。探矿权期限届满，可以续期，续期最多不超过三次，每次期限为五年；续期时应当按照规定核减勘查区域面积。法律、行政法规另有规定的除外。

探矿权人应当按照探矿权出让合同的约定及时开展勘查工作，并每年向原矿业权出让部门报告有关情况；无正当理由未开展或者未实质性开展勘查工作的，探矿权期限届满时不予续期。

采矿权的期限结合矿产资源储量和矿山建设规模确定，最长不超过三十年。采矿权期限届满，登记的开采区域内仍有可供开采的矿产资源的，可以续期；法律、行政法规另有规定的除外。

期限届满未申请续期或者依法不予续期的，矿业权消灭。

第二十五条　探矿权人探明可供开采的矿产资源后可以在探矿权期限内申请将其探矿权转为采矿权；法律、行政法规另有规定的除外。原矿业权出让部门应当与该探矿权人签订采矿权出让合同，设立采矿权。

为了公共利益的需要，或者因不可抗力或者其他特殊情形，探矿权暂时不能转为采矿权的，探矿权人可以申请办理探矿权保留，原矿业权出让部门应当为其办理。探矿权保留期间，探矿权期限中止计算。

第二十六条　矿业权期限届满前，为了公共利益的需要，原矿业权出让部门可以依法收回矿业权；矿业权被收回的，应当依法给予公平、合理的补偿。

自然保护地范围内，可以依法进行符合管控要求的勘查、开采活动，已设立的矿业权不符合管控要求的，应当依法有序退出。

第二十七条　矿业权可以依法转让或者出资、抵押等，国家另有规定或者矿业权出让合同另有约定的除外。

矿业权转让的，矿业权出让合同和矿业权登记簿所载明的权利、义务随之转移，国家另有规定或者矿业权出让、转让合同另有约定的除外。

矿业权转让的具体管理办法由国务院制定。

第二十八条　有下列情形之一的，无需取得探矿权：

（一）国家出资勘查矿产资源；

（二）采矿权人在登记的开采区域内为开采活动需要进行勘查；

（三）国务院和国务院自然资源主管部门规定的其他情形。

第二十九条 有下列情形之一的，无需取得采矿权：

（一）个人为生活自用采挖只能用作普通建筑材料的砂、石、黏土；

（二）建设项目施工单位在批准的作业区域和建设工期内，因施工需要采挖只能用作普通建筑材料的砂、石、黏土；

（三）国务院和国务院自然资源主管部门规定的其他情形。

有前款第一项、第二项规定情形的，应当遵守省、自治区、直辖市规定的监督管理要求。

第三章 矿产资源勘查、开采

第三十条 县级以上人民政府自然资源主管部门会同有关部门组织开展基础性地质调查；省级以上人民政府自然资源主管部门会同有关部门组织开展战略性矿产资源、重点成矿区远景调查和潜力评价。

第三十一条 开展地质调查和矿产资源勘查、开采活动，应当按照国家有关规定及时汇交原始地质资料、实物地质资料和成果地质资料。

汇交的地质资料应当依法保管、利用和保护。

第三十二条 编制国土空间规划应当合理规划建设项目的空间布局，避免、减少压覆矿产资源。

建设项目论证时，建设单位应当查询占地范围内矿产资源分布和矿业权设置情况。省级以上人民政府自然资源主管部门应当为建设单位提供查询服务。

建设项目确需压覆已经设置矿业权的矿产资源，对矿业权行使造成直接影响的，建设单位应当在压覆前与矿业权人协商，并依法给予公平、合理的补偿。

战略性矿产资源原则上不得压覆；确需压覆的，应当经国务院自然资源主管部门或者其授权的省、自治区、直辖市人民政府自然资源主管部门批准。

第三十三条 矿业权人依照本法有关规定取得矿业权后，进行矿产资源勘查、开采作业前，应当按照矿业权出让合同以及相关标准、技术规范等，分别编制勘查方案、开采方案，报原矿业权出让部门批准，取得勘查许可证、采矿许可证；未取得许可证的，不得进行勘查、开采作业。

矿业权人应当按照经批准的勘查方案、开采方案进行勘查、开采作业；勘查方案、开采方案需要作重大调整的，应当按照规定报原矿业权出让部门批准。

第三十四条 国家完善与矿产资源勘查、开采相适应的矿业用地制度。编制国土空间规划应当考虑矿产资源勘查、开采用地实际需求。勘查、开采矿产资源应当节约集约使用土地。

县级以上人民政府自然资源主管部门应当保障矿业权人依法通过出让、租赁、作价出资等方式使用土地。开采战略性矿产资源确需使用农民集体所有土地的，可以依法实施征收。

勘查矿产资源可以依照土地管理法律、行政法规的规定临时使用土地。露天开采战略性矿产资源占用土地，经科学论证，具备边开采、边复垦条件的，报省级以上人民政府自然资源主管部门批准后，可以临时使用土地；临时使用农用地的，还应当按照国家有关规定及时恢复种植条件、耕地质量或者恢复植被、生产条件，确保原地类数量不减少、质量不下降、农民利益有保障。

勘查、开采矿产资源用地的范围和使用期限应当根据需要确定，使用期限最长不超过矿业权期限。

第三十五条 矿业权所在地的县级人民政府自然资源主管部门应当公告矿业权人勘查、开采区域范围。矿业权人在勘查、开采区域内勘查、开采矿产资源，可以依法在相邻区域通行，架设供电、供水、通讯等相关设施。

任何单位和个人不得实施下列行为：

（一）进入他人的勘查、开采区域勘查、开采矿产资源；

（二）扰乱勘查、开采区域的生产秩序、工作秩序；

（三）侵占、哄抢矿业权人依法开采的矿产品；

（四）其他干扰、破坏矿产资源勘查、开采活动正常进行的行为。

第三十六条 石油、天然气等矿产资源勘查过程中发现可供开采的石油、天然气等矿产资源的，探矿权人依法履行相关程序后，可以进行开采，但应当在国务院自然资源主管部门规定的期限内依法取得采矿权和采矿许可证。

第三十七条 国家鼓励、支持矿业绿色低碳转型发展，加强绿色矿山建设。

勘查、开采矿产资源，应当采用先进适用、符合生态环境保护和安全生产要求的工艺、设备、技术，不得使用国家明令淘汰的工艺、设备、技术。

开采矿产资源应当采取有效措施，避免、减少对矿区森林、草原、耕地、湿地、河湖、海洋等生态系统的破坏，并加强对尾矿库建设、运行、闭库等活动的管理，防范生态环境和安全风险。

第三十八条 勘查活动结束后，探矿权人应当及时对勘查区域进行清理，清除可能危害公共安全的设施、设备等，对废弃的探坑、探井等实施回填、封堵；破坏地表植被的，应当及时恢复。

勘查活动临时占用耕地的，应当及时恢复种植条件和耕地质量；临时占用林地、草地的，应当及时恢复植被和生产条件。

第三十九条 开采矿产资源，应当采取合理的开采顺序、开采方法，并采取有效措施确保矿产资源开采回采率、选矿回收率和综合利用率达到有关国家标准的要求。

开采矿产资源，应当采取有效措施保护地下水资源，并优先使用矿井水。

采矿权人在开采主要矿种的同时，对具有工业价值的共生和伴生矿产应当综合开采、综合利用，防止浪费；对暂时不能综合开采或者必须同时采出但暂时不能综合利用的矿产以及含有有用组分的尾矿，应当采取有效的保护措施，防止损失破坏。

国家制定和完善提高矿产资源开采回采率、选矿回收率、综合利用率的激励性政策措施。

第四十条 国家建立矿产资源储量管理制度，具体办法由国务院制定。

矿业权人查明可供开采的矿产资源或者发现矿产资源储量发生重大变化的，应当按照规定编制矿产资源储量报告并报送县级以上人民政府自然资源主管部门。矿业权人应当对矿产资源储量报告的真实性负责。

第四十一条 采矿权人应当按照国家有关规定将闭坑地质报告报送县级以上地方人民政府自然资源主管部门。

采矿权人应当在矿山闭坑前或者闭坑后的合理期限内采取安全措施、防治环境污染和生态破坏。

县级以上地方人民政府应当组织有关部门加强闭坑的监督管理。

第四十二条 勘查、开采矿产资源，应当遵守有关生态环境保护、安全生产、职业病防治等法律、法规的规定，防止污染环境、破坏生态，预防和减少生产安全事故，预防发生职业病。

第四十三条 勘查、开采矿产资源时发现重要地质遗迹、古生物化石和文物的，应当加以保护并及时报告有关部门。

第四章 矿区生态修复

第四十四条 矿区生态修复应当坚持自然恢复与人工修复相结合，遵循因地制宜、科学规划、系统治理、合理利用的原则，采取工程、技术、生物等措施，做好地质环境恢复治理、地貌重塑、植被恢复、土地复垦等。涉及矿区污染治理的，应当遵守相关法律法规和技术标准等要求。

国务院自然资源主管部门会同国务院生态环境主管部门等有关部门制定矿区生态修复技术规范。

国务院生态环境主管部门指导、协调和监督矿区生态修复工作。

县级以上地方人民政府应当加强对矿区生态修复工作的统筹和监督，保障矿区生态修复与污染防治、水土保持、植被恢复等协同实施，提升矿区生态环境保护和恢复效果。

第四十五条 因开采矿产资源导致矿区生态破坏的，采矿权人应当依法履行生态修复义务。采矿权人的生态修复义务不因采矿权消灭而免除。

采矿权转让的，由受让人履行矿区生态修复义务，国家另有规定或者矿业权出让、转让合同另有约定的除外。

历史遗留的废弃矿区，矿区生态修复责任人灭失或者无法确认的，由所在地县级以上地方人民政府组织开展矿区生态修复。

国家鼓励社会资本参与矿区生态修复。

第四十六条 开采矿产资源前，采矿权人应当依照法律、法规和国务院自然资源主管部门的规定以及矿业权出让合同编制矿区生态修复方案，随开采方案报原矿业权出让部门批准。矿区生态修复方案应当包括尾矿库生态修复的专门措施。

编制矿区生态修复方案，应当在矿区涉及的有关范围内公示征求意见，并专门听取矿区涉及的居民委员会、村民委员会、农村集体经济组织和居民代表、村民代表的意见。

第四十七条 采矿权人应当按照经批准的矿区生态修复方案进行矿区生态修复。能够边开采、边修复的，应当边开采、边修复；能够分区、分期修复的，应当分区、分期修复；不能边开采、边修复或者分区、分期修复的，应当在矿山闭坑前或者闭坑后的合理期限内及时修复。

第四十八条 矿区生态修复由县级以上地方人民政府自然资源主管部门会同生态环境主管部门等有关部门组织验收。验收应当邀请有关专家以及矿区涉及的居民委员会、村民委员会、农村集体经济组织和居民代表、村民代表参加，验收结果应当向社会公布。

矿区生态修复分区、分期进行的，应当分区、分期验收。

第四十九条 采矿权人应当按照规定提取矿区生态修复费用，专门用于矿区生态修复。矿区生态修复费用计入成本。

县级以上人民政府自然资源主管部门应当会同财政等有关部门对矿区生态修复费用的提取、使用情况进行监督检查。

矿区生态修复费用提取、使用和监督管理的具体办法由国务院财政部门会同国务院自然资源主管部门制定。

第五章 矿产资源储备和应急

第五十条 国家构建产品储备、产能储备和产地储备相结合的战略性矿产资源储备体系，科学合理确定储备结构、规模和布局并动态调整。

第五十一条 国务院发展改革、财政、物资储备、能源等有关部门和省、自治区、直辖市人民政府应当按照国家有关规定加强战略性矿产资源储备设施建设，组织实施矿产品储备，建立灵活高效的收储、轮换、动用机制。

第五十二条 开采战略性矿产资源的采矿权人应当按照国家有关规定，落实产能储备责任，合理规划生产能力，确保应急增产需要。

第五十三条 国务院自然资源主管部门会同有关部门，根据保障国家矿产资源安全需要，结合资源储量、分布情况及其稀缺和重要程度等因素，划定战略性矿产资源储备地。

战略性矿产资源储备地管理办法由国务院自然资源主管部门会同有关部门制定。

第五十四条 国家建立和完善矿产资源供应安全预测预警体系，提高预测预警能力和水平，及时对矿产品供求变化、价格波动以及安全风险状况等进行预测预警。

第五十五条 出现矿产品供需严重失衡、经济社会发展和人民生活受到重大影响等矿产资源应急状态的，省级以上人民政府应当按照职责权限及时启动应急响应，可以依法采取下列应急处置措施：

（一）发布矿产品供求等相关信息；

（二）紧急调度矿产资源开采以及矿产品运输、供应；

（三）在战略性矿产资源储备地等区域组织实施矿产资源应急性开采；

（四）动用矿产品储备；

（五）实施价格干预措施、紧急措施；

（六）其他必要措施。

出现矿产资源应急状态时，有关单位和个人应当服从统一指挥和安排，承担相应的应急义务，配合采取应急处置措施，协助维护市场秩序。

因执行应急处置措施给有关单位、个人造成损失的，应当按照有关规定给予补偿。

矿产资源应急状态消除后，省级以上人民政府应当按照职责权限及时终止实施应急处置措施。

第六章　监 督 管 理

第五十六条　县级以上人民政府自然资源主管部门和其他有关部门应当按照职责分工，加强对矿产资源勘查、开采和矿区生态修复等活动的监督检查，依法及时查处违法行为。

上级人民政府自然资源主管部门和其他有关部门应当加强对下级人民政府自然资源主管部门和其他有关部门执法活动的监督。

第五十七条　县级以上人民政府自然资源主管部门和其他有关部门实施监督检查，可以采取下列措施：

（一）进入勘查、开采区域等实施现场查验、勘测；

（二）询问与检查事项有关的人员，要求其对有关事项作出说明；

（三）查阅、复制与检查事项有关的文件、资料；

（四）查封、扣押直接用于违法勘查、开采的工具、设备、设施、场所以及违法采出的矿产品；

（五）法律、法规规定的其他措施。

自然资源主管部门和其他有关部门依法实施监督检查，被检查单位及其有关人员应当予以配合，不得拒绝、阻碍。

自然资源主管部门和其他有关部门及其工作人员对监督检查过程中知悉的国家秘密、商业秘密、个人隐私和个人信息依法负有保密义务。

第五十八条 国家建立矿产资源开发利用水平调查评估制度。

国务院自然资源主管部门建立矿产资源开发利用水平评估指标体系。县级以上人民政府自然资源主管部门应当加强对矿产资源勘查、开采情况的汇总、分析，并定期进行评估，提出节约集约开发利用矿产资源等方面的改进措施。

第五十九条 国务院自然资源主管部门建立全国矿业权分布底图和动态数据库。

国务院自然资源主管部门组织建立全国矿产资源监督管理信息系统，提升监管和服务效能，依法及时公开监管和服务信息，并做好信息共享工作。

第六十条 县级以上人民政府自然资源主管部门应当按照国家有关规定，将矿业权人和从事矿区生态修复等活动的其他单位和个人的信用信息记入信用记录。

第六十一条 任何单位和个人对违反矿产资源法律、法规的行为，有权向县级以上人民政府自然资源主管部门和其他有关部门举报，接到举报的部门应当及时依法处理。

第七章 法律责任

第六十二条 县级以上人民政府自然资源主管部门和其他有关部门的工作人员在矿产资源勘查、开采和矿区生态修复等活动的监督管理工作中滥用职权、玩忽职守、徇私舞弊的，依法给予处分。

第六十三条 违反本法规定，未取得探矿权勘查矿产资源的，由县级以上人民政府自然资源主管部门责令停止违法行为，没收违法所得以及直接用于违法勘查的工具、设备，并处十万元以上一百万元以下罚款；拒不停止违法行为的，可以责令停业整顿。

超出探矿权登记的勘查区域勘查矿产资源的，依照前款规定处罚；拒不停止违法行为，情节严重的，原矿业权出让部门可以吊销其勘查许可证。

第六十四条 违反本法规定，未取得采矿权开采矿产资源的，由县级以上人民政府自然资源主管部门责令停止违法行为，没收直接用于违法开采的工具、设备以及违法采出的矿产品，并处违法采出的矿产品市场价值三倍以上五倍以下罚款；没有采出矿产品或者违法采出的矿产品市场价值不足十万元的，并处十万元以上一百万元以下罚款；拒不停止违法行为的，可以责令停业整顿。

超出采矿权登记的开采区域开采矿产资源的，依照前款规定处罚；拒不停止违法行为，情节严重的，原矿业权出让部门可以吊销其采矿许可证。

违反本法规定，从事石油、天然气等矿产资源勘查活动，未在国务院自然资源主管部门规定的期限内依法取得采矿权进行开采的，依照本条第一款规定处罚。

第六十五条 违反本法规定，建设项目未经批准压覆战略性矿产资源的，由县级以上人民政府自然资源主管部门责令改正，处十万元以上一百万元以下罚款。

第六十六条 违反本法规定，探矿权人未取得勘查许可证进行矿产资源勘查作业的，由县级以上人民政府自然资源主管部门责令改正；拒不改正的，没收违法所得以及直接用于违法勘查的工具、设备，处十万元以上五十万元以下罚款，并可以责令停业整顿。

第六十七条 违反本法规定，采矿权人未取得采矿许可证进行矿产资源开采作业的，由县级以上人民政府自然资源主管部门责令改正；拒不改正的，没收直接用于违法开采的工具、设备以及违法采出的矿产品，处违法采出的矿产品市场价值一倍以上三倍以下罚款，没有采出矿产品或者违法采出的矿产品市场价值不足十万元的，处十万元以上五十万元以下罚款，并可以责令停业整顿。

违反本法规定，从事石油、天然气等矿产资源勘查活动，未在国务院自然资源主管部门规定的期限内依法取得采矿许可证进行开采的，依照前款规定处罚。

第六十八条 违反本法规定，有下列情形之一，造成矿产资源破坏的，由县级以上人民政府自然资源主管部门责令改正，处十万元以上五十万元以下罚款；拒不改正的，可以责令停业整顿；情节严重的，原矿业权出让部门可以吊销其勘查许可证、采矿许可证：

（一）未按照经批准的勘查方案、开采方案进行矿产资源勘查、开采作业；

（二）采取不合理的开采顺序、开采方法开采矿产资源；

（三）矿产资源开采回采率、选矿回收率和综合利用率未达到有关国家标准的要求。

违反本法规定，未按照保护性开采要求开采特定战略性矿产资源的，依照前款规定处罚；法律、行政法规另有规定的，依照其规定。

第六十九条 违反本法规定，勘查活动结束后探矿权人未及时对勘查区域进行清理或者未及时恢复受到破坏的地表植被的，由县级以上人民政府自然资源主管部门责令改正，可以处五万元以下罚款；拒不改正的，处五万元以上十万元以下罚款，由县级以上人民政府自然资源主管部门确定有关单位代为清理、恢复，所需费用由探矿权人承担。

第七十条 未按照规定汇交地质资料，或者矿业权人未按照规定编制并报送矿产资源储量报告的，由县级以上人民政府自然资源主管部门责令改正，处二万元以上十万元以下罚款；情节严重的，处十万元以上五十万元以下罚款。

矿业权人故意报送虚假的矿产资源储量报告的，由县级以上人民政府自然资源主管部门没收违法所得，并处二十万元以上一百万元以下罚款；情节严重的，由原矿业权出让部门收回矿业权。

第七十一条 违反本法规定，采矿权人不履行矿区生态修复义务或者未按照经批准的矿区生态修复方案进行矿区生态修复的，由县级以上人民政府自然资源主管部门责令改正，可以处矿区生态修复所需费用二倍以下罚款；拒不改正的，处矿区生态修复所需费用二倍以上五倍以下罚款，由县级以上人民政府自然资源主管部门确定有关单位代为修复，所需费用由采矿权人承担。

第七十二条　出现矿产资源应急状态时，有关单位和个人违反本法规定，不服从统一指挥和安排、不承担相应的应急义务或者不配合采取应急处置措施的，由省级以上人民政府自然资源主管部门或者其他有关部门责令改正，给予警告或者通报批评；拒不改正的，对单位处十万元以上五十万元以下罚款，根据情节轻重，可以责令停业整顿或者依法吊销相关许可证件，对个人处一万元以上五万元以下罚款。

第七十三条　违反本法规定，矿业权人拒绝、阻碍监督检查，或者在接受监督检查时弄虚作假的，由县级以上人民政府自然资源主管部门或者其他有关部门责令改正；拒不改正的，处二万元以上十万元以下罚款。

第七十四条　违反本法规定，破坏矿产资源或者污染环境、破坏生态，损害国家利益、社会公共利益的，人民检察院、法律规定的机关和有关组织可以依法向人民法院提起诉讼。

第七十五条　违反本法规定，造成他人人身财产损害或者生态环境损害的，依法承担民事责任；构成违反治安管理行为的，依法给予治安管理处罚；构成犯罪的，依法追究刑事责任。

第七十六条　勘查、开采矿产资源、开展矿区生态修复，违反有关生态环境保护、安全生产、职业病防治、土地管理、林业草原、文物保护等法律、行政法规的，依照有关法律、行政法规的规定处理、处罚。

第八章　附　　则

第七十七条　外商投资勘查、开采矿产资源，法律、行政法规另有规定的，依照其规定。

第七十八条　中华人民共和国境外的组织和个人，实施危害中华人民共和国国家矿产资源安全行为的，依法追究其法律责任。

第七十九条 中华人民共和国缔结或者参加的国际条约与本法有不同规定的，适用国际条约的规定；但是，中华人民共和国声明保留的条款除外。

第八十条 本法自2025年7月1日起施行。

中华人民共和国野生动物保护法

（1988年11月8日第七届全国人民代表大会常务委员会第四次会议通过　根据2004年8月28日第十届全国人民代表大会常务委员会第十一次会议《关于修改〈中华人民共和国野生动物保护法〉的决定》第一次修正　根据2009年8月27日第十一届全国人民代表大会常务委员会第十次会议《关于修改部分法律的决定》第二次修正　2016年7月2日第十二届全国人民代表大会常务委员会第二十一次会议第一次修订　根据2018年10月26日第十三届全国人民代表大会常务委员会第六次会议《关于修改〈中华人民共和国野生动物保护法〉等十五部法律的决定》第三次修正　2022年12月30日第十三届全国人民代表大会常务委员会第三十八次会议第二次修订　2022年12月30日中华人民共和国主席令第126号公布　自2023年5月1日起施行）

第一章　总　　则

第一条 为了保护野生动物，拯救珍贵、濒危野生动物，维护生物多样性和生态平衡，推进生态文明建设，促进人与自然和谐共生，制定本法。

第二条 在中华人民共和国领域及管辖的其他海域，从事野生动物保护及相关活动，适用本法。

本法规定保护的野生动物，是指珍贵、濒危的陆生、水生野生动物和有重要生态、科学、社会价值的陆生野生动物。

本法规定的野生动物及其制品，是指野生动物的整体（含卵、蛋）、部分及衍生物。

珍贵、濒危的水生野生动物以外的其他水生野生动物的保护，适用《中华人民共和国渔业法》等有关法律的规定。

第三条 野生动物资源属于国家所有。

国家保障依法从事野生动物科学研究、人工繁育等保护及相关活动的组织和个人的合法权益。

第四条 国家加强重要生态系统保护和修复，对野生动物实行保护优先、规范利用、严格监管的原则，鼓励和支持开展野生动物科学研究与应用，秉持生态文明理念，推动绿色发展。

第五条 国家保护野生动物及其栖息地。县级以上人民政府应当制定野生动物及其栖息地相关保护规划和措施，并将野生动物保护经费纳入预算。

国家鼓励公民、法人和其他组织依法通过捐赠、资助、志愿服务等方式参与野生动物保护活动，支持野生动物保护公益事业。

本法规定的野生动物栖息地，是指野生动物野外种群生息繁衍的重要区域。

第六条 任何组织和个人有保护野生动物及其栖息地的义务。禁止违法猎捕、运输、交易野生动物，禁止破坏野生动物栖息地。

社会公众应当增强保护野生动物和维护公共卫生安全的意识，防止野生动物源性传染病传播，抵制违法食用野生动物，养成文明健康的生活方式。

任何组织和个人有权举报违反本法的行为，接到举报的县级以上人民政府野生动物保护主管部门和其他有关部门应当及时依法处理。

第七条 国务院林业草原、渔业主管部门分别主管全国陆生、水生野生动物保护工作。

县级以上地方人民政府对本行政区域内野生动物保护工作负责，其林业草原、渔业主管部门分别主管本行政区域内陆生、水生野生动物保护工作。

县级以上人民政府有关部门按照职责分工，负责野生动物保护相关工作。

第八条 各级人民政府应当加强野生动物保护的宣传教育和科学知识普及工作，鼓励和支持基层群众性自治组织、社会组织、企业事业单位、志愿者开展野生动物保护法律法规、生态保护等知识的宣传活动；组织开展对相关从业人员法律法规和专业知识培训；依法公开野生动物保护和管理信息。

教育行政部门、学校应当对学生进行野生动物保护知识教育。

新闻媒体应当开展野生动物保护法律法规和保护知识的宣传，并依法对违法行为进行舆论监督。

第九条 在野生动物保护和科学研究方面成绩显著的组织和个人，由县级以上人民政府按照国家有关规定给予表彰和奖励。

第二章　野生动物及其栖息地保护

第十条 国家对野生动物实行分类分级保护。

国家对珍贵、濒危的野生动物实行重点保护。国家重点保护的野生动物分为一级保护野生动物和二级保护野生动物。国家重点保护野生动物名录，由国务院野生动物保护主管部门组织科学论证评估后，报国务院批准公布。

有重要生态、科学、社会价值的陆生野生动物名录，由国务院野生动物保护主管部门征求国务院农业农村、自然资源、科学技术、生态环境、卫生健康等部门意见，组织科学论证评估后制定并公布。

地方重点保护野生动物，是指国家重点保护野生动物以外，由省、自治区、直辖市重点保护的野生动物。地方重点保护野生动物名录，由省、自治区、直辖市人民政府组织科学论证评估，征求国务院野生动物保护主管部门意见后制定、公布。

对本条规定的名录，应当每五年组织科学论证评估，根据论证评估情况进行调整，也可以根据野生动物保护的实际需要及时进行调整。

第十一条 县级以上人民政府野生动物保护主管部门应当加强信

息技术应用，定期组织或者委托有关科学研究机构对野生动物及其栖息地状况进行调查、监测和评估，建立健全野生动物及其栖息地档案。

对野生动物及其栖息地状况的调查、监测和评估应当包括下列内容：

（一）野生动物野外分布区域、种群数量及结构；

（二）野生动物栖息地的面积、生态状况；

（三）野生动物及其栖息地的主要威胁因素；

（四）野生动物人工繁育情况等其他需要调查、监测和评估的内容。

第十二条 国务院野生动物保护主管部门应当会同国务院有关部门，根据野生动物及其栖息地状况的调查、监测和评估结果，确定并发布野生动物重要栖息地名录。

省级以上人民政府依法将野生动物重要栖息地划入国家公园、自然保护区等自然保护地，保护、恢复和改善野生动物生存环境。对不具备划定自然保护地条件的，县级以上人民政府可以采取划定禁猎（渔）区、规定禁猎（渔）期等措施予以保护。

禁止或者限制在自然保护地内引入外来物种、营造单一纯林、过量施洒农药等人为干扰、威胁野生动物生息繁衍的行为。

自然保护地依照有关法律法规的规定划定和管理，野生动物保护主管部门依法加强对野生动物及其栖息地的保护。

第十三条 县级以上人民政府及其有关部门在编制有关开发利用规划时，应当充分考虑野生动物及其栖息地保护的需要，分析、预测和评估规划实施可能对野生动物及其栖息地保护产生的整体影响，避免或者减少规划实施可能造成的不利后果。

禁止在自然保护地建设法律法规规定不得建设的项目。机场、铁路、公路、航道、水利水电、风电、光伏发电、围堰、围填海等建设项目的选址选线，应当避让自然保护地以及其他野生动物重要栖息地、迁徙洄游通道；确实无法避让的，应当采取修建野生动物通道、过鱼设施等措施，消除或者减少对野生动物的不利影响。

建设项目可能对自然保护地以及其他野生动物重要栖息地、迁徙洄游通道产生影响的，环境影响评价文件的审批部门在审批环境影响评价文件时，涉及国家重点保护野生动物的，应当征求国务院野生动物保护主管部门意见；涉及地方重点保护野生动物的，应当征求省、自治区、直辖市人民政府野生动物保护主管部门意见。

第十四条 各级野生动物保护主管部门应当监测环境对野生动物的影响，发现环境影响对野生动物造成危害时，应当会同有关部门及时进行调查处理。

第十五条 国家重点保护野生动物和有重要生态、科学、社会价值的陆生野生动物或者地方重点保护野生动物受到自然灾害、重大环境污染事故等突发事件威胁时，当地人民政府应当及时采取应急救助措施。

国家加强野生动物收容救护能力建设。县级以上人民政府野生动物保护主管部门应当按照国家有关规定组织开展野生动物收容救护工作，加强对社会组织开展野生动物收容救护工作的规范和指导。

收容救护机构应当根据野生动物收容救护的实际需要，建立收容救护场所，配备相应的专业技术人员、救护工具、设备和药品等。

禁止以野生动物收容救护为名买卖野生动物及其制品。

第十六条 野生动物疫源疫病监测、检疫和与人畜共患传染病有关的动物传染病的防治管理，适用《中华人民共和国动物防疫法》等有关法律法规的规定。

第十七条 国家加强对野生动物遗传资源的保护，对濒危野生动物实施抢救性保护。

国务院野生动物保护主管部门应当会同国务院有关部门制定有关野生动物遗传资源保护和利用规划，建立国家野生动物遗传资源基因库，对原产我国的珍贵、濒危野生动物遗传资源实行重点保护。

第十八条 有关地方人民政府应当根据实际情况和需要建设隔离防护设施、设置安全警示标志等，预防野生动物可能造成的危害。

县级以上人民政府野生动物保护主管部门根据野生动物及其栖息地调查、监测和评估情况，对种群数量明显超过环境容量的物种，可以采取迁地保护、猎捕等种群调控措施，保障人身财产安全、生态安全和农业生产。对种群调控猎捕的野生动物按照国家有关规定进行处理和综合利用。种群调控的具体办法由国务院野生动物保护主管部门会同国务院有关部门制定。

第十九条　因保护本法规定保护的野生动物，造成人员伤亡、农作物或者其他财产损失的，由当地人民政府给予补偿。具体办法由省、自治区、直辖市人民政府制定。有关地方人民政府可以推动保险机构开展野生动物致害赔偿保险业务。

有关地方人民政府采取预防、控制国家重点保护野生动物和其他致害严重的陆生野生动物造成危害的措施以及实行补偿所需经费，由中央财政予以补助。具体办法由国务院财政部门会同国务院野生动物保护主管部门制定。

在野生动物危及人身安全的紧急情况下，采取措施造成野生动物损害的，依法不承担法律责任。

第三章　野生动物管理

第二十条　在自然保护地和禁猎（渔）区、禁猎（渔）期内，禁止猎捕以及其他妨碍野生动物生息繁衍的活动，但法律法规另有规定的除外。

野生动物迁徙洄游期间，在前款规定区域外的迁徙洄游通道内，禁止猎捕并严格限制其他妨碍野生动物生息繁衍的活动。县级以上人民政府或者其野生动物保护主管部门应当规定并公布迁徙洄游通道的范围以及妨碍野生动物生息繁衍活动的内容。

第二十一条　禁止猎捕、杀害国家重点保护野生动物。

因科学研究、种群调控、疫源疫病监测或者其他特殊情况，需要猎捕国家一级保护野生动物的，应当向国务院野生动物保护主管部门申请特许猎捕证；需要猎捕国家二级保护野生动物的，应当向省、自治区、直辖市人民政府野生动物保护主管部门申请特许猎捕证。

第二十二条　猎捕有重要生态、科学、社会价值的陆生野生动物和地方重点保护野生动物的，应当依法取得县级以上地方人民政府野生动物保护主管部门核发的狩猎证，并服从猎捕量限额管理。

第二十三条 猎捕者应当严格按照特许猎捕证、狩猎证规定的种类、数量或者限额、地点、工具、方法和期限进行猎捕。猎捕作业完成后，应当将猎捕情况向核发特许猎捕证、狩猎证的野生动物保护主管部门备案。具体办法由国务院野生动物保护主管部门制定。猎捕国家重点保护野生动物应当由专业机构和人员承担；猎捕有重要生态、科学、社会价值的陆生野生动物，有条件的地方可以由专业机构有组织开展。

持枪猎捕的，应当依法取得公安机关核发的持枪证。

第二十四条 禁止使用毒药、爆炸物、电击或者电子诱捕装置以及猎套、猎夹、捕鸟网、地枪、排铳等工具进行猎捕，禁止使用夜间照明行猎、歼灭性围猎、捣毁巢穴、火攻、烟熏、网捕等方法进行猎捕，但因物种保护、科学研究确需网捕、电子诱捕以及植保作业等除外。

前款规定以外的禁止使用的猎捕工具和方法，由县级以上地方人民政府规定并公布。

第二十五条 人工繁育野生动物实行分类分级管理，严格保护和科学利用野生动物资源。国家支持有关科学研究机构因物种保护目的人工繁育国家重点保护野生动物。

人工繁育国家重点保护野生动物实行许可制度。人工繁育国家重点保护野生动物的，应当经省、自治区、直辖市人民政府野生动物保护主管部门批准，取得人工繁育许可证，但国务院对批准机关另有规定的除外。

人工繁育有重要生态、科学、社会价值的陆生野生动物的，应当向县级人民政府野生动物保护主管部门备案。

人工繁育野生动物应当使用人工繁育子代种源，建立物种系谱、繁育档案和个体数据。因物种保护目的确需采用野外种源的，应当遵守本法有关猎捕野生动物的规定。

本法所称人工繁育子代，是指人工控制条件下繁殖出生的子代个体且其亲本也在人工控制条件下出生。

人工繁育野生动物的具体管理办法由国务院野生动物保护主管部门制定。

第二十六条 人工繁育野生动物应当有利于物种保护及其科学研究，不得违法猎捕野生动物，破坏野外种群资源，并根据野生动物习性确保其具有必要的活动空间和生息繁衍、卫生健康条件，具备与其繁育目的、种类、发展规模相适应的场所、设施、技术，符合有关技术标准和防疫要求，不得虐待野生动物。

省级以上人民政府野生动物保护主管部门可以根据保护国家重点保护野生动物的需要，组织开展国家重点保护野生动物放归野外环境工作。

前款规定以外的人工繁育的野生动物放归野外环境的，适用本法有关放生野生动物管理的规定。

第二十七条 人工繁育野生动物应当采取安全措施，防止野生动物伤人和逃逸。人工繁育的野生动物造成他人损害、危害公共安全或者破坏生态的，饲养人、管理人等应当依法承担法律责任。

第二十八条 禁止出售、购买、利用国家重点保护野生动物及其制品。

因科学研究、人工繁育、公众展示展演、文物保护或者其他特殊情况，需要出售、购买、利用国家重点保护野生动物及其制品的，应当经省、自治区、直辖市人民政府野生动物保护主管部门批准，并按照规定取得和使用专用标识，保证可追溯，但国务院对批准机关另有规定的除外。

出售、利用有重要生态、科学、社会价值的陆生野生动物和地方重点保护野生动物及其制品的，应当提供狩猎、人工繁育、进出口等合法来源证明。

实行国家重点保护野生动物和有重要生态、科学、社会价值的陆生野生动物及其制品专用标识的范围和管理办法，由国务院野生动物保护主管部门规定。

出售本条第二款、第三款规定的野生动物的，还应当依法附有检疫证明。

利用野生动物进行公众展示展演应当采取安全管理措施，并保障野生动物健康状态，具体管理办法由国务院野生动物保护主管部门会同国务院有关部门制定。

第二十九条 对人工繁育技术成熟稳定的国家重点保护野生动物或者有重要生态、科学、社会价值的陆生野生动物，经科学论证评估，纳入国务院野生动物保护主管部门制定的人工繁育国家重点保护野生动物名录或者有重要生态、科学、社会价值的陆生野生动物名录，并适时调整。对列入名录的野生动物及其制品，可以凭人工繁育许可证或者备案，按照省、自治区、直辖市人民政府野生动物保护主管部门或者其授权的部门核验的年度生产数量直接取得专用标识，凭专用标识出售和利用，保证可追溯。

对本法第十条规定的国家重点保护野生动物名录和有重要生态、科学、社会价值的陆生野生动物名录进行调整时，根据有关野外种群保护情况，可以对前款规定的有关人工繁育技术成熟稳定野生动物的人工种群，不再列入国家重点保护野生动物名录和有重要生态、科学、社会价值的陆生野生动物名录，实行与野外种群不同的管理措施，但应当依照本法第二十五条第二款、第三款和本条第一款的规定取得人工繁育许可证或者备案和专用标识。

对符合《中华人民共和国畜牧法》第十二条第二款规定的陆生野生动物人工繁育种群，经科学论证评估，可以列入畜禽遗传资源目录。

第三十条 利用野生动物及其制品的，应当以人工繁育种群为主，有利于野外种群养护，符合生态文明建设的要求，尊重社会公德，遵守法律法规和国家有关规定。

野生动物及其制品作为药品等经营和利用的，还应当遵守《中华人民共和国药品管理法》等有关法律法规的规定。

第三十一条 禁止食用国家重点保护野生动物和国家保护的有重要生态、科学、社会价值的陆生野生动物以及其他陆生野生动物。

禁止以食用为目的猎捕、交易、运输在野外环境自然生长繁殖的前款规定的野生动物。

禁止生产、经营使用本条第一款规定的野生动物及其制品制作的食品。

禁止为食用非法购买本条第一款规定的野生动物及其制品。

第三十二条 禁止为出售、购买、利用野生动物或者禁止使用的猎捕工具发布广告。禁止为违法出售、购买、利用野生动物制品发布广告。

第三十三条 禁止网络平台、商品交易市场、餐饮场所等，为违法出售、购买、食用及利用野生动物及其制品或者禁止使用的猎捕工具提供展示、交易、消费服务。

第三十四条 运输、携带、寄递国家重点保护野生动物及其制品，或者依照本法第二十九条第二款规定调出国家重点保护野生动物名录的野生动物及其制品出县境的，应当持有或者附有本法第二十一条、第二十五条、第二十八条或者第二十九条规定的许可证、批准文件的副本或者专用标识。

运输、携带、寄递有重要生态、科学、社会价值的陆生野生动物和地方重点保护野生动物，或者依照本法第二十九条第二款规定调出有重要生态、科学、社会价值的陆生野生动物名录的野生动物出县境的，应当持有狩猎、人工繁育、进出口等合法来源证明或者专用标识。

运输、携带、寄递前两款规定的野生动物出县境的，还应当依照《中华人民共和国动物防疫法》的规定附有检疫证明。

铁路、道路、水运、民航、邮政、快递等企业对托运、携带、交寄野生动物及其制品的，应当查验其相关证件、文件副本或者专用标识，对不符合规定的，不得承运、寄递。

第三十五条 县级以上人民政府野生动物保护主管部门应当对科学研究、人工繁育、公众展示展演等利用野生动物及其制品的活动进行规范和监督管理。

市场监督管理、海关、铁路、道路、水运、民航、邮政等部门应当按照职责分工对野生动物及其制品交易、利用、运输、携带、寄递等活动进行监督检查。

国家建立由国务院林业草原、渔业主管部门牵头，各相关部门配合的野生动物联合执法工作协调机制。地方人民政府建立相应联合执法工作协调机制。

县级以上人民政府野生动物保护主管部门和其他负有野生动物保护职责的部门发现违法事实涉嫌犯罪的，应当将犯罪线索移送具有侦查、调查职权的机关。

公安机关、人民检察院、人民法院在办理野生动物保护犯罪案件过程中认为没有犯罪事实，或者犯罪事实显著轻微，不需要追究刑事责任，但应当予以行政处罚的，应当及时将案件移送县级以上人民政府野生动物保护主管部门和其他负有野生动物保护职责的部门，有关部门应当依法处理。

第三十六条 县级以上人民政府野生动物保护主管部门和其他负有野生动物保护职责的部门，在履行本法规定的职责时，可以采取下列措施：

（一）进入与违反野生动物保护管理行为有关的场所进行现场检查、调查；

（二）对野生动物进行检验、检测、抽样取证；

（三）查封、复制有关文件、资料，对可能被转移、销毁、隐匿或者篡改的文件、资料予以封存；

（四）查封、扣押无合法来源证明的野生动物及其制品，查封、扣押涉嫌非法猎捕野生动物或者非法收购、出售、加工、运输猎捕野生动物及其制品的工具、设备或者财物。

第三十七条 中华人民共和国缔结或者参加的国际公约禁止或者限制贸易的野生动物或者其制品名录，由国家濒危物种进出口管理机构制定、调整并公布。

进出口列入前款名录的野生动物或者其制品，或者出口国家重点保护野生动物或者其制品的，应当经国务院野生动物保护主管部门或者国务院批准，并取得国家濒危物种进出口管理机构核发的允许进出口证明书。海关凭允许进出口证明书办理进出境检疫，并依法办理其他海关手续。

涉及科学技术保密的野生动物物种的出口，按照国务院有关规定办理。

列入本条第一款名录的野生动物，经国务院野生动物保护主管部门核准，按照本法有关规定进行管理。

第三十八条 禁止向境外机构或者人员提供我国特有的野生动物遗传资源。开展国际科学研究合作的，应当依法取得批准，有我国科研机构、高等学校、企业及其研究人员实质性参与研究，按照规定提出国家共享惠益的方案，并遵守我国法律、行政法规的规定。

第三十九条 国家组织开展野生动物保护及相关执法活动的国际合作与交流，加强与毗邻国家的协作，保护野生动物迁徙通道；建立防范、打击野生动物及其制品的走私和非法贸易的部门协调机制，开展防范、打击走私和非法贸易行动。

第四十条 从境外引进野生动物物种的，应当经国务院野生动物保护主管部门批准。从境外引进列入本法第三十七条第一款名录的野生动物，还应当依法取得允许进出口证明书。海关凭进口批准文件或者允许进出口证明书办理进境检疫，并依法办理其他海关手续。

从境外引进野生动物物种的，应当采取安全可靠的防范措施，防止其进入野外环境，避免对生态系统造成危害；不得违法放生、丢弃，确需将其放生至野外环境的，应当遵守有关法律法规的规定。

发现来自境外的野生动物对生态系统造成危害的，县级以上人民政府野生动物保护等有关部门应当采取相应的安全控制措施。

第四十一条 国务院野生动物保护主管部门应当会同国务院有关部门加强对放生野生动物活动的规范、引导。任何组织和个人将野生动物放生至野外环境，应当选择适合放生地野外生存的当地物种，不得干扰当地居民的正常生活、生产，避免对生态系统造成危害。具体办法由国务院野生动物保护主管部门制定。随意放生野生动物，造成他人人身、财产损害或者危害生态系统的，依法承担法律责任。

第四十二条 禁止伪造、变造、买卖、转让、租借特许猎捕证、狩猎证、人工繁育许可证及专用标识，出售、购买、利用国家重点保护野生动物及其制品的批准文件，或者允许进出口证明书、进出口等批准文件。

前款规定的有关许可证书、专用标识、批准文件的发放有关情况，应当依法公开。

第四十三条 外国人在我国对国家重点保护野生动物进行野外考察或者在野外拍摄电影、录像，应当经省、自治区、直辖市人民政府野生动物保护主管部门或者其授权的单位批准，并遵守有关法律法规的规定。

第四十四条 省、自治区、直辖市人民代表大会或者其常务委员会可以根据地方实际情况制定对地方重点保护野生动物等的管理办法。

第四章 法律责任

第四十五条 野生动物保护主管部门或者其他有关部门不依法作出行政许可决定，发现违法行为或者接到对违法行为的举报不依法处理，或者有其他滥用职权、玩忽职守、徇私舞弊等不依法履行职责的行为的，对直接负责的主管人员和其他直接责任人员依法给予处分；构成犯罪的，依法追究刑事责任。

第四十六条 违反本法第十二条第三款、第十三条第二款规定的，依照有关法律法规的规定处罚。

第四十七条 违反本法第十五条第四款规定，以收容救护为名买卖野生动物及其制品的，由县级以上人民政府野生动物保护主管部门没收野生动物及其制品、违法所得，并处野生动物及其制品价值二倍以上二十倍以下罚款，将有关违法信息记入社会信用记录，并向社会公布；构成犯罪的，依法追究刑事责任。

第四十八条 违反本法第二十条、第二十一条、第二十三条第一款、第二十四条第一款规定，有下列行为之一的，由县级以上人民政府野生动物保护主管部门、海警机构和有关自然保护地管理机构按照职责分工没收猎获物、猎捕工具和违法所得，吊销特许猎捕证，并处猎获物价值二倍以上二十倍以下罚款；没有猎获物或者猎获物价值不足五千元的，并处一万元以上十万元以下罚款；构成犯罪的，依法追究刑事责任：

（一）在自然保护地、禁猎（渔）区、禁猎（渔）期猎捕国家重点保护野生动物；

（二）未取得特许猎捕证、未按照特许猎捕证规定猎捕、杀害国家重点保护野生动物；

（三）使用禁用的工具、方法猎捕国家重点保护野生动物。

违反本法第二十三条第一款规定，未将猎捕情况向野生动物保护主管部门备案的，由核发特许猎捕证、狩猎证的野生动物保护主管部门责令限期改正；逾期不改正的，处一万元以上十万元以下罚款；情节严重的，吊销特许猎捕证、狩猎证。

第四十九条 违反本法第二十条、第二十二条、第二十三条第一款、第二十四条第一款规定，有下列行为之一的，由县级以上地方人民政府野生动物保护主管部门和有关自然保护地管理机构按照职责分工没收猎获物、猎捕工具和违法所得，吊销狩猎证，并处猎获物价值一倍以上十倍以下罚款；没有猎获物或者猎获物价值不足二千元的，并处二千元以上二万元以下罚款；构成犯罪的，依法追究刑事责任：

（一）在自然保护地、禁猎（渔）区、禁猎（渔）期猎捕有重要生态、科学、社会价值的陆生野生动物或者地方重点保护野生动物；

（二）未取得狩猎证、未按照狩猎证规定猎捕有重要生态、科学、社会价值的陆生野生动物或者地方重点保护野生动物；

（三）使用禁用的工具、方法猎捕有重要生态、科学、社会价值的陆生野生动物或者地方重点保护野生动物。

违反本法第二十条、第二十四条第一款规定，在自然保护地、禁猎区、禁猎期或者使用禁用的工具、方法猎捕其他陆生野生动物，破坏生态的，由县级以上地方人民政府野生动物保护主管部门和有关自然保护地管理机构按照职责分工没收猎获物、猎捕工具和违法所得，并处猎获物价值一倍以上三倍以下罚款；没有猎获物或者猎获物价值不足一千元的，并处一千元以上三千元以下罚款；构成犯罪的，依法追究刑事责任。

违反本法第二十三条第二款规定，未取得持枪证持枪猎捕野生动物，构成违反治安管理行为的，还应当由公安机关依法给予治安管理处罚；构成犯罪的，依法追究刑事责任。

第五十条　违反本法第三十一条第二款规定，以食用为目的猎捕、交易、运输在野外环境自然生长繁殖的国家重点保护野生动物或者有重要生态、科学、社会价值的陆生野生动物的，依照本法第四十八条、第四十九条、第五十二条的规定从重处罚。

违反本法第三十一条第二款规定，以食用为目的猎捕在野外环境自然生长繁殖的其他陆生野生动物的，由县级以上地方人民政府野生动物保护主管部门和有关自然保护地管理机构按照职责分工没收猎获物、猎捕工具和违法所得；情节严重的，并处猎获物价值一倍以上五倍以下罚款，没有猎获物或者猎获物价值不足二千元的，并处二千元以上一万元以下罚款；构成犯罪的，依法追究刑事责任。

违反本法第三十一条第二款规定，以食用为目的交易、运输在野外环境自然生长繁殖的其他陆生野生动物的，由县级以上地方人民政府野生动物保护主管部门和市场监督管理部门按照职责分工没收野生动物；情节严重的，并处野生动物价值一倍以上五倍以下罚款；构成犯罪的，依法追究刑事责任。

第五十一条　违反本法第二十五条第二款规定，未取得人工繁育许可证，繁育国家重点保护野生动物或者依照本法第二十九条第二款规定调出国家重点保护野生动物名录的野生动物的，由县级以上人民政府野生动物保护主管部门没收野生动物及其制品，并处野生动物及其制品价值一倍以上十倍以下罚款。

违反本法第二十五条第三款规定，人工繁育有重要生态、科学、社会价值的陆生野生动物或者依照本法第二十九条第二款规定调出有重要生态、科学、社会价值的陆生野生动物名录的野生动物未备案的，由县级人民政府野生动物保护主管部门责令限期改正；逾期不改正的，处五百元以上二千元以下罚款。

第五十二条 违反本法第二十八条第一款和第二款、第二十九条第一款、第三十四条第一款规定，未经批准、未取得或者未按照规定使用专用标识，或者未持有、未附有人工繁育许可证、批准文件的副本或者专用标识出售、购买、利用、运输、携带、寄递国家重点保护野生动物及其制品或者依照本法第二十九条第二款规定调出国家重点保护野生动物名录的野生动物及其制品的，由县级以上人民政府野生动物保护主管部门和市场监督管理部门按照职责分工没收野生动物及其制品和违法所得，责令关闭违法经营场所，并处野生动物及其制品价值二倍以上二十倍以下罚款；情节严重的，吊销人工繁育许可证、撤销批准文件、收回专用标识；构成犯罪的，依法追究刑事责任。

违反本法第二十八条第三款、第二十九条第一款、第三十四条第二款规定，未持有合法来源证明或者专用标识出售、利用、运输、携带、寄递有重要生态、科学、社会价值的陆生野生动物、地方重点保护野生动物或者依照本法第二十九条第二款规定调出有重要生态、科学、社会价值的陆生野生动物名录的野生动物及其制品的，由县级以上地方人民政府野生动物保护主管部门和市场监督管理部门按照职责分工没收野生动物，并处野生动物价值一倍以上十倍以下罚款；构成犯罪的，依法追究刑事责任。

违反本法第三十四条第四款规定，铁路、道路、水运、民航、邮政、快递等企业未按照规定查验或者承运、寄递野生动物及其制品的，由交通运输、铁路监督管理、民用航空、邮政管理等相关主管部门按照职责分工没收违法所得，并处违法所得一倍以上五倍以下罚款；情节严重的，吊销经营许可证。

第五十三条 违反本法第三十一条第一款、第四款规定，食用或者为食用非法购买本法规定保护的野生动物及其制品的，由县级以上人民政府野生动物保护主管部门和市场监督管理部门按照职责分工责令停止违法行为，没收野生动物及其制品，并处野生动物及其制品价值二倍以上二十倍以下罚款；食用或者为食用非法购买其他陆生野生动物及其制品的，责令停止违法行为，给予批评教育，没收野生动物及其制品，情节严重的，并处野生动物及其制品价值一倍以上五倍以下罚款；构成犯罪的，依法追究刑事责任。

违反本法第三十一条第三款规定，生产、经营使用本法规定保护的野生动物及其制品制作的食品的，由县级以上人民政府野生动物保护主管部门和市场监督管理部门按照职责分工责令停止违法行为，没收野生动物及其制品和违法所得，责令关闭违法经营场所，并处违法所得十五倍以上三十倍以下罚款；生产、经营使用其他陆生野生动物及其制品制作的食品的，给予批评教育，没收野生动物及其制品和违法所得，情节严重的，并处违法所得一倍以上十倍以下罚款；构成犯罪的，依法追究刑事责任。

第五十四条 违反本法第三十二条规定，为出售、购买、利用野生动物及其制品或者禁止使用的猎捕工具发布广告的，依照《中华人民共和国广告法》的规定处罚。

第五十五条 违反本法第三十三条规定，为违法出售、购买、食用及利用野生动物及其制品或者禁止使用的猎捕工具提供展示、交易、消费服务的，由县级以上人民政府市场监督管理部门责令停止违法行为，限期改正，没收违法所得，并处违法所得二倍以上十倍以下罚款；没有违法所得或者违法所得不足五千元的，处一万元以上十万元以下罚款；构成犯罪的，依法追究刑事责任。

第五十六条 违反本法第三十七条规定，进出口野生动物及其制品的，由海关、公安机关、海警机构依照法律、行政法规和国家有关规定处罚；构成犯罪的，依法追究刑事责任。

第五十七条 违反本法第三十八条规定，向境外机构或者人员提供我国特有的野生动物遗传资源的，由县级以上人民政府野生动物保护主管部门没收野生动物及其制品和违法所得，并处野生动物及其制品价值或者违法所得一倍以上五倍以下罚款；构成犯罪的，依法追究刑事责任。

第五十八条 违反本法第四十条第一款规定，从境外引进野生动物物种的，由县级以上人民政府野生动物保护主管部门没收所引进的野生动物，并处五万元以上五十万元以下罚款；未依法实施进境检疫的，依照《中华人民共和国进出境动植物检疫法》的规定处罚；构成犯罪的，依法追究刑事责任。

第五十九条 违反本法第四十条第二款规定，将从境外引进的野生动物放生、丢弃的，由县级以上人民政府野生动物保护主管部门责令限期捕回，处一万元以上十万元以下罚款；逾期不捕回的，由有关野生动物保护主管部门代为捕回或者采取降低影响的措施，所需费用由被责令限期捕回者承担；构成犯罪的，依法追究刑事责任。

第六十条 违反本法第四十二条第一款规定，伪造、变造、买卖、转让、租借有关证件、专用标识或者有关批准文件的，由县级以上人民政府野生动物保护主管部门没收违法证件、专用标识、有关批准文件和违法所得，并处五万元以上五十万元以下罚款；构成违反治安管理行为的，由公安机关依法给予治安管理处罚；构成犯罪的，依法追究刑事责任。

第六十一条 县级以上人民政府野生动物保护主管部门和其他负有野生动物保护职责的部门、机构应当按照有关规定处理罚没的野生动物及其制品，具体办法由国务院野生动物保护主管部门会同国务院有关部门制定。

第六十二条 县级以上人民政府野生动物保护主管部门应当加强对野生动物及其制品鉴定、价值评估工作的规范、指导。本法规定的猎获物价值、野生动物及其制品价值的评估标准和方法，由国务院野生动物保护主管部门制定。

第六十三条 对违反本法规定破坏野生动物资源、生态环境，损害社会公共利益的行为，可以依照《中华人民共和国环境保护法》、《中华人民共和国民事诉讼法》、《中华人民共和国行政诉讼法》等法律的规定向人民法院提起诉讼。

第五章 附 则

第六十四条 本法自 2023 年 5 月 1 日起施行。

中华人民共和国水生野生动物保护实施条例

（1993年9月17日国务院批准　1993年10月5日农业部令第1号发布　根据2011年1月8日《国务院关于废止和修改部分行政法规的决定》第一次修订　根据2013年12月7日《国务院关于修改部分行政法规的决定》第二次修订）

第一章　总　　则

第一条　根据《中华人民共和国野生动物保护法》（以下简称《野生动物保护法》）的规定，制定本条例。

第二条　本条例所称水生野生动物，是指珍贵、濒危的水生野生动物；所称水生野生动物产品，是指珍贵、濒危的水生野生动物的任何部分及其衍生物。

第三条　国务院渔业行政主管部门主管全国水生野生动物管理工作。

县级以上地方人民政府渔业行政主管部门主管本行政区域内水生野生动物管理工作。

《野生动物保护法》和本条例规定的渔业行政主管部门的行政处罚权，可以由其所属的渔政监督管理机构行使。

第四条　县级以上各级人民政府及其有关主管部门应当鼓励、支持有关科研单位、教学单位开展水生野生动物科学研究工作。

第五条　渔业行政主管部门及其所属的渔政监督管理机构，有权对《野生动物保护法》和本条例的实施情况进行监督检查，被检查的单位和个人应当给予配合。

第二章　水生野生动物保护

第六条　国务院渔业行政主管部门和省、自治区、直辖市人民政府渔业行政主管部门，应当定期组织水生野生动物资源调查，建立资源档案，为制定水生野生动物资源保护发展规划、制定和调整国家和地方重点保护水生野生动物名录提供依据。

第七条 渔业行政主管部门应当组织社会各方面力量，采取有效措施，维护和改善水生野生动物的生存环境，保护和增殖水生野生动物资源。

禁止任何单位和个人破坏国家重点保护的和地方重点保护的水生野生动物生息繁衍的水域、场所和生存条件。

第八条 任何单位和个人对侵占或者破坏水生野生动物资源的行为，有权向当地渔业行政主管部门或者其所属的渔政监督管理机构检举和控告。

第九条 任何单位和个人发现受伤、搁浅和因误入港湾、河汊而被困的水生野生动物时，应当及时报告当地渔业行政主管部门或者其所属的渔政监督管理机构，由其采取紧急救护措施；也可以要求附近具备救护条件的单位采取紧急救护措施，并报告渔业行政主管部门。已经死亡的水生野生动物，由渔业行政主管部门妥善处理。

捕捞作业时误捕水生野生动物的，应当立即无条件放生。

第十条 因保护国家重点保护的和地方重点保护的水生野生动物受到损失的，可以向当地人民政府渔业行政主管部门提出补偿要求。经调查属实并确实需要补偿的，由当地人民政府按照省、自治区、直辖市人民政府有关规定给予补偿。

第十一条 国务院渔业行政主管部门和省、自治区、直辖市人民政府，应当在国家重点保护的和地方重点保护的水生野生动物的主要生息繁衍的地区和水域，划定水生野生动物自然保护区，加强对国家和地方重点保护水生野生动物及其生存环境的保护管理，具体办法由国务院另行规定。

第三章 水生野生动物管理

第十二条 禁止捕捉、杀害国家重点保护的水生野生动物。

有下列情形之一，确需捕捉国家重点保护的水生野生动物的，必须申请特许捕捉证：

（一）为进行水生野生动物科学考察、资源调查，必须捕捉的；

（二）为驯养繁殖国家重点保护的水生野生动物，必须从自然水域或者场所获取种源的；

（三）为承担省级以上科学研究项目或者国家医药生产任务，必须从自然水域或者场所获取国家重点保护的水生野生动物的；

（四）为宣传、普及水生野生动物知识或者教学、展览的需要，必须从自然水域或者场所获取国家重点保护的水生野生动物的；

（五）因其他特殊情况，必须捕捉的。

第十三条 申请特许捕捉证的程序：

（一）需要捕捉国家一级保护水生野生动物的，必须附具申请人所在地和捕捉地的省、自治区、直辖市人民政府渔业行政主管部门签署的意见，向国务院渔业行政主管部门申请特许捕捉证；

（二）需要在本省、自治区、直辖市捕捉国家二级保护水生野生动物的，必须附具申请人所在地的县级人民政府渔业行政主管部门签署的意见，向省、自治区、直辖市人民政府渔业行政主管部门申请特许捕捉证；

（三）需要跨省、自治区、直辖市捕捉国家二级保护水生野生动物的，必须附具申请人所在地的省、自治区、直辖市人民政府渔业行政主管部门签署的意见，向捕捉地的省、自治区、直辖市人民政府渔业行政主管部门申请特许捕捉证。

动物园申请捕捉国家一级保护水生野生动物的，在向国务院渔业行政主管部门申请特许捕捉证前，须经国务院建设行政主管部门审核同意；申请捕捉国家二级保护水生野生动物的，在向申请人所在地的省、自治区、直辖市人民政府渔业行政主管部门申请特许捕捉证前，须经同级人民政府建设行政主管部门审核同意。

负责核发特许捕捉证的部门接到申请后，应当自接到申请之日起 3 个月内作出批准或者不批准的决定。

第十四条 有下列情形之一的，不予发放特许捕捉证：

（一）申请人有条件以合法的非捕捉方式获得国家重点保护的水生野生动物的种源、产品或者达到其目的的；

（二）捕捉申请不符合国家有关规定，或者申请使用的捕捉工具、方法以及捕捉时间、地点不当的；

（三）根据水生野生动物资源现状不宜捕捉的。

第十五条 取得特许捕捉证的单位和个人，必须按照特许捕捉证规定的种类、数量、地点、期限、工具和方法进行捕捉，防止误伤水生野生动物或者破坏其生存环境。捕捉作业完成后，应当及时向捕捉地的县级人民政府渔业行政主管部门或者其所属的渔政监督管理机构申请查验。

县级人民政府渔业行政主管部门或者其所属的渔政监督管理机构对在本行政区域内捕捉国家重点保护的水生野生动物的活动，应当进行监督检查，并及时向批准捕捉的部门报告监督检查结果。

第十六条 外国人在中国境内进行有关水生野生动物科学考察、标本采集、拍摄电影、录像等活动的，必须经国家重点保护的水生野生动物所在地的省、自治区、直辖市人民政府渔业行政主管部门批准。

第十七条 驯养繁殖国家一级保护水生野生动物的，应当持有国务院渔业行政主管部门核发的驯养繁殖许可证；驯养繁殖国家二级保护水生野生动物的，应当持有省、自治区、直辖市人民政府渔业行政主管部门核发的驯养繁殖许可证。

动物园驯养繁殖国家重点保护的水生野生动物的，渔业行政主管部门可以委托同级建设行政主管部门核发驯养繁殖许可证。

第十八条 禁止出售、收购国家重点保护的水生野生动物或者其产品。因科学研究、驯养繁殖、展览等特殊情况，需要出售、收购、利用国家一级保护水生野生动物或者其产品的，必须向省、自治区、直辖市人民政府渔业行政主管部门提出申请，经其签署意见后，报国务院渔业行政主管部门批准；需要出售、收购、利用国家二级保护水生野生动物或者其产品的，必须向省、自治区、直辖市人民政府渔业行政主管部门提出申请，并经其批准。

第十九条 县级以上各级人民政府渔业行政主管部门和工商行政管理部门，应当对水生野生动物或者其产品的经营利用建立监督检查制度，加强对经营利用水生野生动物或者其产品的监督管理。

对进入集贸市场的水生野生动物或者其产品，由工商行政管理部门进行监督管理，渔业行政主管部门给予协助；在集贸市场以外经营水生野生动物或者其产品，由渔业行政主管部门、工商行政管理部门或者其授权的单位进行监督管理。

第二十条 运输、携带国家重点保护的水生野生动物或者其产品出县境的，应当凭特许捕捉证或者驯养繁殖许可证，向县级人民政府渔业行政主管部门提出申请，报省、自治区、直辖市人民政府渔业行政主管部门或者其授权的单位批准。动物园之间因繁殖动物，需要运输国家重点保护的水生野生动物的，可以由省、自治区、直辖市人民政府渔业行政主管部门授权同级建设行政主管部门审批。

第二十一条 交通、铁路、民航和邮政企业对没有合法运输证明的水生野生动物或者其产品，应当及时通知有关主管部门处理，不得承运、收寄。

第二十二条 从国外引进水生野生动物的，应当向省、自治区、直辖市人民政府渔业行政主管部门提出申请，经省级以上人民政府渔业行政主管部门指定的科研机构进行科学论证后，报国务院渔业行政主管部门批准。

第二十三条 出口国家重点保护的水生野生动物或者其产品的，进出口中国参加的国际公约所限制进出口的水生野生动物或者其产品的，必须经进出口单位或者个人所在地的省、自治区、直辖市人民政府渔业行政主管部门审核，报国务院渔业行政主管部门批准；属于贸易性进出口活动的，必须由具有有关商品进出口权的单位承担。

动物园因交换动物需要进出口前款所称水生野生动物的，在国务院渔业行政主管部门批准前，应当经国务院建设行政主管部门审核同意。

第二十四条 利用水生野生动物或者其产品举办展览等活动的经济收益，主要用于水生野生动物保护事业。

第四章　奖励和惩罚

第二十五条　有下列事迹之一的单位和个人，由县级以上人民政府或者其渔业行政主管部门给予奖励：

（一）在水生野生动物资源调查、保护管理、宣传教育、开发利用方面有突出贡献的；

（二）严格执行野生动物保护法规，成绩显著的；

（三）拯救、保护和驯养繁殖水生野生动物取得显著成效的；

（四）发现违反水生野生动物保护法律、法规的行为，及时制止或者检举有功的；

（五）在查处破坏水生野生动物资源案件中作出重要贡献的；

（六）在水生野生动物科学研究中取得重大成果或者在应用推广有关的科研成果中取得显著效益的；

（七）在基层从事水生野生动物保护管理工作5年以上并取得显著成绩的；

（八）在水生野生动物保护管理工作中有其他特殊贡献的。

第二十六条　非法捕杀国家重点保护的水生野生动物的，依照刑法有关规定追究刑事责任；情节显著轻微危害不大的，或者犯罪情节轻微不需要判处刑罚的，由渔业行政主管部门没收捕获物、捕捉工具和违法所得，吊销特许捕捉证，并处以相当于捕获物价值10倍以下的罚款，没有捕获物的处以1万元以下的罚款。

第二十七条　违反野生动物保护法律、法规，在水生野生动物自然保护区破坏国家重点保护的或者地方重点保护的水生野生动物主要生息繁衍场所，依照《野生动物保护法》第三十四条的规定处以罚款的，罚款幅度为恢复原状所需费用的3倍以下。

第二十八条　违反野生动物保护法律、法规，出售、收购、运输、携带国家重点保护的或者地方重点保护的水生野生动物或者其产品的，由工商行政管理部门或者其授权的渔业行政主管部门没收实物和违法所得，可以并处相当于实物价值10倍以下的罚款。

第二十九条 伪造、倒卖、转让驯养繁殖许可证，依照《野生动物保护法》第三十七条的规定处以罚款的，罚款幅度为5000元以下。伪造、倒卖、转让特许捕捉证或者允许进出口证明书，依照《野生动物保护法》第三十七条的规定处以罚款的，罚款幅度为5万元以下。

第三十条 违反野生动物保护法规，未取得驯养繁殖许可证或者超越驯养繁殖许可证规定范围，驯养繁殖国家重点保护的水生野生动物的，由渔业行政主管部门没收违法所得，处3000元以下的罚款，可以并处没收水生野生动物、吊销驯养繁殖许可证。

第三十一条 外国人未经批准在中国境内对国家重点保护的水生野生动物进行科学考察、标本采集、拍摄电影、录像的，由渔业行政主管部门没收考察、拍摄的资料以及所获标本，可以并处5万元以下的罚款。

第三十二条 有下列行为之一，尚不构成犯罪，应当给予治安管理处罚的，由公安机关依照《中华人民共和国治安管理处罚法》的规定予以处罚：

（一）拒绝、阻碍渔政检查人员依法执行职务的；

（二）偷窃、哄抢或者故意损坏野生动物保护仪器设备或者设施的。

第三十三条 依照野生动物保护法规的规定没收的实物，按照国务院渔业行政主管部门的有关规定处理。

第五章 附 则

第三十四条 本条例由国务院渔业行政主管部门负责解释。

第三十五条 本条例自发布之日起施行。

中华人民共和国
陆生野生动物保护实施条例

（1992年2月12日国务院批准　1992年3月1日林业部发布　根据2011年1月8日《国务院关于废止和修改部分行政法规的决定》第一次修订　根据2016年2月6日《国务院关于修改部分行政法规的决定》第二次修订）

第一章　总　　则

第一条　根据《中华人民共和国野生动物保护法》（以下简称《野生动物保护法》）的规定，制定本条例。

第二条　本条例所称陆生野生动物，是指依法受保护的珍贵、濒危、有益的和有重要经济、科学研究价值的陆生野生动物（以下简称野生动物）；所称野生动物产品，是指陆生野生动物的任何部分及其衍生物。

第三条　国务院林业行政主管部门主管全国陆生野生动物管理工作。

省、自治区、直辖市人民政府林业行政主管部门主管本行政区域内陆生野生动物管理工作。自治州、县和市人民政府陆生野生动物管理工作的行政主管部门，由省、自治区、直辖市人民政府确定。

第四条　县级以上各级人民政府有关主管部门应当鼓励、支持有关科研、教学单位开展野生动物科学研究工作。

第五条　野生动物行政主管部门有权对《野生动物保护法》和本条例的实施情况进行监督检查，被检查的单位和个人应当给予配合。

第二章　野生动物保护

第六条　县级以上地方各级人民政府应当开展保护野生动物的

宣传教育，可以确定适当时间为保护野生动物宣传月、爱鸟周等，提高公民保护野生动物的意识。

第七条 国务院林业行政主管部门和省、自治区、直辖市人民政府林业行政主管部门，应当定期组织野生动物资源调查，建立资源档案，为制定野生动物资源保护发展方案、制定和调整国家和地方重点保护野生动物名录提供依据。

野生动物资源普查每十年进行一次。

第八条 县级以上各级人民政府野生动物行政主管部门，应当组织社会各方面力量，采取生物技术措施和工程技术措施，维护和改善野生动物生存环境，保护和发展野生动物资源。

禁止任何单位和个人破坏国家和地方重点保护野生动物的生息繁衍场所和生存条件。

第九条 任何单位和个人发现受伤、病弱、饥饿、受困、迷途的国家和地方重点保护野生动物时，应当及时报告当地野生动物行政主管部门，由其采取救护措施；也可以就近送具备救护条件的单位救护。救护单位应当立即报告野生动物行政主管部门，并按照国务院林业行政主管部门的规定办理。

第十条 有关单位和个人对国家和地方重点保护野生动物可能造成的危害，应当采取防范措施。因保护国家和地方重点保护野生动物受到损失的，可以向当地人民政府野生动物行政主管部门提出补偿要求。经调查属实并确实需要补偿的，由当地人民政府按照省、自治区、直辖市人民政府的有关规定给予补偿。

第三章 野生动物猎捕管理

第十一条 禁止猎捕、杀害国家重点保护野生动物。

有下列情形之一，需要猎捕国家重点保护野生动物的，必须申请特许猎捕证：

（一）为进行野生动物科学考察、资源调查，必须猎捕的；

（二）为驯养繁殖国家重点保护野生动物，必须从野外获取种源的；

（三）为承担省级以上科学研究项目或者国家医药生产任务，必须从野外获取国家重点保护野生动物的；

（四）为宣传、普及野生动物知识或者教学、展览的需要，必须从野外获取国家重点保护野生动物的；

（五）因国事活动的需要，必须从野外获取国家重点保护野生动物的；

（六）为调控国家重点保护野生动物种群数量和结构，经科学论证必须猎捕的；

（七）因其他特殊情况，必须捕捉、猎捕国家重点保护野生动物的。

第十二条　申请特许猎捕证的程序如下：

（一）需要捕捉国家一级保护野生动物的，必须附具申请人所在地和捕捉地的省、自治区、直辖市人民政府林业行政主管部门签署的意见，向国务院林业行政主管部门申请特许猎捕证；

（二）需要在本省、自治区、直辖市猎捕国家二级保护野生动物的，必须附具申请人所在地的县级人民政府野生动物行政主管部门签署的意见，向省、自治区、直辖市人民政府林业行政主管部门申请特许猎捕证；

（三）需要跨省、自治区、直辖市猎捕国家二级保护野生动物的，必须附具申请人所在地的省、自治区、直辖市人民政府林业行政主管部门签署的意见，向猎捕地的省、自治区、直辖市人民政府林业行政主管部门申请特许猎捕证。

动物园需要申请捕捉国家一级保护野生动物的，在向国务院林业行政主管部门申请特许猎捕证前，须经国务院建设行政主管部门审核同意；需要申请捕捉国家二级保护野生动物的，在向申请人所在地的省、自治区、直辖市人民政府林业行政主管部门申请特许猎捕证前，须经同级政府建设行政主管部门审核同意。

负责核发特许猎捕证的部门接到申请后，应当在 3 个月内作出批准或者不批准的决定。

第十三条　有下列情形之一的，不予发放特许猎捕证：

（一）申请猎捕者有条件以合法的非猎捕方式获得国家重点保护野生动物的种源、产品或者达到所需目的的；

（二）猎捕申请不符合国家有关规定或者申请使用的猎捕工具、方法以及猎捕时间、地点不当的；

（三）根据野生动物资源现状不宜捕捉、猎捕的。

第十四条 取得特许猎捕证的单位和个人，必须按照特许猎捕证规定的种类、数量、地点、期限、工具和方法进行猎捕，防止误伤野生动物或者破坏其生存环境。猎捕作业完成后，应当在10日内向猎捕地的县级人民政府野生动物行政主管部门申请查验。

县级人民政府野生动物行政主管部门对在本行政区域内猎捕国家重点保护野生动物的活动，应当进行监督检查，并及时向批准猎捕的机关报告监督检查结果。

第十五条 猎捕非国家重点保护野生动物的，必须持有狩猎证，并按照狩猎证规定的种类、数量、地点、期限、工具和方法进行猎捕。

狩猎证由省、自治区、直辖市人民政府林业行政主管部门按照国务院林业行政主管部门的规定印制，县级人民政府野生动物行政主管部门或者其授权的单位核发。

狩猎证每年验证1次。

第十六条 省、自治区、直辖市人民政府林业行政主管部门，应当根据本行政区域内非国家重点保护野生动物的资源现状，确定狩猎动物种类，并实行年度猎捕量限额管理。狩猎动物种类和年度猎捕量限额，由县级人民政府野生动物行政主管部门按照保护资源、永续利用的原则提出，经省、自治区、直辖市人民政府林业行政主管部门批准，报国务院林业行政主管部门备案。

第十七条 县级以上地方各级人民政府野生动物行政主管部门应当组织狩猎者有计划地开展狩猎活动。

在适合狩猎的区域建立固定狩猎场所的，必须经省、自治区、直辖市人民政府林业行政主管部门批准。

第十八条 禁止使用军用武器、汽枪、毒药、炸药、地枪、排铳、非人为直接操作并危害人畜安全的狩猎装置、夜间照明行猎、歼灭性围猎、火攻、烟熏以及县级以上各级人民政府或者其野生动物行政主管部门规定禁止使用的其他狩猎工具和方法狩猎。

第十九条 外国人在中国境内对国家重点保护野生动物进行野外考察、标本采集或者在野外拍摄电影、录像的，必须向国家重点保护野生动物所在地的省、自治区、直辖市人民政府林业行政主管部门提出申请，经其审核后，报国务院林业行政主管部门或者其授权的单位批准。

第二十条 外国人在中国境内狩猎，必须在国务院林业行政主管部门批准的对外国人开放的狩猎场所内进行，并遵守中国有关法律、法规的规定。

第四章 野生动物驯养繁殖管理

第二十一条 驯养繁殖国家重点保护野生动物的，应当持有驯养繁殖许可证。

国务院林业行政主管部门和省、自治区、直辖市人民政府林业行政主管部门可以根据实际情况和工作需要，委托同级有关部门审批或者核发国家重点保护野生动物驯养繁殖许可证。动物园驯养繁殖国家重点保护野生动物的，林业行政主管部门可以委托同级建设行政主管部门核发驯养繁殖许可证。

驯养繁殖许可证由国务院林业行政主管部门印制。

第二十二条 从国外或者外省、自治区、直辖市引进野生动物进行驯养繁殖的，应当采取适当措施，防止其逃至野外；需要将其放生于野外的，放生单位应当向所在省、自治区、直辖市人民政府林业行政主管部门提出申请，经省级以上人民政府林业行政主管部门指定的科研机构进行科学论证后，报国务院林业行政主管部门或者其授权的单位批准。

擅自将引进的野生动物放生于野外或者因管理不当使其逃至野外的，由野生动物行政主管部门责令限期捕回或者采取其他补救措施。

第二十三条 从国外引进的珍贵、濒危野生动物，经国务院林业行政主管部门核准，可以视为国家重点保护野生动物；从国外引进的其他野生动物，经省、自治区、直辖市人民政府林业行政主管部门核准，可以视为地方重点保护野生动物。

第五章 野生动物经营利用管理

第二十四条 收购驯养繁殖的国家重点保护野生动物或者其产品的单位，由省、自治区、直辖市人民政府林业行政主管部门商有关部门提出，经同级人民政府或者其授权的单位批准，凭批准文件向工商行政管理部门申请登记注册。

依照前款规定经核准登记的单位，不得收购未经批准出售的国家重点保护野生动物或者其产品。

第二十五条 经营利用非国家重点保护野生动物或者其产品的，应当向工商行政管理部门申请登记注册。

第二十六条 禁止在集贸市场出售、收购国家重点保护野生动物或者其产品。

持有狩猎证的单位和个人需要出售依法获得的非国家重点保护野生动物或者其产品的，应当按照狩猎证规定的种类、数量向经核准登记的单位出售，或者在当地人民政府有关部门指定的集贸市场出售。

第二十七条 县级以上各级人民政府野生动物行政主管部门和工商行政管理部门，应当对野生动物或者其产品的经营利用建立监督检查制度，加强对经营利用野生动物或者其产品的监督管理。

对进入集贸市场的野生动物或者其产品，由工商行政管理部门进行监督管理；在集贸市场以外经营野生动物或者其产品，由野生动物行政主管部门、工商行政管理部门或者其授权的单位进行监督管理。

第二十八条 运输、携带国家重点保护野生动物或者其产品出县境的，应当凭特许猎捕证、驯养繁殖许可证，向县级人民政府野生动物行政主管部门提出申请，报省、自治区、直辖市人民政府林业行政主管部门或者其授权的单位批准。动物园之间因繁殖动物，需要运输国家重点保护野生动物的，可以由省、自治区、直辖市人民政府林业行政主管部门授权同级建设行政主管部门审批。

第二十九条 出口国家重点保护野生动物或者其产品的，以及进出口中国参加的国际公约所限制进出口的野生动物或者其产品的，必须经进出口单位或者个人所在地的省、自治区、直辖市人民政府林业行政主管部门审核，报国务院林业行政主管部门或者国务院批准；属于贸易性进出口活动的，必须由具有有关商品进出口权的单位承担。

动物园因交换动物需要进出口前款所称野生动物的，国务院林业行政主管部门批准前或者国务院林业行政主管部门报请国务院批准前，应当经国务院建设行政主管部门审核同意。

第三十条 利用野生动物或者其产品举办出国展览等活动的经济收益，主要用于野生动物保护事业。

第六章 奖励和惩罚

第三十一条 有下列事迹之一的单位和个人，由县级以上人民政府或者其野生动物行政主管部门给予奖励：

（一）在野生动物资源调查、保护管理、宣传教育、开发利用方面有突出贡献的；

（二）严格执行野生动物保护法规，成绩显著的；

（三）拯救、保护和驯养繁殖珍贵、濒危野生动物取得显著成效的；

（四）发现违反野生动物保护法规行为，及时制止或者检举有功的；

（五）在查处破坏野生动物资源案件中有重要贡献的；

（六）在野生动物科学研究中取得重大成果或者在应用推广科研成果中取得显著效益的；

（七）在基层从事野生动物保护管理工作五年以上并取得显著成绩的；

（八）在野生动物保护管理工作中有其他特殊贡献的。

第三十二条 非法捕杀国家重点保护野生动物的，依照刑法有关规定追究刑事责任；情节显著轻微危害不大的，或者犯罪情节轻微不需要判处刑罚的，由野生动物行政主管部门没收猎获物、猎捕工具和违法所得，吊销特许猎捕证，并处以相当于猎获物价值10倍以下的罚款，没有猎获物的处1万元以下罚款。

第三十三条 违反野生动物保护法规，在禁猎区、禁猎期或者使用禁用的工具、方法猎捕非国家重点保护野生动物，依照《野生动物保护法》第三十二条的规定处以罚款的，按照下列规定执行：

（一）有猎获物的，处以相当于猎获物价值8倍以下的罚款；

（二）没有猎获物的，处2000元以下罚款。

第三十四条 违反野生动物保护法规，未取得狩猎证或者未按照狩猎证规定猎捕非国家重点保护野生动物，依照《野生动物保护法》第三十三条的规定处以罚款的，按照下列规定执行：

（一）有猎获物的，处以相当于猎获物价值5倍以下的罚款；

（二）没有猎获物的，处1000元以下罚款。

第三十五条 违反野生动物保护法规，在自然保护区、禁猎区破坏国家或者地方重点保护野生动物主要生息繁衍场所，依照《野生动物保护法》第三十四条的规定处以罚款的，按照相当于恢复原状所需费用3倍以下的标准执行。

在自然保护区、禁猎区破坏非国家或者地方重点保护野生动物主要生息繁衍场所的，由野生动物行政主管部门责令停止破坏行为，限期恢复原状，并处以恢复原状所需费用2倍以下的罚款。

第三十六条 违反野生动物保护法规，出售、收购、运输、携带国家或者地方重点保护野生动物或者其产品的，由工商行政管理部门或者其授权的野生动物行政主管部门没收实物和违法所得，可以并处相当于实物价值10倍以下的罚款。

第三十七条 伪造、倒卖、转让狩猎证或者驯养繁殖许可证，依照《野生动物保护法》第三十七条的规定处以罚款的，按照 5000 元以下的标准执行。伪造、倒卖、转让特许猎捕证或者允许进出口证明书，依照《野生动物保护法》第三十七条的规定处以罚款的，按照 5 万元以下的标准执行。

第三十八条 违反野生动物保护法规，未取得驯养繁殖许可证或者超越驯养繁殖许可证规定范围驯养繁殖国家重点保护野生动物的，由野生动物行政主管部门没收违法所得，处 3000 元以下罚款，可以并处没收野生动物、吊销驯养繁殖许可证。

第三十九条 外国人未经批准在中国境内对国家重点保护野生动物进行野外考察、标本采集或者在野外拍摄电影、录像的，由野生动物行政主管部门没收考察、拍摄的资料以及所获标本，可以并处 5 万元以下罚款。

第四十条 有下列行为之一，尚不构成犯罪，应当给予治安管理处罚的，由公安机关依照《中华人民共和国治安管理处罚法》的规定予以处罚：

（一）拒绝、阻碍野生动物行政管理人员依法执行职务的；

（二）偷窃、哄抢或者故意损坏野生动物保护仪器设备或者设施的；

（三）偷窃、哄抢、抢夺非国家重点保护野生动物或者其产品的；

（四）未经批准猎捕少量非国家重点保护野生动物的。

第四十一条 违反野生动物保护法规，被责令限期捕回而不捕的，被责令限期恢复原状而不恢复的，野生动物行政主管部门或者其授权的单位可以代为捕回或者恢复原状，由被责令限期捕回者或者被责令限期恢复原状者承担全部捕回或者恢复原状所需的费用。

第四十二条 违反野生动物保护法规，构成犯罪的，依法追究刑事责任。

第四十三条 依照野生动物保护法规没收的实物，按照国务院林业行政主管部门的规定处理。

第七章　附　　则

第四十四条　本条例由国务院林业行政主管部门负责解释。

第四十五条　本条例自发布之日起施行。

中华人民共和国野生植物保护条例

（1996年9月30日中华人民共和国国务院令第204号发布　根据2017年10月7日《国务院关于修改部分行政法规的决定》修订）

第一章　总　　则

第一条　为了保护、发展和合理利用野生植物资源，保护生物多样性，维护生态平衡，制定本条例。

第二条　在中华人民共和国境内从事野生植物的保护、发展和利用活动，必须遵守本条例。

本条例所保护的野生植物，是指原生地天然生长的珍贵植物和原生地天然生长并具有重要经济、科学研究、文化价值的濒危、稀有植物。

药用野生植物和城市园林、自然保护区、风景名胜区内的野生植物的保护，同时适用有关法律、行政法规。

第三条　国家对野生植物资源实行加强保护、积极发展、合理利用的方针。

第四条　国家保护依法开发利用和经营管理野生植物资源的单位和个人的合法权益。

第五条　国家鼓励和支持野生植物科学研究、野生植物的就地保护和迁地保护。

在野生植物资源保护、科学研究、培育利用和宣传教育方面成绩显著的单位和个人，由人民政府给予奖励。

第六条 县级以上各级人民政府有关主管部门应当开展保护野生植物的宣传教育，普及野生植物知识，提高公民保护野生植物的意识。

第七条 任何单位和个人都有保护野生植物资源的义务，对侵占或者破坏野生植物及其生长环境的行为有权检举和控告。

第八条 国务院林业行政主管部门主管全国林区内野生植物和林区外珍贵野生树木的监督管理工作。国务院农业行政主管部门主管全国其他野生植物的监督管理工作。

国务院建设行政部门负责城市园林、风景名胜区内野生植物的监督管理工作。国务院环境保护部门负责对全国野生植物环境保护工作的协调和监督。国务院其他有关部门依照职责分工负责有关的野生植物保护工作。

县级以上地方人民政府负责野生植物管理工作的部门及其职责，由省、自治区、直辖市人民政府根据当地具体情况规定。

第二章 野生植物保护

第九条 国家保护野生植物及其生长环境。禁止任何单位和个人非法采集野生植物或者破坏其生长环境。

第十条 野生植物分为国家重点保护野生植物和地方重点保护野生植物。

国家重点保护野生植物分为国家一级保护野生植物和国家二级保护野生植物。国家重点保护野生植物名录，由国务院林业行政主管部门、农业行政主管部门（以下简称国务院野生植物行政主管部门）商国务院环境保护、建设等有关部门制定，报国务院批准公布。

地方重点保护野生植物，是指国家重点保护野生植物以外，由省、自治区、直辖市保护的野生植物。地方重点保护野生植物名录，由省、自治区、直辖市人民政府制定并公布，报国务院备案。

第十一条 在国家重点保护野生植物物种和地方重点保护野生

植物物种的天然集中分布区域，应当依照有关法律、行政法规的规定，建立自然保护区；在其他区域，县级以上地方人民政府野生植物行政主管部门和其他有关部门可以根据实际情况建立国家重点保护野生植物和地方重点保护野生植物的保护点或者设立保护标志。

禁止破坏国家重点保护野生植物和地方重点保护野生植物的保护点的保护设施和保护标志。

第十二条 野生植物行政主管部门及其他有关部门应当监视、监测环境对国家重点保护野生植物生长和地方重点保护野生植物生长的影响，并采取措施，维护和改善国家重点保护野生植物和地方重点保护野生植物的生长条件。由于环境影响对国家重点保护野生植物和地方重点保护野生植物的生长造成危害时，野生植物行政主管部门应当会同其他有关部门调查并依法处理。

第十三条 建设项目对国家重点保护野生植物和地方重点保护野生植物的生长环境产生不利影响的，建设单位提交的环境影响报告书中必须对此作出评价；环境保护部门在审批环境影响报告书时，应当征求野生植物行政主管部门的意见。

第十四条 野生植物行政主管部门和有关单位对生长受到威胁的国家重点保护野生植物和地方重点保护野生植物应当采取拯救措施，保护或者恢复其生长环境，必要时应当建立繁育基地、种质资源库或者采取迁地保护措施。

第三章 野生植物管理

第十五条 野生植物行政主管部门应当定期组织国家重点保护野生植物和地方重点保护野生植物资源调查，建立资源档案。

第十六条 禁止采集国家一级保护野生植物。因科学研究、人工培育、文化交流等特殊需要，采集国家一级保护野生植物的，应当按照管理权限向国务院林业行政主管部门或者其授权的机构申请采集证；或者向采集地的省、自治区、直辖市人民政府农业行政主管部门或者其授权的机构申请采集证。

采集国家二级保护野生植物的，必须经采集地的县级人民政府野生植物行政主管部门签署意见后，向省、自治区、直辖市人民政府野生植物行政主管部门或者其授权的机构申请采集证。

采集城市园林或者风景名胜区内的国家一级或者二级保护野生植物的，须先征得城市园林或者风景名胜区管理机构同意，分别依照前两款的规定申请采集证。

采集珍贵野生树木或者林区内、草原上的野生植物的，依照森林法、草原法的规定办理。

野生植物行政主管部门发放采集证后，应当抄送环境保护部门备案。

采集证的格式由国务院野生植物行政主管部门制定。

第十七条 采集国家重点保护野生植物的单位和个人，必须按照采集证规定的种类、数量、地点、期限和方法进行采集。

县级人民政府野生植物行政主管部门对在本行政区域内采集国家重点保护野生植物的活动，应当进行监督检查，并及时报告批准采集的野生植物行政主管部门或者其授权的机构。

第十八条 禁止出售、收购国家一级保护野生植物。

出售、收购国家二级保护野生植物的，必须经省、自治区、直辖市人民政府野生植物行政主管部门或者其授权的机构批准。

第十九条 野生植物行政主管部门应当对经营利用国家二级保护野生植物的活动进行监督检查。

第二十条 出口国家重点保护野生植物或者进出口中国参加的国际公约所限制进出口的野生植物的，应当按照管理权限经国务院林业行政主管部门批准，或者经进出口者所在地的省、自治区、直辖市人民政府农业行政主管部门审核后报国务院农业行政主管部门批准，并取得国家濒危物种进出口管理机构核发的允许进出口证明书或者标签。海关凭允许进出口证明书或者标签查验放行。国务院野生植物行政主管部门应当将有关野生植物进出口的资料抄送国务院环境保护部门。

禁止出口未定名的或者新发现并有重要价值的野生植物。

第二十一条 外国人不得在中国境内采集或者收购国家重点保护野生植物。

外国人在中国境内对农业行政主管部门管理的国家重点保护野生植物进行野外考察的，应当经农业行政主管部门管理的国家重点保护野生植物所在地的省、自治区、直辖市人民政府农业行政主管部门批准。

第二十二条 地方重点保护野生植物的管理办法，由省、自治区、直辖市人民政府制定。

第四章 法律责任

第二十三条 未取得采集证或者未按照采集证的规定采集国家重点保护野生植物的，由野生植物行政主管部门没收所采集的野生植物和违法所得，可以并处违法所得10倍以下的罚款；有采集证的，并可以吊销采集证。

第二十四条 违反本条例规定，出售、收购国家重点保护野生植物的，由工商行政管理部门或者野生植物行政主管部门按照职责分工没收野生植物和违法所得，可以并处违法所得10倍以下的罚款。

第二十五条 非法进出口野生植物的，由海关依照海关法的规定处罚。

第二十六条 伪造、倒卖、转让采集证、允许进出口证明书或者有关批准文件、标签的，由野生植物行政主管部门或者工商行政管理部门按照职责分工收缴，没收违法所得，可以并处5万元以下的罚款。

第二十七条 外国人在中国境内采集、收购国家重点保护野生植物，或者未经批准对农业行政主管部门管理的国家重点保护野生植物进行野外考察的，由野生植物行政主管部门没收所采集、收购的野生植物和考察资料，可以并处5万元以下的罚款。

第二十八条 违反本条例规定，构成犯罪的，依法追究刑事责任。

第二十九条 野生植物行政主管部门的工作人员滥用职权、玩忽职守、徇私舞弊，构成犯罪的，依法追究刑事责任；尚不构成犯罪的，依法给予行政处分。

第三十条 依照本条例规定没收的实物，由作出没收决定的机关按照国家有关规定处理。

第五章 附 则

第三十一条 中华人民共和国缔结或者参加的与保护野生植物有关的国际条约与本条例有不同规定的，适用国际条约的规定；但是，中华人民共和国声明保留的条款除外。

第三十二条 本条例自 1997 年 1 月 1 日起施行。

四、生态保护法

中华人民共和国湿地保护法

（2021年12月24日第十三届全国人民代表大会常务委员会第三十二次会议通过　2021年12月24日中华人民共和国主席令第102号公布　自2022年6月1日起施行）

第一章　总　　则

第一条　为了加强湿地保护，维护湿地生态功能及生物多样性，保障生态安全，促进生态文明建设，实现人与自然和谐共生，制定本法。

第二条　在中华人民共和国领域及管辖的其他海域内从事湿地保护、利用、修复及相关管理活动，适用本法。

本法所称湿地，是指具有显著生态功能的自然或者人工的、常年或者季节性积水地带、水域，包括低潮时水深不超过六米的海域，但是水田以及用于养殖的人工的水域和滩涂除外。国家对湿地实行分级管理及名录制度。

江河、湖泊、海域等的湿地保护、利用及相关管理活动还应当适用《中华人民共和国水法》、《中华人民共和国防洪法》、《中华人民共和国水污染防治法》、《中华人民共和国海洋环境保护法》、《中华人民共和国长江保护法》、《中华人民共和国渔业法》、《中华人民共和国海域使用管理法》等有关法律的规定。

第三条　湿地保护应当坚持保护优先、严格管理、系统治理、科学修复、合理利用的原则，发挥湿地涵养水源、调节气候、改善环境、维护生物多样性等多种生态功能。

第四条　县级以上人民政府应当将湿地保护纳入国民经济和社

会发展规划，并将开展湿地保护工作所需经费按照事权划分原则列入预算。

县级以上地方人民政府对本行政区域内的湿地保护负责，采取措施保持湿地面积稳定，提升湿地生态功能。

乡镇人民政府组织群众做好湿地保护相关工作，村民委员会予以协助。

第五条 国务院林业草原主管部门负责湿地资源的监督管理，负责湿地保护规划和相关国家标准拟定、湿地开发利用的监督管理、湿地生态保护修复工作。国务院自然资源、水行政、住房城乡建设、生态环境、农业农村等其他有关部门，按照职责分工承担湿地保护、修复、管理有关工作。

国务院林业草原主管部门会同国务院自然资源、水行政、住房城乡建设、生态环境、农业农村等主管部门建立湿地保护协作和信息通报机制。

第六条 县级以上地方人民政府应当加强湿地保护协调工作。县级以上地方人民政府有关部门按照职责分工负责湿地保护、修复、管理有关工作。

第七条 各级人民政府应当加强湿地保护宣传教育和科学知识普及工作，通过湿地保护日、湿地保护宣传周等开展宣传教育活动，增强全社会湿地保护意识；鼓励基层群众性自治组织、社会组织、志愿者开展湿地保护法律法规和湿地保护知识宣传活动，营造保护湿地的良好氛围。

教育主管部门、学校应当在教育教学活动中注重培养学生的湿地保护意识。

新闻媒体应当开展湿地保护法律法规和湿地保护知识的公益宣传，对破坏湿地的行为进行舆论监督。

第八条 国家鼓励单位和个人依法通过捐赠、资助、志愿服务等方式参与湿地保护活动。

对在湿地保护方面成绩显著的单位和个人，按照国家有关规定给予表彰、奖励。

第九条 国家支持开展湿地保护科学技术研究开发和应用推广，加强湿地保护专业技术人才培养，提高湿地保护科学技术水平。

第十条 国家支持开展湿地保护科学技术、生物多样性、候鸟迁徙等方面的国际合作与交流。

第十一条 任何单位和个人都有保护湿地的义务，对破坏湿地的行为有权举报或者控告，接到举报或者控告的机关应当及时处理，并依法保护举报人、控告人的合法权益。

第二章 湿地资源管理

第十二条 国家建立湿地资源调查评价制度。

国务院自然资源主管部门应当会同国务院林业草原等有关部门定期开展全国湿地资源调查评价工作，对湿地类型、分布、面积、生物多样性、保护与利用情况等进行调查，建立统一的信息发布和共享机制。

第十三条 国家实行湿地面积总量管控制度，将湿地面积总量管控目标纳入湿地保护目标责任制。

国务院林业草原、自然资源主管部门会同国务院有关部门根据全国湿地资源状况、自然变化情况和湿地面积总量管控要求，确定全国和各省、自治区、直辖市湿地面积总量管控目标，报国务院批准。地方各级人民政府应当采取有效措施，落实湿地面积总量管控目标的要求。

第十四条 国家对湿地实行分级管理，按照生态区位、面积以及维护生态功能、生物多样性的重要程度，将湿地分为重要湿地和一般湿地。重要湿地包括国家重要湿地和省级重要湿地，重要湿地以外的湿地为一般湿地。重要湿地依法划入生态保护红线。

国务院林业草原主管部门会同国务院自然资源、水行政、住房城乡建设、生态环境、农业农村等有关部门发布国家重要湿地名录及范围，并设立保护标志。国际重要湿地应当列入国家重要湿地名录。

省、自治区、直辖市人民政府或者其授权的部门负责发布省级重要湿地名录及范围，并向国务院林业草原主管部门备案。

一般湿地的名录及范围由县级以上地方人民政府或者其授权的部门发布。

第十五条 国务院林业草原主管部门应当会同国务院有关部门，依据国民经济和社会发展规划、国土空间规划和生态环境保护规划编制全国湿地保护规划，报国务院或者其授权的部门批准后组织实施。

县级以上地方人民政府林业草原主管部门应当会同有关部门，依据本级国土空间规划和上一级湿地保护规划编制本行政区域内的湿地保护规划，报同级人民政府批准后组织实施。

湿地保护规划应当明确湿地保护的目标任务、总体布局、保护修复重点和保障措施等内容。经批准的湿地保护规划需要调整的，按照原批准程序办理。

编制湿地保护规划应当与流域综合规划、防洪规划等规划相衔接。

第十六条 国务院林业草原、标准化主管部门会同国务院自然资源、水行政、住房城乡建设、生态环境、农业农村主管部门组织制定湿地分级分类、监测预警、生态修复等国家标准；国家标准未作规定的，可以依法制定地方标准并备案。

第十七条 县级以上人民政府林业草原主管部门建立湿地保护专家咨询机制，为编制湿地保护规划、制定湿地名录、制定相关标准等提供评估论证等服务。

第十八条 办理自然资源权属登记涉及湿地的，应当按照规定记载湿地的地理坐标、空间范围、类型、面积等信息。

第十九条 国家严格控制占用湿地。

禁止占用国家重要湿地，国家重大项目、防灾减灾项目、重要水利及保护设施项目、湿地保护项目等除外。

建设项目选址、选线应当避让湿地，无法避让的应当尽量减少占用，并采取必要措施减轻对湿地生态功能的不利影响。

建设项目规划选址、选线审批或者核准时，涉及国家重要湿地的，应当征求国务院林业草原主管部门的意见；涉及省级重要湿地或者一般湿地的，应当按照管理权限，征求县级以上地方人民政府授权的部门的意见。

第二十条 建设项目确需临时占用湿地的，应当依照《中华人民共和国土地管理法》、《中华人民共和国水法》、《中华人民共和国森林法》、《中华人民共和国草原法》、《中华人民共和国海域使用管理法》等有关法律法规的规定办理。临时占用湿地的期限一般不得超过二年，并不得在临时占用的湿地上修建永久性建筑物。

临时占用湿地期满后一年内，用地单位或者个人应当恢复湿地面积和生态条件。

第二十一条 除因防洪、航道、港口或者其他水工程占用河道管理范围及蓄滞洪区内的湿地外，经依法批准占用重要湿地的单位应当根据当地自然条件恢复或者重建与所占用湿地面积和质量相当的湿地；没有条件恢复、重建的，应当缴纳湿地恢复费。缴纳湿地恢复费的，不再缴纳其他相同性质的恢复费用。

湿地恢复费缴纳和使用管理办法由国务院财政部门会同国务院林业草原等有关部门制定。

第二十二条 国务院林业草原主管部门应当按照监测技术规范开展国家重要湿地动态监测，及时掌握湿地分布、面积、水量、生物多样性、受威胁状况等变化信息。

国务院林业草原主管部门应当依据监测数据，对国家重要湿地生态状况进行评估，并按照规定发布预警信息。

省、自治区、直辖市人民政府林业草原主管部门应当按照监测技术规范开展省级重要湿地动态监测、评估和预警工作。

县级以上地方人民政府林业草原主管部门应当加强对一般湿地的动态监测。

第三章 湿地保护与利用

第二十三条 国家坚持生态优先、绿色发展，完善湿地保护制度，健全湿地保护政策支持和科技支撑机制，保障湿地生态功能和永续利用，实现生态效益、社会效益、经济效益相统一。

第二十四条 省级以上人民政府及其有关部门根据湿地保护规划和湿地保护需要，依法将湿地纳入国家公园、自然保护区或者自然公园。

第二十五条 地方各级人民政府及其有关部门应当采取措施，预防和控制人为活动对湿地及其生物多样性的不利影响，加强湿地污染防治，减缓人为因素和自然因素导致的湿地退化，维护湿地生态功能稳定。

在湿地范围内从事旅游、种植、畜牧、水产养殖、航运等利用活动，应当避免改变湿地的自然状况，并采取措施减轻对湿地生态功能的不利影响。

县级以上人民政府有关部门在办理环境影响评价、国土空间规划、海域使用、养殖、防洪等相关行政许可时，应当加强对有关湿地利用活动的必要性、合理性以及湿地保护措施等内容的审查。

第二十六条 地方各级人民政府对省级重要湿地和一般湿地利用活动进行分类指导，鼓励单位和个人开展符合湿地保护要求的生态旅游、生态农业、生态教育、自然体验等活动，适度控制种植养殖等湿地利用规模。

地方各级人民政府应当鼓励有关单位优先安排当地居民参与湿地管护。

第二十七条 县级以上地方人民政府应当充分考虑保障重要湿地生态功能的需要，优化重要湿地周边产业布局。

县级以上地方人民政府可以采取定向扶持、产业转移、吸引社会资金、社区共建等方式，推动湿地周边地区绿色发展，促进经济发展与湿地保护相协调。

第二十八条 禁止下列破坏湿地及其生态功能的行为：

（一）开（围）垦、排干自然湿地，永久性截断自然湿地水源；

（二）擅自填埋自然湿地，擅自采砂、采矿、取土；

（三）排放不符合水污染物排放标准的工业废水、生活污水及其他污染湿地的废水、污水，倾倒、堆放、丢弃、遗撒固体废物；

（四）过度放牧或者滥采野生植物，过度捕捞或者灭绝式捕捞，过度施肥、投药、投放饵料等污染湿地的种植养殖行为；

（五）其他破坏湿地及其生态功能的行为。

第二十九条 县级以上人民政府有关部门应当按照职责分工，开展湿地有害生物监测工作，及时采取有效措施预防、控制、消除有害生物对湿地生态系统的危害。

第三十条 县级以上人民政府应当加强对国家重点保护野生动植物集中分布湿地的保护。任何单位和个人不得破坏鸟类和水生生物的生存环境。

禁止在以水鸟为保护对象的自然保护地及其他重要栖息地从事捕鱼、挖捕底栖生物、捡拾鸟蛋、破坏鸟巢等危及水鸟生存、繁衍的活动。开展观鸟、科学研究以及科普活动等应当保持安全距离，避免影响鸟类正常觅食和繁殖。

在重要水生生物产卵场、索饵场、越冬场和洄游通道等重要栖息地应当实施保护措施。经依法批准在洄游通道建闸、筑坝，可能对水生生物洄游产生影响的，建设单位应当建造过鱼设施或者采取其他补救措施。

禁止向湿地引进和放生外来物种，确需引进的应当进行科学评估，并依法取得批准。

第三十一条 国务院水行政主管部门和地方各级人民政府应当加强对河流、湖泊范围内湿地的管理和保护，因地制宜采取水系连通、清淤疏浚、水源涵养与水土保持等治理修复措施，严格控制河流源头和蓄滞洪区、水土流失严重区等区域的湿地开发利用活动，减轻对湿地及其生物多样性的不利影响。

第三十二条 国务院自然资源主管部门和沿海地方各级人民政府应当加强对滨海湿地的管理和保护，严格管控围填滨海湿地。经依法批准的项目，应当同步实施生态保护修复，减轻对滨海湿地生态功能的不利影响。

第三十三条 国务院住房城乡建设主管部门和地方各级人民政

府应当加强对城市湿地的管理和保护，采取城市水系治理和生态修复等措施，提升城市湿地生态质量，发挥城市湿地雨洪调蓄、净化水质、休闲游憩、科普教育等功能。

第三十四条 红树林湿地所在地县级以上地方人民政府应当组织编制红树林湿地保护专项规划，采取有效措施保护红树林湿地。

红树林湿地应当列入重要湿地名录；符合国家重要湿地标准的，应当优先列入国家重要湿地名录。

禁止占用红树林湿地。经省级以上人民政府有关部门评估，确因国家重大项目、防灾减灾等需要占用的，应当依照有关法律规定办理，并做好保护和修复工作。相关建设项目改变红树林所在河口水文情势、对红树林生长产生较大影响的，应当采取有效措施减轻不利影响。

禁止在红树林湿地挖塘，禁止采伐、采挖、移植红树林或者过度采摘红树林种子，禁止投放、种植危害红树林生长的物种。因科研、医药或者红树林湿地保护等需要采伐、采挖、移植、采摘的，应当依照有关法律法规办理。

第三十五条 泥炭沼泽湿地所在地县级以上地方人民政府应当制定泥炭沼泽湿地保护专项规划，采取有效措施保护泥炭沼泽湿地。

符合重要湿地标准的泥炭沼泽湿地，应当列入重要湿地名录。

禁止在泥炭沼泽湿地开采泥炭或者擅自开采地下水；禁止将泥炭沼泽湿地蓄水向外排放，因防灾减灾需要的除外。

第三十六条 国家建立湿地生态保护补偿制度。

国务院和省级人民政府应当按照事权划分原则加大对重要湿地保护的财政投入，加大对重要湿地所在地区的财政转移支付力度。

国家鼓励湿地生态保护地区与湿地生态受益地区人民政府通过协商或者市场机制进行地区间生态保护补偿。

因生态保护等公共利益需要，造成湿地所有者或者使用者合法权益受到损害的，县级以上人民政府应当给予补偿。

第四章 湿地修复

第三十七条 县级以上人民政府应当坚持自然恢复为主、自然恢复和人工修复相结合的原则，加强湿地修复工作，恢复湿地面积，提高湿地生态系统质量。

县级以上人民政府对破碎化严重或者功能退化的自然湿地进行综合整治和修复，优先修复生态功能严重退化的重要湿地。

第三十八条 县级以上人民政府组织开展湿地保护与修复，应当充分考虑水资源禀赋条件和承载能力，合理配置水资源，保障湿地基本生态用水需求，维护湿地生态功能。

第三十九条 县级以上地方人民政府应当科学论证，对具备恢复条件的原有湿地、退化湿地、盐碱化湿地等，因地制宜采取措施，恢复湿地生态功能。

县级以上地方人民政府应当按照湿地保护规划，因地制宜采取水体治理、土地整治、植被恢复、动物保护等措施，增强湿地生态功能和碳汇功能。

禁止违法占用耕地等建设人工湿地。

第四十条 红树林湿地所在地县级以上地方人民政府应当对生态功能重要区域、海洋灾害风险等级较高地区、濒危物种保护区域或者造林条件较好地区的红树林湿地优先实施修复，对严重退化的红树林湿地进行抢救性修复，修复应当尽量采用本地树种。

第四十一条 泥炭沼泽湿地所在地县级以上地方人民政府应当因地制宜，组织对退化泥炭沼泽湿地进行修复，并根据泥炭沼泽湿地的类型、发育状况和退化程度等，采取相应的修复措施。

第四十二条 修复重要湿地应当编制湿地修复方案。

重要湿地的修复方案应当报省级以上人民政府林业草原主管部门批准。林业草原主管部门在批准修复方案前，应当征求同级人民政府自然资源、水行政、住房城乡建设、生态环境、农业农村等有关部门的意见。

第四十三条 修复重要湿地应当按照经批准的湿地修复方案进行修复。

重要湿地修复完成后，应当经省级以上人民政府林业草原主管部门验收合格，依法公开修复情况。省级以上人民政府林业草原主管部门应当加强修复湿地后期管理和动态监测，并根据需要开展修复效果后期评估。

第四十四条 因违法占用、开采、开垦、填埋、排污等活动，导致湿地破坏的，违法行为人应当负责修复。违法行为人变更的，由承继其债权、债务的主体负责修复。

因重大自然灾害造成湿地破坏，以及湿地修复责任主体灭失或者无法确定的，由县级以上人民政府组织实施修复。

第五章 监督检查

第四十五条 县级以上人民政府林业草原、自然资源、水行政、住房城乡建设、生态环境、农业农村主管部门应当依照本法规定，按照职责分工对湿地的保护、修复、利用等活动进行监督检查，依法查处破坏湿地的违法行为。

第四十六条 县级以上人民政府林业草原、自然资源、水行政、住房城乡建设、生态环境、农业农村主管部门进行监督检查，有权采取下列措施：

（一）询问被检查单位或者个人，要求其对与监督检查事项有关的情况作出说明；

（二）进行现场检查；

（三）查阅、复制有关文件、资料，对可能被转移、销毁、隐匿或者篡改的文件、资料予以封存；

（四）查封、扣押涉嫌违法活动的场所、设施或者财物。

第四十七条 县级以上人民政府林业草原、自然资源、水行政、住房城乡建设、生态环境、农业农村主管部门依法履行监督检查职责，有关单位和个人应当予以配合，不得拒绝、阻碍。

第四十八条 国务院林业草原主管部门应当加强对国家重要湿地保护情况的监督检查。省、自治区、直辖市人民政府林业草原主管部门应当加强对省级重要湿地保护情况的监督检查。

县级人民政府林业草原主管部门和有关部门应当充分利用信息

化手段，对湿地保护情况进行监督检查。

各级人民政府及其有关部门应当依法公开湿地保护相关信息，接受社会监督。

第四十九条 国家实行湿地保护目标责任制，将湿地保护纳入地方人民政府综合绩效评价内容。

对破坏湿地问题突出、保护工作不力、群众反映强烈的地区，省级以上人民政府林业草原主管部门应当会同有关部门约谈该地区人民政府的主要负责人。

第五十条 湿地的保护、修复和管理情况，应当纳入领导干部自然资源资产离任审计。

第六章 法律责任

第五十一条 县级以上人民政府有关部门发现破坏湿地的违法行为或者接到对违法行为的举报，不予查处或者不依法查处，或者有其他玩忽职守、滥用职权、徇私舞弊行为的，对直接负责的主管人员和其他直接责任人员依法给予处分。

第五十二条 违反本法规定，建设项目擅自占用国家重要湿地的，由县级以上人民政府林业草原等有关主管部门按照职责分工责令停止违法行为，限期拆除在非法占用的湿地上新建的建筑物、构筑物和其他设施，修复湿地或者采取其他补救措施，按照违法占用湿地的面积，处每平方米一千元以上一万元以下罚款；违法行为人不停止建设或者逾期不拆除的，由作出行政处罚决定的部门依法申请人民法院强制执行。

第五十三条 建设项目占用重要湿地，未依照本法规定恢复、重建湿地的，由县级以上人民政府林业草原主管部门责令限期恢复、重建湿地；逾期未改正的，由县级以上人民政府林业草原主管部门委托他人代为履行，所需费用由违法行为人承担，按照占用湿地的面积，处每平方米五百元以上二千元以下罚款。

第五十四条 违反本法规定，开（围）垦、填埋自然湿地的，由县级以上人民政府林业草原等有关主管部门按照职责分工责令停止违法行为，限期修复湿地或者采取其他补救措施，没收违法所得，并按照破坏湿地面积，处每平方米五百元以上五千元以下罚款；破坏国家重要湿地的，并按照破坏湿地面积，处每平方米一千元以上一万元以下罚款。

违反本法规定，排干自然湿地或者永久性截断自然湿地水源的，由县级以上人民政府林业草原主管部门责令停止违法行为，限期修复湿地或者采取其他补救措施，没收违法所得，并处五万元以上五十万元以下罚款；造成严重后果的，并处五十万元以上一百万元以下罚款。

第五十五条 违反本法规定，向湿地引进或者放生外来物种的，依照《中华人民共和国生物安全法》等有关法律法规的规定处理、处罚。

第五十六条 违反本法规定，在红树林湿地内挖塘的，由县级以上人民政府林业草原等有关主管部门按照职责分工责令停止违法行为，限期修复湿地或者采取其他补救措施，按照破坏湿地面积，处每平方米一千元以上一万元以下罚款；对树木造成毁坏的，责令限期补种成活毁坏株数一倍以上三倍以下的树木，无法确定毁坏株数的，按照相同区域同类树种生长密度计算株数。

违反本法规定，在红树林湿地内投放、种植妨碍红树林生长物种的，由县级以上人民政府林业草原主管部门责令停止违法行为，限期清理，处二万元以上十万元以下罚款；造成严重后果的，处十万元以上一百万元以下罚款。

第五十七条 违反本法规定开采泥炭的，由县级以上人民政府林业草原等有关主管部门按照职责分工责令停止违法行为，限期修复湿地或者采取其他补救措施，没收违法所得，并按照采挖泥炭体积，处每立方米二千元以上一万元以下罚款。

违反本法规定，从泥炭沼泽湿地向外排水的，由县级以上人民政府林业草原主管部门责令停止违法行为，限期修复湿地或者采取其他补救措施，没收违法所得，并处一万元以上十万元以下罚款；

情节严重的，并处十万元以上一百万元以下罚款。

第五十八条 违反本法规定，未编制修复方案修复湿地或者未按照修复方案修复湿地，造成湿地破坏的，由省级以上人民政府林业草原主管部门责令改正，处十万元以上一百万元以下罚款。

第五十九条 破坏湿地的违法行为人未按照规定期限或者未按照修复方案修复湿地的，由县级以上人民政府林业草原主管部门委托他人代为履行，所需费用由违法行为人承担；违法行为人因被宣告破产等原因丧失修复能力的，由县级以上人民政府组织实施修复。

第六十条 违反本法规定，拒绝、阻碍县级以上人民政府有关部门依法进行的监督检查的，处二万元以上二十万元以下罚款；情节严重的，可以责令停产停业整顿。

第六十一条 违反本法规定，造成生态环境损害的，国家规定的机关或者法律规定的组织有权依法请求违法行为人承担修复责任、赔偿损失和有关费用。

第六十二条 违反本法规定，构成违反治安管理行为的，由公安机关依法给予治安管理处罚；构成犯罪的，依法追究刑事责任。

第七章 附　　则

第六十三条 本法下列用语的含义：

（一）红树林湿地，是指由红树植物为主组成的近海和海岸潮间湿地；

（二）泥炭沼泽湿地，是指有泥炭发育的沼泽湿地。

第六十四条 省、自治区、直辖市和设区的市、自治州可以根据本地实际，制定湿地保护具体办法。

第六十五条 本法自 2022 年 6 月 1 日起施行。

中华人民共和国水土保持法

（1991年6月29日第七届全国人民代表大会常务委员会第二十次会议通过　根据2009年8月27日第十一届全国人民代表大会常务委员会第十次会议《关于修改部分法律的决定》修正　2010年12月25日第十一届全国人民代表大会常务委员会第十八次会议修订　2010年12月25日中华人民共和国主席令第39号公布　自2011年3月1日起施行）

第一章　总　　则

第一条　为了预防和治理水土流失，保护和合理利用水土资源，减轻水、旱、风沙灾害，改善生态环境，保障经济社会可持续发展，制定本法。

第二条　在中华人民共和国境内从事水土保持活动，应当遵守本法。

本法所称水土保持，是指对自然因素和人为活动造成水土流失所采取的预防和治理措施。

第三条　水土保持工作实行预防为主、保护优先、全面规划、综合治理、因地制宜、突出重点、科学管理、注重效益的方针。

第四条　县级以上人民政府应当加强对水土保持工作的统一领导，将水土保持工作纳入本级国民经济和社会发展规划，对水土保持规划确定的任务，安排专项资金，并组织实施。

国家在水土流失重点预防区和重点治理区，实行地方各级人民政府水土保持目标责任制和考核奖惩制度。

第五条　国务院水行政主管部门主管全国的水土保持工作。

国务院水行政主管部门在国家确定的重要江河、湖泊设立的流域管理机构（以下简称流域管理机构），在所管辖范围内依法承担水土保持监督管理职责。

县级以上地方人民政府水行政主管部门主管本行政区域的水土保持工作。

县级以上人民政府林业、农业、国土资源等有关部门按照各自职责，做好有关的水土流失预防和治理工作。

第六条 各级人民政府及其有关部门应当加强水土保持宣传和教育工作，普及水土保持科学知识，增强公众的水土保持意识。

第七条 国家鼓励和支持水土保持科学技术研究，提高水土保持科学技术水平，推广先进的水土保持技术，培养水土保持科学技术人才。

第八条 任何单位和个人都有保护水土资源、预防和治理水土流失的义务，并有权对破坏水土资源、造成水土流失的行为进行举报。

第九条 国家鼓励和支持社会力量参与水土保持工作。

对水土保持工作中成绩显著的单位和个人，由县级以上人民政府给予表彰和奖励。

第二章 规 划

第十条 水土保持规划应当在水土流失调查结果及水土流失重点预防区和重点治理区划定的基础上，遵循统筹协调、分类指导的原则编制。

第十一条 国务院水行政主管部门应当定期组织全国水土流失调查并公告调查结果。

省、自治区、直辖市人民政府水行政主管部门负责本行政区域的水土流失调查并公告调查结果，公告前应当将调查结果报国务院水行政主管部门备案。

第十二条 县级以上人民政府应当依据水土流失调查结果划定并公告水土流失重点预防区和重点治理区。

对水土流失潜在危险较大的区域，应当划定为水土流失重点预防区；对水土流失严重的区域，应当划定为水土流失重点治理区。

第十三条 水土保持规划的内容应当包括水土流失状况、水土流失类型区划分、水土流失防治目标、任务和措施等。

水土保持规划包括对流域或者区域预防和治理水土流失、保护和合理利用水土资源作出的整体部署，以及根据整体部署对水土保持专项工作或者特定区域预防和治理水土流失作出的专项部署。

水土保持规划应当与土地利用总体规划、水资源规划、城乡规划和环境保护规划等相协调。

编制水土保持规划，应当征求专家和公众的意见。

第十四条 县级以上人民政府水行政主管部门会同同级人民政府有关部门编制水土保持规划，报本级人民政府或者其授权的部门批准后，由水行政主管部门组织实施。

水土保持规划一经批准，应当严格执行；经批准的规划根据实际情况需要修改的，应当按照规划编制程序报原批准机关批准。

第十五条 有关基础设施建设、矿产资源开发、城镇建设、公共服务设施建设等方面的规划，在实施过程中可能造成水土流失的，规划的组织编制机关应当在规划中提出水土流失预防和治理的对策和措施，并在规划报请审批前征求本级人民政府水行政主管部门的意见。

第三章 预 防

第十六条 地方各级人民政府应当按照水土保持规划，采取封育保护、自然修复等措施，组织单位和个人植树种草，扩大林草覆盖面积，涵养水源，预防和减轻水土流失。

第十七条 地方各级人民政府应当加强对取土、挖砂、采石等活动的管理，预防和减轻水土流失。

禁止在崩塌、滑坡危险区和泥石流易发区从事取土、挖砂、采石等可能造成水土流失的活动。崩塌、滑坡危险区和泥石流易发区的范围，由县级以上地方人民政府划定并公告。崩塌、滑坡危险区和泥石流易发区的划定，应当与地质灾害防治规划确定的地质灾害易发区、重点防治区相衔接。

第十八条 水土流失严重、生态脆弱的地区，应当限制或者禁止可能造成水土流失的生产建设活动，严格保护植物、沙壳、结皮、地衣等。

在侵蚀沟的沟坡和沟岸、河流的两岸以及湖泊和水库的周边，土地所有权人、使用权人或者有关管理单位应当营造植物保护带。禁止开垦、开发植物保护带。

第十九条 水土保持设施的所有权人或者使用权人应当加强对水土保持设施的管理与维护，落实管护责任，保障其功能正常发挥。

第二十条 禁止在二十五度以上陡坡地开垦种植农作物。在二十五度以上陡坡地种植经济林的，应当科学选择树种，合理确定规模，采取水土保持措施，防止造成水土流失。

省、自治区、直辖市根据本行政区域的实际情况，可以规定小于二十五度的禁止开垦坡度。禁止开垦的陡坡地的范围由当地县级人民政府划定并公告。

第二十一条 禁止毁林、毁草开垦和采集发菜。禁止在水土流失重点预防区和重点治理区铲草皮、挖树兜或者滥挖虫草、甘草、麻黄等。

第二十二条 林木采伐应当采用合理方式，严格控制皆伐；对水源涵养林、水土保持林、防风固沙林等防护林只能进行抚育和更新性质的采伐；对采伐区和集材道应当采取防止水土流失的措施，并在采伐后及时更新造林。

在林区采伐林木的，采伐方案中应当有水土保持措施。采伐方案经林业主管部门批准后，由林业主管部门和水行政主管部门监督实施。

第二十三条 在五度以上坡地植树造林、抚育幼林、种植中药材等，应当采取水土保持措施。

在禁止开垦坡度以下、五度以上的荒坡地开垦种植农作物，应当采取水土保持措施。具体办法由省、自治区、直辖市根据本行政区域的实际情况规定。

第二十四条 生产建设项目选址、选线应当避让水土流失重点预防区和重点治理区；无法避让的，应当提高防治标准，优化施工工艺，减少地表扰动和植被损坏范围，有效控制可能造成的水土流失。

第二十五条 在山区、丘陵区、风沙区以及水土保持规划确定的容易发生水土流失的其他区域开办可能造成水土流失的生产建设项目，生产建设单位应当编制水土保持方案，报县级以上人民政府水行政主管部门审批，并按照经批准的水土保持方案，采取水土流失预防和治理措施。没有能力编制水土保持方案的，应当委托具备相应技术条件的机构编制。

水土保持方案应当包括水土流失预防和治理的范围、目标、措施和投资等内容。

水土保持方案经批准后，生产建设项目的地点、规模发生重大变化的，应当补充或者修改水土保持方案并报原审批机关批准。水土保持方案实施过程中，水土保持措施需要作出重大变更的，应当经原审批机关批准。

生产建设项目水土保持方案的编制和审批办法，由国务院水行政主管部门制定。

第二十六条 依法应当编制水土保持方案的生产建设项目，生产建设单位未编制水土保持方案或者水土保持方案未经水行政主管部门批准的，生产建设项目不得开工建设。

第二十七条 依法应当编制水土保持方案的生产建设项目中的水土保持设施，应当与主体工程同时设计、同时施工、同时投产使用；生产建设项目竣工验收，应当验收水土保持设施；水土保持设施未经验收或者验收不合格的，生产建设项目不得投产使用。

第二十八条 依法应当编制水土保持方案的生产建设项目，其生产建设活动中排弃的砂、石、土、矸石、尾矿、废渣等应当综合利用；不能综合利用，确需废弃的，应当堆放在水土保持方案确定的专门存放地，并采取措施保证不产生新的危害。

第二十九条 县级以上人民政府水行政主管部门、流域管理机构，应当对生产建设项目水土保持方案的实施情况进行跟踪检查，发现问题及时处理。

第四章　治　　理

第三十条　国家加强水土流失重点预防区和重点治理区的坡耕地改梯田、淤地坝等水土保持重点工程建设，加大生态修复力度。

县级以上人民政府水行政主管部门应当加强对水土保持重点工程的建设管理，建立和完善运行管护制度。

第三十一条　国家加强江河源头区、饮用水水源保护区和水源涵养区水土流失的预防和治理工作，多渠道筹集资金，将水土保持生态效益补偿纳入国家建立的生态效益补偿制度。

第三十二条　开办生产建设项目或者从事其他生产建设活动造成水土流失的，应当进行治理。

在山区、丘陵区、风沙区以及水土保持规划确定的容易发生水土流失的其他区域开办生产建设项目或者从事其他生产建设活动，损坏水土保持设施、地貌植被，不能恢复原有水土保持功能的，应当缴纳水土保持补偿费，专项用于水土流失预防和治理。专项水土流失预防和治理由水行政主管部门负责组织实施。水土保持补偿费的收取使用管理办法由国务院财政部门、国务院价格主管部门会同国务院水行政主管部门制定。

生产建设项目在建设过程中和生产过程中发生的水土保持费用，按照国家统一的财务会计制度处理。

第三十三条　国家鼓励单位和个人按照水土保持规划参与水土流失治理，并在资金、技术、税收等方面予以扶持。

第三十四条　国家鼓励和支持承包治理荒山、荒沟、荒丘、荒滩，防治水土流失，保护和改善生态环境，促进土地资源的合理开发和可持续利用，并依法保护土地承包合同当事人的合法权益。

承包治理荒山、荒沟、荒丘、荒滩和承包水土流失严重地区农村土地的，在依法签订的土地承包合同中应当包括预防和治理水土流失责任的内容。

第三十五条 在水力侵蚀地区，地方各级人民政府及其有关部门应当组织单位和个人，以天然沟壑及其两侧山坡地形成的小流域为单元，因地制宜地采取工程措施、植物措施和保护性耕作等措施，进行坡耕地和沟道水土流失综合治理。

在风力侵蚀地区，地方各级人民政府及其有关部门应当组织单位和个人，因地制宜地采取轮封轮牧、植树种草、设置人工沙障和网格林带等措施，建立防风固沙防护体系。

在重力侵蚀地区，地方各级人民政府及其有关部门应当组织单位和个人，采取监测、径流排导、削坡减载、支挡固坡、修建拦挡工程等措施，建立监测、预报、预警体系。

第三十六条 在饮用水水源保护区，地方各级人民政府及其有关部门应当组织单位和个人，采取预防保护、自然修复和综合治理措施，配套建设植物过滤带，积极推广沼气，开展清洁小流域建设，严格控制化肥和农药的使用，减少水土流失引起的面源污染，保护饮用水水源。

第三十七条 已在禁止开垦的陡坡地上开垦种植农作物的，应当按照国家有关规定退耕，植树种草；耕地短缺、退耕确有困难的，应当修建梯田或者采取其他水土保持措施。

在禁止开垦坡度以下的坡耕地上开垦种植农作物的，应当根据不同情况，采取修建梯田、坡面水系整治、蓄水保土耕作或者退耕等措施。

第三十八条 对生产建设活动所占用土地的地表土应当进行分层剥离、保存和利用，做到土石方挖填平衡，减少地表扰动范围；对废弃的砂、石、土、矸石、尾矿、废渣等存放地，应当采取拦挡、坡面防护、防洪排导等措施。生产建设活动结束后，应当及时在取土场、开挖面和存放地的裸露土地上植树种草、恢复植被，对闭库的尾矿库进行复垦。

在干旱缺水地区从事生产建设活动，应当采取防止风力侵蚀措施，设置降水蓄渗设施，充分利用降水资源。

第三十九条 国家鼓励和支持在山区、丘陵区、风沙区以及容易发生水土流失的其他区域，采取下列有利于水土保持的措施：

（一）免耕、等高耕作、轮耕轮作、草田轮作、间作套种等；

（二）封禁抚育、轮封轮牧、舍饲圈养；

（三）发展沼气、节柴灶，利用太阳能、风能和水能，以煤、电、气代替薪柴等；

（四）从生态脆弱地区向外移民；

（五）其他有利于水土保持的措施。

第五章 监测和监督

第四十条 县级以上人民政府水行政主管部门应当加强水土保持监测工作，发挥水土保持监测工作在政府决策、经济社会发展和社会公众服务中的作用。县级以上人民政府应当保障水土保持监测工作经费。

国务院水行政主管部门应当完善全国水土保持监测网络，对全国水土流失进行动态监测。

第四十一条 对可能造成严重水土流失的大中型生产建设项目，生产建设单位应当自行或者委托具备水土保持监测资质的机构，对生产建设活动造成的水土流失进行监测，并将监测情况定期上报当地水行政主管部门。

从事水土保持监测活动应当遵守国家有关技术标准、规范和规程，保证监测质量。

第四十二条 国务院水行政主管部门和省、自治区、直辖市人民政府水行政主管部门应当根据水土保持监测情况，定期对下列事项进行公告：

（一）水土流失类型、面积、强度、分布状况和变化趋势；

（二）水土流失造成的危害；

（三）水土流失预防和治理情况。

第四十三条 县级以上人民政府水行政主管部门负责对水土保

持情况进行监督检查。流域管理机构在其管辖范围内可以行使国务院水行政主管部门的监督检查职权。

第四十四条 水政监督检查人员依法履行监督检查职责时，有权采取下列措施：

（一）要求被检查单位或者个人提供有关文件、证照、资料；

（二）要求被检查单位或者个人就预防和治理水土流失的有关情况作出说明；

（三）进入现场进行调查、取证。

被检查单位或者个人拒不停止违法行为，造成严重水土流失的，报经水行政主管部门批准，可以查封、扣押实施违法行为的工具及施工机械、设备等。

第四十五条 水政监督检查人员依法履行监督检查职责时，应当出示执法证件。被检查单位或者个人对水土保持监督检查工作应当给予配合，如实报告情况，提供有关文件、证照、资料；不得拒绝或者阻碍水政监督检查人员依法执行公务。

第四十六条 不同行政区域之间发生水土流失纠纷应当协商解决；协商不成的，由共同的上一级人民政府裁决。

第六章 法律责任

第四十七条 水行政主管部门或者其他依照本法规定行使监督管理权的部门，不依法作出行政许可决定或者办理批准文件的，发现违法行为或者接到对违法行为的举报不予查处的，或者有其他未依照本法规定履行职责的行为的，对直接负责的主管人员和其他直接责任人员依法给予处分。

第四十八条 违反本法规定，在崩塌、滑坡危险区或者泥石流易发区从事取土、挖砂、采石等可能造成水土流失的活动的，由县级以上地方人民政府水行政主管部门责令停止违法行为，没收违法所得，对个人处一千元以上一万元以下的罚款，对单位处二万元以上二十万元以下的罚款。

第四十九条 违反本法规定，在禁止开垦坡度以上陡坡地开垦种植农作物，或者在禁止开垦、开发的植物保护带内开垦、开发的，由县级以上地方人民政府水行政主管部门责令停止违法行为，采取退耕、恢复植被等补救措施；按照开垦或者开发面积，可以对个人处每平方米二元以下的罚款、对单位处每平方米十元以下的罚款。

第五十条 违反本法规定，毁林、毁草开垦的，依照《中华人民共和国森林法》、《中华人民共和国草原法》的有关规定处罚。

第五十一条 违反本法规定，采集发菜，或者在水土流失重点预防区和重点治理区铲草皮、挖树兜、滥挖虫草、甘草、麻黄等的，由县级以上地方人民政府水行政主管部门责令停止违法行为，采取补救措施，没收违法所得，并处违法所得一倍以上五倍以下的罚款；没有违法所得的，可以处五万元以下的罚款。

在草原地区有前款规定违法行为的，依照《中华人民共和国草原法》的有关规定处罚。

第五十二条 在林区采伐林木不依法采取防止水土流失措施的，由县级以上地方人民政府林业主管部门、水行政主管部门责令限期改正，采取补救措施；造成水土流失的，由水行政主管部门按照造成水土流失的面积处每平方米二元以上十元以下的罚款。

第五十三条 违反本法规定，有下列行为之一的，由县级以上人民政府水行政主管部门责令停止违法行为，限期补办手续；逾期不补办手续的，处五万元以上五十万元以下的罚款；对生产建设单位直接负责的主管人员和其他直接责任人员依法给予处分：

（一）依法应当编制水土保持方案的生产建设项目，未编制水土保持方案或者编制的水土保持方案未经批准而开工建设的；

（二）生产建设项目的地点、规模发生重大变化，未补充、修改水土保持方案或者补充、修改的水土保持方案未经原审批机关批准的；

（三）水土保持方案实施过程中，未经原审批机关批准，对水土保持措施作出重大变更的。

第五十四条 违反本法规定，水土保持设施未经验收或者验收不合格将生产建设项目投产使用的，由县级以上人民政府水行政主管部门责令停止生产或者使用，直至验收合格，并处五万元以上五十万元以下的罚款。

第五十五条 违反本法规定，在水土保持方案确定的专门存放地以外的区域倾倒砂、石、土、矸石、尾矿、废渣等的，由县级以上地方人民政府水行政主管部门责令停止违法行为，限期清理，按照倾倒数量处每立方米十元以上二十元以下的罚款；逾期仍不清理的，县级以上地方人民政府水行政主管部门可以指定有清理能力的单位代为清理，所需费用由违法行为人承担。

第五十六条 违反本法规定，开办生产建设项目或者从事其他生产建设活动造成水土流失，不进行治理的，由县级以上人民政府水行政主管部门责令限期治理；逾期仍不治理的，县级以上人民政府水行政主管部门可以指定有治理能力的单位代为治理，所需费用由违法行为人承担。

第五十七条 违反本法规定，拒不缴纳水土保持补偿费的，由县级以上人民政府水行政主管部门责令限期缴纳；逾期不缴纳的，自滞纳之日起按日加收滞纳部分万分之五的滞纳金，可以处应缴水土保持补偿费三倍以下的罚款。

第五十八条 违反本法规定，造成水土流失危害的，依法承担民事责任；构成违反治安管理行为的，由公安机关依法给予治安管理处罚；构成犯罪的，依法追究刑事责任。

第七章 附 则

第五十九条 县级以上地方人民政府根据当地实际情况确定的负责水土保持工作的机构，行使本法规定的水行政主管部门水土保持工作的职责。

第六十条 本法自2011年3月1日起施行。

中华人民共和国生物安全法

（2020年10月17日第十三届全国人民代表大会常务委员会第二十二次会议通过　根据2024年4月26日第十四届全国人民代表大会常务委员会第九次会议《关于修改〈中华人民共和国农业技术推广法〉、〈中华人民共和国未成年人保护法〉、〈中华人民共和国生物安全法〉的决定》修正）

第一章　总　　则

第一条　为了维护国家安全，防范和应对生物安全风险，保障人民生命健康，保护生物资源和生态环境，促进生物技术健康发展，推动构建人类命运共同体，实现人与自然和谐共生，制定本法。

第二条　本法所称生物安全，是指国家有效防范和应对危险生物因子及相关因素威胁，生物技术能够稳定健康发展，人民生命健康和生态系统相对处于没有危险和不受威胁的状态，生物领域具备维护国家安全和持续发展的能力。

从事下列活动，适用本法：

（一）防控重大新发突发传染病、动植物疫情；

（二）生物技术研究、开发与应用；

（三）病原微生物实验室生物安全管理；

（四）人类遗传资源与生物资源安全管理；

（五）防范外来物种入侵与保护生物多样性；

（六）应对微生物耐药；

（七）防范生物恐怖袭击与防御生物武器威胁；

（八）其他与生物安全相关的活动。

第三条　生物安全是国家安全的重要组成部分。维护生物安全应当贯彻总体国家安全观，统筹发展和安全，坚持以人为本、风险预防、分类管理、协同配合的原则。

第四条 坚持中国共产党对国家生物安全工作的领导，建立健全国家生物安全领导体制，加强国家生物安全风险防控和治理体系建设，提高国家生物安全治理能力。

第五条 国家鼓励生物科技创新，加强生物安全基础设施和生物科技人才队伍建设，支持生物产业发展，以创新驱动提升生物科技水平，增强生物安全保障能力。

第六条 国家加强生物安全领域的国际合作，履行中华人民共和国缔结或者参加的国际条约规定的义务，支持参与生物科技交流合作与生物安全事件国际救援，积极参与生物安全国际规则的研究与制定，推动完善全球生物安全治理。

第七条 各级人民政府及其有关部门应当加强生物安全法律法规和生物安全知识宣传普及工作，引导基层群众性自治组织、社会组织开展生物安全法律法规和生物安全知识宣传，促进全社会生物安全意识的提升。

相关科研院校、医疗机构以及其他企业事业单位应当将生物安全法律法规和生物安全知识纳入教育培训内容，加强学生、从业人员生物安全意识和伦理意识的培养。

新闻媒体应当开展生物安全法律法规和生物安全知识公益宣传，对生物安全违法行为进行舆论监督，增强公众维护生物安全的社会责任意识。

第八条 任何单位和个人不得危害生物安全。

任何单位和个人有权举报危害生物安全的行为；接到举报的部门应当及时依法处理。

第九条 对在生物安全工作中做出突出贡献的单位和个人，县级以上人民政府及其有关部门按照国家规定予以表彰和奖励。

第二章　生物安全风险防控体制

第十条 中央国家安全领导机构负责国家生物安全工作的决策和议事协调，研究制定、指导实施国家生物安全战略和有关重大方针政策，统筹协调国家生物安全的重大事项和重要工作，建立国家生物安全工作协调机制。

省、自治区、直辖市建立生物安全工作协调机制，组织协调、督促推进本行政区域内生物安全相关工作。

第十一条 国家生物安全工作协调机制由国务院卫生健康、农业农村、科学技术、外交等主管部门和有关军事机关组成，分析研判国家生物安全形势，组织协调、督促推进国家生物安全相关工作。国家生物安全工作协调机制设立办公室，负责协调机制的日常工作。

国家生物安全工作协调机制成员单位和国务院其他有关部门根据职责分工，负责生物安全相关工作。

第十二条 国家生物安全工作协调机制设立专家委员会，为国家生物安全战略研究、政策制定及实施提供决策咨询。

国务院有关部门组织建立相关领域、行业的生物安全技术咨询专家委员会，为生物安全工作提供咨询、评估、论证等技术支撑。

第十三条 地方各级人民政府对本行政区域内生物安全工作负责。

县级以上地方人民政府有关部门根据职责分工，负责生物安全相关工作。

基层群众性自治组织应当协助地方人民政府以及有关部门做好生物安全风险防控、应急处置和宣传教育等工作。

有关单位和个人应当配合做好生物安全风险防控和应急处置等工作。

第十四条 国家建立生物安全风险监测预警制度。国家生物安全工作协调机制组织建立国家生物安全风险监测预警体系，提高生物安全风险识别和分析能力。

第十五条 国家建立生物安全风险调查评估制度。国家生物安全工作协调机制应当根据风险监测的数据、资料等信息，定期组织开展生物安全风险调查评估。

有下列情形之一的，有关部门应当及时开展生物安全风险调查评估，依法采取必要的风险防控措施：

（一）通过风险监测或者接到举报发现可能存在生物安全风险；

（二）为确定监督管理的重点领域、重点项目，制定、调整生物安全相关名录或者清单；

（三）发生重大新发突发传染病、动植物疫情等危害生物安全的事件；

（四）需要调查评估的其他情形。

第十六条 国家建立生物安全信息共享制度。国家生物安全工作协调机制组织建立统一的国家生物安全信息平台，有关部门应当将生物安全数据、资料等信息汇交国家生物安全信息平台，实现信息共享。

第十七条 国家建立生物安全信息发布制度。国家生物安全总体情况、重大生物安全风险警示信息、重大生物安全事件及其调查处理信息等重大生物安全信息，由国家生物安全工作协调机制成员单位根据职责分工发布；其他生物安全信息由国务院有关部门和县级以上地方人民政府及其有关部门根据职责权限发布。

任何单位和个人不得编造、散布虚假的生物安全信息。

第十八条 国家建立生物安全名录和清单制度。国务院及其有关部门根据生物安全工作需要，对涉及生物安全的材料、设备、技术、活动、重要生物资源数据、传染病、动植物疫病、外来入侵物种等制定、公布名录或者清单，并动态调整。

第十九条 国家建立生物安全标准制度。国务院标准化主管部门和国务院其他有关部门根据职责分工，制定和完善生物安全领域相关标准。

国家生物安全工作协调机制组织有关部门加强不同领域生物安全标准的协调和衔接，建立和完善生物安全标准体系。

第二十条 国家建立生物安全审查制度。对影响或者可能影响国家安全的生物领域重大事项和活动，由国务院有关部门进行生物安全审查，有效防范和化解生物安全风险。

第二十一条 国家建立统一领导、协同联动、有序高效的生物安全应急制度。

国务院有关部门应当组织制定相关领域、行业生物安全事件应急预案，根据应急预案和统一部署开展应急演练、应急处置、应急救援和事后恢复等工作。

县级以上地方人民政府及其有关部门应当制定并组织、指导和督促相关企业事业单位制定生物安全事件应急预案，加强应急准备、人员培训和应急演练，开展生物安全事件应急处置、应急救援和事后恢复等工作。

中国人民解放军、中国人民武装警察部队按照中央军事委员会的命令，依法参加生物安全事件应急处置和应急救援工作。

第二十二条 国家建立生物安全事件调查溯源制度。发生重大新发突发传染病、动植物疫情和不明原因的生物安全事件，国家生物安全工作协调机制应当组织开展调查溯源，确定事件性质，全面评估事件影响，提出意见建议。

第二十三条 国家建立首次进境或者暂停后恢复进境的动植物、动植物产品、高风险生物因子国家准入制度。

进出境的人员、运输工具、集装箱、货物、物品、包装物和国际航行船舶压舱水排放等应当符合我国生物安全管理要求。

海关对发现的进出境和过境生物安全风险，应当依法处置。经评估为生物安全高风险的人员、运输工具、货物、物品等，应当从指定的国境口岸进境，并采取严格的风险防控措施。

第二十四条 国家建立境外重大生物安全事件应对制度。境外发生重大生物安全事件的，海关依法采取生物安全紧急防控措施，加强证件核验，提高查验比例，暂停相关人员、运输工具、货物、物品等进境。必要时经国务院同意，可以采取暂时关闭有关口岸、封锁有关国境等措施。

第二十五条 县级以上人民政府有关部门应当依法开展生物安全监督检查工作，被检查单位和个人应当配合，如实说明情况，提供资料，不得拒绝、阻挠。

涉及专业技术要求较高、执法业务难度较大的监督检查工作，应当有生物安全专业技术人员参加。

第二十六条　县级以上人民政府有关部门实施生物安全监督检查，可以依法采取下列措施：

（一）进入被检查单位、地点或者涉嫌实施生物安全违法行为的场所进行现场监测、勘查、检查或者核查；

（二）向有关单位和个人了解情况；

（三）查阅、复制有关文件、资料、档案、记录、凭证等；

（四）查封涉嫌实施生物安全违法行为的场所、设施；

（五）扣押涉嫌实施生物安全违法行为的工具、设备以及相关物品；

（六）法律法规规定的其他措施。

有关单位和个人的生物安全违法信息应当依法纳入全国信用信息共享平台。

第三章　防控重大新发突发传染病、动植物疫情

第二十七条　国务院卫生健康、农业农村、林业草原、海关、生态环境主管部门应当建立新发突发传染病、动植物疫情、进出境检疫、生物技术环境安全监测网络，组织监测站点布局、建设，完善监测信息报告系统，开展主动监测和病原检测，并纳入国家生物安全风险监测预警体系。

第二十八条　疾病预防控制机构、动物疫病预防控制机构、植物病虫害预防控制机构（以下统称专业机构）应当对传染病、动植物疫病和列入监测范围的不明原因疾病开展主动监测，收集、分析、报告监测信息，预测新发突发传染病、动植物疫病的发生、流行趋势。

国务院有关部门、县级以上地方人民政府及其有关部门应当根据预测和职责权限及时发布预警，并采取相应的防控措施。

第二十九条　任何单位和个人发现传染病、动植物疫病的，应当及时向医疗机构、有关专业机构或者部门报告。

医疗机构、专业机构及其工作人员发现传染病、动植物疫病或

者不明原因的聚集性疾病的，应当及时报告，并采取保护性措施。

依法应当报告的，任何单位和个人不得瞒报、谎报、缓报、漏报，不得授意他人瞒报、谎报、缓报，不得阻碍他人报告。

第三十条 国家建立重大新发突发传染病、动植物疫情联防联控机制。

发生重大新发突发传染病、动植物疫情，应当依照有关法律法规和应急预案的规定及时采取控制措施；国务院卫生健康、农业农村、林业草原主管部门应当立即组织疫情会商研判，将会商研判结论向中央国家安全领导机构和国务院报告，并通报国家生物安全工作协调机制其他成员单位和国务院其他有关部门。

发生重大新发突发传染病、动植物疫情，地方各级人民政府统一履行本行政区域内疫情防控职责，加强组织领导，开展群防群控、医疗救治，动员和鼓励社会力量依法有序参与疫情防控工作。

第三十一条 国家加强国境、口岸传染病和动植物疫情联合防控能力建设，建立传染病、动植物疫情防控国际合作网络，尽早发现、控制重大新发突发传染病、动植物疫情。

第三十二条 国家保护野生动物，加强动物防疫，防止动物源性传染病传播。

第三十三条 国家加强对抗生素药物等抗微生物药物使用和残留的管理，支持应对微生物耐药的基础研究和科技攻关。

县级以上人民政府卫生健康主管部门应当加强对医疗机构合理用药的指导和监督，采取措施防止抗微生物药物的不合理使用。县级以上人民政府农业农村、林业草原主管部门应当加强对农业生产中合理用药的指导和监督，采取措施防止抗微生物药物的不合理使用，降低在农业生产环境中的残留。

国务院卫生健康、农业农村、林业草原、生态环境等主管部门和药品监督管理部门应当根据职责分工，评估抗微生物药物残留对人体健康、环境的危害，建立抗微生物药物污染物指标评价体系。

第四章　生物技术研究、开发与应用安全

第三十四条　国家加强对生物技术研究、开发与应用活动的安全管理，禁止从事危及公众健康、损害生物资源、破坏生态系统和生物多样性等危害生物安全的生物技术研究、开发与应用活动。

从事生物技术研究、开发与应用活动，应当符合伦理原则。

第三十五条　从事生物技术研究、开发与应用活动的单位应当对本单位生物技术研究、开发与应用的安全负责，采取生物安全风险防控措施，制定生物安全培训、跟踪检查、定期报告等工作制度，强化过程管理。

第三十六条　国家对生物技术研究、开发活动实行分类管理。根据对公众健康、工业农业、生态环境等造成危害的风险程度，将生物技术研究、开发活动分为高风险、中风险、低风险三类。

生物技术研究、开发活动风险分类标准及名录由国务院科学技术、卫生健康、农业农村等主管部门根据职责分工，会同国务院其他有关部门制定、调整并公布。

第三十七条　从事生物技术研究、开发活动，应当遵守国家生物技术研究开发安全管理规范。

从事生物技术研究、开发活动，应当进行风险类别判断，密切关注风险变化，及时采取应对措施。

第三十八条　从事高风险、中风险生物技术研究、开发活动，应当由在我国境内依法成立的法人组织进行，并依法取得批准或者进行备案。

从事高风险、中风险生物技术研究、开发活动，应当进行风险评估，制定风险防控计划和生物安全事件应急预案，降低研究、开发活动实施的风险。

第三十九条　国家对涉及生物安全的重要设备和特殊生物因子实行追溯管理。购买或者引进列入管控清单的重要设备和特殊生物因子，应当进行登记，确保可追溯，并报国务院有关部门备案。

个人不得购买或者持有列入管控清单的重要设备和特殊生物因子。

第四十条 从事生物医学新技术临床研究，应当通过伦理审查，并在具备相应条件的医疗机构内进行；进行人体临床研究操作的，应当由符合相应条件的卫生专业技术人员执行。

第四十一条 国务院有关部门依法对生物技术应用活动进行跟踪评估，发现存在生物安全风险的，应当及时采取有效补救和管控措施。

第五章 病原微生物实验室生物安全

第四十二条 国家加强对病原微生物实验室生物安全的管理，制定统一的实验室生物安全标准。病原微生物实验室应当符合生物安全国家标准和要求。

从事病原微生物实验活动，应当严格遵守有关国家标准和实验室技术规范、操作规程，采取安全防范措施。

第四十三条 国家根据病原微生物的传染性、感染后对人和动物的个体或者群体的危害程度，对病原微生物实行分类管理。

从事高致病性或者疑似高致病性病原微生物样本采集、保藏、运输活动，应当具备相应条件，符合生物安全管理规范。具体办法由国务院卫生健康、农业农村主管部门制定。

第四十四条 设立病原微生物实验室，应当依法取得批准或者进行备案。

个人不得设立病原微生物实验室或者从事病原微生物实验活动。

第四十五条 国家根据对病原微生物的生物安全防护水平，对病原微生物实验室实行分等级管理。

从事病原微生物实验活动应当在相应等级的实验室进行。低等级病原微生物实验室不得从事国家病原微生物目录规定应当在高等级病原微生物实验室进行的病原微生物实验活动。

第四十六条 高等级病原微生物实验室从事高致病性或者疑似

高致病性病原微生物实验活动，应当经省级以上人民政府卫生健康或者农业农村主管部门批准，并将实验活动情况向批准部门报告。

对我国尚未发现或者已经宣布消灭的病原微生物，未经批准不得从事相关实验活动。

第四十七条 病原微生物实验室应当采取措施，加强对实验动物的管理，防止实验动物逃逸，对使用后的实验动物按照国家规定进行无害化处理，实现实验动物可追溯。禁止将使用后的实验动物流入市场。

病原微生物实验室应当加强对实验活动废弃物的管理，依法对废水、废气以及其他废弃物进行处置，采取措施防止污染。

第四十八条 病原微生物实验室的设立单位负责实验室的生物安全管理，制定科学、严格的管理制度，定期对有关生物安全规定的落实情况进行检查，对实验室设施、设备、材料等进行检查、维护和更新，确保其符合国家标准。

病原微生物实验室设立单位的法定代表人和实验室负责人对实验室的生物安全负责。

第四十九条 病原微生物实验室的设立单位应当建立和完善安全保卫制度，采取安全保卫措施，保障实验室及其病原微生物的安全。

国家加强对高等级病原微生物实验室的安全保卫。高等级病原微生物实验室应当接受公安机关等部门有关实验室安全保卫工作的监督指导，严防高致病性病原微生物泄漏、丢失和被盗、被抢。

国家建立高等级病原微生物实验室人员进入审核制度。进入高等级病原微生物实验室的人员应当经实验室负责人批准。对可能影响实验室生物安全的，不予批准；对批准进入的，应当采取安全保障措施。

第五十条 病原微生物实验室的设立单位应当制定生物安全事件应急预案，定期组织开展人员培训和应急演练。发生高致病性病原微生物泄漏、丢失和被盗、被抢或者其他生物安全风险的，应当按照应急预案的规定及时采取控制措施，并按照国家规定报告。

第五十一条 病原微生物实验室所在地省级人民政府及其卫生健康主管部门应当加强实验室所在地感染性疾病医疗资源配置，提高感染性疾病医疗救治能力。

第五十二条 企业对涉及病原微生物操作的生产车间的生物安全管理，依照有关病原微生物实验室的规定和其他生物安全管理规范进行。

涉及生物毒素、植物有害生物及其他生物因子操作的生物安全实验室的建设和管理，参照有关病原微生物实验室的规定执行。

第六章 人类遗传资源与生物资源安全

第五十三条 国家加强对我国人类遗传资源和生物资源采集、保藏、利用、对外提供等活动的管理和监督，保障人类遗传资源和生物资源安全。

国家对我国人类遗传资源和生物资源享有主权。

第五十四条 国家开展人类遗传资源和生物资源调查。

国务院卫生健康主管部门组织开展我国人类遗传资源调查，制定重要遗传家系和特定地区人类遗传资源申报登记办法。

国务院卫生健康、科学技术、自然资源、生态环境、农业农村、林业草原、中医药主管部门根据职责分工，组织开展生物资源调查，制定重要生物资源申报登记办法。

第五十五条 采集、保藏、利用、对外提供我国人类遗传资源，应当符合伦理原则，不得危害公众健康、国家安全和社会公共利益。

第五十六条 从事下列活动，应当经国务院卫生健康主管部门批准：

（一）采集我国重要遗传家系、特定地区人类遗传资源或者采集国务院卫生健康主管部门规定的种类、数量的人类遗传资源；

（二）保藏我国人类遗传资源；

（三）利用我国人类遗传资源开展国际科学研究合作；

（四）将我国人类遗传资源材料运送、邮寄、携带出境。

前款规定不包括以临床诊疗、采供血服务、查处违法犯罪、兴奋剂检测和殡葬等为目的采集、保藏人类遗传资源及开展的相关活动。

为了取得相关药品和医疗器械在我国上市许可，在临床试验机构利用我国人类遗传资源开展国际合作临床试验、不涉及人类遗传资源出境的，不需要批准；但是，在开展临床试验前应当将拟使用的人类遗传资源种类、数量及用途向国务院卫生健康主管部门备案。

境外组织、个人及其设立或者实际控制的机构不得在我国境内采集、保藏我国人类遗传资源，不得向境外提供我国人类遗传资源。

第五十七条　将我国人类遗传资源信息向境外组织、个人及其设立或者实际控制的机构提供或者开放使用的，应当向国务院卫生健康主管部门事先报告并提交信息备份。

第五十八条　采集、保藏、利用、运输出境我国珍贵、濒危、特有物种及其可用于再生或者繁殖传代的个体、器官、组织、细胞、基因等遗传资源，应当遵守有关法律法规。

境外组织、个人及其设立或者实际控制的机构获取和利用我国生物资源，应当依法取得批准。

第五十九条　利用我国生物资源开展国际科学研究合作，应当依法取得批准。

利用我国人类遗传资源和生物资源开展国际科学研究合作，应当保证中方单位及其研究人员全过程、实质性地参与研究，依法分享相关权益。

第六十条　国家加强对外来物种入侵的防范和应对，保护生物多样性。国务院农业农村主管部门会同国务院其他有关部门制定外来入侵物种名录和管理办法。

国务院有关部门根据职责分工，加强对外来入侵物种的调查、监测、预警、控制、评估、清除以及生态修复等工作。

任何单位和个人未经批准，不得擅自引进、释放或者丢弃外来物种。

第七章　防范生物恐怖与生物武器威胁

第六十一条　国家采取一切必要措施防范生物恐怖与生物武器威胁。

禁止开发、制造或者以其他方式获取、储存、持有和使用生物武器。

禁止以任何方式唆使、资助、协助他人开发、制造或者以其他方式获取生物武器。

第六十二条　国务院有关部门制定、修改、公布可被用于生物恐怖活动、制造生物武器的生物体、生物毒素、设备或者技术清单，加强监管，防止其被用于制造生物武器或者恐怖目的。

第六十三条　国务院有关部门和有关军事机关根据职责分工，加强对可被用于生物恐怖活动、制造生物武器的生物体、生物毒素、设备或者技术进出境、进出口、获取、制造、转移和投放等活动的监测、调查，采取必要的防范和处置措施。

第六十四条　国务院有关部门、省级人民政府及其有关部门负责组织遭受生物恐怖袭击、生物武器攻击后的人员救治与安置、环境消毒、生态修复、安全监测和社会秩序恢复等工作。

国务院有关部门、省级人民政府及其有关部门应当有效引导社会舆论科学、准确报道生物恐怖袭击和生物武器攻击事件，及时发布疏散、转移和紧急避难等信息，对应急处置与恢复过程中遭受污染的区域和人员进行长期环境监测和健康监测。

第六十五条　国家组织开展对我国境内战争遗留生物武器及其危害结果、潜在影响的调查。

国家组织建设存放和处理战争遗留生物武器设施，保障对战争遗留生物武器的安全处置。

第八章　生物安全能力建设

第六十六条　国家制定生物安全事业发展规划，加强生物安全能力建设，提高应对生物安全事件的能力和水平。

县级以上人民政府应当支持生物安全事业发展，按照事权划分，将支持下列生物安全事业发展的相关支出列入政府预算：

（一）监测网络的构建和运行；

（二）应急处置和防控物资的储备；

（三）关键基础设施的建设和运行；

（四）关键技术和产品的研究、开发；

（五）人类遗传资源和生物资源的调查、保藏；

（六）法律法规规定的其他重要生物安全事业。

第六十七条 国家采取措施支持生物安全科技研究，加强生物安全风险防御与管控技术研究，整合优势力量和资源，建立多学科、多部门协同创新的联合攻关机制，推动生物安全核心关键技术和重大防御产品的成果产出与转化应用，提高生物安全的科技保障能力。

第六十八条 国家统筹布局全国生物安全基础设施建设。国务院有关部门根据职责分工，加快建设生物信息、人类遗传资源保藏、菌（毒）种保藏、动植物遗传资源保藏、高等级病原微生物实验室等方面的生物安全国家战略资源平台，建立共享利用机制，为生物安全科技创新提供战略保障和支撑。

第六十九条 国务院有关部门根据职责分工，加强生物基础科学研究人才和生物领域专业技术人才培养，推动生物基础科学学科建设和科学研究。

国家生物安全基础设施重要岗位的从业人员应当具备符合要求的资格，相关信息应当向国务院有关部门备案，并接受岗位培训。

第七十条 国家加强重大新发突发传染病、动植物疫情等生物安全风险防控的物资储备。

国家加强生物安全应急药品、装备等物资的研究、开发和技术储备。国务院有关部门根据职责分工，落实生物安全应急药品、装备等物资研究、开发和技术储备的相关措施。

国务院有关部门和县级以上地方人民政府及其有关部门应当保障生物安全事件应急处置所需的医疗救护设备、救治药品、医疗器械等物资的生产、供应和调配；交通运输主管部门应当及时组织协调运输经营单位优先运送。

第七十一条 国家对从事高致病性病原微生物实验活动、生物安全事件现场处置等高风险生物安全工作的人员，提供有效的防护措施和医疗保障。

第九章 法律责任

第七十二条 违反本法规定，履行生物安全管理职责的工作人员在生物安全工作中滥用职权、玩忽职守、徇私舞弊或者有其他违法行为的，依法给予处分。

第七十三条 违反本法规定，医疗机构、专业机构或者其工作人员瞒报、谎报、缓报、漏报，授意他人瞒报、谎报、缓报，或者阻碍他人报告传染病、动植物疫病或者不明原因的聚集性疾病的，由县级以上人民政府有关部门责令改正，给予警告；对法定代表人、主要负责人、直接负责的主管人员和其他直接责任人员，依法给予处分，并可以依法暂停一定期限的执业活动直至吊销相关执业证书。

违反本法规定，编造、散布虚假的生物安全信息，构成违反治安管理行为的，由公安机关依法给予治安管理处罚。

第七十四条 违反本法规定，从事国家禁止的生物技术研究、开发与应用活动的，由县级以上人民政府卫生健康、科学技术、农业农村主管部门根据职责分工，责令停止违法行为，没收违法所得、技术资料和用于违法行为的工具、设备、原材料等物品，处一百万元以上一千万元以下的罚款，违法所得在一百万元以上的，处违法所得十倍以上二十倍以下的罚款，并可以依法禁止一定期限内从事相应的生物技术研究、开发与应用活动，吊销相关许可证件；对法定代表人、主要负责人、直接负责的主管人员和其他直接责任人员，依法给予处分，处十万元以上二十万元以下的罚款，十年直至终身禁止从事相应的生物技术研究、开发与应用活动，依法吊销相关执业证书。

第七十五条　违反本法规定，从事生物技术研究、开发活动未遵守国家生物技术研究开发安全管理规范的，由县级以上人民政府有关部门根据职责分工，责令改正，给予警告，可以并处二万元以上二十万元以下的罚款；拒不改正或者造成严重后果的，责令停止研究、开发活动，并处二十万元以上二百万元以下的罚款。

第七十六条　违反本法规定，从事病原微生物实验活动未在相应等级的实验室进行，或者高等级病原微生物实验室未经批准从事高致病性、疑似高致病性病原微生物实验活动的，由县级以上地方人民政府卫生健康、农业农村主管部门根据职责分工，责令停止违法行为，监督其将用于实验活动的病原微生物销毁或者送交保藏机构，给予警告；造成传染病传播、流行或者其他严重后果的，对法定代表人、主要负责人、直接负责的主管人员和其他直接责任人员依法给予撤职、开除处分。

第七十七条　违反本法规定，将使用后的实验动物流入市场的，由县级以上人民政府科学技术主管部门责令改正，没收违法所得，并处二十万元以上一百万元以下的罚款，违法所得在二十万元以上的，并处违法所得五倍以上十倍以下的罚款；情节严重的，由发证部门吊销相关许可证件。

第七十八条　违反本法规定，有下列行为之一的，由县级以上人民政府有关部门根据职责分工，责令改正，没收违法所得，给予警告，可以并处十万元以上一百万元以下的罚款：

（一）购买或者引进列入管控清单的重要设备、特殊生物因子未进行登记，或者未报国务院有关部门备案；

（二）个人购买或者持有列入管控清单的重要设备或者特殊生物因子；

（三）个人设立病原微生物实验室或者从事病原微生物实验活动；

（四）未经实验室负责人批准进入高等级病原微生物实验室。

第七十九条　违反本法规定，未经批准，采集、保藏我国人类遗传资源或者利用我国人类遗传资源开展国际科学研究合作的，由国务院卫生健康主管部门责令停止违法行为，没收违法所得和违法采集、保藏的人类遗传资源，并处五十万元以上五百万元以下的罚款，违法所得在一百万元以上的，并处违法所得五倍以上十倍以下的罚款；情节严重的，对法定代表人、主要负责人、直接负责的主管人员和其他直接责任人员，依法给予处分，五年内禁止从事相应活动。

第八十条 违反本法规定，境外组织、个人及其设立或者实际控制的机构在我国境内采集、保藏我国人类遗传资源，或者向境外提供我国人类遗传资源的，由国务院卫生健康主管部门责令停止违法行为，没收违法所得和违法采集、保藏的人类遗传资源，并处一百万元以上一千万元以下的罚款；违法所得在一百万元以上的，并处违法所得十倍以上二十倍以下的罚款。

第八十一条 违反本法规定，未经批准，擅自引进外来物种的，由县级以上人民政府有关部门根据职责分工，没收引进的外来物种，并处五万元以上二十五万元以下的罚款。

违反本法规定，未经批准，擅自释放或者丢弃外来物种的，由县级以上人民政府有关部门根据职责分工，责令限期捕回、找回释放或者丢弃的外来物种，处一万元以上五万元以下的罚款。

第八十二条 违反本法规定，构成犯罪的，依法追究刑事责任；造成人身、财产或者其他损害的，依法承担民事责任。

第八十三条 违反本法规定的生物安全违法行为，本法未规定法律责任，其他有关法律、行政法规有规定的，依照其规定。

第八十四条 境外组织或者个人通过运输、邮寄、携带危险生物因子入境或者以其他方式危害我国生物安全的，依法追究法律责任，并可以采取其他必要措施。

第十章 附　　则

第八十五条 本法下列术语的含义：

（一）生物因子，是指动物、植物、微生物、生物毒素及其他生物活性物质。

（二）重大新发突发传染病，是指我国境内首次出现或者已经宣布消灭再次发生，或者突然发生，造成或者可能造成公众健康和生命安全严重损害，引起社会恐慌，影响社会稳定的传染病。

（三）重大新发突发动物疫情，是指我国境内首次发生或者已经宣布消灭的动物疫病再次发生，或者发病率、死亡率较高的潜伏动物疫病突然发生并迅速传播，给养殖业生产安全造成严重威胁、危害，以及可能对公众健康和生命安全造成危害的情形。

（四）重大新发突发植物疫情，是指我国境内首次发生或者已经宣布消灭的严重危害植物的真菌、细菌、病毒、昆虫、线虫、杂草、害鼠、软体动物等再次引发病虫害，或者本地有害生物突然大范围发生并迅速传播，对农作物、林木等植物造成严重危害的情形。

（五）生物技术研究、开发与应用，是指通过科学和工程原理认识、改造、合成、利用生物而从事的科学研究、技术开发与应用等活动。

（六）病原微生物，是指可以侵犯人、动物引起感染甚至传染病的微生物，包括病毒、细菌、真菌、立克次体、寄生虫等。

（七）植物有害生物，是指能够对农作物、林木等植物造成危害的真菌、细菌、病毒、昆虫、线虫、杂草、害鼠、软体动物等生物。

（八）人类遗传资源，包括人类遗传资源材料和人类遗传资源信息。人类遗传资源材料是指含有人体基因组、基因等遗传物质的器官、组织、细胞等遗传材料。人类遗传资源信息是指利用人类遗传资源材料产生的数据等信息资料。

（九）微生物耐药，是指微生物对抗微生物药物产生抗性，导致抗微生物药物不能有效控制微生物的感染。

（十）生物武器，是指类型和数量不属于预防、保护或者其他和平用途所正当需要的、任何来源或者任何方法产生的微生物剂、其他生物剂以及生物毒素；也包括为将上述生物剂、生物毒素使用于敌对目的或者武装冲突而设计的武器、设备或者运载工具。

（十一）生物恐怖，是指故意使用致病性微生物、生物毒素等实施袭击，损害人类或者动植物健康，引起社会恐慌，企图达到特定政治目的的行为。

第八十六条 生物安全信息属于国家秘密的，应当依照《中华人民共和国保守国家秘密法》和国家其他有关保密规定实施保密管理。

第八十七条 中国人民解放军、中国人民武装警察部队的生物安全活动，由中央军事委员会依照本法规定的原则另行规定。

第八十八条 本法自2021年4月15日起施行。

中华人民共和国防沙治沙法

（2001年8月31日第九届全国人民代表大会常务委员会第二十三次会议通过　根据2018年10月26日第十三届全国人民代表大会常务委员会第六次会议《关于修改〈中华人民共和国野生动物保护法〉等十五部法律的决定》修正）

第一章　总　　则

第一条 为预防土地沙化，治理沙化土地，维护生态安全，促进经济和社会的可持续发展，制定本法。

第二条 在中华人民共和国境内，从事土地沙化的预防、沙化土地的治理和开发利用活动，必须遵守本法。

土地沙化是指因气候变化和人类活动所导致的天然沙漠扩张和沙质土壤上植被破坏、沙土裸露的过程。

本法所称土地沙化，是指主要因人类不合理活动所导致的天然沙漠扩张和沙质土壤上植被及覆盖物被破坏，形成流沙及沙土裸露的过程。

本法所称沙化土地，包括已经沙化的土地和具有明显沙化趋势的土地。具体范围，由国务院批准的全国防沙治沙规划确定。

第三条 防沙治沙工作应当遵循以下原则：

（一）统一规划，因地制宜，分步实施，坚持区域防治与重点防治相结合；

（二）预防为主，防治结合，综合治理；

（三）保护和恢复植被与合理利用自然资源相结合；

（四）遵循生态规律，依靠科技进步；

（五）改善生态环境与帮助农牧民脱贫致富相结合；

（六）国家支持与地方自力更生相结合，政府组织与社会各界参与相结合，鼓励单位、个人承包防治；

（七）保障防沙治沙者的合法权益。

第四条 国务院和沙化土地所在地区的县级以上地方人民政府，应当将防沙治沙纳入国民经济和社会发展计划，保障和支持防沙治沙工作的开展。

沙化土地所在地区的地方各级人民政府，应当采取有效措施，预防土地沙化，治理沙化土地，保护和改善本行政区域的生态质量。

国家在沙化土地所在地区，建立政府行政领导防沙治沙任期目标责任考核奖惩制度。沙化土地所在地区的县级以上地方人民政府，应当向同级人民代表大会及其常务委员会报告防沙治沙工作情况。

第五条 在国务院领导下，国务院林业草原行政主管部门负责组织、协调、指导全国防沙治沙工作。

国务院林业草原、农业、水利、土地、生态环境等行政主管部门和气象主管机构，按照有关法律规定的职责和国务院确定的职责分工，各负其责，密切配合，共同做好防沙治沙工作。

县级以上地方人民政府组织、领导所属有关部门，按照职责分工，各负其责，密切配合，共同做好本行政区域的防沙治沙工作。

第六条 使用土地的单位和个人，有防止该土地沙化的义务。

使用已经沙化的土地的单位和个人，有治理该沙化土地的义务。

第七条 国家支持防沙治沙的科学研究和技术推广工作，发挥科研部门、机构在防沙治沙工作中的作用，培养防沙治沙专门技术人员，提高防沙治沙的科学技术水平。

国家支持开展防沙治沙的国际合作。

第八条 在防沙治沙工作中作出显著成绩的单位和个人，由人民政府给予表彰和奖励；对保护和改善生态质量作出突出贡献的，应当给予重奖。

第九条 沙化土地所在地区的各级人民政府应当组织有关部门开展防沙治沙知识的宣传教育，增强公民的防沙治沙意识，提高公民防沙治沙的能力。

第二章 防沙治沙规划

第十条 防沙治沙实行统一规划。从事防沙治沙活动，以及在沙化土地范围内从事开发利用活动，必须遵循防沙治沙规划。

防沙治沙规划应当对遏制土地沙化扩展趋势，逐步减少沙化土地的时限、步骤、措施等作出明确规定，并将具体实施方案纳入国民经济和社会发展五年计划和年度计划。

第十一条 国务院林业草原行政主管部门会同国务院农业、水利、土地、生态环境等有关部门编制全国防沙治沙规划，报国务院批准后实施。

省、自治区、直辖市人民政府依据全国防沙治沙规划，编制本行政区域的防沙治沙规划，报国务院或者国务院指定的有关部门批准后实施。

沙化土地所在地区的市、县人民政府，应当依据上一级人民政府的防沙治沙规划，组织编制本行政区域的防沙治沙规划，报上一级人民政府批准后实施。

防沙治沙规划的修改，须经原批准机关批准；未经批准，任何单位和个人不得改变防沙治沙规划。

第十二条 编制防沙治沙规划，应当根据沙化土地所处的地理位置、土地类型、植被状况、气候和水资源状况、土地沙化程度等自然条件及其所发挥的生态、经济功能，对沙化土地实行分类保护、综合治理和合理利用。

在规划期内不具备治理条件的以及因保护生态的需要不宜开发

利用的连片沙化土地，应当规划为沙化土地封禁保护区，实行封禁保护。沙化土地封禁保护区的范围，由全国防沙治沙规划以及省、自治区、直辖市防沙治沙规划确定。

第十三条 防沙治沙规划应当与土地利用总体规划相衔接；防沙治沙规划中确定的沙化土地用途，应当符合本级人民政府的土地利用总体规划。

第三章 土地沙化的预防

第十四条 国务院林业草原行政主管部门组织其他有关行政主管部门对全国土地沙化情况进行监测、统计和分析，并定期公布监测结果。

县级以上地方人民政府林业草原或者其他有关行政主管部门，应当按照土地沙化监测技术规程，对沙化土地进行监测，并将监测结果向本级人民政府及上一级林业草原或者其他有关行政主管部门报告。

第十五条 县级以上地方人民政府林业草原或者其他有关行政主管部门，在土地沙化监测过程中，发现土地发生沙化或者沙化程度加重的，应当及时报告本级人民政府。收到报告的人民政府应当责成有关行政主管部门制止导致土地沙化的行为，并采取有效措施进行治理。

各级气象主管机构应当组织对气象干旱和沙尘暴天气进行监测、预报，发现气象干旱或者沙尘暴天气征兆时，应当及时报告当地人民政府。收到报告的人民政府应当采取预防措施，必要时公布灾情预报，并组织林业草原、农（牧）业等有关部门采取应急措施，避免或者减轻风沙危害。

第十六条 沙化土地所在地区的县级以上地方人民政府应当按照防沙治沙规划，划出一定比例的土地，因地制宜地营造防风固沙林网、林带，种植多年生灌木和草本植物。由林业草原行政主管部门负责确定植树造林的成活率、保存率的标准和具体任务，并逐片组织实施，明确责任，确保完成。

除了抚育更新性质的采伐外，不得批准对防风固沙林网、林带进行采伐。在对防风固沙林网、林带进行抚育更新性质的采伐之前，必须在其附近预先形成接替林网和林带。

对林木更新困难地区已有的防风固沙林网、林带，不得批准采伐。

第十七条 禁止在沙化土地上砍挖灌木、药材及其他固沙植物。

沙化土地所在地区的县级人民政府，应当制定植被管护制度，严格保护植被，并根据需要在乡（镇）、村建立植被管护组织，确定管护人员。

在沙化土地范围内，各类土地承包合同应当包括植被保护责任的内容。

第十八条 草原地区的地方各级人民政府，应当加强草原的管理和建设，由林业草原行政主管部门会同畜牧业行政主管部门负责指导、组织农牧民建设人工草场，控制载畜量，调整牲畜结构，改良牲畜品种，推行牲畜圈养和草场轮牧，消灭草原鼠害、虫害，保护草原植被，防止草原退化和沙化。

草原实行以产草量确定载畜量的制度。由林业草原行政主管部门会同畜牧业行政主管部门负责制定载畜量的标准和有关规定，并逐级组织实施，明确责任，确保完成。

第十九条 沙化土地所在地区的县级以上地方人民政府水行政主管部门，应当加强流域和区域水资源的统一调配和管理，在编制流域和区域水资源开发利用规划和供水计划时，必须考虑整个流域和区域植被保护的用水需求，防止因地下水和上游水资源的过度开发利用，导致植被破坏和土地沙化。该规划和计划经批准后，必须严格实施。

沙化土地所在地区的地方各级人民政府应当节约用水，发展节水型农牧业和其他产业。

第二十条 沙化土地所在地区的县级以上地方人民政府，不得批准在沙漠边缘地带和林地、草原开垦耕地；已经开垦并对生态产生不良影响的，应当有计划地组织退耕还林还草。

第二十一条 在沙化土地范围内从事开发建设活动的，必须事先就该项目可能对当地及相关地区生态产生的影响进行环境影响评价，依法提交环境影响报告；环境影响报告应当包括有关防沙治沙的内容。

第二十二条 在沙化土地封禁保护区范围内，禁止一切破坏植被的活动。

禁止在沙化土地封禁保护区范围内安置移民。对沙化土地封禁保护区范围内的农牧民，县级以上地方人民政府应当有计划地组织迁出，并妥善安置。沙化土地封禁保护区范围内尚未迁出的农牧民的生产生活，由沙化土地封禁保护区主管部门妥善安排。

未经国务院或者国务院指定的部门同意，不得在沙化土地封禁保护区范围内进行修建铁路、公路等建设活动。

第四章 沙化土地的治理

第二十三条 沙化土地所在地区的地方各级人民政府，应当按照防沙治沙规划，组织有关部门、单位和个人，因地制宜地采取人工造林种草、飞机播种造林种草、封沙育林育草和合理调配生态用水等措施，恢复和增加植被，治理已经沙化的土地。

第二十四条 国家鼓励单位和个人在自愿的前提下，捐资或者以其他形式开展公益性的治沙活动。

县级以上地方人民政府林业草原或者其他有关行政主管部门，应当为公益性治沙活动提供治理地点和无偿技术指导。

从事公益性治沙的单位和个人，应当按照县级以上地方人民政府林业草原或者其他有关行政主管部门的技术要求进行治理，并可以将所种植的林、草委托他人管护或者交由当地人民政府有关行政主管部门管护。

第二十五条 使用已经沙化的国有土地的使用权人和农民集体所有土地的承包经营权人，必须采取治理措施，改善土地质量；确实无能力完成治理任务的，可以委托他人治理或者与他人合作治理。委托或者合作治理的，应当签订协议，明确各方的权利和义务。

沙化土地所在地区的地方各级人民政府及其有关行政主管部门、技术推广单位，应当为土地使用权人和承包经营权人的治沙活动提供技术指导。

采取退耕还林还草、植树种草或者封育措施治沙的土地使用权人和承包经营权人，按照国家有关规定，享受人民政府提供的政策优惠。

第二十六条 不具有土地所有权或者使用权的单位和个人从事营利性治沙活动的，应当先与土地所有权人或者使用权人签订协议，依法取得土地使用权。

在治理活动开始之前，从事营利性治沙活动的单位和个人应当向治理项目所在地的县级以上地方人民政府林业草原行政主管部门或者县级以上地方人民政府指定的其他行政主管部门提出治理申请，并附具下列文件：

（一）被治理土地权属的合法证明文件和治理协议；

（二）符合防沙治沙规划的治理方案；

（三）治理所需的资金证明。

第二十七条 本法第二十六条第二款第二项所称治理方案，应当包括以下内容：

（一）治理范围界限；

（二）分阶段治理目标和治理期限；

（三）主要治理措施；

（四）经当地水行政主管部门同意的用水来源和用水量指标；

（五）治理后的土地用途和植被管护措施；

（六）其他需要载明的事项。

第二十八条 从事营利性治沙活动的单位和个人，必须按照治理方案进行治理。

国家保护沙化土地治理者的合法权益。在治理者取得合法土地权属的治理范围内，未经治理者同意，其他任何单位和个人不得从事治理或者开发利用活动。

第二十九条　治理者完成治理任务后，应当向县级以上地方人民政府受理治理申请的行政主管部门提出验收申请。经验收合格的，受理治理申请的行政主管部门应当发给治理合格证明文件；经验收不合格的，治理者应当继续治理。

第三十条　已经沙化的土地范围内的铁路、公路、河流和水渠两侧，城镇、村庄、厂矿和水库周围，实行单位治理责任制，由县级以上地方人民政府下达治理责任书，由责任单位负责组织造林种草或者采取其他治理措施。

第三十一条　沙化土地所在地区的地方各级人民政府，可以组织当地农村集体经济组织及其成员在自愿的前提下，对已经沙化的土地进行集中治理。农村集体经济组织及其成员投入的资金和劳力，可以折算为治理项目的股份、资本金，也可以采取其他形式给予补偿。

第五章　保障措施

第三十二条　国务院和沙化土地所在地区的地方各级人民政府应当在本级财政预算中按照防沙治沙规划通过项目预算安排资金，用于本级人民政府确定的防沙治沙工程。在安排扶贫、农业、水利、道路、矿产、能源、农业综合开发等项目时，应当根据具体情况，设立若干防沙治沙子项目。

第三十三条　国务院和省、自治区、直辖市人民政府应当制定优惠政策，鼓励和支持单位和个人防沙治沙。

县级以上地方人民政府应当按照国家有关规定，根据防沙治沙的面积和难易程度，给予从事防沙治沙活动的单位和个人资金补助、财政贴息以及税费减免等政策优惠。

单位和个人投资进行防沙治沙的，在投资阶段免征各种税收；取得一定收益后，可以免征或者减征有关税收。

第三十四条　使用已经沙化的国有土地从事治沙活动的，经县级以上人民政府依法批准，可以享有不超过70年的土地使用权。具体年限和管理办法，由国务院规定。

使用已经沙化的集体所有土地从事治沙活动的，治理者应当与土地所有人签订土地承包合同。具体承包期限和当事人的其他权利、义务由承包合同双方依法在土地承包合同中约定。县级人民政府依法根据土地承包合同向治理者颁发土地使用权证书，保护集体所有沙化土地治理者的土地使用权。

第三十五条 因保护生态的特殊要求，将治理后的土地批准划为自然保护区或者沙化土地封禁保护区的，批准机关应当给予治理者合理的经济补偿。

第三十六条 国家根据防沙治沙的需要，组织设立防沙治沙重点科研项目和示范、推广项目，并对防沙治沙、沙区能源、沙生经济作物、节水灌溉、防止草原退化、沙地旱作农业等方面的科学研究与技术推广给予资金补助、税费减免等政策优惠。

第三十七条 任何单位和个人不得截留、挪用防沙治沙资金。

县级以上人民政府审计机关，应当依法对防沙治沙资金使用情况实施审计监督。

第六章 法律责任

第三十八条 违反本法第二十二条第一款规定，在沙化土地封禁保护区范围内从事破坏植被活动的，由县级以上地方人民政府林业草原行政主管部门责令停止违法行为；有违法所得的，没收其违法所得；构成犯罪的，依法追究刑事责任。

第三十九条 违反本法第二十五条第一款规定，国有土地使用权人和农民集体所有土地承包经营权人未采取防沙治沙措施，造成土地严重沙化的，由县级以上地方人民政府林业草原行政主管部门责令限期治理；造成国有土地严重沙化的，县级以上人民政府可以收回国有土地使用权。

第四十条 违反本法规定，进行营利性治沙活动，造成土地沙化加重的，由县级以上地方人民政府负责受理营利性治沙申请的行政主管部门责令停止违法行为，可以并处每公顷5 000元以上5万元以下的罚款。

第四十一条 违反本法第二十八条第一款规定，不按照治理方案进行治理的，或者违反本法第二十九条规定，经验收不合格又不按要求继续治理的，由县级以上地方人民政府负责受理营利性治沙申请的行政主管部门责令停止违法行为，限期改正，可以并处相当于治理费用1倍以上3倍以下的罚款。

第四十二条 违反本法第二十八条第二款规定，未经治理者同意，擅自在他人的治理范围内从事治理或者开发利用活动的，由县级以上地方人民政府负责受理营利性治沙申请的行政主管部门责令停止违法行为；给治理者造成损失的，应当赔偿损失。

第四十三条 违反本法规定，有下列情形之一的，对直接负责的主管人员和其他直接责任人员，由所在单位、监察机关或者上级行政主管部门依法给予行政处分：

（一）违反本法第十五条第一款规定，发现土地发生沙化或者沙化程度加重不及时报告的，或者收到报告后不责成有关行政主管部门采取措施的；

（二）违反本法第十六条第二款、第三款规定，批准采伐防风固沙林网、林带的；

（三）违反本法第二十条规定，批准在沙漠边缘地带和林地、草原开垦耕地的；

（四）违反本法第二十二条第二款规定，在沙化土地封禁保护区范围内安置移民的；

（五）违反本法第二十二条第三款规定，未经批准在沙化土地封禁保护区范围内进行修建铁路、公路等建设活动的。

第四十四条 违反本法第三十七条第一款规定，截留、挪用防沙治沙资金的，对直接负责的主管人员和其他直接责任人员，由监察机关或者上级行政主管部门依法给予行政处分；构成犯罪的，依法追究刑事责任。

第四十五条 防沙治沙监督管理人员滥用职权、玩忽职守、徇私舞弊，构成犯罪的，依法追究刑事责任。

第七章 附 则

第四十六条 本法第五条第二款中所称的有关法律，是指《中华人民共和国森林法》、《中华人民共和国草原法》、《中华人民共和国水土保持法》、《中华人民共和国土地管理法》、《中华人民共和国环境保护法》和《中华人民共和国气象法》。

第四十七条 本法自2002年1月1日起施行。

中华人民共和国自然保护区条例

（1994年10月9日中华人民共和国国务院令第167号发布 根据2011年1月8日《国务院关于废止和修改部分行政法规的决定》第一次修订 根据2017年10月7日《国务院关于修改部分行政法规的决定》第二次修订）

第一章 总 则

第一条 为了加强自然保护区的建设和管理，保护自然环境和自然资源，制定本条例。

第二条 本条例所称自然保护区，是指对有代表性的自然生态系统、珍稀濒危野生动植物物种的天然集中分布区、有特殊意义的自然遗迹等保护对象所在的陆地、陆地水体或者海域，依法划出一定面积予以特殊保护和管理的区域。

第三条 凡在中华人民共和国领域和中华人民共和国管辖的其他海域内建设和管理自然保护区，必须遵守本条例。

第四条 国家采取有利于发展自然保护区的经济、技术政策和措施，将自然保护区的发展规划纳入国民经济和社会发展计划。

第五条 建设和管理自然保护区，应当妥善处理与当地经济建设和居民生产、生活的关系。

第六条 自然保护区管理机构或者其行政主管部门可以接受国内外组织和个人的捐赠，用于自然保护区的建设和管理。

第七条 县级以上人民政府应当加强对自然保护区工作的领导。

一切单位和个人都有保护自然保护区内自然环境和自然资源的义务，并有权对破坏、侵占自然保护区的单位和个人进行检举、控告。

第八条 国家对自然保护区实行综合管理与分部门管理相结合的管理体制。

国务院环境保护行政主管部门负责全国自然保护区的综合管理。

国务院林业、农业、地质矿产、水利、海洋等有关行政主管部门在各自的职责范围内，主管有关的自然保护区。

县级以上地方人民政府负责自然保护区管理的部门的设置和职责，由省、自治区、直辖市人民政府根据当地具体情况确定。

第九条 对建设、管理自然保护区以及在有关的科学研究中做出显著成绩的单位和个人，由人民政府给予奖励。

第二章 自然保护区的建设

第十条 凡具有下列条件之一的，应当建立自然保护区：

（一）典型的自然地理区域、有代表性的自然生态系统区域以及已经遭受破坏但经保护能够恢复的同类自然生态系统区域；

（二）珍稀、濒危野生动植物物种的天然集中分布区域；

（三）具有特殊保护价值的海域、海岸、岛屿、湿地、内陆水域、森林、草原和荒漠；

（四）具有重大科学文化价值的地质构造、著名溶洞、化石分布区、冰川、火山、温泉等自然遗迹；

（五）经国务院或者省、自治区、直辖市人民政府批准，需要予以特殊保护的其他自然区域。

第十一条　自然保护区分为国家级自然保护区和地方级自然保护区。

在国内外有典型意义、在科学上有重大国际影响或者有特殊科学研究价值的自然保护区，列为国家级自然保护区。

除列为国家级自然保护区的外，其他具有典型意义或者重要科学研究价值的自然保护区列为地方级自然保护区。地方级自然保护区可以分级管理，具体办法由国务院有关自然保护区行政主管部门或者省、自治区、直辖市人民政府根据实际情况规定，报国务院环境保护行政主管部门备案。

第十二条　国家级自然保护区的建立，由自然保护区所在的省、自治区、直辖市人民政府或者国务院有关自然保护区行政主管部门提出申请，经国家级自然保护区评审委员会评审后，由国务院环境保护行政主管部门进行协调并提出审批建议，报国务院批准。

地方级自然保护区的建立，由自然保护区所在的县、自治县、市、自治州人民政府或者省、自治区、直辖市人民政府有关自然保护区行政主管部门提出申请，经地方级自然保护区评审委员会评审后，由省、自治区、直辖市人民政府环境保护行政主管部门进行协调并提出审批建议，报省、自治区、直辖市人民政府批准，并报国务院环境保护行政主管部门和国务院有关自然保护区行政主管部门备案。

跨两个以上行政区域的自然保护区的建立，由有关行政区域的人民政府协商一致后提出申请，并按照前两款规定的程序审批。

建立海上自然保护区，须经国务院批准。

第十三条　申请建立自然保护区，应当按照国家有关规定填报建立自然保护区申报书。

第十四条　自然保护区的范围和界线由批准建立自然保护区的人民政府确定，并标明区界，予以公告。

确定自然保护区的范围和界线，应当兼顾保护对象的完整性和适度性，以及当地经济建设和居民生产、生活的需要。

第十五条　自然保护区的撤销及其性质、范围、界线的调整或者改变，应当经原批准建立自然保护区的人民政府批准。

任何单位和个人，不得擅自移动自然保护区的界标。

第十六条 自然保护区按照下列方法命名：

国家级自然保护区：自然保护区所在地地名加“国家级自然保护区”。

地方级自然保护区：自然保护区所在地地名加“地方级自然保护区”。

有特殊保护对象的自然保护区，可以在自然保护区所在地地名后加特殊保护对象的名称。

第十七条 国务院环境保护行政主管部门应当会同国务院有关自然保护区行政主管部门，在对全国自然环境和自然资源状况进行调查和评价的基础上，拟订国家自然保护区发展规划，经国务院计划部门综合平衡后，报国务院批准实施。

自然保护区管理机构或者该自然保护区行政主管部门应当组织编制自然保护区的建设规划，按照规定的程序纳入国家的、地方的或者部门的投资计划，并组织实施。

第十八条 自然保护区可以分为核心区、缓冲区和实验区。

自然保护区内保存完好的天然状态的生态系统以及珍稀、濒危动植物的集中分布地，应当划为核心区，禁止任何单位和个人进入；除依照本条例第二十七条的规定经批准外，也不允许进入从事科学研究活动。

核心区外围可以划定一定面积的缓冲区，只准进入从事科学研究观测活动。

缓冲区外围划为实验区，可以进入从事科学试验、教学实习、参观考察、旅游以及驯化、繁殖珍稀、濒危野生动植物等活动。

原批准建立自然保护区的人民政府认为必要时，可以在自然保护区的外围划定一定面积的外围保护地带。

第三章 自然保护区的管理

第十九条 全国自然保护区管理的技术规范和标准，由国务院环境保护行政主管部门组织国务院有关自然保护区行政主管部门制定。

国务院有关自然保护区行政主管部门可以按照职责分工，制定有关类型自然保护区管理的技术规范，报国务院环境保护行政主管部门备案。

第二十条 县级以上人民政府环境保护行政主管部门有权对本行政区域内各类自然保护区的管理进行监督检查；县级以上人民政府有关自然保护区行政主管部门有权对其主管的自然保护区的管理进行监督检查。被检查的单位应当如实反映情况，提供必要的资料。检查者应当为被检查的单位保守技术秘密和业务秘密。

第二十一条 国家级自然保护区，由其所在地的省、自治区、直辖市人民政府有关自然保护区行政主管部门或者国务院有关自然保护区行政主管部门管理。地方级自然保护区，由其所在地的县级以上地方人民政府有关自然保护区行政主管部门管理。

有关自然保护区行政主管部门应当在自然保护区内设立专门的管理机构，配备专业技术人员，负责自然保护区的具体管理工作。

第二十二条 自然保护区管理机构的主要职责是：

（一）贯彻执行国家有关自然保护的法律、法规和方针、政策；

（二）制定自然保护区的各项管理制度，统一管理自然保护区；

（三）调查自然资源并建立档案，组织环境监测，保护自然保护区内的自然环境和自然资源；

（四）组织或者协助有关部门开展自然保护区的科学研究工作；

（五）进行自然保护的宣传教育；

（六）在不影响保护自然保护区的自然环境和自然资源的前提下，组织开展参观、旅游等活动。

第二十三条 管理自然保护区所需经费，由自然保护区所在地的县级以上地方人民政府安排。国家对国家级自然保护区的管理，给予适当的资金补助。

第二十四条 自然保护区所在地的公安机关，可以根据需要在自然保护区设置公安派出机构，维护自然保护区内的治安秩序。

第二十五条 在自然保护区内的单位、居民和经批准进入自然保护区的人员，必须遵守自然保护区的各项管理制度，接受自然保护区管理机构的管理。

第二十六条 禁止在自然保护区内进行砍伐、放牧、狩猎、捕捞、采药、开垦、烧荒、开矿、采石、挖沙等活动；但是，法律、行政法规另有规定的除外。

第二十七条 禁止任何人进入自然保护区的核心区。因科学研究的需要，必须进入核心区从事科学研究观测、调查活动的，应当事先向自然保护区管理机构提交申请和活动计划，并经自然保护区管理机构批准；其中，进入国家级自然保护区核心区的，应当经省、自治区、直辖市人民政府有关自然保护区行政主管部门批准。

自然保护区核心区内原有居民确有必要迁出的，由自然保护区所在地的地方人民政府予以妥善安置。

第二十八条 禁止在自然保护区的缓冲区开展旅游和生产经营活动。因教学科研的目的，需要进入自然保护区的缓冲区从事非破坏性的科学研究、教学实习和标本采集活动的，应当事先向自然保护区管理机构提交申请和活动计划，经自然保护区管理机构批准。

从事前款活动的单位和个人，应当将其活动成果的副本提交自然保护区管理机构。

第二十九条 在自然保护区的实验区内开展参观、旅游活动的，由自然保护区管理机构编制方案，方案应当符合自然保护区管理目标。

在自然保护区组织参观、旅游活动的，应当严格按照前款规定的方案进行，并加强管理；进入自然保护区参观、旅游的单位和个人，应当服从自然保护区管理机构的管理。

严禁开设与自然保护区保护方向不一致的参观、旅游项目。

第三十条 自然保护区的内部未分区的，依照本条例有关核心区和缓冲区的规定管理。

第三十一条 外国人进入自然保护区，应当事先向自然保护区管理机构提交活动计划，并经自然保护区管理机构批准；其中，进入国家级自然保护区的，应当经省、自治区、直辖市环境保护、海洋、渔业等有关自然保护区行政主管部门按照各自职责批准。

进入自然保护区的外国人，应当遵守有关自然保护区的法律、法规和规定，未经批准，不得在自然保护区内从事采集标本等活动。

第三十二条 在自然保护区的核心区和缓冲区内，不得建设任何生产设施。在自然保护区的实验区内，不得建设污染环境、破坏资源或者景观的生产设施；建设其他项目，其污染物排放不得超过国家和地方规定的污染物排放标准。在自然保护区的实验区内已经建成的设施，其污染物排放超过国家和地方规定的排放标准的，应当限期治理；造成损害的，必须采取补救措施。

在自然保护区的外围保护地带建设的项目，不得损害自然保护区内的环境质量；已造成损害的，应当限期治理。

限期治理决定由法律、法规规定的机关作出，被限期治理的企业事业单位必须按期完成治理任务。

第三十三条 因发生事故或者其他突然性事件，造成或者可能造成自然保护区污染或者破坏的单位和个人，必须立即采取措施处理，及时通报可能受到危害的单位和居民，并向自然保护区管理机构、当地环境保护行政主管部门和自然保护区行政主管部门报告，接受调查处理。

第四章 法律责任

第三十四条 违反本条例规定，有下列行为之一的单位和个人，由自然保护区管理机构责令其改正，并可以根据不同情节处以100元以上5000元以下的罚款：

（一）擅自移动或者破坏自然保护区界标的；

（二）未经批准进入自然保护区或者在自然保护区内不服从管理机构管理的；

（三）经批准在自然保护区的缓冲区内从事科学研究、教学实习和标本采集的单位和个人，不向自然保护区管理机构提交活动成果副本的。

第三十五条 违反本条例规定，在自然保护区进行砍伐、放牧、狩猎、捕捞、采药、开垦、烧荒、开矿、采石、挖沙等活动的单位和个人，除可以依照有关法律、行政法规规定给予处罚的以外，由县级以上人民政府有关自然保护区行政主管部门或者其授权的自然保护区管理机构没收违法所得，责令停止违法行为，限期恢复原状或者采取其他补救措施；对自然保护区造成破坏的，可以处以300元以上1万元以下的罚款。

第三十六条 自然保护区管理机构违反本条例规定，拒绝环境保护行政主管部门或者有关自然保护区行政主管部门监督检查，或者在被检查时弄虚作假的，由县级以上人民政府环境保护行政主管部门或者有关自然保护区行政主管部门给予300元以上3000元以下的罚款。

第三十七条 自然保护区管理机构违反本条例规定，有下列行为之一的，由县级以上人民政府有关自然保护区行政主管部门责令限期改正；对直接责任人员，由其所在单位或者上级机关给予行政处分：

（一）开展参观、旅游活动未编制方案或者编制的方案不符合自然保护区管理目标的；

（二）开设与自然保护区保护方向不一致的参观、旅游项目的；

（三）不按照编制的方案开展参观、旅游活动的；

（四）违法批准人员进入自然保护区的核心区，或者违法批准外国人进入自然保护区的；

（五）有其他滥用职权、玩忽职守、徇私舞弊行为的。

第三十八条 违反本条例规定，给自然保护区造成损失的，由县级以上人民政府有关自然保护区行政主管部门责令赔偿损失。

第三十九条 妨碍自然保护区管理人员执行公务的，由公安机关依照《中华人民共和国治安管理处罚法》的规定给予处罚；情节严重，构成犯罪的，依法追究刑事责任。

第四十条 违反本条例规定，造成自然保护区重大污染或者破坏事故，导致公私财产重大损失或者人身伤亡的严重后果，构成犯罪的，对直接负责的主管人员和其他直接责任人员依法追究刑事责任。

第四十一条 自然保护区管理人员滥用职权、玩忽职守、徇私舞弊，构成犯罪的，依法追究刑事责任；情节轻微，尚不构成犯罪的，由其所在单位或者上级机关给予行政处分。

第五章 附 则

第四十二条 国务院有关自然保护区行政主管部门可以根据本条例，制定有关类型自然保护区的管理办法。

第四十三条 各省、自治区、直辖市人民政府可以根据本条例，制定实施办法。

第四十四条 本条例自1994年12月1日起施行。

生态保护补偿条例

（2024年2月23日国务院第26次常务会议通过 2024年4月6日中华人民共和国国务院令第779号公布 自2024年6月1日起施行）

第一章 总 则

第一条 为了保护和改善生态环境，加强和规范生态保护补偿，调动各方参与生态保护积极性，推动生态文明建设，根据有关法律，制定本条例。

第二条 在中华人民共和国领域及管辖的其他海域开展生态保护补偿及其相关活动，适用本条例。法律、行政法规另有规定的，依照其规定。

本条例所称生态保护补偿，是指通过财政纵向补偿、地区间横向补偿、市场机制补偿等机制，对按照规定或者约定开展生态保护的单位和个人予以补偿的激励性制度安排。生态保护补偿可以采取资金补偿、对口协作、产业转移、人才培训、共建园区、购买生态产品和服务等多种补偿方式。

前款所称单位和个人，包括地方各级人民政府、村民委员会、居民委员会、农村集体经济组织及其成员以及其他应当获得补偿的单位和个人。

第三条 生态保护补偿工作坚持中国共产党的领导，坚持政府主导、社会参与、市场调节相结合，坚持激励与约束并重，坚持统筹协同推进，坚持生态效益与经济效益、社会效益相统一。

第四条 县级以上人民政府应当加强对生态保护补偿工作的组织领导，将生态保护补偿工作纳入国民经济和社会发展规划，构建稳定的生态保护补偿资金投入机制。

县级以上人民政府依法可以通过多种方式拓宽生态保护补偿资金渠道。

第五条 国务院发展改革、财政、自然资源、生态环境、水行政、住房城乡建设、农业农村、林业草原等部门依据各自职责，负责生态保护补偿相关工作。

第六条 县级以上地方人民政府应当建立健全生态保护补偿工作的相关机制，督促所属部门和下级人民政府开展生态保护补偿工作。县级以上地方人民政府有关部门依据各自职责，负责生态保护补偿相关工作。

第七条 对在生态保护补偿工作中作出显著成绩的单位和个人，按照国家有关规定给予表彰和奖励。

第二章 财政纵向补偿

第八条 国家通过财政转移支付等方式，对开展重要生态环境要素保护的单位和个人，以及在依法划定的重点生态功能区、生态保护红线、自然保护地等生态功能重要区域开展生态保护的单位和个人，予以补偿。

第九条 对开展重要生态环境要素保护的单位和个人，中央财政按照下列分类实施补偿（以下称分类补偿）：

（一）森林；

（二）草原；

（三）湿地；

（四）荒漠；

（五）海洋；

（六）水流；

（七）耕地；

（八）法律、行政法规和国家规定的水生生物资源、陆生野生动植物资源等其他重要生态环境要素。

前款规定的补偿的具体范围、补偿方式应当统筹考虑地区经济社会发展水平、财政承受能力、生态保护成效等因素分类确定，并连同补偿资金的使用及其监督管理等事项依法向社会公布。中央财政分类补偿的具体办法由国务院主管部门会同其他有关部门分领域制定。

第十条 在中央财政分类补偿的基础上，按照中央与地方财政事权和支出责任划分原则，有关地方人民政府可以结合本地区实际建立分类补偿制度，对开展重要生态环境要素保护的单位和个人加大补偿力度。

法律、行政法规或者国务院规定要求由中央财政和地方财政共同出资实施分类补偿或者由地方财政出资实施分类补偿的，有关地方人民政府应当按照规定及时落实资金。

第十一条 中央财政安排重点生态功能区转移支付，结合财力状况逐步增加转移支付规模。根据生态效益外溢性、生态功能重要性、生态环境敏感性和脆弱性等特点，在重点生态功能区转移支付中实施差异化补偿，加大对生态保护红线覆盖比例较高地区支持力度。

国务院财政部门制定重点生态功能区转移支付管理办法，明确转移支付的范围和转移支付资金的分配方式。

第十二条 国家建立健全以国家公园为主体的自然保护地体系生态保护补偿机制。中央财政和地方财政对开展自然保护地保护的单位和个人分类分级予以补偿，根据自然保护地类型、级别、规模和管护成效等合理确定转移支付规模。

第十三条 地方人民政府及其有关部门获得的生态保护补偿资金应当按照规定用途使用。

地方人民政府及其有关部门应当按照规定将生态保护补偿资金及时补偿给开展生态保护的单位和个人，不得截留、占用、挪用或者拖欠。

由地方人民政府统筹使用的生态保护补偿资金，应当优先用于自然资源保护、生态环境治理和修复等。

生态保护地区所在地有关地方人民政府应当按照国家有关规定，稳步推进不同渠道生态保护补偿资金统筹使用，提高生态保护整体效益。

第三章 地区间横向补偿

第十四条 国家鼓励、指导、推动生态受益地区与生态保护地区人民政府通过协商等方式建立生态保护补偿机制，开展地区间横向生态保护补偿。

根据生态保护实际需要，上级人民政府可以组织、协调下级人民政府之间开展地区间横向生态保护补偿。

第十五条 地区间横向生态保护补偿针对下列区域开展：

（一）江河流域上下游、左右岸、干支流所在区域；

（二）重要生态环境要素所在区域以及其他生态功能重要区域；

（三）重大引调水工程水源地以及沿线保护区；

（四）其他按照协议开展生态保护补偿的区域。

第十六条 对在生态功能特别重要的跨省、自治区、直辖市和跨自治州、设区的市重点区域开展地区间横向生态保护补偿的，中央财政和省级财政可以给予引导支持。

对开展地区间横向生态保护补偿取得显著成效的，国务院发展改革、财政等部门可以在规划、资金、项目安排等方面给予适当支持。

第十七条 开展地区间横向生态保护补偿，有关地方人民政府应当签订书面协议（以下称补偿协议），明确下列事项：

（一）补偿的具体范围；

（二）生态保护预期目标及其监测、评判指标；

（三）生态保护地区的生态保护责任；

（四）补偿方式以及落实补偿的相关安排；

（五）协议期限；

（六）违反协议的处理；

（七）其他事项。

确定补偿协议的内容，应当综合考虑生态保护现状、生态保护成本、生态保护成效以及地区经济社会发展水平、财政承受能力等因素。

生态保护地区获得的生态保护补偿资金，应当用于本地区自然资源保护、生态环境治理和修复、经济社会发展和民生改善等。需要直接补偿给单位和个人的，应当按照规定及时补偿，不得截留、占用、挪用或者拖欠。

第十八条 有关地方人民政府应当严格履行所签订的补偿协议。生态保护地区应当按照协议落实生态保护措施，生态受益地区应当按照约定积极主动履行补偿责任。

因补偿协议履行产生争议的，有关地方人民政府应当协商解决；协商不成的，报请共同的上一级人民政府协调解决，必要时共同的上一级人民政府可以作出决定，有关地方人民政府应当执行。

第十九条 有关地方人民政府在补偿协议期限届满后，根据实际需要续签补偿协议，续签补偿协议时可以对有关事项重新协商。

第四章 市场机制补偿

第二十条 国家充分发挥市场机制在生态保护补偿中的作用，

推进生态保护补偿市场化发展，拓展生态产品价值实现模式。

第二十一条 国家鼓励企业、公益组织等社会力量以及地方人民政府按照市场规则，通过购买生态产品和服务等方式开展生态保护补偿。

第二十二条 国家建立健全碳排放权、排污权、用水权、碳汇权益等交易机制，推动交易市场建设，完善交易规则。

第二十三条 国家鼓励、支持生态保护与生态产业发展有机融合，在保障生态效益前提下，采取多种方式发展生态产业，推动生态优势转化为产业优势，提高生态产品价值。

发展生态产业应当完善农村集体经济组织和农村居民参与方式，建立持续性惠益分享机制，促进生态保护主体利益得到有效补偿。

地方各级人民政府应当根据实际需要，加快培育生态产品市场经营开发主体，充分发挥其在整合生态资源、统筹实施生态保护、提供专业技术支撑、推进生态产品供需对接等方面的优势和作用。

第二十四条 国家鼓励、引导社会资金建立市场化运作的生态保护补偿基金，依法有序参与生态保护补偿。

第五章 保障和监督管理

第二十五条 政府及其有关部门应当按照规定及时下达和核拨生态保护补偿资金，确保补偿资金落实到位。

政府及其有关部门应当加强对资金用途的监督管理，按照规定实施生态保护补偿资金预算绩效管理，完善生态保护责任落实的激励约束机制。

第二十六条 国家推进自然资源统一确权登记，完善生态保护补偿监测支撑体系，建立生态保护补偿统计体系，完善生态保护补偿标准体系，为生态保护补偿工作提供技术支撑。

第二十七条 国家完善与生态保护补偿相配套的财政、金融等政策措施，发挥财政税收政策调节功能，完善绿色金融体系。

第二十八条 国家建立健全统一的绿色产品标准、认证、标识体系，推进绿色产品市场建设，实施政府绿色采购政策，建立绿色采购引导机制。

第二十九条 政府和有关部门应当通过多种形式，加强对生态保护补偿政策和实施效果的宣传，为生态保护补偿工作营造良好社会氛围。

第三十条 政府和有关部门应当依法及时公开生态保护补偿工作情况，接受社会监督和舆论监督。

审计机关对生态保护补偿资金的管理使用情况依法进行审计监督。

第三十一条 截留、占用、挪用、拖欠或者未按照规定使用生态保护补偿资金的，政府和有关主管部门应当责令改正；逾期未改正的，可以缓拨、减拨、停拨或者追回生态保护补偿资金。

以虚假手段骗取生态保护补偿资金的，由政府和有关主管部门依法依规处理、处罚；构成犯罪的，依法追究刑事责任。

第三十二条 政府和有关部门及其工作人员在生态保护补偿工作中有失职、渎职行为的，依法依规追究责任。

第六章 附 则

第三十三条 本条例自 2024 年 6 月 1 日起施行。

五、环境法律责任

最高人民法院关于审理生态环境侵权纠纷案件适用惩罚性赔偿的解释

（2021年12月27日最高人民法院审判委员会第1858次会议通过　2022年1月12日最高人民法院公告公布　自2022年1月20日起施行　法释〔2022〕1号）

为妥善审理生态环境侵权纠纷案件，全面加强生态环境保护，正确适用惩罚性赔偿，根据《中华人民共和国民法典》《中华人民共和国环境保护法》《中华人民共和国民事诉讼法》等相关法律规定，结合审判实践，制定本解释。

第一条　人民法院审理生态环境侵权纠纷案件适用惩罚性赔偿，应当严格审慎，注重公平公正，依法保护民事主体合法权益，统筹生态环境保护和经济社会发展。

第二条　因环境污染、生态破坏受到损害的自然人、法人或者非法人组织，依据民法典第一千二百三十二条的规定，请求判令侵权人承担惩罚性赔偿责任的，适用本解释。

第三条　被侵权人在生态环境侵权纠纷案件中请求惩罚性赔偿的，应当在起诉时明确赔偿数额以及所依据的事实和理由。

被侵权人在生态环境侵权纠纷案件中没有提出惩罚性赔偿的诉讼请求，诉讼终结后又基于同一污染环境、破坏生态事实另行起诉请求惩罚性赔偿的，人民法院不予受理。

第四条　被侵权人主张侵权人承担惩罚性赔偿责任的，应当提供证据证明以下事实：

（一）侵权人污染环境、破坏生态的行为违反法律规定；

（二）侵权人具有污染环境、破坏生态的故意；

（三）侵权人污染环境、破坏生态的行为造成严重后果。

第五条 人民法院认定侵权人污染环境、破坏生态的行为是否违反法律规定，应当以法律、法规为依据，可以参照规章的规定。

第六条 人民法院认定侵权人是否具有污染环境、破坏生态的故意，应当根据侵权人的职业经历、专业背景或者经营范围，因同一或者同类行为受到行政处罚或者刑事追究的情况，以及污染物的种类，污染环境、破坏生态行为的方式等因素综合判断。

第七条 具有下列情形之一的，人民法院应当认定侵权人具有污染环境、破坏生态的故意：

（一）因同一污染环境、破坏生态行为，已被人民法院认定构成破坏环境资源保护犯罪的；

（二）建设项目未依法进行环境影响评价，或者提供虚假材料导致环境影响评价文件严重失实，被行政主管部门责令停止建设后拒不执行的；

（三）未取得排污许可证排放污染物，被行政主管部门责令停止排污后拒不执行，或者超过污染物排放标准或者重点污染物排放总量控制指标排放污染物，经行政主管机关责令限制生产、停产整治或者给予其他行政处罚后仍不改正的；

（四）生产、使用国家明令禁止生产、使用的农药，被行政主管部门责令改正后拒不改正的；

（五）无危险废物经营许可证而从事收集、贮存、利用、处置危险废物经营活动，或者知道或者应当知道他人无许可证而将危险废物提供或者委托给其从事收集、贮存、利用、处置等活动的；

（六）将未经处理的废水、废气、废渣直接排放或者倾倒的；

（七）通过暗管、渗井、渗坑、灌注，篡改、伪造监测数据，或者以不正常运行防治污染设施等逃避监管的方式，违法排放污染物的；

（八）在相关自然保护区域、禁猎（渔）区、禁猎（渔）期使用禁止使用的猎捕工具、方法猎捕、杀害国家重点保护野生动物、破坏野生动物栖息地的；

（九）未取得勘查许可证、采矿许可证，或者采取破坏性方法勘查开采矿产资源的；

（十）其他故意情形。

第八条 人民法院认定侵权人污染环境、破坏生态行为是否造成严重后果，应当根据污染环境、破坏生态行为的持续时间、地域范围，造成环境污染、生态破坏的范围和程度，以及造成的社会影响等因素综合判断。

侵权人污染环境、破坏生态行为造成他人死亡、健康严重损害，重大财产损失，生态环境严重损害或者重大不良社会影响的，人民法院应当认定为造成严重后果。

第九条 人民法院确定惩罚性赔偿金数额，应当以环境污染、生态破坏造成的人身损害赔偿金、财产损失数额作为计算基数。

前款所称人身损害赔偿金、财产损失数额，依照民法典第一千一百七十九条、第一千一百八十四条规定予以确定。法律另有规定的，依照其规定。

第十条 人民法院确定惩罚性赔偿金数额，应当综合考虑侵权人的恶意程度、侵权后果的严重程度、侵权人因污染环境、破坏生态行为所获得的利益或者侵权人所采取的修复措施及其效果等因素，但一般不超过人身损害赔偿金、财产损失数额的二倍。

因同一污染环境、破坏生态行为已经被行政机关给予罚款或者被人民法院判处罚金，侵权人主张免除惩罚性赔偿责任的，人民法院不予支持，但在确定惩罚性赔偿金数额时可以综合考虑。

第十一条 侵权人因同一污染环境、破坏生态行为，应当承担包括惩罚性赔偿在内的民事责任、行政责任和刑事责任，其财产不足以支付的，应当优先用于承担民事责任。

侵权人因同一污染环境、破坏生态行为，应当承担包括惩罚性赔偿在内的民事责任，其财产不足以支付的，应当优先用于承担惩罚性赔偿以外的其他责任。

第十二条 国家规定的机关或者法律规定的组织作为被侵权人

代表，请求判令侵权人承担惩罚性赔偿责任的，人民法院可以参照前述规定予以处理。但惩罚性赔偿金数额的确定，应当以生态环境受到损害至修复完成期间服务功能丧失导致的损失、生态环境功能永久性损害造成的损失数额作为计算基数。

第十三条 侵权行为实施地、损害结果发生地在中华人民共和国管辖海域内的海洋生态环境侵权纠纷案件惩罚性赔偿问题，另行规定。

第十四条 本规定自2022年1月20日起施行。

最高人民法院关于生态环境侵权案件适用禁止令保全措施的若干规定

（2021年11月29日最高人民法院审判委员会第1854次会议通过 2021年12月27日最高人民法院公告公布 自2022年1月1日起施行 法释〔2021〕22号）

为妥善审理生态环境侵权案件，及时有效保护生态环境，维护民事主体合法权益，落实保护优先、预防为主原则，根据《中华人民共和国民法典》《中华人民共和国环境保护法》《中华人民共和国民事诉讼法》等有关法律规定，结合审判实践，制定本规定。

第一条 申请人以被申请人正在实施或者即将实施污染环境、破坏生态行为，不及时制止将使申请人合法权益或者生态环境受到难以弥补的损害为由，依照民事诉讼法第一百条、第一百零一条规定，向人民法院申请采取禁止令保全措施，责令被申请人立即停止一定行为的，人民法院应予受理。

第二条 因污染环境、破坏生态行为受到损害的自然人、法人或者非法人组织，以及民法典第一千二百三十四条、第一千二百三十五条规定的“国家规定的机关或者法律规定的组织”，可以向人民法院申请作出禁止令。

第三条 申请人提起生态环境侵权诉讼时或者诉讼过程中，向人民法院申请作出禁止令的，人民法院应当在接受申请后五日内裁定是否准予。情况紧急的，人民法院应当在接受申请后四十八小时内作出。

因情况紧急，申请人可在提起诉讼前向污染环境、破坏生态行为实施地、损害结果发生地或者被申请人住所地等对案件有管辖权的人民法院申请作出禁止令，人民法院应当在接受申请后四十八小时内裁定是否准予。

第四条 申请人向人民法院申请作出禁止令的，应当提交申请书和相应的证明材料。

申请书应当载明下列事项：

（一）申请人与被申请人的身份、送达地址、联系方式等基本情况；

（二）申请禁止的内容、范围；

（三）被申请人正在实施或者即将实施污染环境、破坏生态行为，以及如不及时制止将使申请人合法权益或者生态环境受到难以弥补损害的情形；

（四）提供担保的财产信息，或者不需要提供担保的理由。

第五条 被申请人污染环境、破坏生态行为具有现实而紧迫的重大风险，如不及时制止将对申请人合法权益或者生态环境造成难以弥补损害的，人民法院应当综合考量以下因素决定是否作出禁止令：

（一）被申请人污染环境、破坏生态行为被行政主管机关依法处理后仍继续实施；

（二）被申请人污染环境、破坏生态行为对申请人合法权益或者生态环境造成的损害超过禁止被申请人一定行为对其合法权益造成的损害；

（三）禁止被申请人一定行为对国家利益、社会公共利益或者他人合法权益产生的不利影响；

（四）其他应当考量的因素。

第六条 人民法院审查申请人禁止令申请，应当听取被申请人的意见。必要时，可进行现场勘查。

情况紧急无法询问或者现场勘查的，人民法院应当在裁定准予申请人禁止令申请后四十八小时内听取被申请人的意见。被申请人意见成立的，人民法院应当裁定解除禁止令。

第七条 申请人在提起诉讼时或者诉讼过程中申请禁止令的，人民法院可以责令申请人提供担保，不提供担保的，裁定驳回申请。

申请人提起诉讼前申请禁止令的，人民法院应当责令申请人提供担保，不提供担保的，裁定驳回申请。

第八条 人民法院裁定准予申请人禁止令申请的，应当根据申请人的请求和案件具体情况确定禁止令的效力期间。

第九条 人民法院准予或者不准予申请人禁止令申请的，应当制作民事裁定书，并送达当事人，裁定书自送达之日起生效。

人民法院裁定准予申请人禁止令申请的，可以根据裁定内容制作禁止令张贴在被申请人住所地，污染环境、破坏生态行为实施地、损害结果发生地等相关场所，并可通过新闻媒体等方式向社会公开。

第十条 当事人、利害关系人对人民法院裁定准予或者不准予申请人禁止令申请不服的，可在收到裁定书之日起五日内向作出裁定的人民法院申请复议一次。人民法院应当在收到复议申请后十日内审查并作出裁定。复议期间不停止裁定的执行。

第十一条 申请人在人民法院作出诉前禁止令后三十日内不依法提起诉讼的，人民法院应当在三十日届满后五日内裁定解除禁止令。

禁止令效力期间内，申请人、被申请人或者利害关系人以据以作出裁定的事由发生变化为由，申请解除禁止令的，人民法院应当在收到申请后五日内裁定是否解除。

第十二条 被申请人不履行禁止令的，人民法院可依照民事诉讼法第一百一十一条的规定追究其相应法律责任。

第十三条 侵权行为实施地、损害结果发生地在中华人民共和国管辖海域内的海洋生态环境侵权案件中，申请人向人民法院申请责令被申请人立即停止一定行为的，适用海洋环境保护法、海事诉讼特别程序法等法律和司法解释的相关规定。

第十四条 本规定自2022年1月1日起施行。

附件：1. 民事裁定书（诉中禁止令用）样式（略）

2. 民事裁定书（诉前禁止令用）样式（略）

3. 民事裁定书（解除禁止令用）样式（略）

4. 禁止令（张贴公示用）样式（略）

最高人民法院关于审理生态环境损害赔偿案件的若干规定（试行）

（2019年5月20日最高人民法院审判委员会第1769次会议通过　根据2020年12月23日最高人民法院审判委员会第1823次会议通过的《最高人民法院关于修改〈最高人民法院关于在民事审判工作中适用《中华人民共和国工会法》若干问题的解释〉等二十七件民事类司法解释的决定》修正　2020年12月29日最高人民法院公告公布　自2021年1月1日起施行　法释〔2020〕17号）

为正确审理生态环境损害赔偿案件，严格保护生态环境，依法追究损害生态环境责任者的赔偿责任，依据《中华人民共和国民法典》《中华人民共和国环境保护法》《中华人民共和国民事诉讼法》等法律的规定，结合审判工作实际，制定本规定。

第一条 具有下列情形之一，省级、市地级人民政府及其指定的相关部门、机构，或者受国务院委托行使全民所有自然资源资产所有权的部门，因与造成生态环境损害的自然人、法人或者其他组织经磋商未达成一致或者无法进行磋商的，可以作为原告提起生态环境损害赔偿诉讼：

（一）发生较大、重大、特别重大突发环境事件的；

（二）在国家和省级主体功能区规划中划定的重点生态功能区、禁止开发区发生环境污染、生态破坏事件的；

（三）发生其他严重影响生态环境后果的。

前款规定的市地级人民政府包括设区的市，自治州、盟、地区，不设区的地级市，直辖市的区、县人民政府。

第二条 下列情形不适用本规定：

（一）因污染环境、破坏生态造成人身损害、个人和集体财产损失要求赔偿的；

（二）因海洋生态环境损害要求赔偿的。

第三条 第一审生态环境损害赔偿诉讼案件由生态环境损害行为实施地、损害结果发生地或者被告住所地的中级以上人民法院管辖。

经最高人民法院批准，高级人民法院可以在辖区内确定部分中级人民法院集中管辖第一审生态环境损害赔偿诉讼案件。

中级人民法院认为确有必要的，可以在报请高级人民法院批准后，裁定将本院管辖的第一审生态环境损害赔偿诉讼案件交由具备审理条件的基层人民法院审理。

生态环境损害赔偿诉讼案件由人民法院环境资源审判庭或者指定的专门法庭审理。

第四条 人民法院审理第一审生态环境损害赔偿诉讼案件，应当由法官和人民陪审员组成合议庭进行。

第五条 原告提起生态环境损害赔偿诉讼，符合民事诉讼法和本规定并提交下列材料的，人民法院应当登记立案：

（一）证明具备提起生态环境损害赔偿诉讼原告资格的材料；

（二）符合本规定第一条规定情形之一的证明材料；

（三）与被告进行磋商但未达成一致或者因客观原因无法与被告进行磋商的说明；

（四）符合法律规定的起诉状，并按照被告人数提出副本。

第六条 原告主张被告承担生态环境损害赔偿责任的，应当就以下事实承担举证责任：

（一）被告实施了污染环境、破坏生态的行为或者具有其他应当依法承担责任的情形；

（二）生态环境受到损害，以及所需修复费用、损害赔偿等具体数额；

（三）被告污染环境、破坏生态的行为与生态环境损害之间具有关联性。

第七条 被告反驳原告主张的，应当提供证据加以证明。被告主张具有法律规定的不承担责任或者减轻责任情形的，应当承担举证责任。

第八条 已为发生法律效力的刑事裁判所确认的事实，当事人在生态环境损害赔偿诉讼案件中无须举证证明，但有相反证据足以推翻的除外。

对刑事裁判未予确认的事实，当事人提供的证据达到民事诉讼证明标准的，人民法院应当予以认定。

第九条 负有相关环境资源保护监督管理职责的部门或者其委托的机构在行政执法过程中形成的事件调查报告、检验报告、检测报告、评估报告、监测数据等，经当事人质证并符合证据标准的，可以作为认定案件事实的根据。

第十条 当事人在诉前委托具备环境司法鉴定资质的鉴定机构出具的鉴定意见，以及委托国务院环境资源保护监督管理相关主管部门推荐的机构出具的检验报告、检测报告、评估报告、监测数据等，经当事人质证并符合证据标准的，可以作为认定案件事实的根据。

第十一条 被告违反国家规定造成生态环境损害的，人民法院应当根据原告的诉讼请求以及具体案情，合理判决被告承担修复生态环境、赔偿损失、停止侵害、排除妨碍、消除危险、赔礼道歉等民事责任。

第十二条 受损生态环境能够修复的，人民法院应当依法判决被告承担修复责任，并同时确定被告不履行修复义务时应承担的生态环境修复费用。

生态环境修复费用包括制定、实施修复方案的费用，修复期间的监测、监管费用，以及修复完成后的验收费用、修复效果后评估费用等。

原告请求被告赔偿生态环境受到损害至修复完成期间服务功能损失的，人民法院根据具体案情予以判决。

第十三条 受损生态环境无法修复或者无法完全修复，原告请求被告赔偿生态环境功能永久性损害造成的损失的，人民法院根据具体案情予以判决。

第十四条 原告请求被告承担下列费用的，人民法院根据具体案情予以判决：

（一）实施应急方案、清除污染以及为防止损害的发生和扩大所支出的合理费用；

（二）为生态环境损害赔偿磋商和诉讼支出的调查、检验、鉴定、评估等费用；

（三）合理的律师费以及其他为诉讼支出的合理费用。

第十五条 人民法院判决被告承担的生态环境服务功能损失赔偿资金、生态环境功能永久性损害造成的损失赔偿资金，以及被告不履行生态环境修复义务时所应承担的修复费用，应当依照法律、法规、规章予以缴纳、管理和使用。

第十六条 在生态环境损害赔偿诉讼案件审理过程中，同一损害生态环境行为又被提起民事公益诉讼，符合起诉条件的，应当由受理生态环境损害赔偿诉讼案件的人民法院受理并由同一审判组织审理。

第十七条 人民法院受理因同一损害生态环境行为提起的生态环境损害赔偿诉讼案件和民事公益诉讼案件，应先中止民事公益诉讼案件的审理，待生态环境损害赔偿诉讼案件审理完毕后，就民事公益诉讼案件未被涵盖的诉讼请求依法作出裁判。

第十八条 生态环境损害赔偿诉讼案件的裁判生效后，有权提起民事公益诉讼的国家规定的机关或者法律规定的组织就同一损害生态环境行为有证据证明存在前案审理时未发现的损害，并提起民事公益诉讼的，人民法院应予受理。

民事公益诉讼案件的裁判生效后，有权提起生态环境损害赔偿诉讼的主体就同一损害生态环境行为有证据证明存在前案审理时未发现的损害，并提起生态环境损害赔偿诉讼的，人民法院应予受理。

第十九条 实际支出应急处置费用的机关提起诉讼主张该费用的，人民法院应予受理，但人民法院已经受理就同一损害生态环境行为提起的生态环境损害赔偿诉讼案件且该案原告已经主张应急处置费用的除外。

生态环境损害赔偿诉讼案件原告未主张应急处置费用，因同一损害生态环境行为实际支出应急处置费用的机关提起诉讼主张该费用的，由受理生态环境损害赔偿诉讼案件的人民法院受理并由同一审判组织审理。

第二十条 经磋商达成生态环境损害赔偿协议的，当事人可以向人民法院申请司法确认。

人民法院受理申请后，应当公告协议内容，公告期间不少于三十日。公告期满后，人民法院经审查认为协议的内容不违反法律法规强制性规定且不损害国家利益、社会公共利益的，裁定确认协议有效。裁定书应当写明案件的基本事实和协议内容，并向社会公开。

第二十一条 一方当事人在期限内未履行或者未全部履行发生法律效力的生态环境损害赔偿诉讼案件裁判或者经司法确认的生态环境损害赔偿协议的，对方当事人可以向人民法院申请强制执行。需要修复生态环境的，依法由省级、市地级人民政府及其指定的相关部门、机构组织实施。

第二十二条 人民法院审理生态环境损害赔偿案件，本规定没有规定的，参照适用《最高人民法院关于审理环境民事公益诉讼案件适用法律若干问题的解释》《最高人民法院关于审理环境侵权责任纠纷案件适用法律若干问题的解释》等相关司法解释的规定。

第二十三条 本规定自 2019 年 6 月 5 日起施行。

最高人民法院关于审理生态环境侵权责任纠纷案件适用法律若干问题的解释

（2023年6月5日最高人民法院审判委员会第1890次会议通过　2023年8月14日最高人民法院公告公布　自2023年9月1日起施行　法释〔2023〕5号）

为正确审理生态环境侵权责任纠纷案件，依法保护当事人合法权益，根据《中华人民共和国民法典》《中华人民共和国民事诉讼法》《中华人民共和国环境保护法》等法律的规定，结合审判实践，制定本解释。

第一条　侵权人因实施下列污染环境、破坏生态行为造成他人人身、财产损害，被侵权人请求侵权人承担生态环境侵权责任的，人民法院应予支持：

（一）排放废气、废水、废渣、医疗废物、粉尘、恶臭气体、放射性物质等污染环境的；

（二）排放噪声、振动、光辐射、电磁辐射等污染环境的；

（三）不合理开发利用自然资源的；

（四）违反国家规定，未经批准，擅自引进、释放、丢弃外来物种的；

（五）其他污染环境、破坏生态的行为。

第二条　因下列污染环境、破坏生态引发的民事纠纷，不作为生态环境侵权案件处理：

（一）未经由大气、水、土壤等生态环境介质，直接造成损害的；

（二）在室内、车内等封闭空间内造成损害的；

（三）不动产权利人在日常生活中造成相邻不动产权利人损害的；

（四）劳动者在职业活动中受到损害的。

前款规定的情形，依照相关法律规定确定民事责任。

第三条 不动产权利人因经营活动污染环境、破坏生态造成相邻不动产权利人损害，被侵权人请求其承担生态环境侵权责任的，人民法院应予支持。

第四条 污染环境、破坏生态造成他人损害，行为人不论有无过错，都应当承担侵权责任。

行为人以外的其他责任人对损害发生有过错的，应当承担侵权责任。

第五条 两个以上侵权人分别污染环境、破坏生态造成同一损害，每一个侵权人的行为都足以造成全部损害，被侵权人根据民法典第一千一百七十一条的规定请求侵权人承担连带责任的，人民法院应予支持。

第六条 两个以上侵权人分别污染环境、破坏生态，每一个侵权人的行为都不足以造成全部损害，被侵权人根据民法典第一千一百七十二条的规定请求侵权人承担责任的，人民法院应予支持。

侵权人主张其污染环境、破坏生态行为不足以造成全部损害的，应当承担相应举证责任。

第七条 两个以上侵权人分别污染环境、破坏生态，部分侵权人的行为足以造成全部损害，部分侵权人的行为只造成部分损害，被侵权人请求足以造成全部损害的侵权人对全部损害承担责任，并与其他侵权人就共同造成的损害部分承担连带责任的，人民法院应予支持。

被侵权人依照前款规定请求足以造成全部损害的侵权人与其他侵权人承担责任的，受偿范围应以侵权行为造成的全部损害为限。

第八条 两个以上侵权人分别污染环境、破坏生态，部分侵权人能够证明其他侵权人的侵权行为已先行造成全部或者部分损害，并请求在相应范围内不承担责任或者减轻责任的，人民法院应予支持。

第九条 两个以上侵权人分别排放的物质相互作用产生污染物造成他人损害，被侵权人请求侵权人承担连带责任的，人民法院应予支持。

第十条 为侵权人污染环境、破坏生态提供场地或者储存、运输等帮助，被侵权人根据民法典第一千一百六十九条的规定请求行为人与侵权人承担连带责任的，人民法院应予支持。

第十一条 过失为侵权人污染环境、破坏生态提供场地或者储存、运输等便利条件，被侵权人请求行为人承担与过错相适应责任的，人民法院应予支持。

前款规定的行为人存在重大过失的，依照本解释第十条的规定处理。

第十二条 排污单位将所属的环保设施委托第三方治理机构运营，第三方治理机构在合同履行过程中污染环境造成他人损害，被侵权人请求排污单位承担侵权责任的，人民法院应予支持。

排污单位依照前款规定承担责任后向有过错的第三方治理机构追偿的，人民法院应予支持。

第十三条 排污单位将污染物交由第三方治理机构集中处置，第三方治理机构在合同履行过程中污染环境造成他人损害，被侵权人请求第三方治理机构承担侵权责任的，人民法院应予支持。

排污单位在选任、指示第三方治理机构中有过错，被侵权人请求排污单位承担相应责任的，人民法院应予支持。

第十四条 存在下列情形之一的，排污单位与第三方治理机构应当根据民法典第一千一百六十八条的规定承担连带责任：

（一）第三方治理机构按照排污单位的指示，违反污染防治相关规定排放污染物的；

（二）排污单位将明显存在缺陷的环保设施交由第三方治理机构运营，第三方治理机构利用该设施违反污染防治相关规定排放污染物的；

（三）排污单位以明显不合理的价格将污染物交由第三方治理机构处置，第三方治理机构违反污染防治相关规定排放污染物的；

（四）其他应当承担连带责任的情形。

第十五条 公司污染环境、破坏生态，被侵权人请求股东承担责任，符合公司法第二十条规定情形的，人民法院应予支持。

第十六条 侵权人污染环境、破坏生态造成他人损害，被侵权人请求未尽到安全保障义务的经营场所、公共场所的经营者、管理者或者群众性活动的组织者承担相应补充责任的，人民法院应予支持。

第十七条 依照法律规定应当履行生态环境风险管控和修复义务的民事主体，未履行法定义务造成他人损害，被侵权人请求其承担相应责任的，人民法院应予支持。

第十八条 因第三人的过错污染环境、破坏生态造成他人损害，被侵权人请求侵权人或者第三人承担责任的，人民法院应予支持。

侵权人以损害是由第三人过错造成的为由，主张不承担责任或者减轻责任的，人民法院不予支持。

第十九条 因第三人的过错污染环境、破坏生态造成他人损害，被侵权人同时起诉侵权人和第三人承担责任，侵权人对损害的发生没有过错的，人民法院应当判令侵权人、第三人就全部损害承担责任。侵权人承担责任后有权向第三人追偿。

侵权人对损害的发生有过错的，人民法院应当判令侵权人就全部损害承担责任，第三人承担与其过错相适应的责任。侵权人承担责任后有权就第三人应当承担的责任份额向其追偿。

第二十条 被侵权人起诉第三人承担责任的，人民法院应当向被侵权人释明是否同时起诉侵权人。被侵权人不起诉侵权人的，人民法院应当根据民事诉讼法第五十九条的规定通知侵权人参加诉讼。

被侵权人仅请求第三人承担责任，侵权人对损害的发生也有过错的，人民法院应当判令第三人承担与其过错相适应的责任。

第二十一条 环境影响评价机构、环境监测机构以及从事环境监测设备和防治污染设施维护、运营的机构存在下列情形之一，被侵权人请求其与造成环境污染、生态破坏的其他责任人根据环境保护法第六十五条的规定承担连带责任的，人民法院应予支持：

（一）故意出具失实评价文件的；

（二）隐瞒委托人超过污染物排放标准或者超过重点污染物排放总量控制指标的事实的；

（三）故意不运行或者不正常运行环境监测设备或者防治污染设施的；

（四）其他根据法律规定应当承担连带责任的情形。

第二十二条 被侵权人请求侵权人赔偿因污染环境、破坏生态造成的人身、财产损害，以及为防止损害发生和扩大而采取必要措施所支出的合理费用的，人民法院应予支持。

被侵权人同时请求侵权人根据民法典第一千二百三十五条的规定承担生态环境损害赔偿责任的，人民法院不予支持。

第二十三条 因污染环境、破坏生态影响他人取水、捕捞、狩猎、采集等日常生活并造成经济损失，同时符合下列情形，请求人主张行为人承担责任的，人民法院应予支持：

（一）请求人的活动位于或者接近生态环境受损区域；

（二）请求人的活动依赖受损害生态环境；

（三）请求人的活动不具有可替代性或者替代成本过高；

（四）请求人的活动具有稳定性和公开性。

根据国家规定须经相关行政主管部门许可的活动，请求人在污染环境、破坏生态发生时未取得许可的，人民法院对其请求不予支持。

第二十四条 两个以上侵权人就污染环境、破坏生态造成的损害承担连带责任，实际承担责任超过自己责任份额的侵权人根据民法典第一百七十八条的规定向其他侵权人追偿的，人民法院应予支持。侵权人就惩罚性赔偿责任向其他侵权人追偿的，人民法院不予支持。

第二十五条 两个以上侵权人污染环境、破坏生态造成他人损害，人民法院应当根据行为有无许可，污染物的种类、浓度、排放量、危害性，破坏生态的方式、范围、程度，以及行为对损害后果所起的作用等因素确定各侵权人的责任份额。

两个以上侵权人污染环境、破坏生态承担连带责任，实际承担责任的侵权人向其他侵权人追偿的，依照前款规定处理。

第二十六条 被侵权人对同一污染环境、破坏生态行为造成损害的发生或者扩大有重大过失，侵权人请求减轻责任的，人民法院可以予以支持。

第二十七条 被侵权人请求侵权人承担生态环境侵权责任的诉讼时效期间，以被侵权人知道或者应当知道权利受到损害以及侵权人、其他责任人之日起计算。

被侵权人知道或者应当知道权利受到损害以及侵权人、其他责任人之日，侵权行为仍持续的，诉讼时效期间自行为结束之日起计算。

第二十八条 被侵权人以向负有环境资源监管职能的行政机关请求处理因污染环境、破坏生态造成的损害为由，主张诉讼时效中断的，人民法院应予支持。

第二十九条 本解释自2023年9月1日起施行。

本解释公布施行后，《最高人民法院关于审理环境侵权责任纠纷案件适用法律若干问题的解释》（法释〔2015〕12号）同时废止。

最高人民法院、最高人民检察院关于办理环境污染刑事案件适用法律若干问题的解释

（2023年3月27日最高人民法院审判委员会第1882次会议、2023年7月27日最高人民检察院第十四届检察委员会第十次会议通过 2023年8月8日最高人民法院、最高人民检察院公告公布 自2023年8月15日起施行 法释〔2023〕7号）

为依法惩治环境污染犯罪，根据《中华人民共和国刑法》、《中华人民共和国刑事诉讼法》、《中华人民共和国环境保护法》等法律的有关规定，现就办理此类刑事案件适用法律的若干问题解释如下：

第一条 实施刑法第三百三十八条规定的行为，具有下列情形之一的，应当认定为"严重污染环境"：

（一）在饮用水水源保护区、自然保护地核心保护区等依法确定的重点保护区域排放、倾倒、处置有放射性的废物、含传染病病原体的废物、有毒物质的；

（二）非法排放、倾倒、处置危险废物三吨以上的；

（三）排放、倾倒、处置含铅、汞、镉、铬、砷、铊、锑的污染物，超过国家或者地方污染物排放标准三倍以上的；

（四）排放、倾倒、处置含镍、铜、锌、银、钒、锰、钴的污染物，超过国家或者地方污染物排放标准十倍以上的；

（五）通过暗管、渗井、渗坑、裂隙、溶洞、灌注、非紧急情况下开启大气应急排放通道等逃避监管的方式排放、倾倒、处置有放射性的废物、含传染病病原体的废物、有毒物质的；

（六）二年内曾因在重污染天气预警期间，违反国家规定，超标排放二氧化硫、氮氧化物等实行排放总量控制的大气污染物受过二次以上行政处罚，又实施此类行为的；

（七）重点排污单位、实行排污许可重点管理的单位篡改、伪造自动监测数据或者干扰自动监测设施，排放化学需氧量、氨氮、二氧化硫、氮氧化物等污染物的；

（八）二年内曾因违反国家规定，排放、倾倒、处置有放射性的废物、含传染病病原体的废物、有毒物质受过二次以上行政处罚，又实施此类行为的；

（九）违法所得或者致使公私财产损失三十万元以上的；

（十）致使乡镇集中式饮用水水源取水中断十二小时以上的；

（十一）其他严重污染环境的情形。

第二条 实施刑法第三百三十八条规定的行为，具有下列情形之一的，应当认定为“情节严重”：

（一）在饮用水水源保护区、自然保护地核心保护区等依法确定的重点保护区域排放、倾倒、处置有放射性的废物、含传染病病原体的废物、有毒物质，造成相关区域的生态功能退化或者野生生物资源严重破坏的；

（二）向国家确定的重要江河、湖泊水域排放、倾倒、处置有放射性的废物、含传染病病原体的废物、有毒物质，造成相关水域的生态功能退化或者水生生物资源严重破坏的；

（三）非法排放、倾倒、处置危险废物一百吨以上的；

（四）违法所得或者致使公私财产损失一百万元以上的；

（五）致使县级城区集中式饮用水水源取水中断十二小时以上的；

（六）致使永久基本农田、公益林地十亩以上，其他农用地二十亩以上，其他土地五十亩以上基本功能丧失或者遭受永久性破坏的；

（七）致使森林或者其他林木死亡五十立方米以上，或者幼树死亡二千五百株以上的；

（八）致使疏散、转移群众五千人以上的；

（九）致使三十人以上中毒的；

（十）致使一人以上重伤、严重疾病或者三人以上轻伤的；

（十一）其他情节严重的情形。

第三条 实施刑法第三百三十八条规定的行为，具有下列情形之一的，应当处七年以上有期徒刑，并处罚金：

（一）在饮用水水源保护区、自然保护地核心保护区等依法确定的重点保护区域排放、倾倒、处置有放射性的废物、含传染病病原体的废物、有毒物质，具有下列情形之一的：

1. 致使设区的市级城区集中式饮用水水源取水中断十二小时以上的；

2. 造成自然保护地主要保护的生态系统严重退化，或者主要保护的自然景观损毁的；

3. 造成国家重点保护的野生动植物资源或者国家重点保护物种栖息地、生长环境严重破坏的；

4. 其他情节特别严重的情形。

（二）向国家确定的重要江河、湖泊水域排放、倾倒、处置有放射性的废物、含传染病病原体的废物、有毒物质，具有下列情形之一的：

1. 造成国家确定的重要江河、湖泊水域生态系统严重退化的；

2. 造成国家重点保护的野生动植物资源严重破坏的；

3. 其他情节特别严重的情形。

（三）致使永久基本农田五十亩以上基本功能丧失或者遭受永久性破坏的；

（四）致使三人以上重伤、严重疾病，或者一人以上严重残疾、死亡的。

第四条 实施刑法第三百三十九条第一款规定的行为，具有下列情形之一的，应当认定为“致使公私财产遭受重大损失或者严重危害人体健康”：

（一）致使公私财产损失一百万元以上的；

（二）具有本解释第二条第五项至第十项规定情形之一的；

（三）其他致使公私财产遭受重大损失或者严重危害人体健康的情形。

第五条 实施刑法第三百三十八条、第三百三十九条规定的犯罪行为，具有下列情形之一的，应当从重处罚：

（一）阻挠环境监督检查或者突发环境事件调查，尚不构成妨害公务等犯罪的；

（二）在医院、学校、居民区等人口集中地区及其附近，违反国家规定排放、倾倒、处置有放射性的废物、含传染病病原体的废物、有毒物质或者其他有害物质的；

（三）在突发环境事件处置期间或者被责令限期整改期间，违反国家规定排放、倾倒、处置有放射性的废物、含传染病病原体的废物、有毒物质或者其他有害物质的；

（四）具有危险废物经营许可证的企业违反国家规定排放、倾倒、处置有放射性的废物、含传染病病原体的废物、有毒物质或者其他有害物质的；

（五）实行排污许可重点管理的企业事业单位和其他生产经营者未依法取得排污许可证，排放、倾倒、处置有放射性的废物、含传染病病原体的废物、有毒物质或者其他有害物质的。

第六条 实施刑法第三百三十八条规定的行为，行为人认罪认罚，积极修复生态环境的，可以从宽处罚；犯罪情节轻微的，可以不起诉或者免予刑事处罚；情节显著轻微危害不大的，不作为犯罪处理。

第七条 无危险废物经营许可证从事收集、贮存、利用、处置危险废物经营活动，严重污染环境的，按照污染环境罪定罪处罚；

同时构成非法经营罪的，依照处罚较重的规定定罪处罚。

实施前款规定的行为，不具有超标排放污染物、非法倾倒污染物或者其他违法造成环境污染的情形的，可以认定为非法经营情节显著轻微危害不大，不认为是犯罪；构成生产、销售伪劣产品等其他犯罪的，以其他犯罪论处。

第八条 明知他人无危险废物经营许可证，向其提供或者委托其收集、贮存、利用、处置危险废物，严重污染环境的，以共同犯罪论处。

第九条 违反国家规定，排放、倾倒、处置含有毒害性、放射性、传染病病原体等物质的污染物，同时构成污染环境罪、非法处置进口的固体废物罪、投放危险物质罪等犯罪的，依照处罚较重的规定定罪处罚。

第十条 承担环境影响评价、环境监测、温室气体排放检验检测、排放报告编制或者核查等职责的中介组织的人员故意提供虚假证明文件，具有下列情形之一的，应当认定为刑法第二百二十九条第一款规定的“情节严重”：

（一）违法所得三十万元以上的；

（二）二年内曾因提供虚假证明文件受过二次以上行政处罚，又提供虚假证明文件的；

（三）其他情节严重的情形。

实施前款规定的行为，在涉及公共安全的重大工程、项目中提供虚假的环境影响评价等证明文件，致使公共财产、国家和人民利益遭受特别重大损失的，应当依照刑法第二百二十九条第一款的规定，处五年以上十年以下有期徒刑，并处罚金。

实施前两款规定的行为，同时索取他人财物或者非法收受他人财物构成犯罪的，依照处罚较重的规定定罪处罚。

第十一条 违反国家规定，针对环境质量监测系统实施下列行为，或者强令、指使、授意他人实施下列行为，后果严重的，应当依照刑法第二百八十六条的规定，以破坏计算机信息系统罪定罪处罚：

（一）修改系统参数或者系统中存储、处理、传输的监测数据的；

（二）干扰系统采样，致使监测数据因系统不能正常运行而严重失真的；

（三）其他破坏环境质量监测系统的行为。

重点排污单位、实行排污许可重点管理的单位篡改、伪造自动监测数据或者干扰自动监测设施，排放化学需氧量、氨氮、二氧化硫、氮氧化物等污染物，同时构成污染环境罪和破坏计算机信息系统罪的，依照处罚较重的规定定罪处罚。

从事环境监测设施维护、运营的人员实施或者参与实施篡改、伪造自动监测数据、干扰自动监测设施、破坏环境质量监测系统等行为的，依法从重处罚。

第十二条　对于实施本解释规定的相关行为被不起诉或者免予刑事处罚的行为人，需要给予行政处罚、政务处分或者其他处分的，依法移送有关主管机关处理。有关主管机关应当将处理结果及时通知人民检察院、人民法院。

第十三条　单位实施本解释规定的犯罪的，依照本解释规定的定罪量刑标准，对直接负责的主管人员和其他直接责任人员定罪处罚，并对单位判处罚金。

第十四条　环境保护主管部门及其所属监测机构在行政执法过程中收集的监测数据，在刑事诉讼中可以作为证据使用。

公安机关单独或者会同环境保护主管部门，提取污染物样品进行检测获取的数据，在刑事诉讼中可以作为证据使用。

第十五条　对国家危险废物名录所列的废物，可以依据涉案物质的来源、产生过程、被告人供述、证人证言以及经批准或者备案的环境影响评价文件、排污许可证、排污登记表等证据，结合环境保护主管部门、公安机关等出具的书面意见作出认定。

对于危险废物的数量，依据案件事实，综合被告人供述，涉案企业的生产工艺、物耗、能耗情况，以及经批准或者备案的环境影响评价文件等证据作出认定。

第十六条　对案件所涉的环境污染专门性问题难以确定的，依据鉴定机构出具的鉴定意见，或者国务院环境保护主管部门、公安部门指定的机构出具的报告，结合其他证据作出认定。

第十七条 下列物质应当认定为刑法第三百三十八条规定的“有毒物质”：

（一）危险废物，是指列入国家危险废物名录，或者根据国家规定的危险废物鉴别标准和鉴别方法认定的，具有危险特性的固体废物；

（二）《关于持久性有机污染物的斯德哥尔摩公约》附件所列物质；

（三）重金属含量超过国家或者地方污染物排放标准的污染物；

（四）其他具有毒性，可能污染环境的物质。

第十八条 无危险废物经营许可证，以营利为目的，从危险废物中提取物质作为原材料或者燃料，并具有超标排放污染物、非法倾倒污染物或者其他违法造成环境污染的情形的行为，应当认定为“非法处置危险废物”。

第十九条 本解释所称“二年内”，以第一次违法行为受到行政处罚的生效之日与又实施相应行为之日的时间间隔计算确定。

本解释所称“重点排污单位”，是指设区的市级以上人民政府环境保护主管部门依法确定的应当安装、使用污染物排放自动监测设备的重点监控企业及其他单位。

本解释所称“违法所得”，是指实施刑法第二百二十九条、第三百三十八条、第三百三十九条规定的行为所得和可得的全部违法收入。

本解释所称“公私财产损失”，包括实施刑法第三百三十八条、第三百三十九条规定的行为直接造成财产损毁、减少的实际价值，为防止污染扩大、消除污染而采取必要合理措施所产生的费用，以及处置突发环境事件的应急监测费用。

本解释所称“无危险废物经营许可证”，是指未取得危险废物经营许可证，或者超出危险废物经营许可证的经营范围。

第二十条 本解释自2023年8月15日起施行。本解释施行后，《最高人民法院、最高人民检察院关于办理环境污染刑事案件适用法律若干问题的解释》（法释〔2016〕29号）同时废止；之前发布的司法解释与本解释不一致的，以本解释为准。

环境民事公益诉讼起诉状（参考文本）[①]

原告：××××环保联合会。住所地：××省××市××区××街××号。

法定代表人：×××，该联合会主任。

委托代理人：×××，该联合会工作人员。

委托代理人：×××，××律师事务所律师。

被告：×××生物科技有限公司。住所地：××省××市××路××号。

法定代表人：×××，该公司董事长。

被告：李××，性别，民族，××年××月××日出生，个体工商户，住××省××市××区××路××号。

诉讼请求：

1.

2.

……

事实与理由：

1.

2.

……

此致

××××人民法院

具状人：××××（机关或社会组织）

（盖章）

法定代表人（代表人）：（签字）

××××年××月××日

---

① 仅供参考，后同。

样式的制作依据与使用说明

1. 本文书样式供法律规定的机关或社会组织提起环境民使公益诉讼用。

2. 本起诉状除了应符合《中华人民共和国民事诉讼法》第一百二十一条的规定，原告的诉讼请求应以保护社会公共利益为出发点，原告可以请求被告承担停止侵害、排除妨碍、消除危险、恢复原状、赔偿损失、赔礼道歉等民事责任。依据《最高人民法院关于审理环境民事公益诉讼案件适用法律若干问题的解释》第九条的规定，人民法院对原告提出的诉讼请求不足以保护社会公共利益的，可以想起释明变更或者增加停止侵害、恢复原状等诉讼请求。

3. 原告应在起诉状中阐述被告的行为已经损害社会公共利益或者具有损害社会公共利益重大风险，并写明其提供的初步证明材料内容及证明目的。

4. 原告单位应在起诉状上加盖公章，其法定代表人或代表人应当在起诉状上签名。

环境民事公益诉讼参加申请书（参考文本）

申请人×××，……（写明姓名或名称等基本情况）。

法定代表人（或负责人）×××，……（写明姓名和职务）。

委托代理人×××，……（写明姓名等基本情况）。

××××年××月××日，××××人民法院受理了（××××）×环公民初字第××号原告××××诉被告××××环境污染责任公益诉讼纠纷（案由）一案，并于××××年××月××日发出公告。我单位作为有权提起诉讼的机关（或者社会组织），依据《最高人民法院关于审理环境民事公益诉讼案件适用法律若干问题的解释》第十条的规定，申请参加该案诉讼，望予以准许。

此致

××××人民法院

××××（机关或者社会组织名称）

（盖章）

法定代表人或负责人：（签字）

××××年××月××日

样式的制作依据与使用说明

1. 本样式供有权提起诉讼的其他机关或社会组织在人民法院公告之日起三十日内申请参加诉讼时用。

2. 依照《中华人民共和国民事诉讼法》第五十五条、《最高人民法院关于适用〈中华人民共和国民事诉讼法〉的解释》第二百八十四条、《最高人民法院关于审理环境民事公益诉讼案件适用法律若干问题的解释》第十条的规定，受理环境民事公益诉讼的人民法院将案件受理情况进行公告。有权提起诉讼的其他机关和社会组织应当在公告之日起三十日内向该院提出申请参加诉讼；逾期申请的，不予准许。

3. 有权提起诉讼的其他社会组织除了起诉状、相关证据材料之外，需要提交其符合起诉条件的相应证据，具体包括社会组织登记证书、章程、起诉前连续五年的年度工作报告书或者年检报告书以及无违法记录的声明。无违法记录的声明中所承诺的起诉前五年应当写明起止时间，落款处应加盖单位公章，并由其法定代表人或负责人签字。

4. 有权提起诉讼的机关需要提交法定代表人身份证明书、起诉状及相关证据材料。

5. 人民法院应审查申请人提供的材料是否符合《中华人民共和国民事诉讼法》第五十五条、《中华人民共和国环境保护法》第五十八条、《最高人民法院关于审理环境民事公益诉讼案件适用法律若干问题的解释》第二条至第五条、第八条的规定。

图书在版编目（CIP）数据

生态环境保护 / 中国法治出版社编. -- 2 版.
北京 ：中国法治出版社，2025. 3. --（实用版法规专辑系列）. -- ISBN 978-7-5216-5096-9

Ⅰ. D922.680.9

中国国家版本馆 CIP 数据核字第 2025YZ3062 号

策划编辑：舒丹　　责任编辑：王林林　　封面设计：杨泽江

生态环境保护（实用版法规专辑）

SHENGTAI HUANJING BAOHU（SHIYONGBAN FAGUI ZHUANJI）

经销/新华书店

印刷/三河市国英印务有限公司

开本/850 毫米×1168 毫米　32 开　　印张/ 14　字数/ 326 千

版次/2025 年 3 月第 2 版　　2025 年 3 月第 1 次印刷

中国法治出版社出版

书号 ISBN 978-7-5216-5096-9　　定价：32.00 元

北京市西城区西便门西里甲 16 号西便门办公区

邮政编码：100053　　传真：010-63141600

网址：http：//www.zgfzs.com　　编辑部电话：010-63141676

市场营销部电话：010-63141612　　印务部电话：010-63141606

（如有印装质量问题，请与本社印务部联系。）